SPSS 实战

科研统计思维与方法

马秀麟◎著

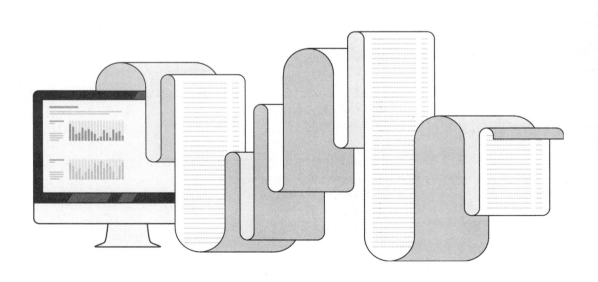

人民邮电出版社

北京

图书在版编目（CIP）数据

科研统计思维与方法：SPSS实战 / 马秀麟著. --北京：人民邮电出版社，2024.8
ISBN 978-7-115-64189-2

Ⅰ.①科… Ⅱ.①马… Ⅲ.①统计分析－统计程序 Ⅳ.①C819

中国国家版本馆CIP数据核字(2024)第073532号

内 容 提 要

本书以实际案例和具体应用为驱动，以培养科研统计思维为目标，借助SPSS，系统地讲授了差异显著性检验、方差分析、相关性分析、回归分析、聚类分析、主成分分析，以及结构方程模型的概念、原理和具体使用。

全书共8章。第1章系统地讨论了科研统计思维及统计分析的相关概念，并以量化类典型论文为例抛出统计思维的核心问题。第2章介绍了数据的规范化及预处理，重点讲解了基于数据做论证所必需的前置操作。第3章介绍了统计描述及数据加工。第4章讲解了差异显著性检验。第5章介绍了方差分析及其高级应用，阐述了单因素方差分析、多因素方差分析、协方差分析、多因变量方差分析等内容，以及事后检验、均值边际图等高级应用的相关知识。第6章介绍了关联性分析技术和回归分析。第7章讲解了聚类分析技术。第8章介绍了因子分析与降维，主要讨论了探索性因子分析和验证性因子分析（结构方程模型）等方法。

本书可作为量化研究相关专业本科生、研究生，以及大中专院校学生的教学用书，还可作为有志于了解量化研究方法和科研统计思维的科研人员、工程技术人员以及商务人员的参考用书。

◆ 著　　马秀麟
　　责任编辑　陈灿然
　　责任印制　王　郁　马振武
◆ 人民邮电出版社出版发行　北京市丰台区成寿寺路11号
　　邮编　100164　电子邮件　315@ptpress.com.cn
　　网址　https://www.ptpress.com.cn
　　北京市艺辉印刷有限公司印刷
◆ 开本：787×1092　1/16
　　印张：23.5　　　　　　　　2024年8月第1版
　　字数：619千字　　　　　　2024年8月北京第1次印刷

定价：99.80元

读者服务热线：(010)81055410　印装质量热线：(010)81055316
反盗版热线：(010)81055315
广告经营许可证：京东市监广登字 20170147 号

前　言

计算机科学技术与其他学科最大的不同就是突破了学科范式的限制，渗透到了各个学科，甚至是其前沿，形成了一套有效的思维模式——计算思维。在大数据时代，基于数据统计与分析的方法和策略已成为计算思维的重要组成部分，对研究者科研能力和科研论文写作能力的提升具有重要意义，以统计分析技术为基础的科研统计思维和能力是实现个人发展的重要基石。以统计学的原理为指导，借助统计学的技术，开展各种层次的统计、分析、归纳和挖掘，对研究结论的论证、科研成果的生成日益重要。因此，每一位研究者都应该成为"数据之海"的弄潮儿，具备专业化的数据挖掘和数据分析能力。

然而，笔者发现，在大量的科研项目中，不同程度地存在着统计分析方法被误用或者滥用的问题。笔者作为评委评审学生的科研课题时，每年都会发现多份存在着误用统计分析方法问题的科研报告。错误的研究方法，会导致研究结论缺乏可信度，直接严重影响研究质量。探究学生和研究者在量化研究中出现的各种问题，笔者认为，其原因主要有以下3方面：首先，部分研究者并不清楚每种统计分析方法的约束条件，也不知道该统计分析方法对原始数据有哪些要求。其次，部分研究者并未掌握各统计分析方法的基本原理，不理解为什么要这样解读分析结果。最后，部分研究者对分析结果表格中的各数据项一知半解，只会简单地套用"检验概率"Sig值小于0.05这个界限，而对其他信息一无所知。正是由于存在这些原因，对实验班和对照班学生的后测结果采用配对样本T检验，对低测度的定序数据则实施皮尔逊相关分析，把无效的线性回归模型作为最终研究成果写入研究报告……诸如此类的错误频频出现，也就不奇怪了。

基于上述现象，笔者认为：科研统计思维和能力的培养要抓住两个方面：①力抓针对统计分析方法原理、数据规范和输出结果的解读；②力抓基于统计思维的科研论文写作规范。如果不掌握统计分析的算法原理和基本用法，科研统计思维就无从谈起；而以规范的方式撰写基于量化研究方法的科研论文，则是梳理自己的研究思路、规范自己的研究行为，从而促进科研统计思维和能力快速发展的必由之路。基于此，在本书写作过程中，笔者创新性地引入了科研论文品读这一板块，除第1章之外的每章均以研究报告品读为起点，为大家导入本章所学知识的逻辑框架及相关的写作范式和要素，促使大家在品读研究报告的过程中产生疑问和需求，形成强烈的学习动机。实战案例则能使大家直观体验所学的统计分析算法，并帮助大家应用统计分析方法解决真实的科研问题。

本书得以成稿，得益于多年的教学积累和多方面的支持。2011年春季，笔者开始面向北京师范大学文科拔尖班开设"社会科学统计软件及应用"课程，以培养学生利用统计软件开展科学研究和撰写学位论文的能力。2015年，应北京师范大学研究生院要求，笔者面向全校硕士和博士生开设了校级研究方法课"SPSS数据分析的理论与实践"。2021年，笔者在"中国大学MOOC"平台开设了"SPSS数据分析及量化研究"课程，该课程深受学生欢迎，近两期均有万余人听课，评分近满分；2023年初，应清华大学"学堂在线"邀请，以量化研究能力培养为目的的课程"SPSS数据分析与量化研究"在"学堂在线"平台正式面向全国硕博研究生开课。经过多年的努力和积累，相关课程已经获得了北京师范大学精品课、校级优质课和北京市市级优质课等多项奖励。因此，本书是在多轮精品课程建设和笔者多年学术思考的基础上发展并完善起来的。本书还受新疆师范大学"十四五"重点学科招标项目"生态视角下新疆高等教育高质量发展研究"（项目号：23XJKD0201）支持，为其中期成果之一。另外，人民邮电出版社的李莎老师、陈灿然老师为本书的出版做了大量的工作，并提供了非常全面的支持。在此，特向为本书出版作出贡献和帮助的单位和个人表示诚挚的感谢。

在大家阅读本书过程中，欢迎大家登录"中国大学MOOC"或清华大学"学堂在线"平台，检索由"马秀麟"主讲的"SPSS数据分析与量化研究"课程，并参与线上课程的学习。笔者坚信：通过立体化的线上学习资源和本书的加成，大家一定能实现科研统计思维和实践的同步发展，进而实现个人学术能力的大幅度提升。

本书写作过程中，硕士研究生凡雨、王滕和田淑敏参与了案例整理和验证、文字校对等工作。全书由多强教授最终审定。

尽管笔者尽了很大的努力，尽量避免本书出现各种问题，然而，受诸多因素的制约，仍难免有疏漏或不足之处，恳请各位读者在应用本书的过程中及时地批评指正。有任何意见或建议，可发送至 maxl@bnu.edu.cn 或 chencanran@ptpress.com.cn。

马秀麟
2024年1月于京师园

资源与支持

资源获取

本书提供 PPT、思维导图、案例操作素材、习题操作素材等资源，要获得以上资源，您可以扫描下方二维码，根据指引领取。

提交勘误

尽管作者和编辑尽最大努力来确保书中内容的准确性，但难免会存在疏漏。欢迎您将发现的问题反馈给我们，帮助我们提升图书的质量。

当您发现错误时，请登录异步社区（https://www.epubit.com），按书名搜索，进入本书页面，点击"发表勘误"，输入勘误信息，点击"提交勘误"按钮即可（见下图）。本书的作者和编辑会对您提交的勘误进行审核，确认并接受后，您将获赠异步社区的 100 积分。积分可用于在异步社区兑换优惠券、样书或奖品。

与我们联系

我们的联系邮箱是 chencanran@ptpress.com.cn。

如果您对本书有任何疑问或建议,请您发邮件给我们,并请在邮件标题中注明本书书名,以便我们更高效地做出反馈。

如果您有兴趣出版图书、录制教学视频,或者参与图书翻译、技术审校等工作,可以发邮件给我们。

如果您所在的学校、培训机构或企业,想批量购买本书或异步社区出版的其他图书,也可以发邮件给我们。

如果您在网上发现有针对异步社区出品图书的各种形式的盗版行为,包括对图书全部或部分内容的非授权传播,请您将怀疑有侵权行为的链接发邮件给我们。您的这一举动是对作者权益的保护,也是我们持续为您提供有价值的内容的动力之源。

关于异步社区和异步图书

"异步社区"(www.epubit.com)是由人民邮电出版社创办的IT专业图书社区,于2015年8月上线运营,致力于优质内容的出版和分享,为读者提供高品质的学习内容,为作译者提供专业的出版服务,实现作者与读者在线交流互动,以及传统出版与数字出版的融合发展。

"异步图书"是异步社区策划出版的精品IT图书的品牌,依托于人民邮电出版社在计算机图书领域30余年的发展与积淀。异步图书面向IT行业以及各行业使用IT技术的用户。

目 录

第1章 大数据时代的科研与统计思维 ……… 1
1.1 科研统计思维及其社会需求 …………… 2
- 1.1.1 统计思维之魅力 ………………… 2
- 1.1.2 统计思维何以重要 ……………… 4

1.2 统计的主流技术及应用 ………………… 5
- 1.2.1 统计描述的关键技术 …………… 5
- 1.2.2 统计推断的主流技术 …………… 6
- 1.2.3 统计分析技术及其应用领域 …… 7
- 1.2.4 统计分析的关键思路及质量评价 … 8

1.3 统计思维在科研中的主要应用 ………… 10
- 1.3.1 在自然科学领域的常见应用 …… 10
- 1.3.2 在社会科学领域的常见应用 …… 11

1.4 统计思维方法及应用误区 ……………… 13
- 1.4.1 量化研究中统计分析的层次 …… 13
- 1.4.2 量化研究中的误区 ……………… 14
- 1.4.3 量化研究质量的保证 …………… 15

1.5 统计分析软件及其分析环境 …………… 17
- 1.5.1 统计分析软件简介 ……………… 17
- 1.5.2 基于Excel的统计分析环境 …… 19
- 1.5.3 基于SPSS的统计分析环境 …… 22

1.6 科研视点：面向统计思维的量化研究论文品读 …………………………………… 27
- 1.6.1 品读导引 ………………………… 27
- 1.6.2 研究论文 ………………………… 28

思考题 …………………………………………… 37
综合实践题 ……………………………………… 37

第2章 数据的规范化及预处理 ………… 39
2.1 数据来源及其规范化要求 ……………… 41
- 2.1.1 科研数据的来源 ………………… 41
- 2.1.2 数据类别及特点 ………………… 44
- 2.1.3 数据的规范化要求 ……………… 46

2.2 以Excel做数据预处理 ………………… 47
- 2.2.1 Excel下的数据编辑 …………… 47
- 2.2.2 实战：数据类型转化与格式标准化 ……………………………… 52
- 2.2.3 实战：数值化编码技术 ………… 54
- 2.2.4 实战：数据表的拼接 …………… 56

2.3 以SPSS做数据预处理 ………………… 57
- 2.3.1 SPSS的变量预定义及编辑 …… 58
- 2.3.2 实战：数据文件打开、保存及优化 ……………………………… 61
- 2.3.3 实战：变量的重编码技术 ……… 65
- 2.3.4 实战：变量之间的计算 ………… 70
- 2.3.5 实战：缺失值的标记与处理 …… 73
- 2.3.6 实战：数据文件的拼合技术 …… 76

2.4 科研数据的质量保证 …………………… 79
- 2.4.1 科研数据质量保证的两个指标 … 79
- 2.4.2 效度检验的主要技术 …………… 80
- 2.4.3 以德尔菲法实现效度保证的思路 ……………………………… 82
- 2.4.4 实战：以德尔菲法实现效度保证 ……………………………… 84

2.4.5 信度检验的主要技术 ……… 90
2.4.6 实战：SPSS下的信度检验 ……… 92
思考题 …………………………… 96
综合实践题 ……………………… 96

第3章 统计描述及数据加工 …… 98
3.1 科研数据的统计描述 ………… 105
3.1.1 统计描述中的统计量 ……… 105
3.1.2 数据的分布形态 …………… 110
3.2 SPSS实现统计描述的技术 …… 112
3.2.1 实战：以SPSS获取常见统计量 ………………………… 112
3.2.2 实战：频数统计及分析 …… 116
3.2.3 实战：数据的图示化描述 … 118
3.2.4 实战：数据分布形态的判断 ……………………………… 123
3.2.5 实战：面向低测度数据的统计描述 ……………………… 130
3.3 数据抽取与变形 ……………… 133
3.3.1 实战：数据的排序与抽样 … 133
3.3.2 实战：个案的加权处理 …… 136
3.3.3 实战：求秩分 ……………… 137
3.3.4 实战：求正态得分 ………… 139
3.3.5 实战：分数的标准化——求Z分数 ……………………… 140
3.3.6 补充说明：其他变形操作 … 143
思考题 …………………………… 143
综合实践题 ……………………… 143

第4章 差异显著性检验 ………… 145
4.1 差异显著性检验 & 统计推断 … 151
4.1.1 差异显著性检验的概念 …… 151
4.1.2 统计推断的概念 …………… 154
4.2 面向配对数据的差异显著性检验 … 156
4.2.1 配对样本及其统计推断操作 … 156
4.2.2 实战：教改前后学生的成绩有变化吗？——两配对样本差异显著性检验 ………………… 156
4.2.3 实战：三轮测量数据之间的差别明显吗？——K-配对样本差异性检验 …………………… 161
4.2.4 实战：专家们是否科学严谨地评审了项目？——综合应用型案例 … 164
4.3 面向分组数据的差异显著性检验 … 169
4.3.1 分组样本及其统计推断操作 … 170
4.3.2 实战：性别是影响学习成绩的因素吗？——两独立样本差异性检验 …………………………… 170
4.3.3 实战：生源是影响学习成绩的因素吗？——K-独立样本差异性检验 …………………………… 175
4.3.4 实战：生源对学生是否喜欢上学有影响吗？——低测度数据的分组检验 ……………………… 180
4.4 差异显著性检验算法的思考与深化 … 183
4.4.1 深究：均值差异显著性检验机理 ……………………………… 183
4.4.2 深究：差异显著性检验的算法体系 ……………………………… 188
4.4.3 补充：面向随机分布的检验——游程检验及原理 …………… 190
4.4.4 补充：面向期望分布的检验——卡方检验 ……………………… 193
思考题 …………………………… 196
综合实践题 ……………………… 196

第5章 方差分析及其高级应用 … 198
5.1 方差分析的概念及应用 ……… 203
5.1.1 方差分析的概念 …………… 203
5.1.2 方差分析的原理及类别 …… 204
5.2 单因素方差分析 ……………… 205
5.2.1 实战：父母文化程度会影响学生的IQ值吗？ ………………… 205
5.2.2 单因素方差分析反思与总结 … 209
5.3 多因素方差分析 ……………… 211
5.3.1 实战：多因素方差分析模型构建及调整 ……………………… 211
5.3.2 多因素方差分析中的关键问题及反思 ……………………… 215

5.4 协方差分析 ································ 217
5.4.1 协方差分析的概念 ················ 217
5.4.2 实战：排除控制变量影响的方差分析——协方差分析模型 ········ 218
5.5 多因变量方差分析 ······················ 220
5.5.1 多因变量方差分析概述 ·········· 220
5.5.2 实战：面向多因变量的方差分析 ·· 221
思考题 ··· 224
综合实践题 ······································ 224

第 6 章 关联性分析技术 ··················· 225
6.1 关联性分析综述 ··························· 230
6.1.1 关联性分析的特点及类型 ······· 230
6.1.2 SPSS实现关联性分析的主要技术 ······························· 233
6.2 相关性分析及应用 ······················· 234
6.2.1 相关性分析算法及其适应性 ···· 234
6.2.2 实战：学生的数学成绩与游戏时间相关吗？——中高测度数据相关性分析 ··· 237
6.2.3 实战：影响学生成绩的真实原因是上网时间吗？——偏相关分析 ···· 241
6.2.4 低测度变量的相关性分析 ······· 243
6.3 线性回归分析技术 ······················· 246
6.3.1 回归分析概述 ······················ 246
6.3.2 实战：一元线性回归 ············· 249
6.3.3 实战：多元线性回归分析 ······· 255
6.3.4 多元线性回归原理及反思 ······· 261
6.3.5 理论深化：多重共线性问题 ·································· 265
6.4 曲线回归分析技术 ······················· 268
6.4.1 实战：以多元线性回归探究高次回归式 ································ 268
6.4.2 实战：以曲线回归探究高次回归式 ································ 271
6.4.3 曲线回归的总结与思考 ········· 274
6.5 二元逻辑回归技术 ······················· 276
6.5.1 二元逻辑回归的工作原理 ······· 276
6.5.2 实战：哪些因素导致学生喜欢数学课？——二元逻辑回归 ········ 280
思考题 ··· 285
综合实践题 ······································ 285

第 7 章 聚类分析技术 ······················ 287
7.1 聚类的概念及原理 ······················· 291
7.1.1 科研中的分类分析 ················ 291
7.1.2 核心知识：距离的计算与判定 ···· 292
7.1.3 聚类分析的常见类型 ············· 295
7.2 个案的聚类分析 ·························· 296
7.2.1 实战：面向个案的系统聚类 ······ 296
7.2.2 实战：快速聚类及其应用 ······· 301
7.3 变量的聚类分析 ·························· 305
7.3.1 实战：面向变量的系统聚类 ···· 305
7.3.2 对R聚类的反思与总结 ·········· 308
7.4 判别分析 ···································· 309
7.4.1 判别分析的概念与类型 ·········· 309
7.4.2 实战：基于组质心的分类判别 ·································· 311
7.4.3 实战：基于分类判别式的分类判别 ·································· 317
思考题 ··· 319
综合实践题 ······································ 320

第 8 章 因子分析与降维 ··················· 321
8.1 因子分析与降维简述 ···················· 325
8.1.1 探索性因子分析与验证性因子分析 ································ 325
8.1.2 降维与探索性因子分析 ········· 328
8.2 主成分分析：EFA应用 ················· 329
8.2.1 原理：探索性因子分析原理 ···· 329
8.2.2 实战：以主成分分析探究变量蕴含的关键因素 ························· 331
8.2.3 实战：以主成分分析检验测量指标的结构效度 ··························· 338
8.3 结构方程模型入门——CFA应用 ···· 342
8.3.1 结构方程模型概述 ················ 342

8.3.2 以AMOS绘制模型图：AMOS使用之一 ············ 345
8.3.3 解读SEM分析结果并优化：AMOS使用之二 ········ 350
8.3.4 实战：以AMOS软件实现CFA ················ 354

思考题 ································· 360
综合实践题 ······························· 360

附录 《大学生生活满意度调查问卷》及数据集 ········ 362

参考文献 ································ 364

第1章 大数据时代的科研与统计思维

关键知识点

本章重点阐述了科研统计思维在大数据时代的必要性。重点内容有：①统计思维及其在大数据时代的价值；②科研活动对统计思维的要求；③量化研究的层次性、存在的误区及其分析；④统计分析的常用软件及其环境。

知识结构图

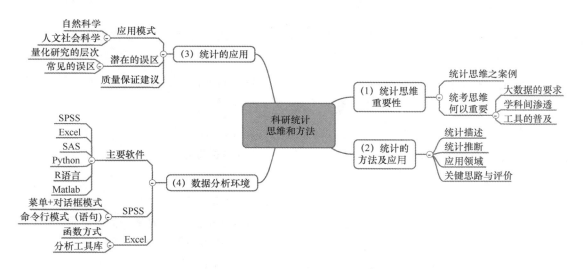

学前深思

（1）为什么说当今社会是大数据时代？计算科学对科学研究、人工智能领域产生了哪些影响？为什么说统计思维和计算科学对人类的全体学科均产生了重要影响？

（2）量化研究已经成为社会科学和自然科学的主要研究方法，在具体的科研活动中，科研工作者主要利用了统计学中的哪些技术？为了提升科研质量，应该避开哪些误区？

（3）当今社会中，常用的统计分析软件有哪些？哪些是专业性的，哪些是普通且大众化的？

1.1 科研统计思维及其社会需求

随着统计分析与数据挖掘技术的日益普及，建立在统计分析和计算科学基础上的研究方法也逐步向诸多学科渗透，已经有越来越多的学者认识到统计科学及其思维模式在基础理论研究、社会发展和人才培养中的价值，于是统计思维的概念与理论应运而生。

1.1.1 统计思维之魅力

1. 几个案例

案例 1：对学生评教有效性的争论

某高校的教职工代表大会（简称"教代会"）会场，代表们吵成了一团，有的代表大声疾呼："不要再让学生评教伤害教师们的感情了！""学生评教会毁了学校的教学质量！"原来，学校把年终奖发放与学生评教成绩挂钩，此事引发了强烈的争议：有些教师认为这样做非常好，有利于激发教师的积极性，鼓励教师上好课；而另外一些教师则认为，学生评教成了部分差生攻击报复教师的利器，导致教师不敢管理班级、不敢批评学生。

教代会代表形成了势均力敌的两个阵营，争论愈来愈烈。大会主持人一筹莫展。此时，从事量化研究的刘教授悄悄地靠近大会主持人：思辨与争吵不能解决这一问题！学生评教的质量高低、是否有效必须通过数据的统计分析得出。

于是大会主持人宣布暂时休会，并将聘请大数据专家通过统计分析、数据论证等手段对学生评教数据的有效性及应用情况展开研究，然后在下次教代会上汇报研究结果。

专家对 200 余万条评教数据展开了效度和信度分析，论证了学生评教数据的有效性，并进一步探究了评价较低的教师存在的问题，为其提供了有效的改进建议。

案例 2：这个新药有效吗？

医药服务集团 A 公司组织专家团队经过多年的研究，研发出一款新型药品，现在要进入人体实验阶段。

根据研究需要，A 公司遴选了 2000 名病情、体重、血压等条件基本相同的病人作为被试，从中随机选出 1000 名病人服用新型药品，而另外的 1000 名病人服用安慰剂。服用新型药品的病人为实验组，服用安慰剂的病人为对照组。所有参与本实验的人员均认为自己在服用新型药品。

经过 10 天实验之后，A 公司获得了大量的医学数据。基于这些数据，A 公司专家展开了 3 方面的分析：①针对实验后的数据，利用独立样本 T 检验分析实验组和对照组的差异是否显著；②分析所有病人在实验前后的状态，利用配对样本 T 检验分析差异是否显著；③对于完成实验的所有被试，基于其生理指标做聚类和相关性分析，以便把被试分为若干类别，分别实施干预。

研究结果表明：这种新型药品的疗效有限，效果不显著，没有推广的价值。

案例 3：专家们的评价可靠、有效吗？

体操和跳水比赛的成绩受裁判员影响非常大，保证裁判员评价的科学性、可靠性和有效性是非常关键的一点，找出评价质量不高的裁判员并予以替换则关系着整个比赛的公平公正。

借助统计分析的策略，对于每轮给分，都首先去掉一个最高分，再去掉一个最低分，删除给分中的极值。针对保留下的得分，只需要做一个基于秩分的差异显著性检验。若运动员的得分之间均具有较高的区分度，则说明裁判员给分具有较高的一致性，即可论证专家评价的有效性。相关内容详见 4.2.3 节。

案例 4：如何平衡不同专家组给出的评价成绩？

高校 A 是一所著名的 985 高校，在某年的硕士生面试环节，其 C 学院的面试工作面临着巨大挑战：因为进入复试的人数过多，所以面试的工作量将会非常大。经办公会讨论决定：组成 5 个面试小组，每个面试小组负责 30 名考生的面试。在面试工作结束后，把 5 个小组上报的面试成绩按照降序排列，依次录取。

然而，有考生质疑：不同小组的专家在给分方面有可能存在偏差，这种偏差将影响考生的排名。换句话说，给分比较宽松的小组中的考生会占便宜。

鉴于这种情况，学院领导做出了"各面试小组须分别对本小组的面试成绩做标准化处理，然后按照公式【T 分数 = 标准分 * 20 + 40】重新赋分"的决定，以生成同一标准下的学生得分。

借助统计学中的 T 分数，A 校 C 学院很好地解决了不同专家组的给分可能不一致的问题。

案例 5：以量化分析为主体的科研论文，方法用对了吗？

B 高校 C 学院的刘教授正在评阅学生们所做科研课题的结题报告。在批阅报告的过程中，刘教授时而击节赞赏，时而唉声叹气，时而一副"恨铁不成钢"的郁闷之状。同事小张很是惊讶，问刘教授为何如此。

刘教授回答说："我在看学生们的结题报告。这几份报告，不论是从选题，还是文献，抑或是论文结构看，都本应该是优秀报告！可偏偏是统计分析方法用错了呀——这份是把实验组与对照组之间的对比做成了配对样本 T 检验；而这份却对定类变量用了皮尔逊相关分析。我只能给他们'不及格'了！太可惜了！真是太可惜了！"

在科学研究中，错误的数据处理方法会直接导致研究结论不可靠！这样的论文，在论文评审中会被"一票否决"，因为整篇论文的论证就不成立啦！因此，面向硕士生、博士生开设研究方法类课程，特别是基于数据论证的量化研究类课程势在必行！

2. 掌握统计分析方法，培养统计思维，是当今科技人才培养的重要内容

上述的 5 个案例，均是现实生活中会真实发生的事，体现了统计分析方法在现实问题中的应用。这些案例，既有学校管理方面的，也有体育比赛领域的，还有与理工科研究项目密切相关的。从这些案例可以看出，统计思维已经渗透到了人们学习、生活、科学研究的诸多方面。因此掌握一些统计分析方法，培养自己的统计思维，提升自己的统计分析素养，对于当今社会的人才发展是至关重要的。

希望这 5 个案例，能让各位读者对统计分析方法的作用、统计思维的重要性建立起初步的了解，渐渐掌握甚至爱上统计分析！

1.1.2 统计思维何以重要

1. 统计思维和能力的培养及发展,是大数据时代学科发展的迫切要求

管理信息化、教育信息化、企业现代化的快速发展,促使各行各业极快地积累起了大量数据,使人类快速进入"大数据时代"。如何充分地利用这些数据,从中总结出规律,以便为下一步的决策提供依据,或者依据数据分析实现智能化推送,已经成为社会科学的重要研究领域。

分析数据内部所蕴含的规律、预测相关系统的运行趋势,已经成为当代信息处理的主要任务,成为每一个机构、每一个科研项目必须面临的课题。基于这一需求而快速发展起来的数据建模技术、数据挖掘技术已经成长为计算机科学的重要应用领域,也成了管理与决策的重要依据。

因此,大数据时代,每一位研究者都应该成为"数据之海"的弄潮儿,具备专业化的数据挖掘和数据分析能力,这些能力也是个人发展的重要助力。在科学研究活动中,以统计学的原理为指导,借助统计学的技术,开展各种层次的统计、分析、归纳和挖掘,对科研成果的生成、研究结论的论证非常重要。综上所述,科研统计思维培养是大数据时代学科发展的迫切要求。

2. 统计思维能力的提升,能够促进学科融合,提升科技人员的科研素养

众所周知,统计分析是理工类专业实验数据处理、结论归纳,获得有价值的研究成果的重要方法。然而,在计算机科学和统计分析软件真正地普及以前,基于大量的调查数据开展统计与分析是一项计算量很大的工作,而且要求研究者精确地了解统计学的基本理论,掌握每个统计分析算法的机理和规范。因此,彼时对量化研究者的要求非常高。在社会科学的研究中,传统的研究以质性研究方法为主。然而,随着专业化统计分析软件的普及,借助统计分析工具开展量化研究已经成为很多文科科研人员的常规研究方法。

不同学科所形成的统计研究方法在计算机科学与技术的支持下实现了快速发展。自然科学的主流研究方法范式——实验数据的量化处理,发展出了一整套形式语言理论、编译理论、检验理论及优化理论。而人文社会科学的主流研究范式——思辨研究、质性分析,也受到了计算机科学和数据处理理论的冲击,从基本文本分析到语义分析、语料分析处理,都能借助计算机将原本只有人工才能进行的复杂分析机器化和程序化,并借助数据处理的理论和方法获得了可信度更高的研究结论——"基于数据做论证"已经成为广受认可的研究方法。

当统计分析方法作为工具和技术所承载的方法论属性渗透进来后,它已经超越了学科疆域的研究规则和框架,而是形成了跨学科的研究范式。也就是说,科研统计思维的理念和模式已对众多学科的研究方法体系产生了重要影响,甚至从根本上改变了其原有的研究范式。

3. 统计分析软件为科研统计思维的快速发展提供了可能

在传统的科研数据处理中,如果想基于数据开展量化研究,则需要以统计学、统计分析的理论为基础,通过大量的数据计算,分析数据之间的相关性、差异性,甚至包括归因分析、聚类分析(降维分析)等,才能获得研究结论。这一过程涉及的规则很多、计算量庞大,对非计算机专业和非统计学专业的多数学者来讲，都存在着很大困难。然而，随着众多统计分析软件的出现，为面向数据的统计与分析提供了很好的工具，特别是 SPSS、SAS 等软件的出现，极大地促进了科研统计思维的普及与发展。目前，对多数从事人文科学研究的科研人员来讲，SPSS 和 SAS 中的各类统计分析工具就像一个只有"输入"和"输出"的"黑匣子"，在开展量化研究的过程中，不需要了解黑匣子的内部结构，只需要能精确地掌握其输入数据和各项参数，并解读其各类输出结果所代表的具体含义，就能够很好地使用它们。统计分析软件的广泛使用，推动了科研统计思维的普及，使科研统计思维在人才培养中的地位日益提升，科研统计思维的策略在科研、教学中日益重要。

因此，尽管面向非计算机专业和非统计学专业学生直接讨论数据挖掘和统计分析技术的原理和算法会存在困难，但是，如果只是把数据建模和数据挖掘技术的概念、方法和工具以科研统计思维的模式介绍给学生，允许学生在借用数据建模和数据挖掘的现有工具时不必详细掌握其内部的算法结构，只需了解每个工具的输入、输出及其参数规范，让学生逐步具备准确地使用统计分析工具并解读统计分析结果的能力，还是完全可行的。如果做到了这一点，我们的学生在参与普通科研活动时就能借助这些工具开展统计分析并能根据分析结果获得比较准确的量化结论。与此同时，如果学生们熟练掌握了这些工具的用法，也一定能够拓展学生的解题方法，使研究的科学性、严谨性都能得到很大的提升，从而优化其思维方式，促进其科研能力的发展。

1.2 统计的主流技术及应用

统计主要是基于数据做计算并从中探究其内在规律，因此统计也被称为"统计分析"。统计分析的关键技术主要包括统计描述和统计推断两个层次。其中，统计描述是对现有数据只进行统计，并从数据的集中性、离散性和分布形态 3 个维度做出描述；而统计推断则是统计分析的主要手段，它主要指借助统计分析算法做出推断，即首先给出假设，然后基于数据计算，推断假设是否成立——计算出原假设成立的概率。

1.2.1 统计描述的关键技术

1. 对数据集中性的描述

在统计分析过程中，人们通常需要了解数据序列中的数据会集中于哪一个数据点周围。该数据点是在统计分布上具有明显集中趋势的数值，代表数据序列的一般水平。常见的描述量主要有均值、中位数和众数等。

在统计中，均值、中位数是针对取值大小有意义的数据序列的集中性描述统计量，常用于身高、体重、长度等测量值；而众数主要用于描述取值大小无意义的数据序列的集中性，诸如民族、生源地等。

2. 对数据离散性的描述

在统计分析中，人们通常需要了解数据序列在均值上下的波动程度，即对数据离散性的描述。数据在均值附近的波动性大小是序列的重要属性之一。衡量数据序列离散性的描述统计量主要有方差、标准差和异众比率。

在统计中，对于取值大小有意义的数据序列，人们通常以方差或标准差来描述其离散性；对于取值大小无意义的数据序列，则以异众比率描述其离散程度。异众比率指非众数组的个案在总体内所占的比重。

3. 对数据分布形态的描述

数据的分布形态对分析方法的选择具有重要影响。因此，在描述数据时，阐明数据的分布形态也非常重要。在统计学中，数据的分布形态主要有正态分布、均匀分布、指数分布、泊松分布等。另外，偏度和峰度也是描述数据分布形态的重要指标。

1.2.2 统计推断的主流技术

目前用得最多的统计推断技术主要有关联性分析、差异显著性检验、聚类分析、降维分析、信度和效度检验、主成分分析等多种。

1. 关联性分析

关联性分析是指对两个或多个可能具备相关性的变量进行分析，从而衡量变量之间相关关系的密切程度。相关关系的密切程度可以分为高度一致性（即高度正相关关系）、高度相反性（即高度负相关关系）、不相关。

从关联性分析包含的策略看，关联性分析包含相关性分析和回归分析两个层次。

在统计分析学中，对两个数据序列相关性的分析主要通过相关系数 r 和相关性检验概率 p 值两个指标来体现。其中，相关系数 r 的绝对值在 0 到 1 之间，反映两列数据的关联程度；p 值则为不相关的概率值。

若变量之间的关联性可以用一个函数式表达出来，那么人们把探索这个函数式的过程称为回归分析，把这个函数式称为回归方程。借助回归方程，一方面能够表达变量间相互影响的关系，另一方面还能用于预测。

随着大数据时代的来临，由于数据之间的关联常常为多维的、双向的，因此针对数据之间的内在逻辑，人们更加关注其关联性，而不是其中的因果关系。

2. 差异显著性检验

差异显著性检验简称为差异性检验，用于判断两个数据序列是否存在显著的差别。数据序列的差异显著性检验分为均值差异性和分布差异性两种形式。对于具有正态分布形态的两列连续型数据，通常可检验其均值差异性，即通过检查均值之间的差异程度判断其差异是否很显著；而对不明形态或非正态分布的数据，则常常检查其分布差异性。

差异显著性检验是一种推断检验。通常首先假设两列数据之间没有显著差异，通过计算相应的统计量判断无显著差异的可能性（即概率 p 值）。在统计学中，通常以 0.05 为界限（即

95%的置信度），若两列数据无显著差异的检验概率值 p 大于 0.05，则承认原假设，即两列数据之间没有显著差异；反之，若两列数据无显著差异的检验概率值 p 小于 0.05，则认为它们之间具有显著差异。

3. 降维分析

在调查或研究过程中，常常需从多个视角制作调查或评价指标，从而能够全面地反映调查对象的属性和特点。然而，调查完成后，研究者经常发现指标项非常多，难以凝练出较为简练的结论，或者因多个指标项的语义存在严重重叠，导致语义关系不清晰，这就需要基于数据进一步凝练指标项，以使研究结论维度更少，语义更清晰。

简而言之，降维就是减少评价指标的维度，进一步凝练指标项的过程，从而使结论变得更加易于表述和理解。

4. 聚类分析

在数据统计与分析过程中，常常需要把成千上万的个案分成若干类，以便于操作。例如，人们把学生分为男生、女生，就是一种分类，还可以把学生按照综合表现分为优等生、良好生、普通生和差生，这也是一种分类。这种仅仅基于单个变量的分类非常简单，一目了然。然而，如果分类依据非常复杂，需要基于多个变量的取值来实施分类，那么其操作就需要专门的算法。

这种依据多个因素变量的取值，对个案分类的过程就是聚类分析，也叫分类分析。所以，聚类分析就是分析收集到的数据，根据其内在规律和特点，把相似的数据归结为一类，从而形成多个类别的过程。

在数据统计分析过程中，聚类分析可以分为针对个案（记录）的分类和针对变量（字段）的分类。针对变量的聚类过程实际上也是一种降维过程。

5. 信度和效度检验

信度是反映数据可靠性的指标，用于反映数据是否可靠，是不是测量对象的真实反映；而效度是反映测量依据有效性的指标，效度通常由测量工具的有效性来体现。例如，以天平测量物体的质量，天平是有效的测量工具，那么这次测量效度就高。

6. 主成分分析

主成分分析是从描述客观事物的若干变量中抽取其关键信息的统计分析方法，其作用是把描述某一类别客观事物的若干变量用较少的、更简洁的几个潜变量描述出来。

1.2.3 统计分析技术及其应用领域

1. 统计分析的两种思路——数据分析与数据挖掘

数据统计分析的发展遵循两条思路。其一，面向静态数据的数据分析（Data Anlaysis，

DA）；其二，面向动态数据的实时数据挖掘（Data Mining，DM）。

所谓面向静态数据的数据分析，是指借助数据分析专业软件，对通过社会调查、科学实验所获得的数据，或者对从信息系统导出的某一时间段的数据进行分析。这种分析很少考虑数据的动态性、过程性和变化性，往往是针对某一时间段的状态所做的数据分析。

所谓面向动态数据的实时数据挖掘，是指在信息系统中集成数据挖掘算法，以便信息系统能够随时针对动态数据开展分析。这种技术强化时间序列特点，依托支持动态数据采集和集成的数据仓技术，开展实时的数据分析。它对用户具有很高的要求，已经成为主流数据库系统的重要功能。

2. 大数据时代的统计分析已渗透到诸多领域

随着"大数据热"愈演愈烈，数据分析与数据挖掘的算法日益成熟，统计学、数据挖掘的技术手段被引入大数据处理过程中，起到了重要的作用。

首先，统计学理论被引入大数据处理领域，统计分析的手段已经变成了数据分析的常规手段。由于大数据的规模比较大，经过数据清洗的有效数据通常符合统计规律，因此信度检验、关联性分析、数据离散性描述（方差、标准差）、聚类分析、主成分分析等被广泛地应用到大数据处理的过程中。目前，这些技术已经被集成到多种计算机信息系统中，发挥着越来越重要的作用。

其次，除了传统的数据分析技术之外，遗传算法、神经网络、语义网络、分布式数据库管理等面向大数据的处理技术也已经日益成熟。

最后，专业的数据挖掘软件、数据推送技术快速发展。应大数据处理的要求，IBM、微软、甲骨文（Oracle）等公司都在自己的大型数据库管理系统（Database Management System，DBMS）中集成了数据挖掘技术，强化时间序列特点、支持数据挖掘技术的数据仓已经成为主流数据库系统的重要组件，为基于大数据的数据挖掘提供了强大的技术支撑。

3. 统计分析的算法与思维被广泛地应用于人工智能领域

大数据、并行计算、深度学习是当代人工智能的三大要素。人工智能建立于海量优质数据和应用场景的基础之上，基于海量数据的模型训练是深度学习的核心策略。在这个过程中，算法的质量、训练数据的数量、规模等因素尤为重要，丰富的海量数据集是算法模型训练的前提。大数据一方面为人工智能提供了大量的训练数据，另一方面还为人工智能的发展提供了优质的数据处理算法。在这个过程中，统计分析中常见的判别分析、聚类分析、回归分析等算法是人工智能领域模式识别和模型训练的基石，正是由于统计分析算法和统计思维的存在，人工智能才在近几年取得如此瞩目的成就。

1.2.4 统计分析的关键思路及质量评价

统计分析的常见策略主要包括数据统计描述、数据差异显著性检验、关联性分析、回归分析、聚类分析、降维分析等内容。这些策略可以分为两个不同的类别，其一是对数据的描述与检验，其二是基于数据建模并依据模型对未来数据实施判定或预测。上述策略主要有两种关键思路。

1. 统计推断——提出假设并检验假设

（1）统计推断的基本思路

在数据检验前，先提出一种假设，然后按照特定的算法对假设进行检验，最后根据检验概率判定假设成立的可能性。这就是统计推断。

在实证研究中，人们通常先假设"不显著"，例如，实验班与对照班学生的成绩没有显著差异，或学生性别对物理成绩没有显著的影响，爱好与性别没有关联性。这个假设被称为零假设，简记为H0。然后利用已有的数据进行计算、归纳，最后根据统计规律分析零假设成立的可能性。

例如，在数据的差异显著性检验过程中，人们通常预先假设两列数据不存在显著性差异，然后依据 SPSS 或 Excel 内置的算法算出假设成立的概率值（即假设成立的可能性）。若假设成立的概率值 p 大于 5%，则表示原假设是成立的，两列数据之间是不存在显著性差异的；若假设成立的概率值 p 小于 5%，则表示原假设是很难成立的，即两列数据无显著差异的可能性很低，两列数据之间是存在显著差别的。

对两列数据的关联性分析也借助了这一思路。

（2）统计推断中常见的两种错误

在统计推断中，"显著性"是研究者期望得到的结果。例如，经过教学改革，实验班与对照班学生的成绩有显著性差异；在医药领域，服用新药的病人与服用安慰剂的病人身体状况有显著差异；在归因分析中，新媒体技术的应用对学生的物理成绩产生了显著影响……

对于"显著性"的统计推断，容易发生两类错误：其一，错误地拒绝了零假设，把不该显著的事情判定为"显著"。这类错误也被称为第一类错误（即 α 错误，或 TYPE I 错误）。其二，错误地接受了"零假设"，把本该显著的事情判定为"不显著"。这类错误也被称为第二类错误（即 β 错误，或 TYPE II 错误）。

从科学研究来看，犯第一类错误的危害较大，相当于把"无差异"判定为"有差异"、把"无效"判定为"有效"。这可能会衍生出后续的研究、应用，其危害将是不可估量的。相对而言，犯第二类错误的危害则相对较小，研究者如果对自己的假设很有信心，可能会重新设计实验，再次来过，直到得到正确的结果。

除了样本自身和计算精度的影响之外，在"何种情况下拒绝零假设"的标准对于减少两类错误非常重要。标准定得过宽，则容易犯第一类错误；标准定得过严，则容易犯第二类错误。

因此，在科学研究中，人们通常指定"检验概率值 $p = 0.05$"作为判断是否承认零假设的标准（即常讲的置信度为95%）。当 $p \geq 0.05$ 时，就承认零假设，认为研究对象的表现不显著；只有在 $p < 0.05$ 时，才拒绝零假设，认为被研究对象的表现是显著的。在特定情况下，为了提升研究的标准，进一步控制"显著性"，人们也常常把 $p = 0.01$ 作为拒绝零假设的标准值（即置信度为99%）。

在统计学中，$p = 0.05$ 这个标准被称为"置信度 95% 的显著性标准"，因此也常被写作 Sig 值 = 0.05。

2. 对数据建模及模型质量的判定——基于"模型值/偏差值"

在统计分析中，不论是做回归分析还是判别分析，其实都是力图创建一个尽可能与测量数据很好地拟合的数据模型——创建并检验模型质量的过程就是建模。对于模型的质量，人们通常利用"模型值/误差值"（即效应值）来判定模型的有效程度，这一思路贯穿了统计分析的各个过程，只是在不同的模块中可能呈现为不同的具体形态。

例如，在两次抽样数据的差异显著性检验中，人们常常使用两个均值的差与其标准误（即 SE）的比值来判定两个数据序列是否存在显著性差异。事实上，若两个序列的均值之差远大于标准误 SE，则表示这两个序列之间的差距远远大于各个组的组内正常波动，即组间的差异值不是由组内正常波动而引起的，组间的差别应是由分组所导致的。这就是非常重要的 T 检验的核心思想。对应的公式如式 1-1 所示。注意，公式中的 X_a 和 X_b 分别表示两个序列的均值，SE 则代表着抽样数据的标准误。

$$F = \left| \frac{X_a - X_b}{SE} \right| \qquad 式1\text{-}1$$

在线性回归分析的处理中，通常需要根据已有的数据创建回归方程，即基于已有数据建构模型。在完成了建模后，根据模型计算出的数值称为回归值（即期望值），而原始数据（观测值）与回归值之间的差被称为残差，也可以称之为误差。回归值越接近对应的观测值越好。因此人们用"回归值的均方和"与"残差均方和"的比值（简称 F 值）来评价回归方程的质量。这个比值越大，表示回归方程的影响力越大，回归效果越好。在理想情况下，回归方程能够完全拟合测量值，则相应的"残差均方和"为 0，导致 F 值为无穷大。评价线性回归质量的计算方法如式 1-2 所示。

$$F = \left| \frac{回归值的均方和}{残差值的均方和} \right| \qquad 式1\text{-}2$$

同理，判别分析也借助了与此相似的评价方式，通过残差与有效数据的比值来反映判别效果，这个比值（Wilks Lamda 值，即威尔克斯 λ 值）越小，表示判定效果越有效。

> 📎 **注意**：
> 本节为了阐述统计分析的一些基本思路而提及了较多的术语，对于这些术语，读者可暂时只是记忆，但不做深入理解，后续将进行详细的解读。

1.3 统计思维在科研中的主要应用

基于数据的量化研究已经成为科学研究的主要形式，而统计分析技术的应用是量化研究的主要形式——基于测量和数据展开挖掘与分析，进而获得研究结论。为了保证研究的科学性和严谨性，科研中的量化研究已经形成了一套稳定的模式，统计思维在其中发挥着举足轻重的作用。

1.3.1 在自然科学领域的常见应用

以统计思维为基础的量化研究法在自然科学的研究中占据着非常重要的地位，推动自然科学实现了巨大的发展。其中的应用模式主要有以下 3 种。

1. 面向实验实践等探究活动的数据挖掘及归纳

物理学、化学、生物学等领域均涉及大量实验，而且很多规律都建立在实验或实践活动的基础上。对实验数据的处理离不开科研统计思维。

在我们学习牛顿第二定律的时候，放在斜坡上的小车在等时间间隔下的位移与时间点均可通过摄像机等手段获取，对这些数据的处理，就是以时间作为自变量、以位移作为因变量的回归分析的过程。类似的例子不胜枚举。

2. 新技术、新工艺、新产品提升效率、改进成效的检验

在医药领域，每日均有大量新型药品问世；而在农业领域，则总有众多新肥料、新农药上市。这些新产品的成效如何确定？

针对这一问题，绝对不能依赖单一的个案就做出"有效"或"无效"的结论。研究者通常需要预先选择大量的被试，并将他们随机分配为实验组和对照组成员，通过构建"实验组－对照组"的研究范式，设计出新产品有效性检验的研究方案。

在这种研究方案中，需要预先构建前测无显著差异的实验组和对照组，以保证参与研究活动的被试在实验前的各项指标基本相同。检验实验组前后测状态是否有显著差异，来论证实验组是否有变化。检验后测数据中实验组与对照组是否存在显著差异，来论证新产品的有效性。

这一研究模式在医药领域、农业领域、生物学领域、制造业领域等均被广泛地应用。

3. 生态环境、水文特征的监测、分析与检验

在生态学、环境科学等领域，人们通过各种仪器、设备采集了大量的数据，并针对这些数据进行了不同层次的统计分析。比如，针对黄河流域生态环境、水文特征的宏观性描述统计；以某些指标作为因变量，基于某些因素的差异显著性检验，针对黄河流域不同村庄进行的聚类分析等。

正是由于统计分析技术的发展和计算机并行处理能力的提升，近几年面向生态环境、宏观水文规律的大数据研究取得了很多有价值的成果，对于促进国家的宏观发展意义重大。

1.3.2 在社会科学领域的常见应用

随着计算机及统计分析软件的普及，量化研究方法逐渐渗透到交叉学科甚至文史哲领域，并取得了不错的应用效果。本节仅从教育学科的视角探讨统计分析在社会科学中的应用模式。

1. 针对研究对象的现状采集数据并展开实证性研究

在教育科学中，最常见的一类研究就是以获得研究对象的现状为目的的调查，并在调查数据基础上实现基于统计分析的实证性论证。这类研究以采集能反映某一状态的海量数据为基础，通过对海量数据的统计描述、分类对比，以获取被研究对象的本质属性。

在当前的教育科学中，这类研究占据着重要地位。从已有的研究来看，多数面向状态或现状的量化研究中，数据的来源较为单一，但数据规模较大。比如，山东省近五年新入职青年教

师的职业能力调查、河北省农村地区教育信息化发展状况调查及问题分析，都属于这一类型的研究。另外，诸如学生评教有效性的论证、教学改革成效的探索、高考命题的科学性分析、免费师范生整合技术的学科教学知识（Technological Pedagogical Content Knowledge，TPACK）能力发展状况等研究也属于这一领域的研究问题。

在这类研究的具体执行过程中，为了能够获得较客观的研究结论并提升研究结论的学术性，人们通常先借助大样本数据开展整体性分析，然后按照特定的分类依据进行分类跟踪，探索不同类别的样本在目标变量维度是否存在显著性差异，从而提升研究的深度，达到"归因"的目的。

2. 面向教学改革成效的实证性研究

随着教育信息化的普及，很多新技术、新理论被教师主动地应用到教学过程中，产生了类型众多的教学改革项目。然而，教学改革的成效如何？通常需要借助教学实践数据并以统计分析技术来论证。为了达成这一目标，人们常常采用"实验班－对照班"模式组织实证性的教学研究活动。

（1）此类研究的常见流程

首先，选择2~3个具有相同知识基础、在研究问题上具有相同表现的教学班，从中任意选择其一作为实验班（采用新的教学策略），其他班作为对照班（以传统的策略组织教学活动）开展准实验研究。

其次，在实验过程中，通过对比实验班和对照班在研究问题维度上所呈现出的差异性来论证教学改革策略的有效性。

（2）应用模式

其一，前后测、横纵对比的模式。

在开始教学实践前，需采集实验班、对照班的前测数据并进行统计分析，以便论证实验班与对照班在开展教学实践前不存在显著的差异。在结束教学实践后，要采集实验班和对照班的后测数据，检验实验班与对照班的后测数据之间是否存在显著差异。

对于前测无显著差异的两个教学班，若后测数据存在着显著差异，则说明在研究问题所聚焦的点上，新教学策略发生了作用。

在这一模式中，研究者应首先针对后测数据做实验班与对照班之间的差异性对比（横向对比），以论证新策略的有效性；然后再针对实验班和对照班做前后测对比（纵向对比），以论证实验班的成长性。最终，通过差异性是否显著来论证教学改革是否卓有成效。

其二，基于时间序列的模式。

仅有后测数据和前测数据的准实验研究稍显单薄，有时并不足以论证研究结论。为了能够充分地论证研究结论，研究者可在研究过程中组织多轮教学实践活动，并在每轮教学实践末期均采集实验数据，从而形成与时间相关的数据序列。

借助前测数据、研究过程中的多轮实验数据，可以分析教学实验过程中学习者的变化情况，从而更准确地了解新教学策略对学习者所产生的影响，形成更可靠的研究结论。

1.4 统计思维方法及应用误区

统计思维在科研过程中主要表现为基于量化的方法探究数据内部隐藏的规律，通过统计描述、推断和建模等手段，努力形成尽可能规范、科学的研究结论。这个过程就是量化研究的过程。

1.4.1 量化研究中统计分析的层次

在基于数据的量化研究中，根据统计分析方法和统计分析技术的不同层次，量化研究也可分为不同的层次。

1. 基于频数与百分比的简单对比

在最初等的量化研究中，为了表示不同类别间的关系，很多研究者对原始数据进行分类，并统计每类数据的个数，在统计出的频数的基础上绘制出饼图、直方图和折线图，利用这些频数、百分比或图像来论证不同类别研究对象所呈现出的特质。

基于频数或百分比论证研究结论，是最简单的统计分析技术，在教育科学的学术研究中虽然仍在大量使用，但其学术性不是很强。

2. 基于差异显著性检验的统计分析

差异显著性检验是教育科学定量研究中的核心内容。在教学管理中，差异显著性检验被广泛地应用。例如，期末考试完成之后，可比较两个教学班学生的考试成绩是否存在显著性差异，班级内男生与女生的成绩是否存在显著差异，不同生源学生的成绩是否有显著差别，学生的期末成绩与期中成绩是否有显著差别。而在教改研究中，人们经常采用"实验班－对照班"模式组织教学活动，以论证教改策略实施的有效性。在此类研究中，实验班与对照班之间前测数据的差异显著性检验、后测数据的差异显著性检验，实验班前后测数据的差异显著性检验，以及针对群体中某一特殊小群体的跟踪和差异显著性检验，这些检验均属常用策略。

利用差异显著性检验，通常能够解决两个方面的问题。其一，直观地论证某一类群体优于或弱于另一类群体。例如，在教改研究中，实验班的后测数据与对照班的后测数据有显著差异，且实验班数据均值高于对照班，能说明新教学策略的有效性。其二，基于差异显著性进行归因。例如，在教改研究中，如果发现"教改前男女生的成绩无显著差异，但经过教改，男生的成绩明显高于女生"，则可以得出结论，新教学策略对男生的影响比较显著，或者说新教学策略与性别相关。

差异显著性检验已是具有相当水平的统计分析技术，在教育科学、医学、社会学、心理学等学科的学术研究中被广泛地应用，并已具备了较好的学术性。

3. 基于回归、降维和聚类分析的统计分析

在人文社会科学研究中，出于归因和归纳的需要，人们常常借助回归分析技术，把若干基本因素变量和被解释变量组合起来实施分析，以探索因素变量与被解释变量之间的关系。例如，要分析影响物理课程学习成绩的因素——性别、爱好、认知风格、语文成绩、数学成绩等，就可以使用多元线性回归分析。

在理想的情况下，利用回归分析能够获取表达因素变量与被解释变量之间逻辑关系的回归方程式。利用回归方程式，不但能够发现影响被解释变量的若干因素及其影响力水平，还可以进行预测。

降维和聚类分析则可以通过对变量进行聚类，减少变量的个数，从而降低研究问题的维度，归纳出影响研究结论的关键因素。

回归、降维与聚类分析在人文社会科学的量化研究具有较高的学术地位。在人文社会科学的量化研究中，穿插使用回归、降维和聚类分析，能够实现对研究问题的深层次挖掘，常常能够获得较有价值的研究结论。

4. 结构方程模型

结构方程模型是一种建立、估计和检验因果关系模型的方法。模型中既包含可观测的显变量，也可能包含无法直接观测的潜变量。结构方程模型可以替代多重回归、路径分析、因子分析、协方差分析等方法，清晰地分析单项指标对总体的作用和单项指标间相互关系。

简单而言，与传统的回归分析不同，结构方程模型能同时处理多个因变量，并可比较及评价不同的理论模型。与传统的探索性因子分析不同，在结构方程模型中，可以预先提出一个特定的因子结构，并检验它是否吻合数据。通过结构方程模型多组分析，我们可以了解不同组别内各变量的关系是否保持不变，各因子的均值是否有显著差异。

在教育科学研究中，利用结构方程模型技术，可以针对若干因素变量和多个因变量建立起比较贴合实际的逻辑结构，能够真正地反映教学过程中多个变量之间相互依存、相互影响的逻辑关系。目前，结构方程模型在教育科学的研究中具有很高的学术地位，利用结构方程模型技术，能够有力地提升教育科学研究的学术水准。

1.4.2 量化研究中的误区

在量化研究中，没有来源可靠、信度高的数据，研究结论就无法保障，当然，统计分析方法的正确性和严谨性同样重要，错误的研究方法将导致研究结论被"一票否决"。因此，在社会科学的量化研究中，应该注意避免以下几类问题。

1. 调查指标与研究问题脱节，未能真正地覆盖研究问题

在社会科学的量化研究中，最可怕的现象就是，调查指标或调查问卷不能真正地覆盖研究问题，或者调查指标与研究问题是"两张皮"，二者很不一致，导致研究结论极为不可靠。

2011年前后，笔者曾经评审过这样一个研究课题"从TPACK视角探索免费师范生的技术能力"。研究者主要以调查问卷的方式展开调查，并基于采集到的800多份问卷做了各层次的统计分析，最终获得了研究结论——各专业免费师范生的技术能力由弱到强可排列为：思想政治教育＜教育技术＜哲学＜中文＜俄语＜历史＜生物＜化学＜物理……然而，这一研究结论却极为可疑！

从其研究结论中可以看出，教育技术专业学生的技术能力仅高于思想政治教育专业，在全校各个专业中位于倒数第二。而从免费师范生参与学校活动的实际情况看，教育技术专业学生的技术能力一直很强，仅弱于计算机专业的学生。因此，此课题的研究结论存在较为严重的问题。

仔细查阅该课题的研究过程，笔者发现调查指标存在着较严重的问题：问卷中绝大多数题目的题干都有很强的主观性，仅关注了研究对象的个人感受，几乎没有一道题目能真正地从技术使用视角测量研究对象对技术的实际应用能力。因此，该研究更像是在探究免费师范生对自己技术能力的满意度，而不是调研学生们对技术的实际应用能力。

总之，在任何一个面向社会科学问题的研究中，调查指标的设计一定要慎重，一定要切实注意"调查指标的结构务必适应研究问题，能够全面地覆盖研究问题"，务必要避免"调查问卷与研究问题'两张皮'"的现象。

2. 孤证难立，研究结论存在较大风险

在很多社会科学的研究中，都存在着由研究者自设调查问卷并且一张问卷"包打天下"的错失。而在现实中，导致教育教学发生改变的原因通常是多方面的，而且研究对象在填写调查问卷的过程中还容易受到情感、态度、学习工作状态等诸多方面的影响。因此，在社会科学的定量研究中，要务必注意"孤证难立"，切实注意研究中的风险。

基于上述思路，通常需要在问卷调查的基础上，适当配置访谈、教师评价、学生成绩、学生课堂表现等不同维度的数据，以形成比较完整的评价体系。多视角的数据相互佐证并修正，能减少教研中的孤证现象，以保证科学研究的严谨性和客观性。

3. 统计分析方法应用错误，导致研究结论存疑

统计分析在社会科学量化研究中的地位是毋庸置疑的，不过，初级研究者很容易错误选用统计分析方法，导致研究结论错误。笔者作为评委评审北师大的学生科研项目时，每年都会发现多个基于定量分析的科研项目误用了不恰当的统计分析方法。统计分析方法的错误，直接导致研究结论的可信度不高，会严重影响研究的质量。诸如，对实验班和对照班后测数据之间的差异显著性检验采用了配对样本T检验，对定类变量与定类变量之间的关联性分析使用了皮尔逊相关分析，等等。这些错误导致的问题是非常严重的，轻则使研究结论存疑，重则直接把研究引入歧途。

因此，参与定量研究活动的每一个研究者，都应该精准地掌握每一个统计分析算法，把握其在输入方面的约束条件，并能精准地解读其输出的表格，从而保证能正确地应用统计分析方法，获取可靠、准确、客观的研究结论。

1.4.3 量化研究质量的保证

量化研究是基于数据的研究，其核心是数据。在社会科学的量化研究中，应从测量量表的科学性与有效性、测量过程的严谨性、统计分析和结论解读方法的正确性及适时的分类跟踪等几个方面保障研究的有效性。

1. 测量依据要科学、有效——要保证测量指标的效度

对研究对象进行测量以获得数据是量化研究的起点。在此过程中，测量依据的科学性和有效性是关系着研究成败的关键因素。

在社会科学的量化研究中，人们通常借助调查问卷或考试试卷对被试实施测量。其中，调查问卷的来源有 2 类，其一是直接选用已经成形且被学术界认可的调查问卷。由于这类问卷已经被学术界认可，其信度和效度已经得到过论证，它们通常被称为量表。其二是根据研究目标自行设计调查问卷。由于这类调查问卷是由当前研究者根据研究目标自行设计的，在调查指标维度、调查问题设计的严谨性和代表性等方面均有可能存在较严重的问题。因此，为保证这类调查问卷的科学性与有效性，通常需要对这类调查问卷做效度检验。只有效度达到标准和规范，才可使用这类调查问卷开展大范围的测量。

另外，即使是借用权威的量表开展研究，仍要注意量表的适用范围、量表的常模参数，要避免量表的超范围使用和滥用。

2. 测量过程须严谨——要保证数据的信度

在社会科学研究中，基于调查问卷的数据采集经常会受研究对象态度、情感、团体状态等因素的影响。另外，部分研究对象可能会因匆匆填写问卷而未能正确地理解问卷的每个题干，这也会导致测量数据出现较大的偏差。

为保证数据的有效性和客观性，在测量过程中要注意做好以下几点：①测量过程应是有组织、有计划的，整个测量过程应在有限时间内完成；②研究对象应具有代表性，研究对象对当前测量的态度是积极的、欢迎的；③研究者应适当控制测量进度，尽力避免少量研究对象匆匆填写；④对于面向小学生的调查，应向他们仔细解读每一个调查问题，以帮助他们更好地理解题干，避免误解题干导致的数据错误。

3. 正确地分析数据、正确地解读分析结论——要保证统计分析过程的严谨性

量化研究过程中，统计分析是其关键步骤。选用正确的统计分析方法、正确地解读分析结论是量化研究的基本要求。

获得测量数据后，即可根据研究目标选择统计分析类型。在明确了统计分析类型之后，还需根据数据自身的特点确立具体的分析方法。例如，在"实验班-对照班"模式的教改研究中，研究者分别对两个班进行了测量，现在需要检验两个班的后测数据是否存在显著差异，以便论证教改的成效。那么，在配对样本 T 检验、独立样本 T 检验、独立样本的非参数检验、方差分析等多种差异显著性分析方法中，到底应该采用哪个分析方法呢？

如果选用了错误的统计分析方法，将导致研究结论被直接否定，整个研究就失去了价值。另外，在完成统计分析之后，要正确地解读分析结论，对分析结果表格中的每一项指标值做出正确的解读。

4. 正确看待分析结论中的异常现象，适时分类跟踪——善于跟踪与深挖，形成研究亮点

在量化研究中，多数情况下统计分析结论与研究假设一致，统计分析结论能够论证研究假设。

当然，分析结论与研究假设不一致的现象也并不少见。对于这种现象，研究者无须烦恼，因为这有可能是发现重要创新点的机遇。

在发生此现象之后，研究者应静下心来，对原始数据做分类跟踪，或者依据调查数据的结

果值分类并逆推，从中找出问题的根源。在多数情况下，针对统计分析中发现的不正常现象所做的跟踪，通常能够发现亮点（即不为人们注意但非常重要的结论），从而在一定程度上提升研究的深度。

总之，量化研究也需要"跌宕起伏"的情节，请关注量化研究中的异常数据、特殊现象，它们往往是研究亮点的源泉。

1.5 统计分析软件及其分析环境

信息化时代统计思维的应用离不开统计分析软件。正是统计分析软件的普及，促使统计思维广泛地出现在各类科研活动中。当前，Excel 因使用方法简单成为应用范围最广泛的数据处理软件，它在数据预处理和简单统计描述、简单统计推断等领域均有不错的表现。SPSS 则是应用最广泛的专业化数据统计分析软件。

> **科研视点：**
> 在科研活动中，人们经常借助 Excel 完成数据采集和简单的数据预处理，然后借助 SPSS 完成专业化的统计分析业务。当然，也有一些初学者直接使用 Excel 完成自数据采集到专业化统计分析的全部工作。但是，对于各类科技论文，大多数学者更认可基于 SPSS 的统计分析结果。

1.5.1 统计分析软件简介

大数据时代的统计分析技术可分为两种不同的类型，一种是针对某一时间点的静态数据的数据分析技术，另一种是面向动态变化数据的实时数据挖掘技术。

尽管专业的统计分析工具很多，但在科学研究领域，人们使用较多的统计分析工具仍然是 SPSS 和 Excel。在基于社会调查和评价分析等研究中，人们常常以更为普及的 Excel 完成数据采集、预处理和简单的统计分析任务，而以专业化的 SPSS 完成比较复杂的统计分析工作。

1. 专业化的统计分析软件

（1）SPSS

SPSS 是 IBM 公司推出的一系列用于统计分析运算、数据挖掘、预测分析和决策支持任务的软件产品及相关服务的总称，被广泛地应用于教育、心理、经济、生物、地理、医学等学科领域，是世界上著名的统计分析软件之一。

SPSS 软件的全称最初为 "Statistical Package for Social Science"，即"社会科学统计软件包"，但是随着 SPSS 产品服务领域的扩大和服务深度的增加，SPSS 已于 2000 年正式将英文全称更改为 "Statistical Product and Service Solutions"，即统计产品与服务解决方案，标志着 SPSS 的战略方向正在做出重大调整。

SPSS for Windows 是一个组合式软件包，它集数据录入、整理、分析功能于一身。用户可以根据实际需要和计算机的功能选择模块。SPSS 的基本功能包括数据管理、统计分析、图表分析、输出管理等。SPSS 统计分析过程包括描述性统计、均值比较、一般线性模型、相关分析、回归分析、对数线性模型、聚类分析、数据简化、生存分析、时间序列分析、多重响应等几大类。SPSS 也有专门的绘图系统，可以根据数据绘制各种图形。

（2）SAS

SAS 是一款广泛地应用于化学、生物、心理、农医等领域的统计分析软件。SAS 的全称为"Statistics Analysis System"，即"统计分析系统"，它最早是由北卡罗来纳州立大学的两位生物统计学研究生编制并研发的，并于 1976 年正式推出。该系统早期仅提供统计分析功能，目前已发展成为能用于决策支持的大型集成信息系统，当然，统计分析功能至今仍是它的重要组成部分和核心功能。

SAS 是由大型机系统发展而来的，其核心操作方式是程序驱动，经过多年的发展，现在已经成为商业分析软件与服务领域的领跑者。

（3）Systat

Systat 的全名是"System Statistical"（即"统计系统"），这是一款强大的统计分析软件，它能够为用户提供从基础的描述性统计到基于高端算法的高级统计方法等多种高效功能。

与 SPSS 等软件相似，它提供了回归分析、变异数分析、表格分析、多变量分析、可靠度分析、时间序列分析、仿真与分配等功能，而且还提供了功能强大的宏语言，以便用户便捷地控制统计过程，开展统计流程代码设计。

2. 非专业化的统计分析软件

除了专业化的统计分析软件外，随着大数据时代的来临，一些办公软件内部也集成了数据分析模块，以供普通用户在自己的工作中完成一些简单的统计分析任务。

在 Excel 2010 及以后的版本均内置了数据的统计与分析功能，使统计分析成为 Excel 的基本功能。用 Excel 实施统计分析的方法有两种：其一是普通的统计分析函数，其二是比较专业的"分析工具库"。

（1）普通的统计分析函数

Excel 提供了一组专业的统计函数，帮助人们进行统计分析。常见的函数有：①普通统计函数，如 SUM、COUNT、AVERAGE、MAX、MIN 等；②条件统计函数，如 SUMIF、COUNTIF、AVERAGEIF 等；③转码函数，如 IF、TEXT、VALUE 等；④数据分析函数，如 VAR、STDEV、TTEST、FTEST、CORREL 等。

（2）Excel 的分析工具库

"分析工具库"是 Excel 的重要组件，它提供了 T 检验、方差分析、Z 检验、F 检验等常用的统计分析功能，而且能够提供远比统计函数详细的统计分析结果，有利于用户进行比较专业的统计分析任务。

分析工具库已经成为微软 Office 系统的默认安装组件。但是，在用户启动 Excel 时，不会默认加载分析工具库，需要用户在需要使用分析工具库时人工加载。具体加载方法请参阅 1.5.2 节。

3. 结构方程建模软件

常用的结构方程建模软件包括 Mplus、Lisrel、AMOS、EQS、R 语言等。其中前面 4 个是专门的结构方程建模软件，R 语言是一种多元化的开源的统计软件，里面有做结构方程的包，但它并不是专门做结构方程的软件。从功能上讲，R 的功能最丰富，但其操作难度也最大。

在 Mplus、Lisrel、AMOS 和 EQS 等专门做结构方程模型的软件中，Mplus 功能最多，操作也比较便捷，并且更新周期短，是当前较为流行也较有潜力的结构方程建模软件。AMOS 则具有操作简便、易学，与 SPSS 配合较好等特色，深受广大初学者的喜爱。

相比较而言，虽然 AMOS 的功能比其他软件少一些，但其实现结构方程模型的功能仍是比较完整的，而且能够与 SPSS 无缝连接。因此，笔者推荐大家在学习 SPSS 的过程中顺便学习一下 AMOS 的使用。

1.5.2 基于Excel的统计分析环境

Excel 是数据处理领域中应用最广泛的电子表格软件。随着 Excel 的普及与发展，Excel 不仅被广泛应用于数据计算、变形、检索、简单统计等数据处理领域，它还专门研发了分析工具库等模块，也能胜任统计推断等专业化的统计分析业务。Excel 的主工作界面如图 1-1 所示。

1. Excel 的主工作界面

（1）Excel 工作表的结构

Excel 2010 及其以后的版本采用了"选项卡－功能区"管理模式，其主窗口的顶部是 Excel 的选项卡和功能区，中部区域则显示了当前工作表 Sheet1 的内容。

由图 1-1 可知，中部区域是一个划分了行与列的大型二维表格，顶部的一行用于标记各列的编号，编号以字母表示；最左侧的一列用于标记各行的编号，以数字标记。这个大型的二维表格被称为 Excel 的工作表，其中包括很多个能够存储信息的单元格，这些单元格用其所在的列号和行号来表示。在 Excel 2016 中，每张工作表可以包含 16 384 列，1 048 576 行，即共有 16 384×1 048 576 个单元格。

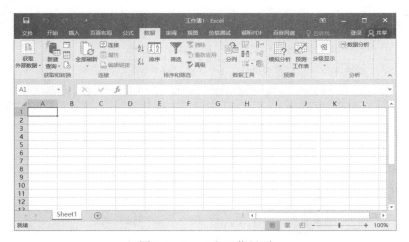

图 1-1　Excel 主工作界面

Excel 文档被称为工作簿，Excel 中的每个工作簿都是一个独立文档，其扩展名为 xlsx。每个工作簿都可由多张工作表组成，例如 Sheet1、Sheet2、Sheet3 等。这一思路与生活中人们所用的记事簿相似，每个记事簿都包含多页纸张，每页纸上都被画上了若干竖线和横线，从而形成了很多行和列。

（2）Excel 的单元格及其表示

电子表格中的单元格按照一定的行和列，排列形成一张二维表格，而若干张二维表格叠放在一起，就形成了一个三维结构。

在 Excel 中，使用字母作为列号，列号依次为 A、B、C……Z、AA、AB、AC……AZ、BA、BB、BC……BZ、CA……。行号则使用数字。因此要表示当前工作表中的某个单元格，一定是以字母开头、以数字结尾，例如：AB18 表示第 AB 列第 18 行的单元格。

如果要表示其他工作表中的单元格，则需要使用三维结构，即在单元格的"列行"标志前加上工作表的名称，而且二者之间以"!"分隔开。例如：Sheet4! AB18 表示引用工作表 Sheet4 中第 AB 列第 18 行的单元格。

2. 统计分析在 Excel 中的实现

Excel 提供了 2 种统计分析技术：其一是基于统计分析函数做简单的统计分析；其二是利用其内置的分析工具库开展专业化的统计分析。

（1）以 Excel 内置的统计分函数做统计分析

Excel 中内置了一组函数，用于对数据实施各类分析。常见的统计分析函数如表 1-1 所示。

表 1-1　Excel 中常见的统计分析函数

类别	功能	函数格式
常规统计	求和	SUM（区域）
	求个数	COUNT（区域）/ COUNTA（区域）
	求平均	AVERAGE（区域）
	求最大	MAX（区域）
	求最小	MIN（区域）
条件统计	按条件求个数	COUNTIF（条件区域，"条件式"）
	按条件求和	SUMIF（条件区域，"条件式"，求和区域）
	按条件求平均	AVERAGEIF（条件区域，"条件式"，求均值区域）
数据描述	求方差	VAR（区域）/ VARP（区域）
	求标准差	STDEV（区域）/ STDEVP（区域）
	频度分析	FREQUENCY（数据序列区域，分段区域）
数据分析	判断方差是否齐性	FTEST（序列 1 区域，序列 2 区域）
	判断差异显著性	TTEST（序列 1 区域，序列 2 区域，单侧 / 双侧，类型）
	判断相关性水平	CORREL（序列 1 区域，序列 2 区域）

Excel 的内置函数很多，表 1-1 仅仅列出了比较常用的一些函数。对于各个统计分析函数的使用，将在后续章节中逐步讲授。

直接在 Excel 的空白单元格中输入带有统计分析函数的公式，就能立即在此单元格中计算出统计分析结果。

> **注意：**
> 利用统计分析函数可以完成简单的统计分析，但由于其输出结果通常为单一的数值（例如，FTEST 和 TTEST 都仅输出其检验概率值，即原假设成立的概率值，并不会同时输出相关统计量的效应值等信息，导致研究者获得的信息比较单薄。），因此，这种分析模式仅适用于非专业化的研究领域。

（2）利用 Excel 的内置分析工具库做统计分析

① Excel 分析工具库的作用和功能

在 Excel 2010 及以后的版本中，都内置了分析工具库，用于进行比较专业的统计分析。由于基于分析工具库的统计分析不再仅仅输出单一的结果值，还可以输出相关数据列的 T 值、均值、方差及相关系数等信息，因此，利用分析工具库能够得到更加专业的分析结果。

② 检查分析工具库是否已经启用

尽管 Excel 内置了分析工具库，但其并不默认处在启用状态。因此，如果想用分析工具库开展统计分析，需要先检查其是否已经启用了。

[1] 在 Excel 菜单栏中单击【数据】选项卡，检查其中是否存在【数据分析】按钮。

[2] 若【数据】选项卡中没有【数据分析】按钮，则表示分析工具库尚未被启动；若是存在【数据分析】按钮，则表示分析工具库已被启动，如图 1-2 所示。

图 1-2 【数据分析】按钮

③ 启用分析工具库的方法

[1] 选择【文件】→【选项】命令，打开【Excel 选项】对话框。

[2] 在【Excel 选项】对话框的左栏中选择【加载项】命令，在右栏的【加载项】窗口的底部，单击"管理"右侧的下拉按钮，选择【Excel 加载项】，并单击【转到】按钮，如图1-3 所示。

图 1-3 【Excel 选项】对话框

[3] 在打开的【加载宏】对话框中勾选【分析工具库】复选框，单击【确定】按钮，启用分析工具库，如图1-4 所示。

在分析工具库被启用之后，就能利用【数据】选项卡中的【数据分析】按钮启动 Excel 的专业化统计分析操作了。

1.5.3 基于SPSS的统计分析环境

SPSS 是专业化的统计分析软件，它与 Excel、各类数据库软件均有较好的兼容性，是许多学科科研人员认可的优秀统计分析工具。SPSS 提供了数据处理工作界面、基于系统菜单的统计分析、基于语句代码的统计分析 3 种服务模式。

图 1-4 启用分析工具库

1. SPSS 的数据处理工作界面

（1）SPSS 的"数据视图"

在启动 SPSS 并打开数据文件 stuInfo.sav（学生信息表）后，会进入如图1-5 所示的"数据视图"。

从 SPSS 的数据视图可知，SPSS 的数据集是一个二维表结构。其中，每一行描述一个学生的信息，被称为一条记录，或一个个案；每一列被称为一个数据项，也叫一个字段或者一个变量。

每个个案则表示特定研究对象在各个属性上的取值，比如"张一 8"行，就全面描述了学生"张一 8"在各个方面的情况。每个变量用于描述全体研究对象在某个属性上的取值，例如性别变量、语文变量等。

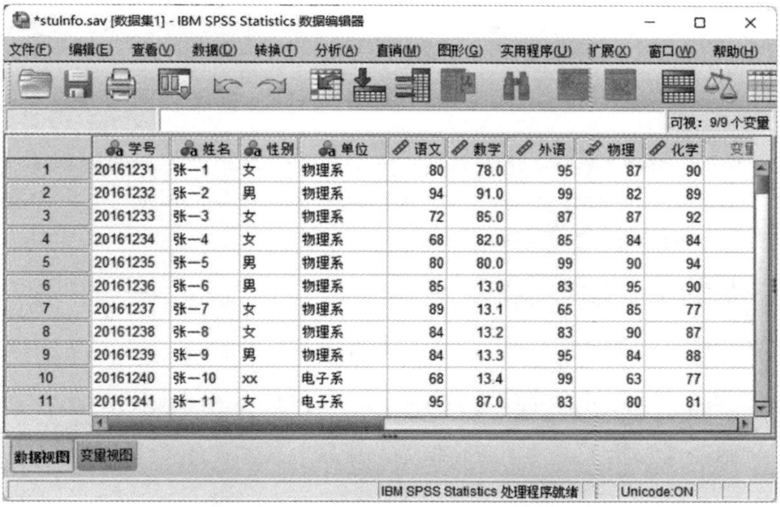

图 1-5　SPSS 的数据视图

在 SPSS 数据集中，每列的标题（即变量名）独立设置，放置于数据表的顶部，与下方的个案明显不同。这一点与 Excel 数据表不一样，以这种方式管理数据表，显得更加专业。

（2）SPSS 的"变量视图"

单击图 1-5 左下角的【变量视图】选项卡，则会进入"变量视图"。在 SPSS 的变量视图中，系统会以列表方式显示出当前数据集内各个变量的类型、宽度等属性，如图 1-6 所示。

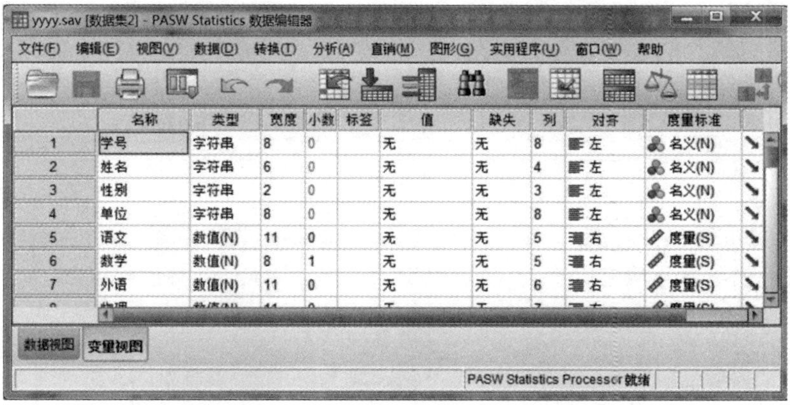

图 1-6　SPSS 的变量视图

利用变量视图，可以重新定义当前数据集内各个变量的属性，例如重新设置变量名称、数据类型、数据宽度、小数位数及度量类型等属性。

2. 基于系统菜单的统计分析

如果数据集已经准备好，初学者可以依据研究问题的要求，借助 SPSS 的系统菜单【分析】

之下的相应子菜单项,直接启动统计分析过程。下面我们来看一个案例。

(1) 案例要求

基于数据文件 stuInfo.sav 中的内容,分析男女生的语文成绩是否存在显著性差异。

(2) 案例分析

若想分析男女生的语文成绩是否存在显著性差异,可采用差异显著性检验中的 T 检验。T 检验是检验两组样本差异显著性的检验方法。本例检验男生语文成绩与女生语文成绩的差异性水平,为面向独立样本的差异显著性检验。

(3) 基于系统菜单进行数据分析的关键步骤

[1] 打开已经准备好的数据集,使之处于"数据视图"状态。

[2] 思考研究问题的统计分析要求,即针对两组独立样本的 T 检验。

[3] 选择菜单命令【分析】→【比较均值】→【独立样本 T 检验】,如图 1-7 所示。

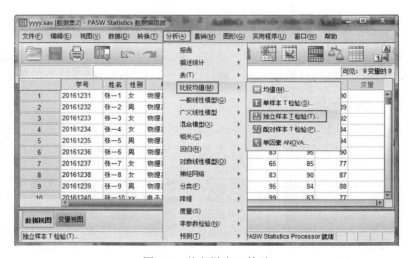

图 1-7　独立样本 T 检验

[4] 弹出"独立样本 T 检验"对话框,如图 1-8 所示。此时,需在此对话框中,依据研究目标和数据集的内容,正确选择参与 T 检验的变量,适当地进行参数配置。

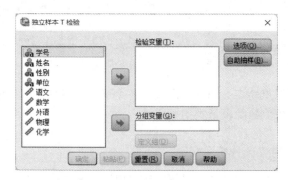

图 1-8　"独立样本 T 检验"对话框

[5] 从左侧的变量列表中选中"语文"变量，单击中部的【➡】按钮，把"语文"变量移动到右侧的"检验变量"列表里，表示"语文"是本案例的检验变量。

[6] 从左侧的变量列表中选中"性别"变量，单击中下部的【➡】按钮，把"性别"变量移动到右侧的"分组变量"列表中，并利用其下的【定义组】功能，设置"性别"的分组为"('男' '女')"，配置结果如图1-9所示。

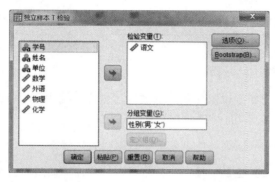

图1-9 完成"独立样本T检验"的配置

[7] 单击【确定】按钮，启动T检验过程，系统将弹出一个"输出"窗口，如图1-10所示。在这个输出窗口中显示出了T检验的分析计算结果。

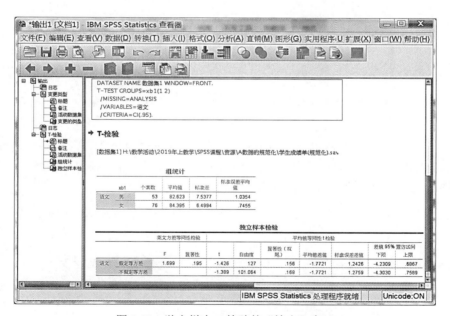

图1-10 独立样本T检验的"输出"窗口

（4）解读分析结果

在图1-10所示的"输出"窗口中，首先显示了实现这个T检验的SPSS命令行，然后显示了"组统计"表格，最后显示了"独立样本检验"表格，呈现检验结果。

"独立样本检验"表格中包含方差齐性检验的检验概率值（$p = 0.195$）、T检验的T值（$T =$

−1.426）和 T 检验的检验概率值（$p = 0.156$）。综合这些结果数据，可以得出结论：由于 T 检验的检验概率值 0.156 ＞ 0.05，我们可以认为"原假设是成立的"，即"男生和女生的语文成绩不存在显著性差异"。

> **注意：**
> 在通过菜单命令启动统计分析功能后，系统会在"输出"窗口中输出与此分析功能相对应的 SPSS 命令行。有志于成为 SPSS 高级用户的读者，可以有意识地研读这些命令行，从而掌握这些 SPSS 命令。

3. 基于语句代码的统计分析

过去，SPSS 要求用户必须以语句代码形式描述自己的统计分析要求。现在，SPSS 用户依然可以借助 SPSS 命令行（语句代码）实现统计分析过程。

[1] 打开已经准备好的数据集，使之处于"数据视图"状态。

[2] 单击【文件】—【新建】—【语法】命令，可以打开如图 1-11 所示的"语法"窗口。

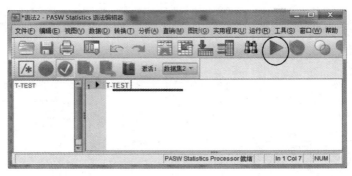

图 1-11　SPSS 的"语法"窗口

[3] 在"语法"窗口的右侧主工作区中，直接键入一个 SPSS 命令语句，例如键入如图 1-12 所示的语句，表示要根据当前数据集中的数据，做"男女生在语文成绩上是否存在显著性差异"的 T 检验，检验的置信区间为 95%"。

[4] 输入完语句，单击工具栏中的运行按钮（即【▶】按钮），启动统计分析过程，如图 1-12 所示。

图 1-12　启动统计分析过程

4. SPSS 实施统计分析的两种方法的小结

SPSS 提供了两种统计分析方法，它们各有特色，适用于不同的用户。

① 基于系统菜单的统计分析方法：通过菜单启动统计分析过程，以对话框提供人机交互界面，允许用户借助对话框设置详细的配置参数，能够准确、有效、便捷地完成统计分析任务。它适合 SPSS 的初学者或者对 SPSS 命令行不熟悉的用户。其唯一缺点是，在需要重复性地处理大量相似的分析任务时，用户需要机械地重复调用系统菜单并配置参数，导致其运行效率不高。

② 基于语句代码的统计分析方法：通过"语法"窗口实现，允许用户直接在其中撰写 SPSS 命令行实施数据分析操作。运行在"语法"窗口中的命令语句可以被复制，也可以作为语法文件（*.SPS）被保存起来，以供下次使用，因此它具有执行效率高、便于批量处理等优点。但是，这种方法需要用户精准地掌握 SPSS 的每一个命令行，并能准确地使用 SPSS 命令语句的参数配置，对用户有很高的要求。

③ 在学习计算机技术时，很多学习者都是先学习界面操作，然后逐步过渡到用计算机语言编程。同样，在 SPSS 的学习过程中，初学者可以先借助"基于系统菜单的统计分析"完成初步的统计分析任务。如果大家对 SPSS 命令行操作有兴趣，则可在基于菜单项的操作过程中，通过"输出"窗口逐步熟悉 SPSS 命令行，了解各种分析工具及其配置参数所对应的 SPSS 语句。通过一段时间的积累，掌握了一定数量的 SPSS 语句后，在 SPSS 的"语法"窗口以编程的方式开展统计分析就不再是难事。

1.6 科研视点：面向统计思维的量化研究论文品读

从笔者评审量化研究论文的情况看，多数论文会因规范性、格式而被扣分，研究方法错误导致的后果是"一票否决"。因此，从启发科研思维的视角，笔者决定在此向读者呈现一篇量化研究论文（仅省略部分内容），其目的是借助本文，使大家建立起对量化研究论文的感性认识，并体会量化研究论文写作中统计思维的运用。

1.6.1 品读导引

1. 基本要求

论文《大学新生大学生活满意度调查及其影响因素的研究》是一篇比较典型的量化研究论文，力图针对大一新生"入校不适应"的问题展开调查，分析大学新生的生活满意度水平及其中所隐藏的问题，从而为学生工作部门改进工作提供指导性建议。

对于量化研究的入门者，该文存在一定的难度，因为文中出现了很多专业术语、统计分析方法。另外，对其研究结论与统计分析方法之间的内在逻辑，读者也可能会感到迷茫或困惑。这些都是非常正常的。

尽管如此，笔者依旧希望能借本文使大家对量化研究论文的结构、内容建立起感性认知，进而对后续各模块的学习产生期望和激情。因此，现在大家并不需要完全读懂这篇论文，但可以据此对常见的量化研究算法和量化研究论文的结构、写法、行文规范进行基本的了解，明确学习统计分析的具体目标和知识体系。另外，对于在阅读本论文时发现的疑惑或难点，请同学们暂存于脑海之中，少安勿躁，相关知识和技能将在后续的章节中逐一解释并详细说明。现在的疑惑和好奇，将成为大家继续学习的重要驱动力。

最后，衷心希望同学们在未来的学习过程中不断回顾本论文，以验证所学到的统计分析方法并精准解读其输出结果，从而实现基于统计思维的高阶学习，进而形成规范化的量化研究思路，使自身的量化研究能力得到快速发展。

2. 论文内容及结构

为便于读者更好地理解量化研究论文，笔者以图示方式呈现这篇论文的结构，如图 1-13 所示。

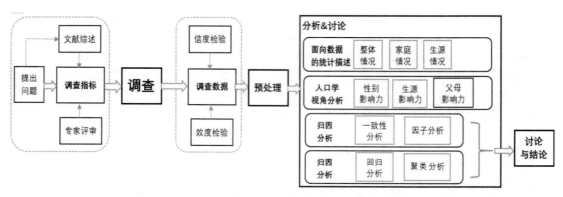

图 1-13　论文的结构

1.6.2　研究论文

下文节选自论文《大学新生大学生活满意度调查及其影响因素的研究》，请认真阅读，仔细体会文中关于数据采集、数据预处理、质量保证、统计分析技术、写作规范等内容。

大学新生大学生活满意度调查及其影响因素的研究

摘要： 每年均有大量新生迈进大学校园，并因不明原因而感到不适应，甚至出现心理问题、学业问题，进而影响其专业能力的发展。本文力图从学习满意度、生活满意度等方面面向大学新生展开调查，探索入学半年之后学生的满意度水平。研究发现，学生的适应性与满意度高度相关，而且受原生家庭、个体心理特征影响较大，新生的师生满意度与其家庭满意度呈正相关。因此，针对适应性较差的大学新生，应从其原生家庭、心理健康等视角施加干预。

关键词： 适应性、满意度、影响因素

一、选题缘起（研究背景及问题）

（一）研究背景

随着高校的大规模扩招，每年均有数以千万计的高中毕业生进入大学。然而，由于多数新生是首次脱离父母的约束和关爱而独自生活，于是部分新生感觉很不适应，突出表现为时间管理能力不强、

学习安排出现纰漏、同学关系恶化等,进而影响了他们的在校满意度。少量学生甚至患上了心理疾病,严重影响了其未来的成长。

从部分严重不适应者的外在表现看,其不适应突出表现在以下3个方面:由于大学教师的教学风格与高中教师有很大不同,一些学生难以跟上大学教师的教学进度,出现学习困难;部分家庭条件较好的学生对学校的住宿条件、集体生活很不适应,导致夜间休息得很差,日间精神状态不好;部分学生不善于与他人沟通,常常独立于班级群体之外,人际关系较差。

(二)研究问题

基于大学新生在大学生活适应性方面表现出的问题,展开面向大学新生的在校满意度调查,探索入学半年后学生的满意度水平,进而探究影响新生在校适应性的影响因素。为此,需要解决以下3个问题。

(1)基于文献调查,探索能够客观表达大学生在校满意度的有效指标,形成大学生在校满意度调查问卷,并论证调查问卷的有效性。

(2)基于调查数据,展开分析,探索当前大学生的在校满意度水平,进而分析学生的适应性水平。

(3)分析与讨论影响大学生在校满意度和适应性的影响因素,并针对主要因素、主要群体提出有效的干预策略。

二、文献综述

(略)

三、研究设计

(一)研究流程

本研究为规范的调查类实证研究,因此应遵循调查类研究的范式,研究的关键步骤如图1所示。

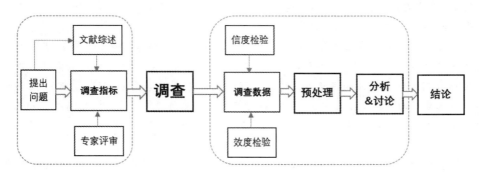

图1 研究的关键步骤

本研究所采用的研究方法主要有问卷调查法、数据论证法。

(二)调查指标设计

基于调查目标,在充分文献调查的基础上,参考马秀麟教授2021年的成果《大学生在校满意度调查指标体系》,本研究确定从4个维度制订本轮调查的调查指标:①被调查对象的人口学信息(性别、所学专业、出生年份、生源地、父母职业、父母最高学历);②被调查对象的学习状态满意度;③被调查对象的生活状态满意度;④被调查对象的人际关系满意度。另外,本研究还关注了被调查对象的总体满意度、家庭状况满意度等信息。

基于上述维度,笔者所在课题组完成了调查问卷设计,共形成了包含42个测量问题的调查问卷。问卷的详细内容可参阅附录。

(三) 被调查对象选择及调查组织方式

本调查将面向 A 校一年级全体新生开展。为保证调查的有效性和被调查对象的代表性，本调查以线上调查的方式组织，并安排在必修课《大学计算机基础》的上机实践课上，在任课教师的统一安排下进行。

由于《大学计算机基础》课程面向全校大一新生集中开设，基于此课程的调查便于管理和控制，学生们的参与积极性也很高，态度端正，有利于保证数据采集的质量。

(四) 调查数据质量保证

调查数据的质量保证通常从效度和信度两个视角说明。

1. 效度保证[1]

效度反映指标的科学性和严谨性，直接决定着调查数据的质量。为保证调查问卷的效度，在正式调查前，笔者邀请 3 名副教授对笔者设计的调查问卷做了初步评审，并以头脑风暴的方式组织研讨会来论证调查问卷的科学性和有效性。由于这 3 名副教授均为主研大学生满意度的学者，因此笔者借助专家保证了调查指标体系的效度。

另外，为保证研究的严谨性，笔者还借助 SPSS 的主成分分析算法对调查数据做了因子分析，结果发现，其 $KMO = 0.782$，巴特利特球形度检验的概率 $p = 0.000$，说明该数据既具有中心性，也不是单一维度的，能够满足主成分分析的要求。主成分分析的结果证实：调查问卷的全体分项问题能够聚焦于 3 个特征根大于 1 的主成分，而且各个问题能够很好地吻合相应的主成分，证明此调查指标和调查数据均具备了较高的效度。

2. 信度保证

信度反映本轮调查的实施质量，由数据是否真实地反映了被试的状况决定。为保证数据具有较高的信度，笔者在被调查对象选择和调查组织方式方面均做了最大努力，尽量使被调查范围具有较高的覆盖度、被调查对象具有较强的代表性。

调查共回收调查问卷 172 份，经初步审核，156 份调查问卷均数据完整，几乎没有缺失项。为保证调查数据的可靠性，问卷内还设有两个校验性问题，分别指向学生对教师教学的满意度和对宿舍住宿条件的满意度，这两个问题被故意设置为逆向问题，以便借此剔除无效问卷。从采集到的数据看，156 份调查问卷均满足校验性问题与被校验问题高度正相关（相关系数 r 分别为 0.971 和 0.938），而且不存在两者明显相悖的问卷。因此 156 份问卷均为有效问卷。

对已经采集到的全体数据，经过 SPSS 24.0 的可靠性分析得到其一致性系数（即克隆巴赫系数）为 0.917，说明调查数据的一致性水平很高，具有很好的信度水平。

3. 数据的规范化预处理

为便于针对数据进行分析和讨论，先针对变量"性别""生源"和"父学历"做数值化编码。在数值化编码过程中，要注意依据某一种特定规则编码，以保证新编码为定序变量。同时，为所有变量做"缺失值"标记，以免不规范数据参与统计分析过程。

---

1. 在科研统计中，效度反映调查指标的科学性和有效性。保证效度的常规方法有3种：①参考权威的已有近似量表，在权威量表的基础上修补、建构；②请行业权威专家评审，对调查指标把关；③借助因子分析等技术分析数据中蕴含的维度，检查该维度是否与研究设计（预期调查目标）相符。

四、研究结果与讨论

（一）面向数据的统计描述

本研究共发放调查问卷172份，经初步筛选、信度检验和校验项校对，共排除无效问卷16份，剩余有效问卷156份。这156份调查问卷中，有80份是男生填写的，76份是女生填写的，被调查对象在各测量指标方面的统计描述如表1所示。

表1 被调查对象在各测量指标方面的统计描述

类别	很不满意	不满意	一般	满意	很满意	$M±SD$
总满意度	0	0	9	70	77	4.44±0.603
家庭满意度	3	32	56	58	7	3.22±0.889
教学满意度	0	1	66	10	79	4.07±0.978
伙食满意度	29	61	36	27	3	2.45±1.043
人际满意度	12	27	12	47	58	3.72±1.329

从表1的统计结果可知，学生对在校生活的总体满意度还是比较高的，其均值为4.44，标准差为0.603，说明学生们的看法比较一致，离散程度不高。表中集中性取值较低的两个变量是"家庭满意度"和"伙食满意度"，而且具有较高的离散性。从事后针对个别学生的访谈可知：由于新冠疫情防控形势的要求，多数学生高三阶段长期居家，与父母相处的时间增长，部分父母对高考十分焦虑，进而导致学生与父母的矛盾较多，影响了家庭满意度的取值。"伙食满意度"较低的原因是学生来自五湖四海，其口味、饮食习惯有很大的差异，这导致较多的学生对学校食堂的集中供餐评价较低，直接影响了"伙食满意度"的均值和标准差，导致其均值较低而且标准差的取值较大。

另外，被调查对象在生源、父学历分布方面的统计描述如表2、表3所示。

表2 被调查对象在生源分布方面的统计描述

类别	频数	百分比
农村	49	31.4%
城镇	86	55.1%
大都市	21	13.5%

表3 被调查对象在父学历分布方面的统计描述

类别	频数	百分比
无学历	9	5.8%
专科	21	13.5%
本科	92	59.0%
硕士	20	12.8%
博士	14	9.0%

（二）从人口学视角分析大学生的在校满意度水平

1. 不同性别的学生在满意度各维度上存在显著差异吗？

性别是统计研究中非常重要的人口学变量，通常是导致数据变异的重要原因。因此，笔者先检验性别在各个因素上的取值是否会出现显著差异。对有关数据执行独立样本T检验，其结果如表4所示。

表4 不同性别的学生在各个维度上的取值的独立样本 T 检验

检验变量	$M\pm SD$	方差齐性 Sig 值	T 值	Sig 值	较高水平
总满意度	4.44±0.603	0.665	2.464	0.015*	男
家庭满意度	3.22±0.889	0.260	3.260	0.001*	男
教学满意度	4.07±0.978	0.995	1.042	0.299	男
伙食满意度	2.45±1.043	0.067	1.874	0.063	男
人际满意度	3.72±1.329	0.030	−0.775	0.440	女

从表4可知，在总体满意度和家庭满意度两个指标上，男女生的看法存在显著差异，而且男生的满意度要高于女生。在具体的评价指标，诸如教学满意度、伙食满意度、人际满意度上，男女生的看法没有显著差异。不过从具体数值上看，在伙食满意度上，男女生的满意度水平呈现为单侧显著性（双侧 Sig 值 = 0.063，单侧 Sig 值 = 0.032）；在人际满意度指标，则是女生略好于男生。

2. 不同生源的学生在满意度各维度上存在显著差异吗？

生源有可能是影响学生满意度水平的重要指标，因此笔者借助 K - 独立样本的非参数检验技术，检验了不同生源的学生在满意度的各个维度是否存在显著差异，结果如表5所示。

表5 不同生源的学生在各个维度的取值上的差异显著性检验

检验变量	卡方值	Sig 值	较高水平	最高秩均值
总满意度	22.406	0.000**	农村	96.15
家庭满意度	51.680	0.000**	农村	96.15
教学满意度	19.217	0.000**	农村	96.15
伙食满意度	21.139	0.000**	农村	96.15
人际满意度	3.334	0.189	城镇	83.65

从表5可知，从生源视角看，除了人际满意度，学生在其他维度上均存在显著性差异，而且通常是农村生源的学生给分较高，比较容易满足，而大都市生源的学生则给分较低，呈现出较低的满意度水平。在人际满意度维度，处于中档的城镇学生的满意度较高，但未能达到显著性水平。

3. 父母学历不同的学生在满意度各维度上存在显著差异吗？

父母学历有可能是影响学生满意度水平的潜在因素，因此笔者借助 K - 独立样本的非参数检验技术，检验了父母学历不同的学生在满意度的各个维度是否存在显著差异。结果如表6所示。

表6 父母学历不同的学生在各个维度的取值上的差异显著性检验

检验变量	卡方值	Sig 值	较高水平	最高秩均值
总满意度	8.499	0.074	硕士、博士	99.63
家庭满意度	6.764	0.149	博士、硕士	95.36
教学满意度	6.175	0.186	硕士、无学历	91.93
伙食满意度	1.672	0.796	硕士、博士	86.20
人际满意度	4.482	0.345	博士、无学历	99.39

从表6可知，从父母学历视角看，在满意度的所有维度上，学生们都没有呈现出显著性差异。这

说明，从总体上看，学生父母的学历不会成为影响学生满意度的关键因素。但从具体的得分情况看，满意度较高的学生的父母大多数为高学历人员，因此父母学历较高的学生，在满意度的各维度上通常不会打出很低的分数。

（三）探索影响在校大学生满意度的原因

1. 诸满意度之间的一致性分析

针对测量变量学校生活、家庭生活、适应否、教师教学、伙食情况、交流满意度做相关性分析，由于部分变量不满足正态分布条件，所以采用"斯皮尔曼相关性分析"，其结果如表7所示。

表7 学生诸满意度之间的一致性分析

			学校生活	家庭生活	适应否	教师教学	伙食情况	交流满意度
斯皮尔曼Rho	学校生活	相关系数	1.000	.461**	.636**	.368**	.373**	-.250**
		显著性（双尾）	.	.000	.000	.000	.000	.002
		个案数	156	156	156	156	156	156
	家庭生活	相关系数	.461**	1.000	.766**	.542**	.589**	-.024
		显著性（双尾）	.000	.	.000	.000	.000	.764
		个案数	156	156	156	156	156	156
	适应否	相关系数	.636**	.766**	1.000	.507**	.588**	-.051
		显著性（双尾）	.000	.000	.	.000	.000	.529
		个案数	156	156	156	156	156	156
	教师教学	相关系数	.368**	.542**	.507**	1.000	.308**	-.005
		显著性（双尾）	.000	.000	.000	.	.000	.952
		个案数	156	156	156	156	156	156
	伙食情况	相关系数	.373**	.589**	.588**	.308**	1.000	-.087
		显著性（双尾）	.000	.000	.000	.000	.	.280
		个案数	156	156	156	156	156	156
	交流满意度	相关系数	-.250**	-.024	-.051	-.005	-.087	1.000
		显著性（双尾）	.002	.764	.529	.952	.280	.
		个案数	156	156	156	156	156	156

**.在0.01级别（双尾），相关性显著。

从表7可知，除了交流满意度指标之外，其他几项满意度之间均呈现为高度正相关关系，即一致性关系。这说明：大学生在校的诸满意度之间存在着相辅相成的关系，而且家庭生活满意度与其他满意度有较高的关联性。因此，影响大学生在校满意度的要素通常不只有一个，而是多个维度共同作用的结果。

2. 面向诸指标项的主成分分析

针对调查问卷中的诸测量项，笔者以主成分分析法探索了主指标项的关键成分。在基于主成分分析法的因子分析下，发现全体数据的 $KMO = 0.723$、巴特利特球形度检验概率 Sig 值 $= 0.000$，完全满足因子分析的要求。经因子分析，获得如表8所示的结果。

表 8　面向诸指标项的主成分分析结果

	成分		
	1	2	3
教师教学	.855		
多媒体教室	.801		
校验项	.791		
图书馆	.757		
教材	.631		
网络环境		.946	
住宿条件		.944	
家庭生活	.677	.679	
伙食情况		.644	
交流满意度			.967
朋友数量			.956
师生满意度			.601

　　从表 8 可知，从所有变量中抽取出了 3 个公共因子（即 3 个主成分），其中"主成分 1"上聚集了"教师教学""多媒体教室""图书馆""教材""校验项"等与教学质量密切相关的变量，"主成分 2"上聚集了"网络环境""住宿条件"和"伙食情况"等变量，它主要呈现出了学生在校期间对生活条件的满意度；"主成分 3"则聚集了"朋友数量""交流满意度"和"师生满意度"等变量，这个维度主要体现了学生在校期间与他人交往的情况。另外，家庭生活满意度指标在"主成分 1"和"主成分 2"上都有较强的表现，这说明"主成分 1"的满意度和"主成分 2"的满意度，也与"家庭生活"满意度有很强的关联性。

　　综上所述，学生在校满意度主要体现在 3 个方面，依次为"教学质量""生活质量""人际交流质量"，同时与高中时期的家庭生活满意度有很大的关联。

　　3. 影响大学生总体满意度的回归分析

　　对于影响大学生总体满意度的诸个因素及其相互关系，若想探索在其共同作用情况下各因素的重要性程度，则可采用基于"逐步"筛选策略的回归分析。在 SPSS 中以总体满意度水平作为因变量、各个子指标项作为自变量，做多元线性回归分析，得到如表 9 和表 10 所示的回归分析结果。

表 9　回归模型及其质量

模型	R	R 方	调整后 R 方	标准估算的误差
1	.483[a]	.234	.229	.530
2	.571[b]	.326	.317	.498
3	.622[c]	.387	.375	.477
4	.643[d]	.413	.397	.468

a. 预测变量：（常量），家庭生活
b. 预测变量：（常量），家庭生活，朋友数量
c. 预测变量：（常量），家庭生活，朋友数量，师生满意度
d. 预测变量：（常量），家庭生活，朋友数量，师生满意度，From

从表9可以看出，在"逐步"模式下，共生成了4个有效回归模型。4个模型ANOVA检验的Sig值均等于0.000，说明4个模型均为有效模型。其中模型4的R方值最大，为0.413。所以笔者选择模型4作为本回归分析的最终模型。

模型4的自变量系数如表10所示。

表10　回归模型的自变量系数

模型		未标准化系数		标准化系数 Beta	t	显著性	共线性统计	
		B	标准误差				容差	VIF
4	（常量）	4.361	.271		16.098	.000		
	家庭生活	.138	.055	.203	2.509	.013	.592	1.688
	朋友数量	-.195	.032	-.439	-6.134	.000	.759	1.318
	师生满意度	.174	.042	.317	4.118	.000	.657	1.521
	From	-.173	.067	-.186	-2.589	.011	.753	1.327

a. 因变量：学校生活

从表10可知，真正进入回归模型的变量是家庭生活、朋友数量、师生满意度、生源（即"From"变量），共4个指标。这4个指标对因变量"总体满意度"的影响均达到了显著性水平，是能够影响学生满意度的最关键变量。由此构成回归方程式：

总体满意度 = 4.361 + 0.138 * 家庭生活满意度 - 0.195 * 朋友数量 + 0.174 * 师生满意度 - 0.173 * 生源

从回归方程可知，能够直接对总体满意度造成显著影响的变量是家庭生活、朋友数量、师生满意度和学生生源。在回归模型构建过程中，如果改变变量进入模型的条件，降低能够进入模型的变量的F值（修改为2.80），就会发现"伙食情况"和"教师教学"也会进入模型。

综上所述，在影响学生满意度的关键指标中，学生的原生家庭生活、生源地类型、师生关系，是至为关键的变量，然后才是教师教学质量和伙食情况。因此，学生工作部门除了关注教师教学质量、为学生提供较好的伙食之外，更要关注学生家庭、交友情况及师生关系方面是否存在问题。

4. 针对全体被试的聚类分析

针对当前数据，笔者尝试进行了聚类分析，以便为不同类别的学生制定具有针对性的干预策略，从而解决部分学生满意度不高的问题。针对当前数据，笔者先进行了"层次聚类"，通过层次聚类生成的冰挂图看到了个案之间的亲疏关系。从层次聚类结果看，被试被分为6个类别比较好。因此，笔者基于"快速聚类"对所有个案按照分为6类的要求实施分类。在完成分类之后，原始数据表的右侧将会新增一列，在该列中以定类变量的形式显示出每个被试被聚合到了哪一类。

快速聚类之后得到的各个类中心如表11所示。

表11　快速聚类之后所得到的类中心

	1	2	3	4	5	6
学校生活	5	4	5	5	4	4
家庭生活	4	2	3	4	3	4
适应否	4	3	4	4	3	4
多媒体教室	4	2	3	4	3	4

续表

	1	2	3	4	5	6
教师教学	4	3	4	5	4	4
图书馆	4	2	3	4	3	4
教材	4	3	4	4	4	4
伙食情况	3	2	2	3	2	3
网络环境	4	2	3	3	2	4
住宿条件	4	1	2	2	1	4
校验项	4	3	4	5	4	4
交流满意度	2	4	2	5	5	4
师生满意度	4	3	3	5	4	4
朋友数量	2	4	2	5	5	4

从表11所呈现出的类中心可知，"类别1"的学生属于对教学较为满意，但对校内交流、交往不太满意的学生，对于这类同学，学校应该多组织一些群体性的文体活动，以促进他们广交朋友，加强交流。"类别2"的学生对家庭生活极为不满，对学校的教学质量、生活环境、师生关系均不满意，对这类学生应加强心理疏导，提升他们的自信心和生活信念，通过各类活动促使他们更阳光一些、更有信心一些。"类别3"主要聚集了对学校硬件不满意（多媒体教室、图书馆、伙食情况、住宿条件）且交流满意度低、朋友数量少的学生，对于这部分学生，学校应跟踪其学习、生活的硬件条件，自查是否有能够改进与提高之处，另外，团委、学生会等学生工作部门，要多组织这类学生参加一些群体性文体活动或社团，以提升他们的交流能力，促使他们广交朋友。"类别4"主要聚集了对生活条件不太满意的学生，他们的满意度总体较高。对这部分，学校后勤部门应检查他们的住宿条件和网络环境，以提升其生活满意度。"类别5"中的学生主要是对生活环境和学习环境不太满意的同学，总体来看仍是对学校硬件设施不满，但其不满程度弱于"类别3"。"类别6"是满意度最高的学生，他们除了对伙食情况稍有不满之外，对教学、生活环境、人际关系均表示满意。

另外，从聚类中心来看，全部类别的类中心在"伙食情况"这一维度上的取值都不高，改善伙食质量是全体类别的需求。因此，学校应把改善就餐环境、提高伙食质量、增加伙食品种以适应不同类别学生需求作为学校改革和发展的重要任务来抓。共有4类学生（类别2、类别3、类别4、类别5）对学校的"住宿条件"表现出了较低的"满意度"，针对这4类学生，学校应尽快检查其住宿环境，找到问题的根源，尽力并尽快改善，以提升他们的满意度水平。

（四）讨论与分析

基于A校156名同学的满意度调查，通过严谨的统计分析，获得了若干维度清晰、特色鲜明的结论，既与国内其他学者的研究成果有相似性，又有一定的特色，且对学校改革具有指导意义。

（此处应以统计分析结论，结合文献和同类研究的数据和结论，进行对比、分析和讨论。具体过程略）

（五）结论与建议

（略）

五、结束语

（略）

附录：原始数据表的存储结构及含义

思考题

（1）什么是大数据时代？为什么说统计思维在大数据时代的科研之中非常重要？

（2）什么是计算思维？为什么说计算思维影响了其他学科的发展？

（3）在量化研究中，统计分析技术及应用可以分为哪 4 个层次？

（4）在量化研究的设计过程中，应该注意哪些问题？要尽量避免哪些问题？

（5）在量化研究中，为保证研究质量，通常需要注意哪些方面？

（6）在统计分析中，常见的统计分析技术有哪些？简述其特点。

（7）在 Excel2010/2013 中，如何启动分析工具库？

（8）在 SPSS 中，有哪两种统计分析方法？各有什么特点？

综合实践题

请从"作业素材"文件夹中找到素材文件 zysc01.rar，把它解压缩后存储在 D 盘上，然后完成以下操作。

（1）在 Excel2016/2019 中，检查"分析工具库"是否被启用？如果没有被启用，请启用分析工具库。

（2）在 Excel2016/2019 中，启动"数据分析"对话框，观察"数据分析"对话框中主要包括哪些功能。

（3）在 SPSS 中，打开"作业素材"文件夹内的文档 stuInfo.sav，仿照例题的操作步骤，利用基于系统菜单的统计分析方法，分析男生和女生的语文成绩是否存在显著差异。

（4）在 SPSS 中，练习打开"语法"窗口，并尝试把第（3）题生成的 SPSS 命令行粘贴在"语法"窗口中，并执行这个命令行，体会用 SPSS 语句实现统计分析的过程。

（5）在 SPSS 中，练习保存和打开 SPSS 语法文件。

第 2 章

数据的规范化及预处理

关键知识点

本章重点学习基于数据做论证所必需的前置操作：数据预处理技术和数据质量保证技术。重点内容有：①数据规范化要求；②数据的重编码技术；③缺失值数据的处理；④数据类型及其转换；⑤连续型变量的离散化编码技术；⑥数据的信度保证及检验；⑦数据的效度保证与检验。

知识结构图

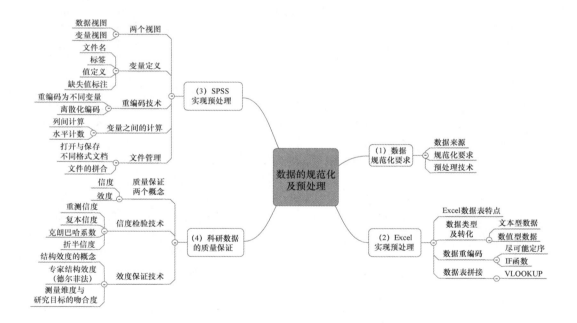

学前深思

（1）以 SPSS 开展统计分析对数据格式有哪些要求？为了实现数据的规范化，SPSS 和 Excel 提供了哪些技术手段？各有什么特点？

（2）为保证统计分析和数据论证的质量，针对原始数据的质量评价及预处理非常关键。对数据通常有哪些信度、效度要求？在 SPSS 下如何进行信度、效度检验？

科研视点：研究报告品读

数据的规范性和质量是科研活动成功的基石。若数据达不到必要的质量要求，即便有再好的统计分析方法和统计思维也无法获取有价值的研究成果。在正式实施统计分析之前，必须对采集到的数据进行必要的规范化检查，通过预处理来保证数据的质量。

在科学研究中，为规范化数据而进行的预处理主要包括：统计数据中缺失值的标记、对已有数据的变形、字符型数据的重编码，针对数据的信度、效度检验等。

2022年度A校学生状况统计分析报告

一、总况简述

A 校是一所以信息类学科为主的高等职业技术学校，2021 年度共招生 100 名，至 2022 年年末，尚有 2021 级学生 92 名，其基本情况和学习成绩如图 1 所示。此数据存储于文档 stuData.sav 中。

请以统计描述技术对学生情况展开分析，探索其中蕴含的规律，以便开展有针对性的干预策略，提升教学质量和学生的综合素养。

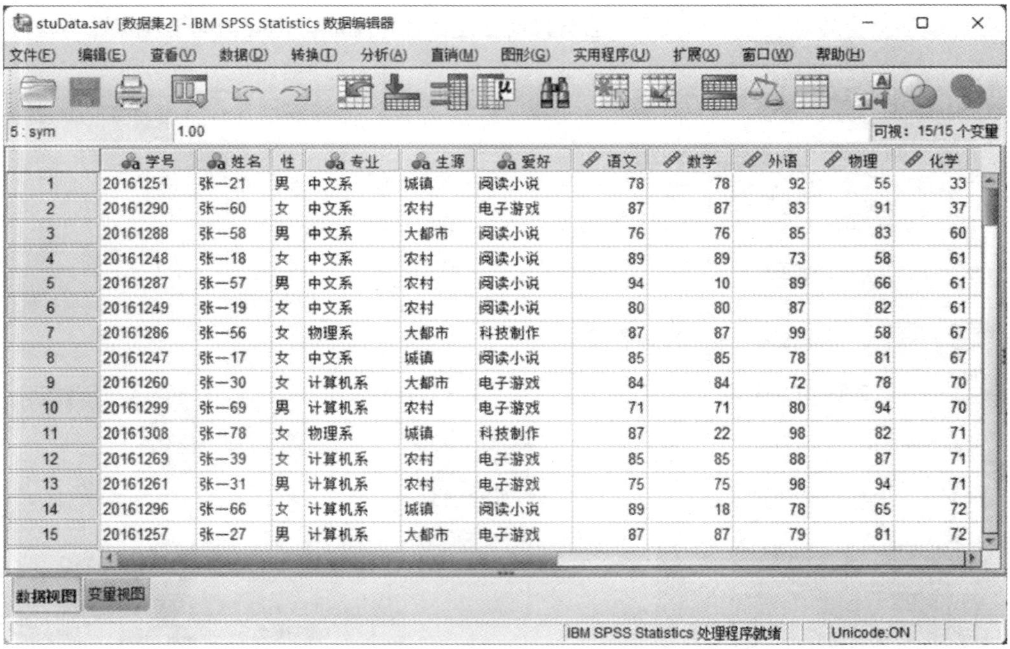

	学号	姓名	性	专业	生源	爱好	语文	数学	外语	物理	化学
1	20161251	张一21	男	中文系	城镇	阅读小说	78	78	92	55	33
2	20161290	张一60	女	中文系	农村	电子游戏	87	87	83	91	37
3	20161288	张一58	男	中文系	大都市	阅读小说	76	76	85	83	60
4	20161248	张一18	女	中文系	农村	阅读小说	89	89	73	58	61
5	20161287	张一57	男	中文系	农村	阅读小说	94	10	89	66	61
6	20161249	张一19	女	中文系	农村	阅读小说	80	80	87	82	61
7	20161286	张一56	女	物理系	大都市	科技制作	87	87	99	58	67
8	20161247	张一17	女	中文系	城镇	阅读小说	85	85	78	81	67
9	20161260	张一30	女	计算机系	大都市	电子游戏	84	84	72	78	70
10	20161299	张一69	男	计算机系	农村	电子游戏	71	71	80	94	70
11	20161308	张一78	女	物理系	城镇	科技制作	87	22	98	82	71
12	20161269	张一39	女	计算机系	农村	电子游戏	85	85	88	87	71
13	20161261	张一31	男	计算机系	农村	电子游戏	75	75	98	94	71
14	20161296	张一66	女	计算机系	城镇	阅读小说	89	18	78	65	72
15	20161257	张一27	男	计算机系	大都市	电子游戏	87	87	79	81	72

图 1　A 校 2021 级学生基本情况和学习成绩

二、数据规范化及预处理

1．针对字符型变量的数值化编码

从统计分析的视角看，应对性别、生源、专业、爱好等字段进行数值化编码，以便实现后续的统计描述和统计分析。在数值化编码时，应尽最大可能把各变量转化为大小有意义的定序变量。基于此，对性别、生源、专业和爱好进行数值化编码的规则如表 1 所示。

表 1 针对字符型变量的数值化编码

变量名	变量值	编码值
性别	男	1
	女	2
	不规范数据	99
生源	农村	1
	城镇	2
	大都市	3
	不规范数据	99
专业	中文系	1
	计算机系	2
	物理系	3
	不规范数据	99
爱好	阅读小说	1
	电子游戏	2
	科技制作	3
	不规范数据	99

在这个表格中，"生源"的编码按从乡村到都市的顺序递增，"专业"和"爱好"则按从文史类到理工类的顺序递增，以保证形成的数值化编码成为定序变量。

2. 针对成绩的离散化处理

为方便实现基于成绩的分类统计，除了原始的成绩数据之外，笔者还做了针对各科成绩的离散化编码。

面向成绩的离散化编码，按照不及格、合格、一般、良好、优秀共5个等级分类，其中60分（不含）以下为不及格，标记为1；60～70分（不含）为合格，标记为2；70～80分（不含）为一般，标记为3；80～90分（不含）为良好，标记为4；90分（含）以上为"优秀"，标记为数值5。

3. 正确标记缺失值

在开展正式的统计分析之前，应把数据表中的不规范数据标记为缺失值，使这些数据不参与相关的统计分析操作，以免不规范数据影响分析结果。

正如表1所呈现的，笔者把性别、生源、专业、爱好等变量内的所有不规范数据均转化为数值99，并把数值99标记为"缺失值"。另外，将各科成绩中高于100分或小于0分的成绩均标记为缺失值。

三、面向学生状态的统计描述

（略）

2.1 数据来源及其规范化要求

2.1.1 科研数据的来源

在大数据时代，科研数据的来源变得极为丰富，数据的规范性较差，而且具有有效信息密度低的特点。因此，科研数据的数据规范化和预处理就变得非常重要。

1. 科研数据及其复杂性

（1）通过信息系统的业务活动获得的数据

信息系统（Information System，IS），也叫信息管理系统（Information Management System，IMS）。顾名思义，它是进行信息处理的系统，通常由人、计算机软硬件和数据资源组成。

目前的信息系统，既有学校管理部门所使用的管理信息系统（Management Information System，MIS），也有企业和商业部门为了提高办公效率和经营效益而开发的各种信息系统，甚至包括为教学活动、信息交换、娱乐所设计的各种系统。例如，淘宝网、新浪微博，以及各类教学服务平台、教学信息系统等。

随着信息化水平的提升，信息系统中积累的数据规模日益增加，如何利用这些数据，已经成为信息系统建设者必须考虑的问题。正是信息系统的普及与成熟，及常态化的业务行为产生的大量数据，催生了大数据概念。

（2）通过传感器所获得的各类测量数据

随着技术的进步，出现了各种类型的传感器。例如，越水重臣用到的压力传感器、全球定位系统（Global Positioning System，GPS）、射频识别（Radio Frequency Identification，RFID）标签、生物运动传感器等，医疗系统中实时监测病人身体状况的温度传感器、心跳传感器等，这些传感器通常能实时地把采集到的数据发送到服务器端，从而生成了大量的数据。

（3）线上活动产生的大量数据

因特网的出现及普及，使每一位公民都有可能成为网民。每天，因特网上都发生着数不清的事件。线上活动每时每刻都在产生大量数据。例如，微信、抖音等线上平台的业务数据堪称海量。

（4）通过社会调查获得的数据

社会调查已经成为21世纪科学工作者了解社会现象、掌握社会实际，进而辅助决策的一种基本方法。在这种研究方法的指导下，科学工作者通过设置评价指标体系、选择抽样样本，然后针对样本展开调查来获取第一手资料。

在基于社会调查的科学研究中，数据的采集与规范化是整个研究工作的核心环节。人们通常借助电子表格软件收集数据，然后利用专业的统计分析软件开展研究。

（5）日常生活琐碎数据的积累

在日常生活中人们不可避免地要与各种各样的数据打交道。其中人们最常见的，就是个人的工资收入数据和日常支出数据、单位的固定资产和设备数据。这些数据有的需要长期存储，有的可能仅仅是临时数据。由于这种数据形态多样、比较分散、结构化程度较差，通常采用的是比较随意的记录方式。

2. 数据表及其组织结构

在计算机科学中，人们通常以二维表形式实施数据管理。这种表在数据库管理系统中被称为关系表，在日常应用中通常被称为数据表、数据集。

基于这种关系表的数据存储结构称为关系数据库结构，每个关系数据库通常由若干张相关的关系表构成。关系表中的首行通常用于标记每列的含义，被称为标题行，或者字段名行。关系表常常被用来存储大量的信息，比如学生信息表、课程信息表、教师信息表，等等。

正如 1.5.3 节所述，SPSS 也是以二维表的形式管理数据的。以如图 2-1 所示的 SPSS 数据表为例，其每行用于描述一个学生的各项信息，每列存储全体学生在某个属性上的全部取值。每行信息被称为一条记录，也叫作个案；每列存储全体数据内的一个属性，常常被称作字段，也叫数据项或者变量。从图 2-1 可知，“学号”“姓名”“性别”“单位”等列都是变量，其中“学号”“姓名”“性别”“单位”等文字用于说明每列的语义，因而被称为字段名或者变量名；而“张一 1”“张一 2”等行都被称为记录（或者个案）。

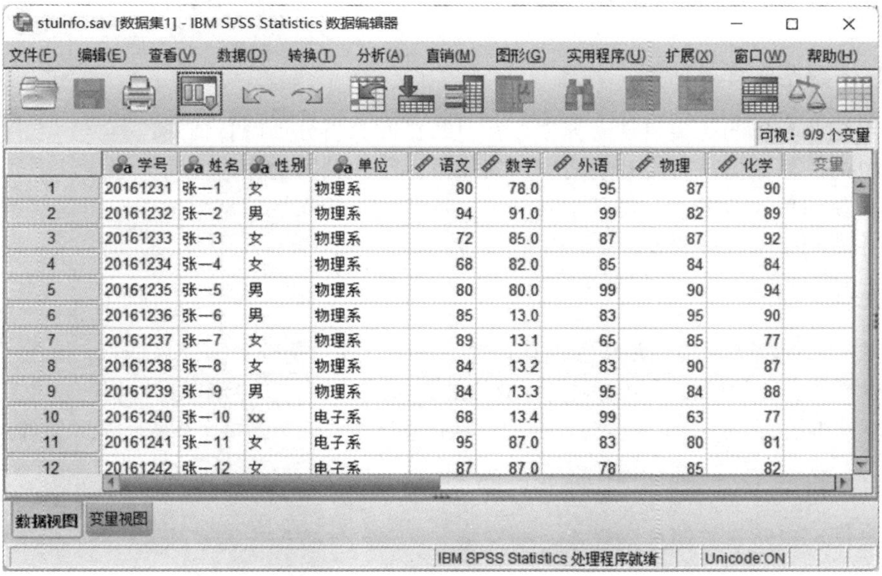

	学号	姓名	性别	单位	语文	数学	外语	物理	化学	变量
1	20161231	张一1	女	物理系	80	78.0	95	87	90	
2	20161232	张一2	男	物理系	94	91.0	99	82	89	
3	20161233	张一3	女	物理系	72	85.0	87	87	92	
4	20161234	张一4	女	物理系	68	82.0	85	84	84	
5	20161235	张一5	男	物理系	80	80.0	99	90	94	
6	20161236	张一6	男	物理系	85	13.0	83	95	90	
7	20161237	张一7	女	物理系	89	13.1	65	85	77	
8	20161238	张一8	女	物理系	84	13.2	83	90	87	
9	20161239	张一9	男	物理系	84	13.3	95	84	88	
10	20161240	张一10	xx	电子系	68	13.4	99	63	77	
11	20161241	张一11	女	电子系	95	87.0	83	80	81	
12	20161242	张一12	女	电子系	87	87.0	78	85	82	

图 2-1 数据表及其结构

人们对各类数据的管理和分析都是基于这种二维数据表的。

3. 面向统计思维的数据预处理

计算科学的目标是实现对数据的挖掘与归纳，找出数据内部隐藏的规律，其工作流程主要包括获取数据、数据预处理、统计分析、创建假设、统计推断、数据论证等步骤，甚至还可以包括算法、机器学习、优化、结果可视化等内容。

为了提升数据质量、降低数据计算的复杂度、减少数据计算量，以及提升数据处理的准确性，计算科学要求对原始数据进行预处理——数据审计、数据清洗、数据变换、数据集成、数据脱敏、数据规约和数据标注等。

借助数据预处理，可清理掉不规范的数据，并对不符合统计分析要求的数据做变形处理，从而方便后续挖掘数据的内在规律。

> **注意：**
> （1）在基于统计分析手段探索数据内在规律的过程中，数据预处理非常重要，能直接影响统计分析的结果，关系着统计分析的成败。
> （2）过去，人们通常使用纸和笔记录和管理初级数据。然而，随着计算机技术的普及与发展，越来越多的人在借助电子表格软件（例如 Excel）来管理数据，或者借助 Excel 实现数据的预处理，然后利用 SPSS、Matlab 等软件完成专业化的统计分析。

2.1.2 数据类别及特点

在大数据时代，数据来源多样，数据的类型也比较复杂。从不同的视角看，数据可以分为不同的类型。统计分析策略的选用，必须充分考虑数据的类型和研究目标。

1. 总体数据与样本数据

在基于统计分析的各类科学研究中，针对数据的分析分为两种情形。其一，直接获取全部待研究对象的总体数据，直接开展研究。其二，由于各种客观原因，研究者无法或不便于获取全体研究对象的总体数据，于是基于某一规则抽取具有代表性的部分数据，以这些数据作为研究样本，并基于样本开展研究。

（1）总体数据

总体数据，简称为总体。是指客观存在的、在同一性质基础上结合起来的、包含了全体研究对象的整体性数据，即研究对象某项指标取值的集合或全体。它也可以指根据一定的目的和要求所确定的研究事物的全体，是由客观存在的、具有某种共同性质的多个事物构成的整体。

（2）样本数据

样本数据，也常常被简称为样本、抽样数据，是总体数据中具有代表性的个案的子集。

在数据考察与分析中，由于总体包含全体待研究对象的数据，通常规模较大，因而研究结果比较准确、固定，但不易获得；而样本是从总体中抽取的，通常规模较小，基于样本开展分析，往往具有估算的性质，在某些情况下还需要借助特殊的数据处理手段做好预处理。

2. 定类数据、定序数据和定距数据

在图 2-1 所示的数据表中，存在着多种不同类型的数据。例如，"姓名""性别"和"单位"是字符型数据，而"语文""数学"等成绩则是数值型数据。各种统计分析软件通常要求待处理的数据最好为数值型数据。为此，人们常常需要对字符型数据进行数值化编码，并且要更精细地分析各数值型数据的特点，以便依其特点采取有效的统计分析策略。数值型数据主要可分为 3 种不同的子类型。

（1）定类数据

定类数据，是指负责对个案实施分类的数值型数据，这类数据只能取整数，而且其大小没有实际意义，不能对其求均值、方差等。例如，如果要对学生表中的"民族"列进行数值化编码,以 1 代表汉族,以 2 代表回族,以 3 代表蒙古族……这些数的大小无意义,只能在有限范围内表示分类。

在有些软件中,定类数据也被称为名义型数据、标志型数据。

(2) 定序数据

定序数据,是指依据某个属性对个案进行等级标记的数值型数据。比如,在常见的调查问卷中,人们经常用 1 代表"很不满意"、2 代表"不满意"、3 代表"一般"、4 代表"满意"、5 代表"很满意"。这里的数值 1～5 代表 5 个等级。另外,对于学生成绩的优秀、良好、合格与不合格,也可以分别数值化为 4、3、2、1。

定序数据应该是数值型的,其大小能表示程度,其取值也只能是整数。

(3) 定距数据

定距数据,是指取值范围连续的数值型数据,通常是某种测量结果。比如,考试成绩、桌面长度等,都是定距数据。定距数据既可以是整数,也可以是实数,其值域通常为实数范围。

(4) 小结

在上述 3 种数据中,定类数据和定序数据的取值是不连续的,只能取整数,因此是离散性数据。而定距数据的取值是连续的,可称为连续性数据。在这 3 种数据中,定类数据的层次最低,只有类别之分,没有大小之别;定序数据的层次略高于定类数据,定序数据也是离散型数据,有大小之别;定距数据的层次最高,除了具有大小的区别之外,还是能够精确度量的数值,属于连续型数据。另外,所有的字符型数据,都可以被看作定类数据。

在 SPSS 等统计软件中,定类数据又被称为名义型数据,定序数据又被称为序号型数据,定距数据则常常被称为度量型数据。另外,在定距数据中,如果数据的取值具有真正意义的零值,这类数据还被称为定比数据。例如,温度就可以被看成典型的定比数据。

3. 高测度数据与低测度数据

在 SPSS 统计分析中,数值的类型(定类、定序、定距)会影响着统计分析算法的选择。但在具体的应用中,统计分析算法选择的原则又不是严格按照定距、定序和定类变量划分的,统计分析算法要根据被研究数据的大小是否有意义、值域是否较大等来进行选择。从这个视角看,数据可被分为高测度数据和低测度数据两大类。

(1) 高测度数据

在统计分析中,值域比较大,且数值大小在统计过程中具有内在含义的数据,统称为高测度数据。

事实上,全部定距变量、值域在 5 级以上的定序变量,都可以被看作高测度数据。这种数据适用于绝大多数的统计分析算法。

(2) 低测度数据

在统计分析中,值域比较小,或数值大小在统计过程中没有内在含义的数据,可以被称为低测度数据。

所有定类变量、值域较小的定序变量，都可以被看作低测度数据。

> **注意：**
> 所有带有连续取值的定距变量都是高测度数据，所有定类变量，不论有多少类别，均可看作低测度数据。定序变量可根据研究问题及实际值域纳入高测度数据或低测度数据。

2.1.3 数据的规范化要求

尽管图 2-1 所示的数据表的内容已经比较规范、合理，但在真正地实施统计分析之前，仍需对数据进行必要的规范化处理。

1. 对表中明显错误的数据进行标记

在统计分析之前，必须对明显错误的数据进行标记或剔除，以免个别极端错误值严重影响分析结论。

在图 2-1 中的"性别"列内，若出现了"xx"等非"男"非"女"的字符，就是明显的输入错误，因为人的性别只能为"男"或"女"。同理，在序列"数学"中，若是出现了超过 100 的数值，同样是输入错误。

对于上述错误，应根据研究问题的需要和数据语义，进行预处理。比如，对性别列中的"南"，可以直接修正为"男"，而其他的字符，诸如"xx""大""军"等，则应标记为缺失值。在进行与性别相关的统计分析时，非法的性别值将不参与具体的统计分析过程。

2. 对字符型变量进行数值化编码

多数统计分析软件都限定参与统计分析的变量应为数值型变量，尽量避免字符型变量对统计分析过程的干扰。因此，对未来有可能参与统计分析的变量进行数值化编码是数据规范化的基本要求。

在图 2-1 所示的数据表中，性别、单位（或专业）等变量经常被作为分组变量参与到统计分析过程中，为此，对这些变量进行数值化编码是非常必要的。

例如，人们经常在"性别"之后新增一列"性别码"，在"性别码"列中给出性别的对应数值。常见的处理方式是"男"对应为 1，"女"对应为 2，而其他值则定义为 99，并且把 99 指定为缺失值。

同理，人们也可以对图 2-1 所示数据表中的"单位"列进行数值化编码，用 1、2、3、4 等指代不同的单位。

> **注意：**
> 在对定类变量进行数值化编码的过程中，如果随意指定文本值与数码之间的对应关系，则得到的新变量为定类变量。如果按照某一规则对字符型变量实施编码，则得到的新变量为定序变量。例如，

> 对于学习态度，可根据态度的端正程度，依次编码：1代表不端正、2代表无所谓、3代表比较端正、4代表非常端正。这样得到的新变量"态度码"就是定序变量。若在对学习态度做数值化编码时，任意规定数码与态度的对应关系，那么新变量"态度码"就是定类变量。
>
> 在对字符变量做数值化编码时，应尽力按某一规则把字符变量转化为定序变量，以提升后续量化分析的质量。

3. 对非正态分布的变量进行转码处理

在统计分析过程中，多数统计分析算法都要求参与分析的变量满足正态分布。然而，在实际的研究过程中，经常会碰到由于某些变量不符合正态分布，导致很多统计分析算法均不能使用的情况。为此，就需要对非正态分布的变量进行转码处理。

在统计学中，求定距变量中的某个取值在所有值中所处的位次，被称为求秩分。例如，在数学考试后，求某个同学在全班数学成绩序列中的位次，就是计算该同学在整个数学成绩序列中的秩分。若把第一名赋予成绩最高的学生，则称为降序秩；若把第一名赋予成绩最低的学生，则称为升序秩。基于秩分，可以屏蔽个别极端值对序列均值的严重影响，避免个别极端值导致的研究结论偏颇。

在 SPSS 等专业化统计分析软件中，人们可以借助秩分、Z 分数（标准化分数）、正态得分等对原始数据进行转码处理，以减少极端值对统计分析结果的影响，从而使面向正态分布的专业算法也可以被应用在这些非正态分布的变量上，以拓展统计分析算法的适用范围。

2.2 以Excel做数据预处理

由于 Excel 应用广泛，用法简洁，各类科学研究经常选择 Excel 作为其数据预处理及规范化工具。利用 Excel，人们可对采集到的数据做数值化编码，标记缺失值，以使数据符合统计分析的基本要求。

2.2.1 Excel下的数据编辑

1. Excel 工作界面

（1）Excel 的"选项卡—功能区"

Excel 采用"选项卡—功能区—工作表"管理模式，如图 2-2 所示。其主窗口的顶部是 Excel 的"选项卡—功能区"，中部区域则是当前工作表的内容。

Excel 的选项卡提供了比较强的数据编辑功能，借助【开始】选项卡中的【字体】【对齐方式】【单元格】等功能组中的按钮，能够完成大量的格式设置与文字编辑工作。

借助于【数据】选项卡，能够进行【排序】【筛选】【分类汇总】等常规的数据统计与简单的分类处理任务，其右上角的【数据分析】按钮则提供了专业的数据分析功能。

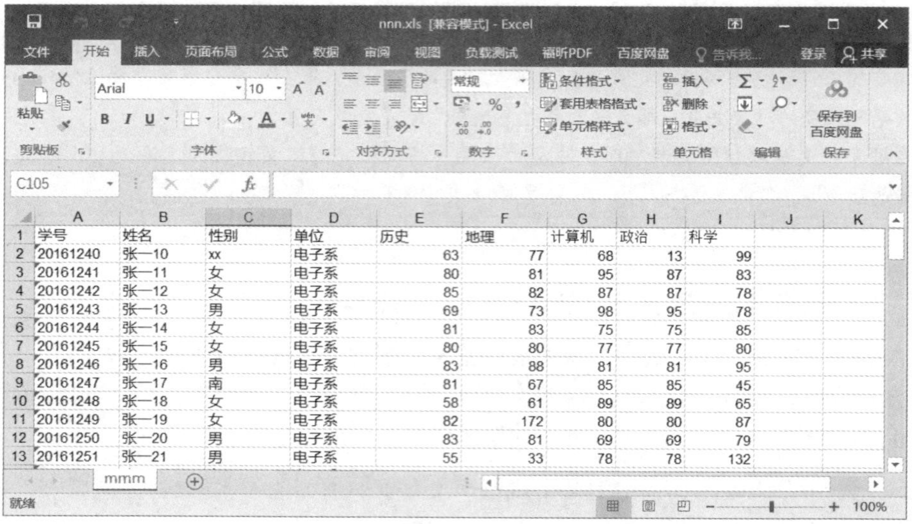

	A	B	C	D	E	F	G	H	I
1	学号	姓名	性别	单位	历史	地理	计算机	政治	科学
2	20161240	张一10	xx	电子系	63	77	68	13	99
3	20161241	张一11	女	电子系	80	81	95	87	83
4	20161242	张一12	女	电子系	85	82	87	87	78
5	20161243	张一13	男	电子系	69	73	98	95	78
6	20161244	张一14	女	电子系	81	83	75	75	85
7	20161245	张一15	女	电子系	80	80	77	77	80
8	20161246	张一16	男	电子系	83	88	81	81	95
9	20161247	张一17	南	电子系	81	67	85	85	45
10	20161248	张一18	女	电子系	58	61	89	89	65
11	20161249	张一19	女	电子系	82	172	80	80	87
12	20161250	张一20	男	电子系	83	81	69	69	79
13	20161251	张一21	男	电子系	55	33	78	78	132

图 2-2　Excel 主工作界面

（2）Excel 的工作表

Excel 的工作表是一张巨大的二维表格，以字母作为列号，以数字作为行号。在图 2-2 中，文字“学号”所在的单元格的地址就是 A1。尽管 Excel 支持用户在任意单元格中随意地输入数据，但在实际应用中，人们仍然比较习惯如图 2-2 所示的那样从 A1 单元格开始编制数据表，数据表中的每一行为一条记录，每一列则是一个字段（即数据项）。比如 A2:I2，就是关于学生“张一 10”的各方面信息。

与数据库系统和 SPSS 不同，Excel 没有提供专业的列定义功能。因此，对于二维表形式的数据集，它只能把表格的第一行作为变量名行（或者称为字段名行、标题行），用于说明每一列的含义。

Excel 的统计分析是基于区域的，在执行统计分析的过程中，需要准确地指明哪个区域的数据参与统计分析过程。例如，函数 AVERAGE(E2:E100) 就是要对区域 E2:E100 求平均值，在这个公式中，参与统计分析的就是区域 E2:E100。

2. 数据输入与编辑

（1）输入字符型数据

要向单元格中输入字符型数据，只须首先用鼠标单击该单元格，确定被输入数据的位置，然后直接输入以字母开头的字符型数据。

在输入字符型数据的过程中，输入的内容同时显示在编辑栏和单元格内部，如图 2-3 所示。

对于学号、电话号码（特别是以 0 起始的学号或电话号码）等类似数值型数据的字符型数据，为保证输入单元格的数据格式符合字符型数据的要求，以免 Excel 把这种内容当作数值型数据处理，通常可以采用以下两种处理技术：①在输入正式内容前先输入一个前导符号“'”，“'”代表即将输入的内容是字符串，而且会左对齐；②先在【开始】选项卡中的【数字】功能组设置相关单元格的数据格式为【文本】类型，然后再输入数字形态的字符串。

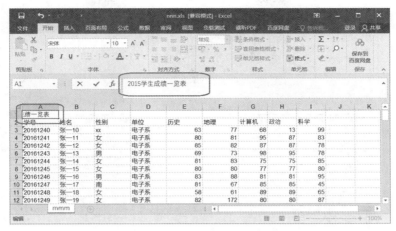

图 2-3 输入字符型数据

（2）输入数值型数据

对于普通的数值型数据，应在选定输入单元格后，直接输入一串英文半角的数字。例如，10000、1598、2E-2，等等。

> **注意：**
> 在输入数值型数据的过程中，小数点必须使用英文半角的圆点。数值型数据必须以数字开头，而且要符合数值型数据的书写格式。否则，会被系统判定为字符型数据。

若是需要输入日期，则须选定单元格，直接输入符合日期格式的日期。例如：2011-11-12，或者 2011/10/08。

> **注意：**
> 日期格式应以数字开头，可以使用短横线或者斜线作为内部分隔符。诸如"2001-2-29""1234ABC"这样的形似数值型数据但不符合数值型格式的数据，Excel 一概作为字符型数据处理。

3. 数值型数据的显示格式

Excel 单元格中的数值型数据可以以多种形态出现（例如数值、日期、时间、货币、百分比等）。因此，在 Excel 表格中，根据语义需要设置单元格的显示格式是非常必要的。

以下为设置数据显示格式的方法。

[1] 拖动鼠标，选择需要重设格式的区域。

[2] 在【开始】选项卡的【数字】功能组中，单击顶部列表框右侧的下拉按钮，从中选择某种样式，如图 2-4 所示。

如果需要进行比较精细的格式设置，则可以在【开始】选项卡下，单击【数字】功能组右下角的斜箭头，或者选择图 2-4 中的下拉菜单中的【其他数字格式】，就会打开"设置单元格格式"对话框选项卡，如图 2-5 所示。

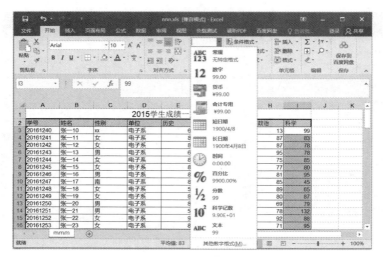

图 2-4 设置单元格的显示格式

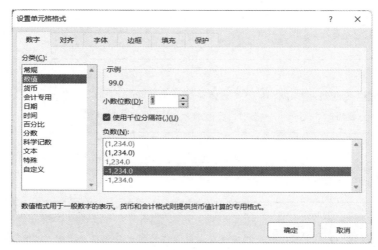

图 2-5 "设置单元格格式"对话框

在【数字】选项卡中,直接从左侧选择一种格式类型,然后在右侧区域设置小数位数和负数的格式。

最后,单击【确定】按钮,完成数据格式设置。

4. Excel 中的公式与计算

利用公式进行计算,是 Excel 的重要特色之一。特别是其存储计算公式、显示计算结果、随时自动计算等特点,深受用户的喜爱。而 Excel 的公式复制与填充功能则是其另一重要特色。

Excel 提供了诸如 SUM、COUNT、AVERAGE、COUNTIF、IF、TTEST 等大量函数供人们使用,借助这些函数,可以完成很多较复杂的数据管理与统计分析任务。

(1) 公式输入方法

[1] 单击需要输入公式的单元格(往往选择一个具有代表性的单元格),使之成为当前位置。

[2] 切换到英文输入状态，直接输入一个以“=”开头的公式。在此过程中，可以借助 Excel 的提示，直接选择函数名称，并输入相应的参数。

[3] 以 Enter 键（回车键）确认输入，系统将自动计算，在单元格中显示出计算结果。

（2）公式的复制与填充

方法一：以复制的方法复制公式。

[1] 右击已经正确输入公式的单元格，在弹出的快捷菜单中选择【复制】。

[2] 按住鼠标左健并拖动，以选择目标区域，然后右击，在弹出的快捷菜单中选择【粘贴】。

方法二：以快捷键实现公式复制。

[1] 单击含有公式的单元格，键入 Ctrl+C 组合键；

[2] 按住鼠标左键并拖动，以选定目标区域，键入 Ctrl+V 组合键。

方法三：以填充的方法复制公式。

[1] 鼠标指针指向含有公式的单元格右下角的填充柄（即单元格右下角的小矩形块），此时鼠标指针变成实心的小“十”字。

[2] 按住鼠标左键，向下或向右拖动鼠标，凡是被覆盖的区域都将被公式填充，初始单元格中的公式将被复制到这些单元格中。

5. 对 Excel 数据编辑的补充说明

尽管 Excel 允许用户在任意位置、任意单元格随意地输入数据，而且不要求数据区域连续，但是仍要求将用于统计分析的数据制作成比较规范的二维数据表的形式，即数据表的第一行是标题行，用于说明数据表内各列的语义，然后再在标题行以下的各行内逐行输入数据，每行是一个个案的信息（即数据记录）。如图 2-6 所示。

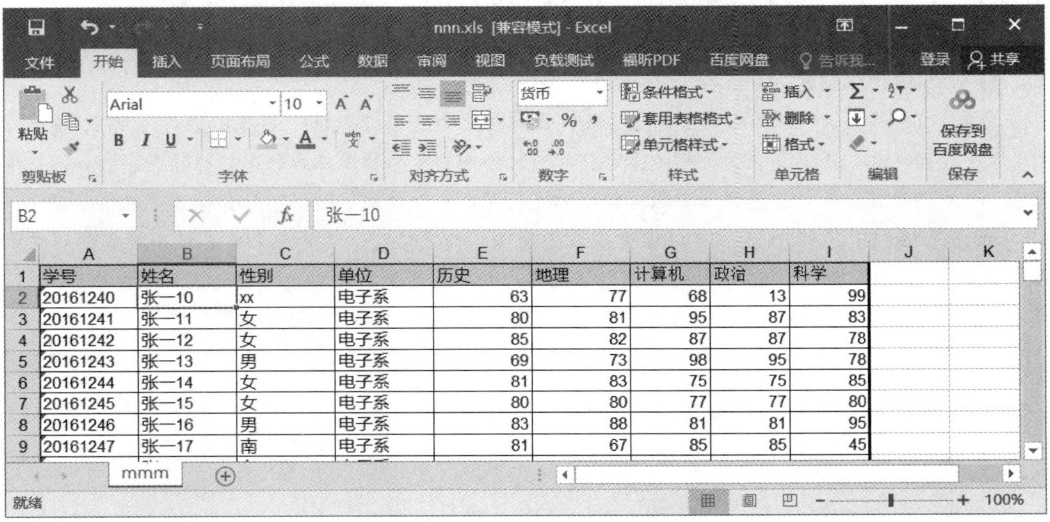

	A	B	C	D	E	F	G	H	I
1	学号	姓名	性别	单位	历史	地理	计算机	政治	科学
2	20161240	张一10	xx	电子系	63	77	68	13	99
3	20161241	张一11	女	电子系	80	81	95	87	83
4	20161242	张一12	女	电子系	85	82	87	87	78
5	20161243	张一13	男	电子系	69	73	98	95	78
6	20161244	张一14	女	电子系	81	83	75	75	85
7	20161245	张一15	女	电子系	80	80	77	77	80
8	20161246	张一16	男	电子系	83	88	81	81	95
9	20161247	张一17	南	电子系	81	67	85	85	45

图 2-6　Excel 中的数据表

2.2.2 实战：数据类型转化与格式标准化

1. 案例要求

为了分析学生的学习成绩与生源、性别及专业之间的关系，张利老师采集了大量数据。原始数据如图 2-7 所示。

请分析表格中的数据是否规范，并对不规范的数据进行必要的预处理。

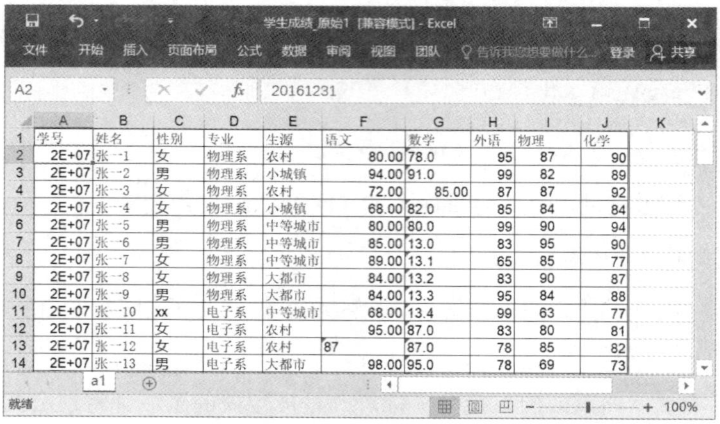

	A	B	C	D	E	F	G	H	I	J
1	学号	姓名	性别	专业	生源	语文	数学	外语	物理	化学
2	2E+07	张--1	女	物理系	农村	80.00	78.0	95	87	90
3	2E+07	张--2	男	物理系	小城镇	94.00	91.0	99	82	89
4	2E+07	张--3	女	物理系	农村	72.00	85.00	87	87	92
5	2E+07	张--4	女	物理系	小城镇	68.00	82.0	85	84	84
6	2E+07	张--5	男	物理系	中等城市	80.00	80.0	99	90	94
7	2E+07	张--6	男	物理系	中等城市	85.00	13.0	83	95	90
8	2E+07	张--7	女	物理系	中等城市	89.00	13.1	65	85	77
9	2E+07	张--8	女	物理系	大都市	84.00	13.2	83	90	87
10	2E+07	张--9	男	物理系	大都市	84.00	13.3	95	84	88
11	2E+07	张--10	xx	电子系	中等城市	68.00	13.4	99	63	77
12	2E+07	张--11	女	电子系	农村	95.00	87.0	83	80	81
13	2E+07	张--12	女	电子系	农村	87	87.0	78	85	82
14	2E+07	张--13	男	电子系	大都市	98.00	95.0	78	69	73

图 2-7　原始数据

2. 解决方案分析

从图 2-7 可以看出，数据的不规范性主要体现在以下 3 处：①“学号”列的显示存在问题，学号应是字符型数据，不应该以科学记数法显示（即图 2-7 中“2E+07”的形式）。②学生考试分数的输入极为不规范，有些成绩使用的是字符型数据（即图 2-7 中的大多数数学成绩），它将导致后续的求和、求均值等统计分析结果出现错误。③“性别”列中有不规范的数据。

在 Excel 中，数据类型之间的转化，可以借助 TEXT 函数和 VALUE 函数来实现。

> **技术指导：**
>
> 函数“TEXT ()”用于把其他类型的数据强制转化为字符型数据，其基本格式为 TEXT(单元格，"字符串格式")，其含义是把指定单元格的内容强制转化为预设格式的字符型数据。例如，把单元格 A2 中的数值强制转化为由 8 位数码构成的字符串，可以使用函数“=TEXT(A2, "00000000")”。
>
> 函数“VALUE ()”用于把非数值型内容强制转化为数值型，不管原来它是什么类型的。其基本格式为 VALUE(单元格)，作用是把指定单元格内的内容强制转化为数值型。例如，要把 G2 单元格中的字符型数据转化为可计算的数值型数据，只须使用函数“=VALUE(G2)”。

3. 操作过程

（1）对学号的处理

从图 2-7 的编辑栏可知，学号是由 8 位数码构成的字符串。因此可以借助字符串转换函数 TEXT 实现数据类型转换。

[1] 在单元格 K2 中输入公式 "=Text(A2, "00000000")",表示把 A2 中的数值转化为 8 位数码,存储到单元格 K2 中。

[2] 拖动单元格 K2 右下角的填充柄,向下填充区域 K2:K100,以便把所有学生的学号均转化为字符型数据。

[3] 利用快捷键 Ctrl+C,复制区域 K2:K100。

[4] 单击单元格 A2,使之成为当前单元格。然后单击【开始】选项卡的【剪贴板】功能组中【粘贴】按钮底部的小三角,在弹出的下拉菜单中选择【粘贴数值】按钮,以便把 K2:K100 区域的值粘贴到 A2:A100 区域中,如图 2-8 所示。

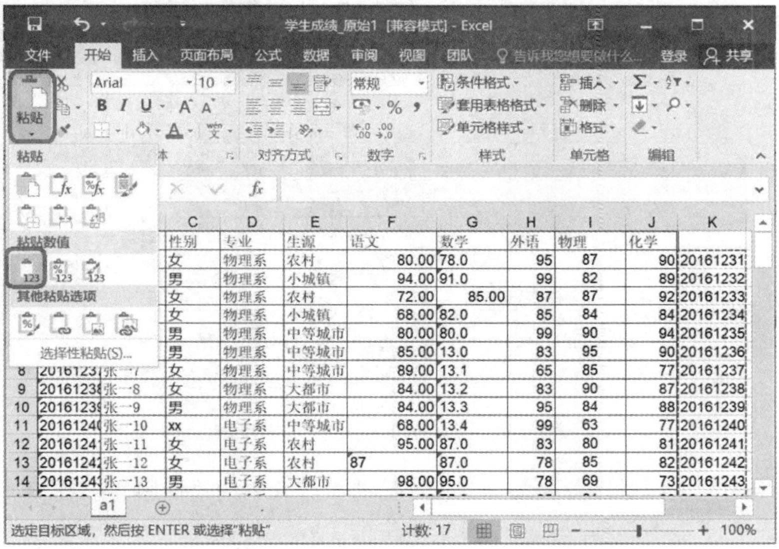

图 2-8 以"粘贴数值"方式处理"学号"数据

(2) 对"语文"列成绩的处理

从图 2-7 可以看出,在"语文"列中存在着以字符型数据(例如单元格 F13 中的成绩 87)表示的分数值,将严重地影响未来针对语文列的正常统计与分析。

[1] 在单元格 K2 中输入公式 "=value(F2)",表示把单元格 F2 中的数据强行转化为数值型数据,并存储到单元格 K2 中。

[2] 拖动单元格 K2 右下角的填充柄,向下填充区域 K2:K100,以便把所有学生的语文分均转化为数值型。

[3] 键入 Ctrl+C 组合键,复制区域 K2:K100;

[4] 单击单元格 F2,使之成为当前单元格,然后单击【开始】选项卡的【剪贴板】功能组中【粘贴】按钮底部的小三角,在弹出的下拉菜单中选择【粘贴数值】按钮,以便把 K2:K100 区域的值粘贴到 F2:F100 区域中。

(3) 对其他列数据的处理

按照步骤(2)的操作方式,分别对"数学""外语""物理""化学"等列进行数据类型转化,使之都变成规范的数值型数据。

2.2.3　实战：数值化编码技术

1. 案例要求

为了分析学生的学习成绩与生源、性别和专业之间的关系，张利老师采集了大量数据，如图 2-9 所示。

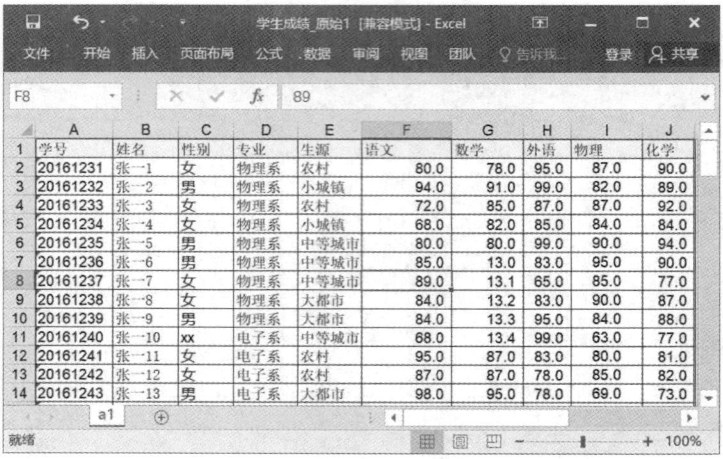

学号	姓名	性别	专业	生源	语文	数学	外语	物理	化学
20161231	张一1	女	物理系	农村	80.0	78.0	95.0	87.0	90.0
20161232	张一2	男	物理系	小城镇	94.0	91.0	99.0	82.0	89.0
20161233	张一3	女	物理系	农村	72.0	85.0	87.0	87.0	92.0
20161234	张一4	女	物理系	小城镇	68.0	82.0	85.0	84.0	84.0
20161235	张一5	男	物理系	中等城市	80.0	80.0	99.0	90.0	94.0
20161236	张一6	男	物理系	中等城市	85.0	13.0	83.0	95.0	90.0
20161237	张一7	女	物理系	中等城市	89.0	13.1	65.0	85.0	77.0
20161238	张一8	女	物理系	大都市	84.0	13.2	83.0	90.0	87.0
20161239	张一9	男	物理系	大都市	84.0	13.3	95.0	84.0	88.0
20161240	张一10	xx	电子系	中等城市	68.0	13.4	99.0	63.0	77.0
20161241	张一11	女	电子系	农村	95.0	87.0	83.0	80.0	81.0
20161242	张一12	女	电子系	农村	87.0	87.0	78.0	85.0	82.0
20161243	张一13	男	电子系	大都市	98.0	95.0	78.0	69.0	73.0

图 2-9　待数据重编码的原始数据

为了能在未来便捷地进行各种统计分析，请对数据表中的“性别”“专业”“生源”列进行数值化编码，并在“数学”列右侧显示每个学生数学成绩的名次。

2. 解决方案分析

（1）在 Excel 中，要对某些列实现重编码，可借助 Excel 的 IF 函数来完成。IF 函数的格式：

=IF(条件式，满足时的取值，不满足时的取值)

根据图 2-9 中数据的情况，对性别的编码依据规则“男生为 1、女生为 2、其他值为 9”实施，而“生源”列的编码规则为“农村为 1、小城镇为 2、中等城市为 3、大都市为 4”。对于学生的专业，则尽量按照艺术、文科、理工科的顺序编码。

> **注意：**
> 对字符型变量的数值化编码，应尽量根据研究问题的特点，设计出有意义的编码顺序，以保证编码为定序变量。例如，对于生源，可以按照地域的发展程度编码：农村为 1、小城镇为 2、中等城市为 3、大都市为 4。

（2）求每位学生数学成绩的名次，就是基于所有学生的数学成绩，计算每个数学成绩的秩分，可借助函数“RANK(单元格，数学序列区域)”来完成。

3. 操作过程

（1）对性别进行数值化编码

[1] 单击单元格 D1，以便选中此单元格。

[2] 单击【开始】选项卡—【插入】—【插入工作表列】，在“性别”列右侧插入一列。在 D1 中输入“XBM”。

[3] 在 D2 中输入公式：=IF(C2= " 男 ",1, IF(C2= " 女 ", 2,9))；

[4] 按住单元格 D2 右下角的填充柄，拖动鼠标，向下填充区域 D2:D100，对所有学生的性别进行数值化编码。

> **注意：**
> 利用 IF 函数除了能把字符型变量编码为数值型变量之外，还能把语文、数学等定距数据编码为不及格（1）、及格（2）、良好（3）、优秀（4）等离散数据（即编码为定序变量）。

同理，新增“ZYM”列、“SYM”列，并分别完成针对专业和生源的数值化编码。

> **注意：**
> 如果希望直接在 C 列内对性别做数值化编码，还可在选中区域 C2:C100 的情况下，直接使用“查找替换”命令，把“男”全部替换为 1，把“女”全部替换为 2。

（2）求每个学生数学成绩的名次

[1] 单击“数学”右侧的单元格

[2] 单击【开始】选项卡—【插入】—【插入工作表列】，在“数学”列右侧插入一列。在 K1 中输入“数学 M”。

[3] 在 K2 中输入求秩分的函数：=RANK(J2, $J$2:$J$93)。其含义是计算 J2 单元格中的值在区域 $J$2:$J$93 内的名次（即秩分值）。

[4] 复制 K2 中的公式到区域 K3:K93。最终效果如图 2-10 所示。

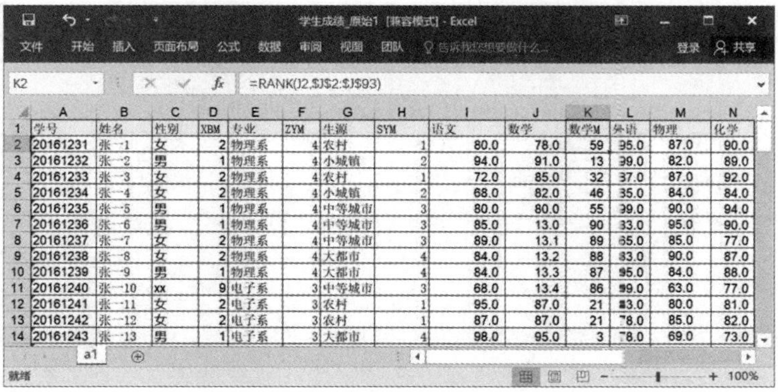

K2 =RANK(J2,$J$2:$J$93)

	A	B	C	D	E	F	G	H	I	J	K	L	M	N
1	学号	姓名	性别	XBM	专业	ZYM	生源	SYM	语文	数学	数学M	外语	物理	化学
2	20161231	张一1	女	2	物理系	4	农村	1	80.0	78.0	59	95.0	87.0	90.0
3	20161232	张一2	男	1	物理系	4	小城镇	2	94.0	91.0	13	99.0	82.0	89.0
4	20161233	张一3	女	2	物理系	4	农村	1	72.0	85.0	32	37.0	87.0	92.0
5	20161234	张一4	女	2	物理系	4	小城镇	2	68.0	82.0	46	35.0	84.0	84.0
6	20161235	张一5	男	1	物理系	4	中等城市	3	80.0	80.0	55	99.0	90.0	94.0
7	20161236	张一6	男	1	物理系	4	中等城市	3	85.0	13.0	90	33.0	95.0	90.0
8	20161237	张一7	女	2	物理系	4	中等城市	3	89.0	13.1	89	65.0	85.0	77.0
9	20161238	张一8	女	2	物理系	4	大都市	4	84.0	13.2	88	83.0	90.0	87.0
10	20161239	张一9	男	1	物理系	4	大都市	4	84.0	13.3	87	95.0	84.0	88.0
11	20161240	张一10	xx	9	电子系	3	中等城市	3	68.0	13.4	86	99.0	63.0	77.0
12	20161241	张一11	女	2	电子系	3	农村	1	95.0	87.0	21	83.0	80.0	81.0
13	20161242	张一12	女	2	电子系	3	农村	1	87.0	87.0	21	78.0	85.0	82.0
14	20161243	张一13	男	1	电子系	3	大都市	4	98.0	95.0	3	78.0	69.0	73.0

图 2-10 对数学成绩求秩分

> **注意:**
> 为了正确地对区域 K2:K93 实施填充,K2 公式内的参考区域 J2:J93 必须使用绝对坐标。

2.2.4 实战:数据表的拼接

在数据预处理阶段,常常需要将不同的数据表进行拼接。

1. 案例要求

张利老师为了分析学生的学习成绩与生源、性别和专业之间的关系,采集了大量数据,如图 2-11 所示。

图 2-11 待拼接的两张数据表

从图 2-11 呈现的数据可知,同一组学生的考试成绩被分别放置于两张数据表中。请把右侧数据表中的历史和地理成绩数据拼接到左侧数据表的 L 列和 K 列之中。

2. 解决方案分析

在 Excel 中,数据表的拼接可借助 VLOOKUP 的数据填充功能实现。

VLOOKUP 函数的一般格式为"=VLOOKUP(关键词,数据来源区域,列序号,拼接方式)",其基本含义为,在指定的"数据来源区域"的第一列查找"关键词",找到该关键词对应的记录之后,就把该记录中"列序号"对应的列值取出来,作为整个函数的结果值。

对 VLOOKUP 函数中各参数的解释如下。

(1) 数据来源区域:从关键词所在列向右延伸的一个区域,表示从哪里找所需的信息。通常用绝对地址来表示该区域。

（2）关键词：查找个案的依据。

（3）列序号：即查找的内容所在列的序号。在图 2-11 中，若数据来源区域为 N2:P200，那么“历史”列的序号就是 2。

（4）拼接方式：通常有两种方式，通过在此处输入“False”或“True”来进行选择。输入“False”，表示“精确查找”。输入“True”，则表示“模糊查找”。多数情况下输入“False”。

3. 操作过程

[1] 打开图 2-11 所示的数据表。

[2] 在 L2 中输入公式：= VLOOKUP(A2,$N$2:$P$100,2,FALSE)，其含义是在 $N$2:$P$100 区域的第一列中查找单元格 A2 的值，若能找到相应的个案，则把该个案第 2 列的数据（本例中为历史成绩）存放在单元格 L2 中。

[3] 按住单元格 L2 右下角的填充柄并向下拖动鼠标，填充 L3:L100 区域。

同理，在 K2 中输入公式：=VLOOKUP(A2,$N$2:$P$100,3,False)，以便在 K2 中输入单元格 A2 对应的那名学生的“地理”成绩。然后以 K2 的公式填充区域 K3:K100。两张表的拼接结果如图 2-12 所示。

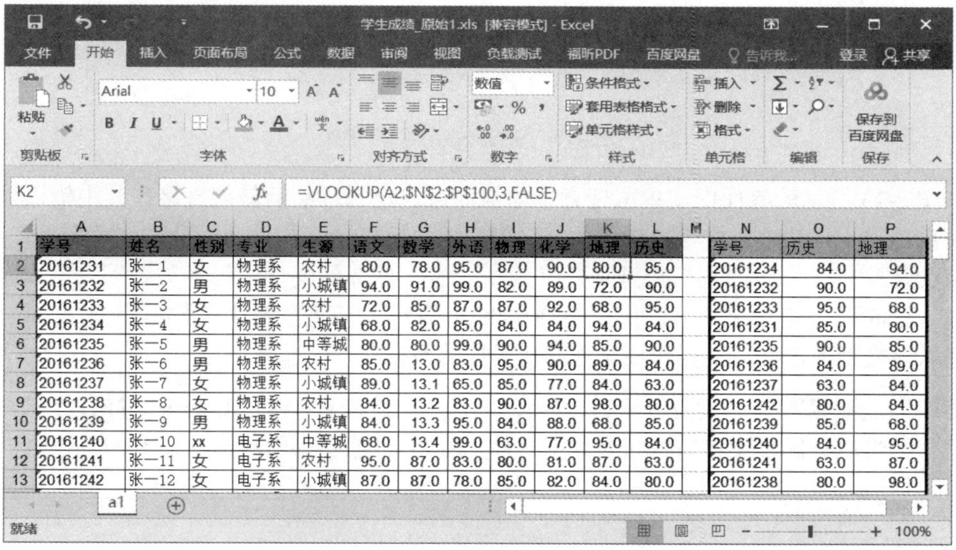

	A	B	C	D	E	F	G	H	I	J	K	L	M	N	O	P
1	学号	姓名	性别	专业	生源	语文	数学	外语	物理	化学	地理	历史		学号	历史	地理
2	20161231	张一1	女	物理系	农村	80.0	78.0	95.0	87.0	90.0	80.0	85.0		20161234	84.0	94.0
3	20161232	张一2	男	物理系	小城镇	94.0	91.0	99.0	82.0	89.0	72.0	90.0		20161232	90.0	72.0
4	20161233	张一3	女	物理系	农村	72.0	85.0	87.0	87.0	92.0	68.0	95.0		20161233	95.0	68.0
5	20161234	张一4	女	物理系	小城镇	68.0	82.0	85.0	84.0	84.0	94.0	84.0		20161231	85.0	80.0
6	20161235	张一5	男	物理系	中等城	80.0	80.0	99.0	90.0	94.0	85.0	90.0		20161235	90.0	85.0
7	20161236	张一6	男	物理系	农村	85.0	13.0	83.0	95.0	90.0	89.0	84.0		20161236	84.0	89.0
8	20161237	张一7	女	物理系	小城镇	89.0	13.1	65.0	85.0	77.0	84.0	63.0		20161237	63.0	84.0
9	20161238	张一8	女	物理系	农村	84.0	13.2	83.0	90.0	87.0	98.0	80.0		20161242	80.0	84.0
10	20161239	张一9	男	物理系	小城镇	84.0	13.3	95.0	84.0	88.0	68.0	85.0		20161239	85.0	68.0
11	20161240	张一10	xx	电子系	中等城	68.0	13.4	99.0	63.0	77.0	95.0	84.0		20161240	84.0	95.0
12	20161241	张一11	女	电子系	农村	95.0	87.0	83.0	80.0	81.0	87.0	63.0		20161241	63.0	87.0
13	20161242	张一12	女	电子系	小城镇	87.0	87.0	78.0	85.0	82.0	84.0	80.0		20161238	80.0	98.0

图 2-12 两张表的拼接结果

2.3 以SPSS做数据预处理

SPSS 是专业的统计分析软件，它对数据的管理具有较高的要求，只允许使用严格规范的二维表来构造数据集。因此，SPSS 要求事先设定好数据集里的每一列（即变量）的属性，然后才可逐行输入数据。另外，SPSS 还允许用户以命令行方式输入操作语句，以便精准地控制统计分析过程。因此，SPSS 的操作界面主要有：数据编辑器窗口（含数据视图和变量视图）、输出窗口、命令行语句窗口等。

2.3.1 SPSS的变量预定义及编辑

1. SPSS 的主工作界面

启动 SPSS，进入 SPSS 的主工作界面，即数据编辑器窗口，如图 2-13 所示。每次启动 SPSS，系统都会默认打开"数据视图"。这个界面与 Excel 工作表非常相似。

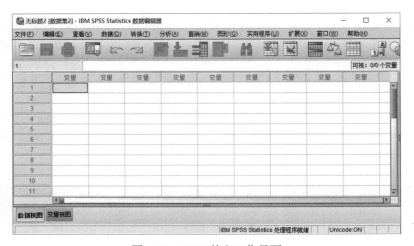

图 2-13　SPSS 的主工作界面

在图 2-13 所示的界面中，单击任意单元格即可选定它，然后就能直接在其中输入数据了。需要注意：①一旦某单元格内被输入数据，如果该单元格所在的列尚未被定义成变量，那么该列将自动按照单元格内的数据类型被定义为新变量，顶部的变量标记会被自动变为 VAR000X 形式（这里的 X 是自然顺序号，比如 VAR0009）；②一旦某列被设定了数据类型，则该列后续只能输入该类型的数据，不再允许输入其他类型的数据。

要保存已经输入了数据的数据表，应使用【文件】—【另存为】命令，打开"保存文件"对话框，把当前数据表保存为独立的数据文件（SPSS 数据文件的默认扩展名为 sav）。

> 📎 **注意：**
> 尽管 SPSS 支持在未做任何预定义的数据视图中直接输入数据，事后再修改对变量的定义，但是，为了保证表中的每一个数据都是规范的，人们通常会先在"变量视图"中对未来的数据表包含哪些列、每列的名称、变量的类型等进行设置束，然后再输入数据，从而保证新数据的规范性和严谨性。

2. 设置变量（列）的属性

在图 2-13 所示的 SPSS 数据编辑器界面中，单击左下角的【变量视图】标签，即可切换到

"变量视图",如图 2-14 所示。在"变量视图"中可以完成对数据表内各变量(数据列)的说明和约束。

图 2-14 SPSS 的"变量视图"界面

(1) 变量视图简介

在图 2-14 所示的变量视图中,可以便捷地定义数据表的各个变量。每个变量的信息占据一行,其中的每列依次为"名称"(变量名称)、"类型"(数据类型)、"宽度"、"小数"(小数位数,仅对数值型变量有意义)、"标签"、"缺失"(缺失值)、"度量标准"等。

并不是每一个变量都需要定义所有的属性,对于大部分的变量来讲,只需说明名称、类型和宽度即可,数值型变量通常还需要声明度量标准。

在变量视图中,直接上下拖动变量前面的行标记(即最左侧蓝底带数字的标记),可以改变该变量行的位置,从而调整该变量在数据表中的位置。

在完成对数据表内所有变量的定义后,可以单击【数据视图】标签,以便回到数据编辑状态,向数据表中输入数据。在数据编辑过程中,随时可以切换到变量视图,重新定义变量或修改某变量的某项定义。

(2) 名称

名称,即变量名,是 SPSS 数据表中一列数据的唯一标记。SPSS 规定,变量名最好由英文字母和数字组成,而且数字不可作为变量名的第一个字符。

尽管在高版本的汉化 SPSS 中,变量名也可以使用汉字,但为了保证系统的稳定性和较高的运行效率,通常规定变量名不超过 10 个字符,而且尽量不使用汉字。

(3) 类型

类型,是对变量数据类型的限制。SPSS 支持多种数据类型。但从统计分析的视角看,常见的类型只有字符型数据和数值型数据两种。其中数值型数据在统计分析中起着决定性的作用。

单击变量行中"类型"列右侧的小按钮，即可在弹出的对话框中改变当前变量的数据类型。

(4) 宽度与小数

宽度，用于定义变量的宽度，决定了该变量能够容纳多少数据。小数，仅对数值型变量有意义，用于限制数值型变量的小数位数。

> **注意：**
> 数值型变量的宽度值必须大于小数位数。

(5) 标签

变量视图中的"标签"就是对变量名的补充说明。

在 SPSS 中，系统推荐使用英文字符和数码组成变量名称，而且变量名要求比较短，以便保证运算稳定性并提高系统计算效率。然而，这种简洁的变量名不利于用户准确地理解变量的真正含义。为此，SPSS 提供了"标签"，作为对变量名称的补充说明。

标签可以使用带有汉字的长字符串，完整地描述变量的含义，以便他人更好地理解每一个变量的真正含义。

标签的内容会显示在统计分析结果表格中。SPSS 在显示数据的分析结果时，如果被统计的变量带有标签，则会在图表的关键位置显示出标签内容，有助于用户理解输出结果。

(6) 值

变量视图中的"值"，即"值标签"，用于说明该变量的各个取值所代表的含义。

由于很多分析算法都要求参与运算的变量为数值型，所以性别、院系、专业、民族等信息常常被数值化编码。然而，在完成数值化编码之后，人们发现尽管已经能够正常进行统计分析运算了，但完全数码化的输出结果往往不容易理解。为此，人们希望输出结果仍能以文字的形式呈现统计结论。于是，SPSS 允许对数值化编码后的每一个取值补充文字说明。

例如，在图 2-14 所示的"变量视图"下，"sex"行是人们对"性别"列的数值化编码，"男"被转化为 1，"女"被转化为 2，其他信息被转化为 9。现在需要对"sex"行的取值进行文字说明。

[1] 单击"sex"行中的"值"列，右侧将出现【...】按钮。

[2] 单击此按钮，将弹出"值标签"对话框，如图 2-15 所示。

[3] 先在"值"文本框中输入"1"，在"标签"文本框中输入"男"，然后单击左侧的按钮【添加】，把这一对对应关系添加到中部的显示区域中。同理，把"2"和"女"的对应关系也添加进来。

[4] 最后，单击【确定】按钮，完成对"sex"行各取值的补充说明。

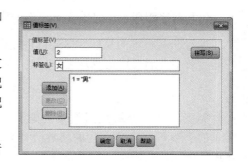

图 2-15 "值标签"对话框

（7）缺失

某些情况可能会导致 SPSS 的数据表中出现不合理的数据，如被访者拒绝回答某个问题、数据输入错误等。例如，在"性别"一列中出现了非"男"且非"女"的信息，在满分 100 分的考试中出现了高于 100 分的成绩。这些数据肯定是不合理数据，是不能够参与分析运算的，否则会影响分析结果。这些不合规的数据通常被称为"缺失值"。

为了避免不合理数据参与统计分析运算，通常需要在 SPSS 的变量定义中规定哪些值是缺失值。被规定为缺失值的数据，通常不参与与该变量相关的大多数分析运算。

例如，在图 2-14 所示的"变量视图"下，"sex"行是人们对"性别"列的数值化编码，"男"被转化为 1，"女"被转化为 2，其他信息被转化为 9。现在需要规定数值 9 为缺失值，即凡是性别码取值为 9 的个案，一概不能参加与性别相关的统计分析过程。

[1] 单击"sex"行的"缺失"列，系统将在右侧显示【…】按钮。单击此按钮，将弹出"缺失值"对话框，如图 2-16 所示。

[2] 单击选中【离散缺失值】，再在下方输入"9"，表示"9"是性别码的缺失值。

[3] 单击【确定】按钮即可。

图 2-16 "缺失值"对话框

> **注意：**
> 图 2-16 所示的对话框用于设定哪些值为缺失值。如果选择【离散缺失值】单选框，则可以把不多于 3 个整数设置为缺失值。如果某个范围内的数据都应被设为缺失值，则可以先选择【范围加上一个可选离散缺失值】单选框，然后再在相应的文本框中输入数值。例如，要设置 0 至 50 分的成绩为缺失值，则只需先选定【范围加上一个可选离散缺失值】单选框，然后再在"低"文本框中输入"0"，在"高"文本框中输入"50"。

（8）指定数值型变量的度量类别

对于数值型变量，为了适应不同的分析算法，需要在 SPSS 的变量视图下给予更加精准的类型划分。

人们通常把数值型变量划分为定距型（即"度量型"）、定序型（即"序号型"）和定类型（即"名义型"）。正确地划分数值型变量的子类型，对于统计分析的正确运行非常重要。

在图 2-14 所示的变量视图中，针对某个数值型变量，在其【度量标准】列单击，会弹出一个下拉列表。从这个下拉列表中选择正确的类型标准，即可把此变量设成相应的子类型。

2.3.2 实战：数据文件打开、保存及优化

作为一款专业的统计分析软件，SPSS 不仅支持自己的数据文件（扩展名为 sav 的数据文件），而且能够与 Excel 文档、小型数据库文档进行数据互换。

1. 以 SPSS 打开与保存 Sav 文件

在 SPSS 中，用于存储原始数据的文件被称为数据文件，它以 sav 为扩展名。

（1）打开 sav 文件

[1] 在 SPSS 的主界面，选择【文件】—【打开】—【数据】，会弹出"打开数据"对话框。

[2] 在"打开数据"对话框中，从底部的【文件类型】列表框中选择"PASW Statistics (*.sav)"，从顶部的【查找范围】列表框中选择 sav 文件的存储位置。

[3] 找到所需的文件后，单击选定文件，然后单击底部的【打开】按钮，就会打开这个数据文件了。

（2）保存 sav 文件

在完成了数据编辑工作后，就可以保存此数据文件了。

[1] 选择【文件】—【保存】或者【另存为】，会弹出"将数据保存为"对话框。

[2] 在"将数据保存为"对话框中，从底部的【文件类型】列表框中选择"PASW Statistics (*.sav)"，从顶部的【查找范围】列表框中选择 sav 文件的存储位置。

[3] 在"文件名"文本框中输入新的文件名，然后单击底部的【保存】按钮，就会把当前数据保存到该数据文件中了。

2. 打开或保存其他的数据文件

SPSS 除了支持 sav 格式的数据文件外，还可使用常见的 Excel 文件、SAS 的数据文件、sysstat 的数据文件、桌面数据库 dBASE 的文件，以便对这些数据文件内的数据实施分析。

（1）打开其他格式的数据文件

[1] 在 SPSS 的主界面，选择【文件】—【打开】—【数据】，将弹出"打开数据"对话框。

[2] 在"打开数据"对话框中，从底部的【文件类型】列表框中选择相应的文件类型，比如选择 Excel 文件（扩展名为 xls 或 xlsx）。

[3] 从顶部的【查找范围】列表框中选择所需文件的存储位置。

[4] 从【查找范围】内找到所需的文件后，单击选定该文件，然后单击底部的【打开】按钮。

[5] 此时会弹出新的对话框，如图 2-17 所示。

[6] 如果 Excel 工作表的第一行中包含字段名，则选中【从第一行数据读取变量名。】复选框，并正确地选择【工作表】名称。

图 2-17　弹出新的对话框

[7] 单击【确定】按钮，就会在 SPSS 主界面打开这个数据文件了。

> **注意：**
>
> 如果 Excel 文件的版本很新，有可能 SPSS 无法打开它。如果碰到这种情况，可先在 Excel 中把文件转存为较低版本。例如，先保存为 Excel 97-2003 的格式，然后再用 SPSS 打开。
>
> 另外，为 SPSS 提供 Excel 工作表式的原始数据，最好在第一行提供规范的变量名称（字段名）。

（2）把 SPSS 的数据文件保存为 Excel 文件

在 SPSS 完成了数据编辑工作后，还可把数据集保存为 Excel 文件。

[1] 选择【文件】—【保存】或者【另存为】，弹出“将数据保存为”对话框。

[2] 在“将数据保存为”对话框中，从底部的【文件类型】列表框中选择“Excel 97-2003(*.xls)”，从顶部的【查找范围】列表框中选择该文件的预期存储位置。

[3] 在“文件名”文本框中输入新的文件名，然后单击底部的【保存】按钮，即可将当前数据保存到该数据文件中。

3. 针对 Excel 数据的优化处理

Excel 对数据采用弱类型管理（不进行强制性的类型定义），而出于精准分析的目的，SPSS 对数据采用的是强类型管理，而且还对数值型变量进行了更精细的划分：定类变量、定序变量和定距变量。因此，用 SPSS 打开的 Excel 文件，需要进一步地做好格式优化。

（1）案例要求

在 SPSS 中打开 Excel 文件（stuScore.xlsx）之后，在变量视图下可看到图 2-18 所示的界面。此数据表内的数据格式比较混乱，例如数学成绩、外语成绩的数据类型错误，物理成绩、化学成绩等缺乏详细的度量标准说明。

上述缺陷使数据达不到 SPSS 数据表的规范化标准，请做好格式优化。

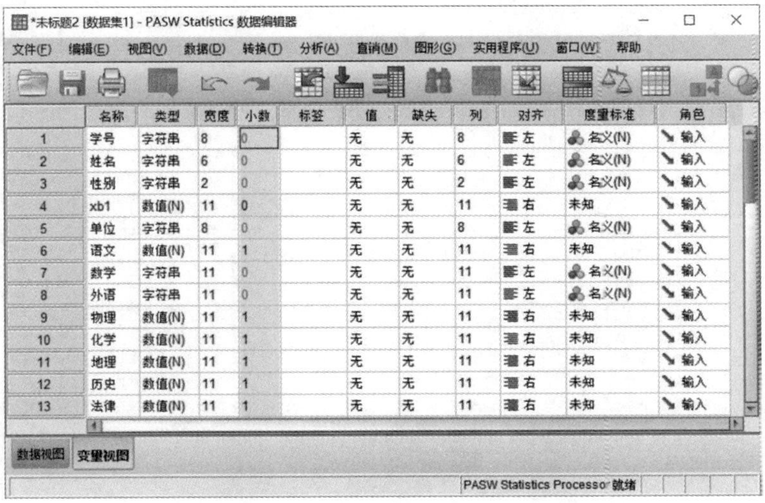

	名称	类型	宽度	小数	标签	值	缺失	列	对齐	度量标准	角色
1	学号	字符串	8	0		无	无	8	左	名义(N)	输入
2	姓名	字符串	6	0		无	无	6	左	名义(N)	输入
3	性别	字符串	2	0		无	无	2	左	名义(N)	输入
4	xb1	数值(N)	11	0		无	无	11	右	未知	输入
5	单位	字符串	8	0		无	无	8	左	名义(N)	输入
6	语文	数值(N)	11	1		无	无	11	右	未知	输入
7	数学	字符串	11	0		无	无	11	左	名义(N)	输入
8	外语	字符串	11	0		无	无	11	左	名义(N)	输入
9	物理	数值(N)	11	1		无	无	11	右	未知	输入
10	化学	数值(N)	11	1		无	无	11	右	未知	输入
11	地理	数值(N)	11	1		无	无	11	右	未知	输入
12	历史	数值(N)	11	1		无	无	11	右	未知	输入
13	法律	数值(N)	11	1		无	无	11	右	未知	输入

图 2-18　在 SPSS 中打开 Excel 文件

（2）操作步骤

[1] 在 SPSS 中，各个变量的名称应尽量使用英文，避免直接以汉字作为变量名称，可以把变量的中文名称或详细说明放到“标签”列。如图 2-19 所示。

	名称	类型	宽度	小数	标签	值	缺失	列	对齐	度量标准	角色
1	sNo	字符串	8	0	学号	无	无	8	左	名义(N)	输入
2	sName	字符串	6	0	姓名	无	无	6	左	名义(N)	输入
3	sex	字符串	2	0	性别	无	无	2	左	名义(N)	输入
4	xb1	数值(N)	11	0	性别码	无	无	11	右	未知	输入
5	Unit	字符串	8	0	单位	无	无	8	左	名义(N)	输入
6	Chinese	数值(N)	11	1	语文分	无	无	11	右	未知	输入
7	Math	字符串	11	0	数学分	无	无	11	左	名义(N)	输入
8	English	字符串	11	0	英语分	无	无	11	左	名义(N)	输入
9	Physics	数值(N)	11	1	物理分	无	无	11	右	未知	输入
10	Huaxue	数值(N)	11	1	化学分	无	无	11	右	未知	输入
11	Dili	数值(N)	11	1	地理分	无	无	11	右	未知	输入
12	Lishi	数值(N)	11	1	历史分	无	无	11	右	未知	输入
13	Falv	数值(N)	11	1	法律分	无	无	11	右	未知	输入

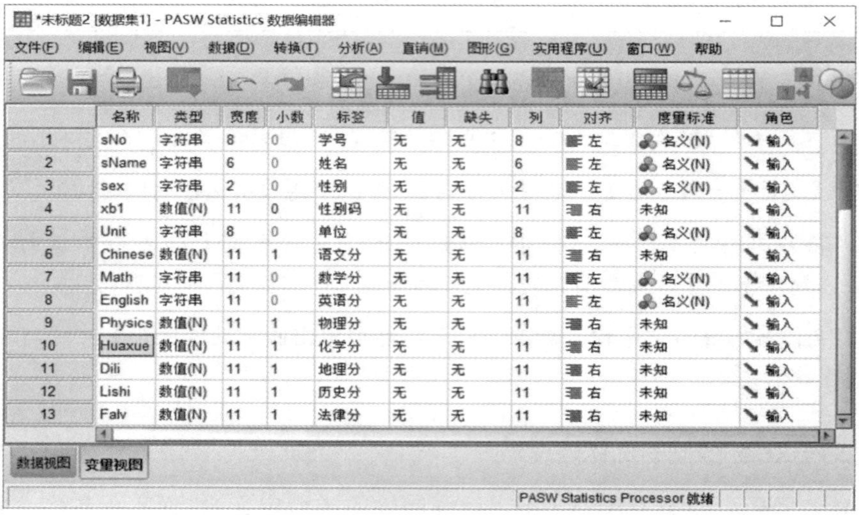

图 2-19　变量视图下的变量规范化处理

[2] 在变量视图下，在“类型”列重新设置各个变量的数据类型。在“Math”行和“English”行，设置其“类型”为“数值 (N)”，并设置其“宽度”为 8，“小数”为 1。

[3] 在变量视图下，在“度量标准”列重新设置每个变量的度量标准。例如，“sName”设置为名义型、“Chinese”和“Math”等设置为度量型，而性别的编码“xb1”设置为序号型。如图 2-20 所示。

	名称	类型	宽度	小数	标签	值	缺失	列	对齐	度量标准	角色
1	sNo	字符串	8	0	学号	无	无	8	左	名义(N)	输入
2	sName	字符串	6	0	姓名	无	无	6	左	名义(N)	输入
3	sex	字符串	2	0	性别	无	无	2	左	名义(N)	输入
4	xb1	数值(N)	3	0	性别码	无	无	11	右	序号(O)	输入
5	Unit	字符串	8	0	单位	无	无	8	左	名义(N)	输入
6	Chinese	数值(N)	8	1	语文分	无	无	11	右	度量(S)	输入
7	Math	数值(N)	8	1	数学分	无	无	11	右	度量(S)	输入
8	English	数值(N)	8	1	英语分	无	无	11	右	度量(S)	输入
9	Physics	数值(N)	8	1	物理分	无	无	11	右	度量(S)	输入
10	Huaxue	数值(N)	8	1	化学分	无	无	11	右	度量(S)	输入
11	Dili	数值(N)	8	1	地理分	无	无	11	右	度量(S)	输入
12	Lishi	数值(N)	8	1	历史分	无	无	11	右	度量(S)	输入
13	Falv	数值(N)	8	1	法律分	无	无	11	右	度量(S)	输入

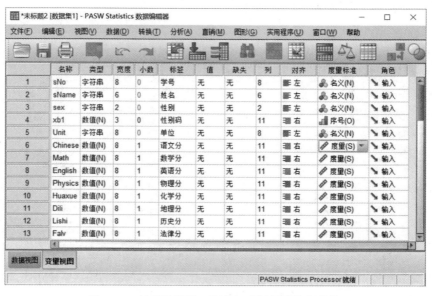

图 2-20　对变量类型、宽度、度量标准的规范化

[4] 在“xb1”行的“值”列，定义 1 和 2 分别对应“男”和“女”。这样定义之后，若“性别码”参与统计分析，系统会将“值”中的定义显示在分析结果的表格之中，以提高分析结果的可读性。

[5] 单击菜单【文件】—【保存】，把修正之后的数据集保存为新的 SPSS 数据文件。

2.3.3　实战：变量的重编码技术

1. 对字符型变量的数值化编码

由于多数统计分析软件都要求被处理的数据为数值型变量，因此在正式开始统计分析前，通常需要先对字符型变量进行数值化编码，例如对性别的编码、对学生爱好的编码、对专业的编码、对民族的编码、对学习者认知风格的编码等。由于定序变量的区分度和可分析性要高于定类变量，所以字符型变量应尽可能地转化为定序变量。

在 SPSS 中，对字符型变量的重编码是通过【转换】—【重新编码为不同变量】方法来实现的。

（1）案例要求

在 SPSS 中，对图 2-21 所示的学生信息表（stuInfo.sav）中的“性别”和“单位”进行数值化编码，以便在未来的统计分析中能够按照性别和单位进行分组处理。

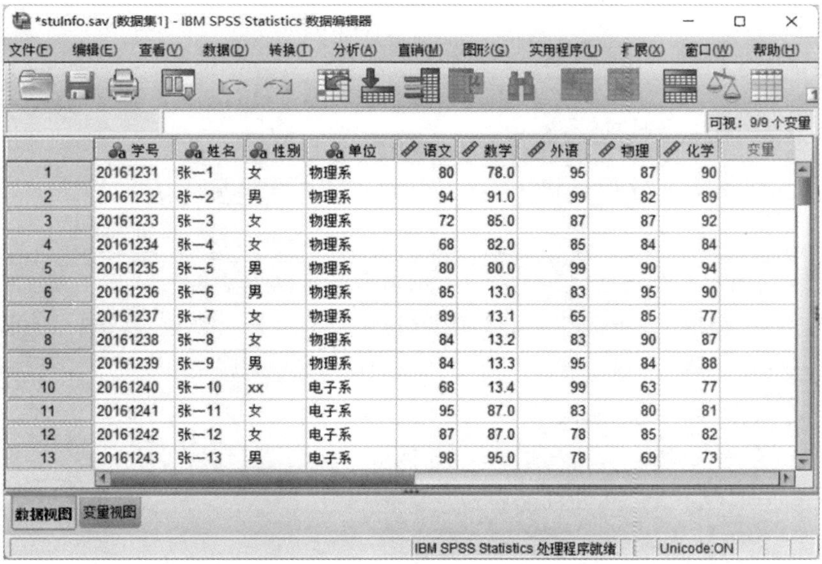

	学号	姓名	性别	单位	语文	数学	外语	物理	化学	变量
1	20161231	张一1	女	物理系	80	78.0	95	87	90	
2	20161232	张一2	男	物理系	94	91.0	99	82	89	
3	20161233	张一3	女	物理系	72	85.0	87	87	92	
4	20161234	张一4	女	物理系	68	82.0	85	84	84	
5	20161235	张一5	男	物理系	80	80.0	99	90	94	
6	20161236	张一6	男	物理系	85	13.0	83	95	90	
7	20161237	张一7	女	物理系	89	13.1	65	85	77	
8	20161238	张一8	女	物理系	84	13.2	83	90	87	
9	20161239	张一9	男	物理系	84	13.3	95	84	88	
10	20161240	张一10	xx	电子系	68	13.4	99	63	77	
11	20161241	张一11	女	电子系	95	87.0	83	80	81	
12	20161242	张一12	女	电子系	87	87.0	78	85	82	
13	20161243	张一13	男	电子系	98	95.0	78	69	73	

图 2-21　学生信息表（stuInfo.sav）

（2）解决方案分析

从图 2-21 所示的数据表可以看出，“性别”列中除了“男”“女”之外，还有其他的性别信息（应该是非法数据）；“单位”列出现的院系也较多，包括“物理系”“电子系”“中文系”“教育系”等。为此，需要先对编码方案进行设计：对于性别，可以设定将“男”编码为 1，将“女”编码为 2，其他值统一编码为 9；对于单位，则按照从理工科到文科的顺序，依次规划“物理系"编码为1,"电子系"编码为2,"教育系"编码为3,"中文系"编码为4,以保证"单位"的编码是定序变量。

(3) 操作过程

[1] 以 SPSS 打开数据文件 stuInfo.sav,进入其数据视图,如图 2-21 所示。

[2] 选择【转换】—【重新编码为不同变量】,打开"重新编码为不同变量"对话框,如图 2-22 所示。

[3] 从左侧的变量列表中选择"性别"变量并单击【右向】按钮（ ），把"性别"添加到中部的列表中,显示为"性别 --> ?"。

图 2-22 "重新编码为不同变量"对话框

[4] 在对话框右侧的"输出变量"区内,在"名称"文本框内输入"Sex",在"标签"文本框内输入"性别码",然后单击底部的【变化量】按钮,使之生效。此时中部列表中的"性别 --> ?"将变成"性别 --> Sex"。

[5] 单击对话框中部的【旧值和新值】按钮,启动"重新编码为不同变量:旧值和新值"对话框。

[6] 如图 2-23 所示,在对话框左上角的"旧值"文本框中输入"男",在右上角的"新值"文本框中输入1,然后单击对话框中部的【添加】按钮,把"' 男 ' --> 1"添加到右侧的"旧 --> 新"列表中。用同样的方法将"女"编码为2,将"所有其他值"编码为9。

图 2-23 "重新编码为不同变量:旧值和新值"对话框

> **注意：**
> 在对变量重编码时，如果希望新值为数值，在输入"新值"时，一定要把计算机的输入法设置为英文和半角输入状态，否则可能无法在"新值"文本框中输入内容。

[7] 单击对话框底部的【继续】按钮，启动编码过程，就把字符型的"性别"变量转化为了数值型的"Sex"变量。

以同样的方法，对"单位"进行数值化编码。

2. 对定距变量的离散化编码

尽管定距变量的精确度高于定序变量和定类变量，但在进行方差分析或者各类均值比较分析的时候，如果直接以定距变量作为分组变量，就会出现分组过细的弊端，甚至无法获得有效的分析结果。因此，在分组变量是定距变量时，对分组变量做离散化编码是统计分析前的必要准备工作。

所谓定距变量的离散化编码，就是对连续取值的定距型数据进行等级化，使之成为值域较小的定序变量的过程。比如，把语文成绩按照不及格、及格、普通、良好、优秀的分级标准转化为5级，就是典型的定距变量的离散化编码。在SPSS中，对数据表内定距变量的离散化编码也可以通过【转换】—【重新编码为不同变量】来实现。

（1）案例要求

对于如图2-21所示的学生信息表（stuInfo.sav），以语文成绩作为分组依据，分析语文成绩位于不同层次的学生的数学成绩和物理成绩是否显著不同。

（2）解决方案分析

由于语文成绩为定距变量，值域很大，若以语文成绩作为分组依据做统计分析，会导致组数过多，而且每个分组内的个案数量过少，所以需先对语文成绩做离散化编码。

对语文成绩进行离散化编码的具体思路如下：把语文成绩分为5个等级，依次为优秀、良好、普通、及格、不及格。具体的编码策略是，语文成绩在90分（含）以上的编码为5，80（含）～90分的编码为4，65（含）～80分的编码为3，60（含）～65分的编码为2，60分以下的编码为1。

（3）操作过程

[1] 以SPSS打开数据文件stuInfo.sav，进入其数据视图，如图2-21所示。

[2] 选择【转换】—【重新编码为不同变量】，打开"重新编码为不同变量"对话框，如图2-22所示。

[3] 从左侧的列表中选择"语文"变量并单击【右向】按钮，把"语文"添加到中部的列表中，显示为"语文 --> ?"。

[4] 在右侧的"输出变量"区内输入"名称"为"YGrade"、"标签"为"语文等级"，然后单击底部的【变化量】按钮，使之生效。此时中部列表中的"语文 --> ?"变成了"语

文 --> YGrade"。

[5] 在对话框中部单击【旧值和新值】按钮，启动"重新编码为不同变量：旧值和新值"对话框。

[6] 如图 2-24 所示，在对话框左下角选择【范围，从值到最高】单选框，并输入 90，然后在右上角的"新值"文本框中输入 5，接着，单击对话框中部的【添加】按钮，把"90 thru highest --> 5"添加到右侧的"旧 --> 新"列表中。

图 2-24 "重新编码为不同变量：旧值和新值"的对话框

[7] 在对话框左下角选择【范围】单选框，并在上方的文本框中输入 80，在下方的文本框中输入 89.99，然后在右上角的"新值"文本框中输入 4。接着，单击对话框中部的【添加】按钮，把"80 thru 89.99 --> 4"添加到右侧的"旧 --> 新"列表中。

同理，把其他转化规则添加到"旧 --> 新"列表之中。

最后，单击对话框底部的【继续】按钮，启动编码过程，就能实现对"语文"变量的离散化编码，原数据表中将新增"YGrade"列，显示离散化编码结果。

3. 基于"可视离散化"的重编码方法

除了上述方式，SPSS 还提供了"可视离散化"的方式对定距数据实现离散化编码。

（1）案例要求

在 SPSS 中，需对图 2-21 所示的学生信息表（stuInfo.sav）中的语文成绩进行离散化编码。离散化规则：90 分（不含）以上编码为 5，80 分（不含）～ 90 分编码为 4，65 分（不含）～ 80 分编码为 3，60 分（不含）～ 65 分编码为 2，60 分（含）以下编码为 1。

（2）操作过程

[1] 以 SPSS 打开数据文件 stuInfo.sav，进入其数据视图，如图 2-21 所示。

[2] 选择【转换】—【可视离散化】，打开"可视化封装"对话框，如图 2-25 所示。

2.3 以 SPSS 做数据预处理 · 69 ·

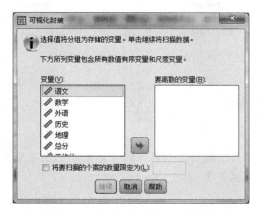

图 2-25 "可视化封装"对话框

[3] 在图 2-25 所示的对话框中，从左侧的列表中选择"语文"变量并单击"右向"按钮，把"语文"添加到右侧的列表中，显示为"语文"；然后单击【继续】按钮，进入"可视分箱"对话框。

[4] 在"可视分箱"对话框的中上部，"当前变量"采用默认值"语文"，在"分箱化变量"文本框内输入新变量的名称"YGrade"、其"标签"默认为"语文（分箱化）"。在对话框中下部的网格中输入分隔值，每行输入一个数值，依次输入 60.0、70.0、80.0、90.0，从而构造出离散化的分割标准。如图 2-26 所示。

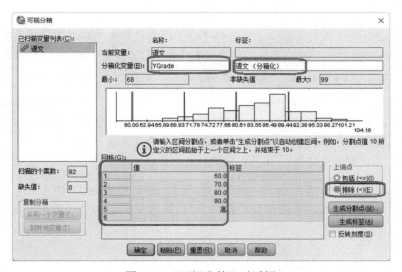

图 2-26 "可视分箱"对话框

> 注意：
> 在图 2-26 中，最开始，"可视分箱"对话框底部的"网格"中只有第 1 行有一个"高"标记。可先单击"高"所在的行，然后直接输入数字"60"并按 Enter 键。此时，系统把第 1 行变成数字"60.0"，并自动为第 2 行添加"高"标记。同理，可继续插入数字 70、80 和 90，"高"标记始终位于最后。

[5] 对于可视离散化的分割点，系统默认为"上包含"，即"<="型。而在成绩的统计分析中，人们更习惯于"下包含"，即">="型的描述。此时，可在"可视分箱"对话框右侧选中【排除 (<)(E)】单选框来进行调整。

最后，单击【确定】按钮，启动离散化过程，对"语文"变量进行离散化编码。系统会在原始数据表右侧新增"YGrade"变量，并在 YGrade 中保存离散化后的数值。

（3）对"可视离散化"操作的补充说明

① 图 2-26 的中部给出了原始数据的直方图，显示出语文成绩在各个分数段的分布情况。在设置离散化分隔点时，可以参考此直方图。

② 分割点对原始数据的划分默认采用上包含关系（即右侧的【包括 (<=)(I)】单选框处于选中状态），当分割点为 60 时，60 会被划分到 60 分及以下的区域中；若需改为下包含关系，选择【排除 (<)(E)】单选框。

③ 如果希望分割标准为等分数据（比如 60～100 分等分为 4 个分数段，每个分数段涵盖 10 分），那么除了在网格中直接输入分隔值 60、70、80、90 之外，也可以单击"可视分箱"对话框右下角的【生成分割点】按钮，直接启动"生成分割点"对话框，快速生成分割标准。

（4）快速生成分割点的技术

① 在"生成分割点"对话框中，若选择【等宽度间隔】单选框，则可快速生成等间隔的几个分割点。例如，输入"第一个分割点的位置"为 60、"分割点数量"为 4、"宽度"为 10，则创建 60、70、80、90 共 4 个分割点，把数据分为 5 段。

② 在"生成分割点"对话框中，若选择【基于已扫描个案的相等百分位数】，表示按照个案的百分位数展开离散化。若在【分割点数量】中填入 4，则表示分为 5 段，每段的个案数占总量的 20%。此时，系统会按照个案的情况等分 5 组，组序号依次为 1～5。

③ 在"生成分割点"对话框中，若选择【基于已扫描个案平均值和选定标准差设分割点】，系统会依据个案值偏离均值的距离来构造离散化编码。即系统通常以均值为基准，然后以 1 倍标准差、2 倍标准差作为两侧的分割点，从而可把整个数据区域分割为 2 个区间、4 个区间，或 6 个区间，然后依次赋予编码值。

例如，假设某序列的均值为 5，标准差为 2.5，那么取值为 10 的个案，其离散化码值为 2；取值为 -2.5 的个案，其离散化码值为 -3。离散化码值与第 3 章讨论的 Z 分数有着紧密联系。

2.3.4 实战：变量之间的计算

人们需要对收集到的原始数据进行各种类型的运算，比如基于各科成绩计算每个学生的总分、平均分，计算某个科目的均值、方差等。从二维表的视角看，这种计算既有水平方向的（单行多变量之间的计算），也有垂直方向的（对多个个案同一变量的取值进行计算）。

垂直方向的计算属于统计描述，将在第 3 章给予详细讲解。而水平方向的变量间的计算是本节讨论的内容。

1. SPSS 对变量间的数据计算

在 SPSS 中，数据集内部的列间计算（即基于变量间关系的计算）是通过【转换】—【计算变量】来实现的。

（1）案例要求

对于如图 2-27 所示的 SPSS 数据集（stuInfo.sav），请在 SPSS 中计算出每位学生的总分和平均分。

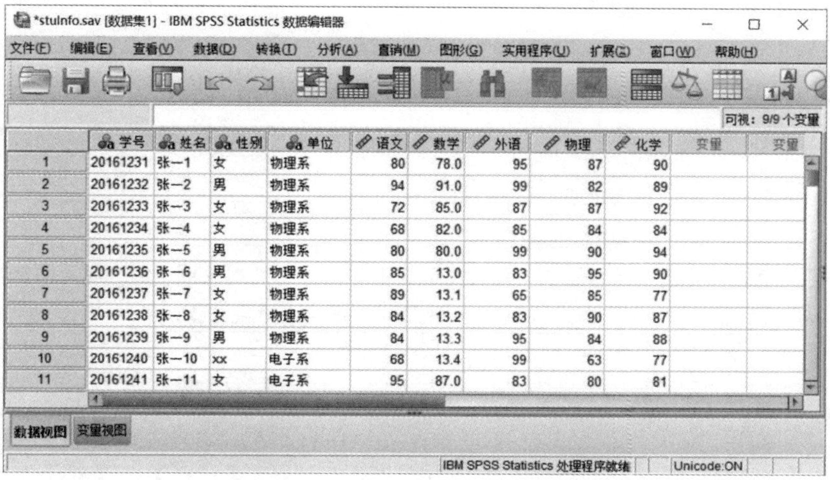

图 2-27 待处理的原始数据

（2）操作流程

[1] 以 SPSS 打开数据表（stuInfo.sav）。

[2] 在 SPSS 的数据视图中，单击【转换】—【计算变量】，打开"计算变量"对话框，如图 2-28 所示。

图 2-28 "计算变量"对话框

[3] 在如图 2-28 所示的对话框中，先在左上角的"目标变量"文本框中输入新变量名"总分"；接着，直接在"数字表达式"文本框中输入公式"语文＋数学＋外语＋历史＋地理"；最后单击【确定】按钮，完成计算。

[4] 再次单击【转换】—【计算变量】，启动"计算变量"对话框。然后，在左上角的"目标变量"文本框中输入"平均分"。

[5] 在右侧的"函数组"列表框中单击选中【全部】，右下角的"函数和特殊变量"列表框中就会列出可用的函数名。然后从这个列表框中选择函数名【MEAN】，以便把此函数输入右上部的"数字表达式"文本框中。

[6] 依次选择变量语文、数学、外语、历史、地理，以便在此文本框中输入公式"MEAN (语文,数学,外语,历史,地理)"。

最后，单击【确定】按钮，完成对平均分的计算。

> **注意：**
> 在 SPSS 的"计算变量"对话框中，所使用的变量可从左侧的列表中单击选择，而所用到的函数则可从右下角的"函数组"列表框中选择，极大地简化了数字表达式的输入。

2. SPSS 实现变量间的水平计数

在 SPSS 中，数据表的变量间计数（即列间计数）是通过【转换】—【对个案内的值计数】来实现的。

（1）案例要求

对于如图 2-27 所示的 SPSS 数据表（stuInfo.sav），在 SPSS 中计算出每个学生成绩在 85 分以上的科目的数量。

（2）操作流程

[1] 以 SPSS 打开数据表 stuInfo.sav，如图 2-27 所示。

[2] 在 SPSS 的数据视图中，选择【转换】—【对个案内的值计数】，打开"计算个案内值的出现次数"对话框。

[3] 在左上角的"目标变量"文本框中输入新变量名"个数"，从左侧的列表框中把参与统计的各学科移入右侧的"数字变量"列表框内，如图 2-29 所示。

[4] 单击【定义值】按钮，打开"对个案中的值进行计数：要计数的值"对话框，如图 2-30 所示。

[5] 先选择【范围，从值到最高】单选框，然后在其文本框中输入数值 85。接着，单击中部的按钮【添加】，以便把统计条件添加到右侧的"要计数的值"列表框。这里，系统会添加规则"85 thru highest"，表示要在前面选出的各列变量内统计出高于 85 分的科目的数量。

 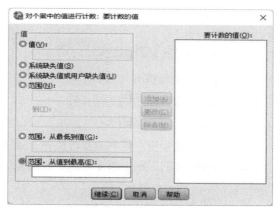

图 2-29 "计算个案中值的出现次数"对话框　　图 2-30 "对个案中的值进行计数：要计数的值"对话框

[6] 完成设置后，单击【继续】按钮，回到如图 2-29 所示的对话框。

[7] 单击【确定】按钮，执行设定的操作，系统将新增一列，其变量名称为"个数"，显示各学生成绩在 85 分以上的科目的数量，如图 2-31 所示。

> ? 思考：
> 在图 2-30 中，若选择【范围】或【范围，从最低到值】，意味着进行怎样的计算，应该怎么操作？

图 2-31 变量计数的统计结果——"个数"列

2.3.5 实战：缺失值的标记与处理

在数据采集过程中，不可避免地会采集到一些不符合要求的数据。比如，性别一列中出现了非"男"且非"女"的信息，在 100 分值的考试中出现了高于 100 分的成绩。这些数据通常被称为非法数据。从原则上看，这些数据是不应该参与到常规的分析运算过程中的。

1. 缺失值的含义及其影响

为了避免非法数据参与统计分析，通常需要在 SPSS 的变量定义中规定哪些值是缺失值，以便把它们排除到统计分析过程之外。

在以 SPSS 开展统计分析的过程中，如果不对缺失值进行约定或者预处理，非法数据就会参与到统计分析过程中。这些数据往往过大或者过小，是数据序列中的极端值，可能会对统计分析结果造成严重的影响，甚至导致分析结果错误。

2. 把非法数据标记为缺失值，以免缺失值影响分析结果

通常需要把数据集内的某些数值依据条件设定为缺失值，使包含缺失值的个案不再参与统计分析过程。这就是缺失值标记技术。

（1）案例要求

在如图 2-32 所示的数据文件 stuInfo.sav 内，其"性别"列中除了包含"男""女"等正常信息外，还存在"xx""大""军"等非法数据。请对此数据表的"性别"列进行缺失值标记，以免非法数据参与后续统计分析过程，影响统计分析结果。

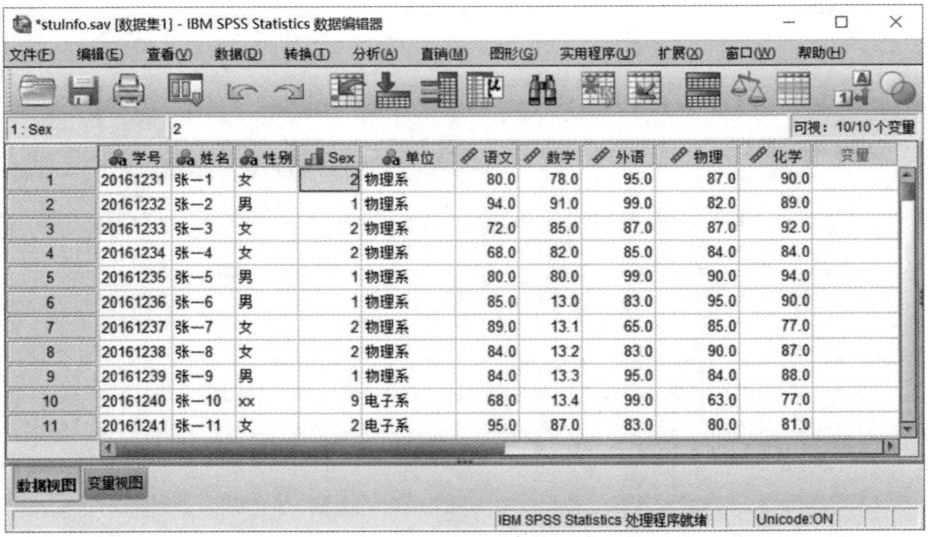

图 2-32 待标记缺失值的数据集

（2）操作过程

[1] 在 SPSS 中打开数据文件 stuInfo.sav，进入数据视图，如图 2-32 所示。

[2] 对"性别"列进行数值化编码，生成新的列"Sex"。"Sex"列的值与"性别"列的值之间的对应关系：把"男"转化为 1，"女"转化为 2，其他字符都转化为 9。

[3] 由于 9 代表的是非"男"非"女"的非法数据，因此，需要把 9 设置为"Sex"列的缺失值，

表示在以后与性别相关的统计分析中，凡是 Sex 值为 9 的个案将不再参与到统计分析过程。

[4] 单击左下角的【变量视图】，切换到变量视图，如图 2-33 所示。

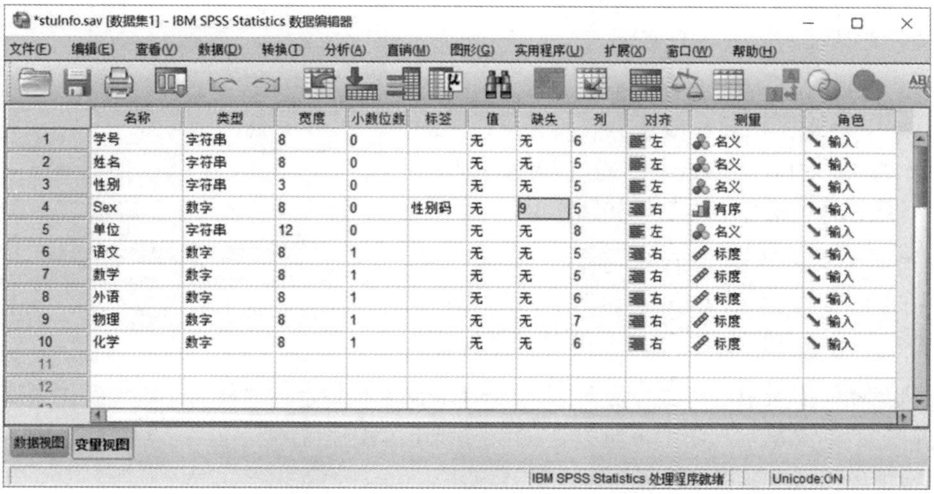

图 2-33 变量视图

[5] 在"Sex"行的"缺失"列单击，然后单击【   】按钮，将弹出"缺失值"对话框，如图 2-34 所示。

[6] 先选定【离散缺失值】单选框，并输入"9"。

[7] 单击【确定】按钮返回变量视图，完成对性别缺失值的设置。这一设置表示 Sex 值为"9"的个案为缺失值个案，将不参与与性别相关的全部分析。

同理，可以根据数据的含义，设置其他变量的缺失值。例如，设置小于 0 和大于 100 的成绩为"语文"和"数学"变量的缺失值。

图 2-34 "缺失值"对话框

3. 对非法数据进行预处理，消除缺失值

在 SPSS 中，如果个案的数量不多，剔除不规范个案可能会导致现有数据规模不满足执行统计分析的最低要求。为此，人们还可以借助非法数据预处理功能，把带有非法数据的不规范个案变成规范个案。

在 SPSS 中，选择【转换】—【替换缺失值】，进行相应的操作，可以实现对"缺失值"的替换，而不是直接摈弃带有缺失值的个案。

（1）案例要求

如图 2-32 所示的数据文件 stuInfo.sav 的"外语"列内，出现了几个超过 100 分的成绩，这些成绩肯定是错误数据。

请利用 SPSS 内置的缺失值处理功能对这些错误数据进行预处理。

（2）操作过程

[1] 在 SPSS 中打开数据文件 stuInfo.sav。

[2] 单击【转换】—【替换缺失值】，打开"替换缺失值"对话框，如图 2-35 所示。

[3] 在"替换缺失值"对话框中，先单击右下角的【方法】列表框，选择替换缺失值的方法。这里可以选择"序列均值""临近点的均值""临近点的中位数""线性插值法"等方法，如图 2-35 所示。

[4] 选择【临近点的均值】。在右下角的"附（邻）点的跨度"文本框中输入"4"，表示以缺失值附近 4 个合法个案的均值作为该缺失值的替换值。

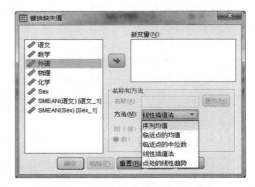

图 2-35　"替换缺失值"对话框

[5] 从左侧的列表中选择"外语"，并单击【右向】按钮，把"外语"添加到"新变量"列表中。此时，"新变量"列表中将显示"外语 _1=MEAN(外语 , 4)"。

[6] 单击底部的【确定】按钮，完成对缺失值的处理。

> **注意：**
> 当然，也可以使用整个序列的均值替代缺失值。对于定类或定序变量，则常用"临近点的中位数"来完善缺失值。另外，"线性插值法"也是常用的替换缺失值的方法。

2.3.6　实战：数据文件的拼合技术

1. 两个数据文件的个案拼合——多行拼合

SPSS 可以把分别存储于几个数据文件中不同个案的数据拼合起来，这种操作称为个案拼合。个案拼合会使新数据文件中个案的数目是两表的总和。

在个案拼合中，如果两张表的变量个数与变量名称完全吻合，则非常容易拼合起来。如果两张表的变量个数或变量名称不一致，则需要进行匹配性设置。

（1）案例要求

已知有两个数据文件，其一为 sav 格式的 SPSS 数据文件 stuInfo.sav，其二为 xls 格式的 Excel 文档 www.xls。其中 stuInfo.sav 的变量有学号、姓名、性别、单位、语文、数学、外语、物理、化学；www.xls 的变量有学号、姓名、性别、单位、语文、数学、外语、历史、地理。

stuInfo 和 www 是两个教学班不同学生的测试成绩，请对它们进行个案拼合。

（2）操作流程

[1] 在 SPSS 中打开数据文件 stuInfo.sav，如图 2-32 所示。

[2] 在 SPSS 中打开 Excel 文档 www.xls。此时，它在 SPSS 中显示为一个"未标题"的新"数据集 3"。

[3] 通过【窗口】菜单回到 stuInfo 的界面，然后选择【数据】—【合并文件】—【添加个案】，打开"将个案添加到 stuInfo 数据集"对话框。

[4] 在此对话框中，从"打开的数据集"列表框内选中要添加的数据集"未标题 2[数据集 3]"。此数据集就是即将并入的 www.xls 中的内容。然后，单击【继续】按钮。

[5] 由于两个数据文件的变量并不完全相同，所以系统弹出了如图 2-36 所示的对话框，以便操作者决定如何对不一致的变量进行控制。

[6] 对话框的右侧显示出了两个文件里一致的变量，而左侧是尚不能吻合的变量。其中变量"化学"与"物理"隶属于目标表，而变量"历史"和"地理"隶属于提供数据的表。此时，应把需要出现在目标表中的变量从左侧添加到右侧列表中。

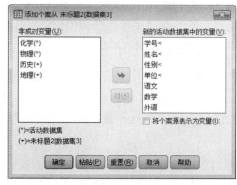

图 2-36 "添加个案从 未标题 2[数据集 3]"对话框

[7] 单击【确定】按钮，以便完成操作。

2. 两个数据文件的变量拼合——多列拼合

在数据采集的过程中，针对同一组样本的不同测量数据有可能被存储在不同数据表内，人们常常需要把这种数据按照个案的关键词拼接起来。SPSS 提供了拼合这类数据的功能，也就是"变量拼合"，这个功能通常不会增加个案的个数，但会在当前数据集内增加新变量。

在变量拼合过程中，需要注意的核心点是如何才能保证数据拼接时不出现张冠李戴的情况，保证拼接是按照关键词实现的。因此，有两个核心操作需要重点关注：①必须正确地指定两表建立关联的依据——明确建立关联的关键词。②两个数据集必须先按关联关键词排序。

（1）案例要求

已知有两个数据文件，其一为 sav 格式的 SPSS 数据文件 stuInfo.sav，其二为 xls 格式的 Excel 文档 nnn.xls。其中 stuInfo.sav 的变量有学号、姓名、性别、单位、语文、数学、外语、物理、化学；nnn.xls 的变量有学号、姓名、性别、单位、历史、地理、计算机、政治、科学。

现在需要拼接出一张包含所有变量的大型数据表。请依据学号把这两张表的数据拼接起来。

（2）解决方案分析

这两张数据表里的数据是同一组学生两次测试的成绩，它们可以根据学号建立起联系。因此，本案例属于基于共同关键词"学号"的变量间的拼接。

(3) 操作流程

[1] 在 SPSS 中打开数据文件 stuInfo.sav。

[2] 以 SPSS 中打开 Excel 文档 nnn.xls，此时，该文档在 SPSS 中显示为"无标题 2[数据集 3]"窗口。

[3] 在"无标题 2[数据集 3]"窗口下，选择【数据】—【排序个案】，在弹出的"排序个案"对话框左侧选择"学号"，将其添加到右侧的"排序依据"列表中。最后，单击【确定】按钮，使数据能够按照关联关键词"学号"升序排列。

[4] 通过【窗口】菜单回到 stuInfo 的界面，然后选择【数据】—【排序个案】，对 stuInfo 中的数据按照"学号"升序排列。

[5] 在 stuInfo 的数据视图下，选择【数据】—【合并文件】—【添加变量】，打开"变量被添加至 stuInfo.sav[数据集 1]"对话框。

[6] 在此对话框中，从"打开的数据集"列表框内选中要添加的数据集"无标题 2[数据集 3]"。此数据集就是即将并入的 nnn.xls 中的内容。然后，单击【继续】按钮。此时系统将弹出如图 2-37 所示的"变量添加自 数据集 3"对话框。

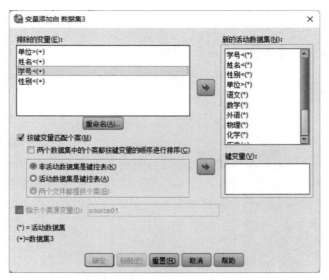

图 2-37 "变量添加自 数据集 3"对话框

[7] 在图 2-37 左侧的列表中列出了两表中重合的变量，在右侧的列表内列出了拼合后的数据集包含的所有变量。

[8] 单击选中左侧的【按键变量匹配个案】复选框。从左侧列表中选择关键变量"学号"，然后单击右下部的【➡】按钮，以便把"学号"添加到"键变量"列表中，表示两表的拼接将以"学号"作为关联关键词。

[9] 单击底部的【确定】按钮，开始执行数据拼合工作。

在数据拼合完成后，stuInfo 数据集内会呈现出包含了所有课程成绩的新成绩单。

2.4 科研数据的质量保证

科研数据的质量直接关系着研究的成败,对于研究结论具有决定性作用。对科研数据质量的保证,主要从信度和效度两个维度体现。

2.4.1 科研数据质量保证的两个指标

效度与信度是社会调查和项目评价中非常关键的两个概念。社会调查中的问卷设计、项目评价中评价指标体系的设计都必须以信度和效度理论为基础。信度和效度水平的高低,决定着研究项目的成败。

为了更好地理解信度和效度的概念,我们以自然科学中的概念来举一个例子。例如,在生物学中,若想精准测量某种微小昆虫虫卵的长度,就必须做好两件事:首先,要选择优质的测量工具,保证测量工具的有效性;其次,测量过程要严谨,测量对象不能错误,以便保证测量过程的可靠性。

在这一研究过程中,若是选用了精度仅达到厘米级别的测量工具,测量结果就必然存在很大的误差,这是测量工具的效度不够;若是测量态度不端正、测量过程马马虎虎,甚至测量了另外一种昆虫的卵,也会导致测量误差很大,甚至结果错误,这是测量信度的问题。

1. 效度的概念

效度是指测量数据能真正正确地揭示所研究问题的本质和规律的程度,要求测量结果能够全面、客观地表现出被测量对象的各项属性及取值,也叫"有效性指标"。

在科学统计中,效度的核心问题是,如何保证评价指标的科学性和有效性,从而使评价指标体系能够客观、有效地反映研究问题——就像利用天平可以测量物体的质量、用量杯能够测量液体的体积一样。如果采用了错误或精度不够的量具,就会导致测量的效度无法保证。

科研数据的效度保证,目前有很多可用的策略。本节仅介绍最常用的结构效度及其检验技术。结构效度主要通过两个方面来保证:其一,借助德尔菲法(即专家评审法)论证调查指标体系的科学性;其二,借助因子分析的手段做探索性因子分析,探究当前数据内部蕴含的维度,通过检验已有维度是否与预设维度相一致,从而评价当前的评价指标系统能否达到预期的评价目标。

效度是对测量性质准确性和测量工具正确性的评价。在具体的社会调查或项目评价中,效度是反映最终效益和价值的核心指标之一。任何社会调查和项目评价都以获得有效的、有价值的研究结论作为最高目标。

2. 信度的概念

信度是反映社会调查与项目评价数据可靠性的重要指标,主要指本次测量过程中数据的可信程度,也叫"可靠性指标"。信度反映的是当前调查数据的客观性,对于收集到的数据,要检验它们是否真实地反映了客观现象,不是被调查对象随意填报的。信度不检查调查指标体系的科学性,只负责检查调查数据能否真正地反映被调查对象的意愿,数据采集过程中是否存在随意性。

在科学统计中，数据的信度主要通过两个方面来保证：其一，采取严格的控制措施，努力使调查或数据采集尽可能客观，能够真正反映被调查对象；其二，采取一些信度检验手段，以检验数据的信度系数，通过信度系数判定数据的信度水平。

3. 小结

一个项目的数据质量是否达到较高的水平，主要体现在两个方面：其一是测量指标体系的质量，主要是指测量指标的覆盖度和数据区分度，也被称为"内容效度""结构效度"；其二是测量数据的信度，主要指被调查对象的选择是否科学且严谨有代表性、测试过程是否严谨且规范、被调查对象是否认真接受调查。

在科学研究中，信度和效度互为必要条件，效度的实现必须以可靠的信度为基础，而信度的实现也离不开效度。以缺乏信度或效度的数据做研究，是无法得出高质量的研究结果的，甚至会导致整个研究的失败。

2.4.2 效度检验的主要技术

效度达标是统计分析的基本要求，没有高效度的数据，研究的有效性就无从谈起。事实上，在众多科学研究中，对指标体系的精细设计和信度检验等都是为了保证调研活动获得高质量的有价值数据。

1. 效度检验的关键技术

关于效度的研究成果和检验策略非常多，本书仅就量化研究中比较重要的结构效度检验进行讨论。顾名思义，结构效度是指评价指标或调研指标的结构是否能满足研究目标的需求，能否全面、有效地覆盖整个研究问题。从具体的研究来看，结构效度检验通常是基于已有的调查数据来分析并检查全体数据项的区分度和覆盖度，对调查、评价类项目来讲，结构效度检验的本质是对指标体系质量的评价和研究。

（1）专家结构效度检验

专家结构效度检验，其本质是借助行业专家来保证调研指标体系的有效性，常用的策略有专家评审、专家头脑风暴等。它也叫德尔菲法，是效度检验中最常用的技术。专家结构效度检验的使用方法和注意事项，将在 2.4.4 节详细探讨，本节先不予赘述。

（2）以探索性因子分析技术检验指标体系的结构效度

在 SPSS 中，人们经常借助内置的因子分析技术来探索现有的数据中能够提取出多少个主成分（即公因子），从而判断现有数据能够代表哪几个维度的信息，然后对比数据所代表的维度和研究目标预设的维度，以便论证当前测量指标是否很好地覆盖了研究目标。若现有数据所代表的维度能够很好地吻合研究目标，就认为指标体系具有较好的效度。

在基于数据做因子分析前，人们通常需先做 KMO 检验和巴特利特检验，以确认当前数据是否满足因子分析的条件：①数据是否代表了多个维度的信息；②数据是否具备较强的共性和亲疏不同的相关性。

对于 KMO 的输出结果，普遍认为其度量值 K 在 0.7 以上，数据才具有结构，在一般程度上支持因子分析；在 0.8 以上则比较适合因子分析，其整体结构较好；在 0.9 以上则非常适合做因子分析。相关标准如表 2-1 所示。而对于巴特利特检验，则主要通过其检验概率 Sig 值判定数据是否多维，当其检验概率 Sig 值 < 0.05 时，表示参与检验的变量集是多维的，能够代表多个维度的信息。

表 2-1　KMO 度量值 K 各取值的含义

结构效度水平	KMO 度量值 K
很差	$K < 0.6$
很勉强	$0.6 \leqslant K < 0.7$
一般	$0.7 \leqslant K < 0.8$
比较好	$0.8 \leqslant K < 0.9$
非常好	$0.9 \leqslant K$

> 注意：
> $K > 0.7$ 且巴特利特检验的 Sig 值 < 0.05 仅仅能说明数据是多维的，其结构较好，适合做因子分析，但并不能证明数据的结构效度高。只有因子分析的各个主成分能够与研究目标很好地吻合，才能证明当前的调查指标具有很好的结构效度。因子分析及结构效度的论证，将在第 8 章中具体阐述。

（3）以验证性因子分析技术检验数据的结构效度

验证性因子分析检验多个因子与其对应的测度项之间的关系是否符合研究者所设计的内在逻辑关系，它是对社会调查数据进行的一种重要统计分析。在具体实践中，验证性因子分析往往通过结构方程建模来实现。因此，验证性因子分析的过程也就是结构方程模型创建并逐渐迭代、优化的过程。

在 SPSS 环境下，实现验证性因子分析的主要工具是 AMOS。人们可以借助 AMOS 绘制由诸多显变量（已经存在的测量变量）和潜变量（多个显变量语义所蕴含的潜在信息项）所构成的结构模型图，并基于当前数据检验预设模型的正确度，通过调整结构模型，计算变量间的路径及权重，从而检验各个变量之间的内在逻辑关系，以检验当前数据所代表的维度，判断当前指标能否有效地覆盖研究问题。

两种因子分析的相关技术及详细用法，请参阅本书的第 8 章。

2. 效度检验的补充说明

数据的效度是反映调研类项目最终质量的重要指标，任何一个调研类项目都以获得有效的、有价值的研究结论作为最高目标。调研类项目的有效性和质量，主要体现在两个方面：其一是基于测量数据对指标体系的质量进行检验，主要是验证其覆盖度、区分度和针对性；其二是检验数据的信度，主要从被调查对象的选择、测量过程的严谨性等维度进行评价。

在具体的研究项目中，调研指标的科学性往往无法纯粹用统计分析的方法来保证，所以人们通常会借助行业专家的力量来保障结构效度，即专家结构效度。而测量变量所蕴含的维度或结构，则可借助测量变量之间的差异性检验、探索性因子分析或验证性因子分析来验证。事实上，要保证研究质量，指标体系的科学性是基础（结构效度），调查过程的严谨性是手段（信度），对效度水平的评判，主要依靠对调研指标的分析（德尔菲法）与检验（探索性因子分析或验证性因子分析）来实现。

2.4.3 以德尔菲法实现效度保证的思路

在调查或评价类项目中，构建有效、科学的指标体系是实施调查和评价的前提，数据调查和统计分析都要依托于这个指标体系。

1. 构造有效指标体系的一般流程

（1）明确研究问题

明确研究问题，是构造指标体系的基本要求。对于任何一个研究项目，项目主持人都应认真思考，明确自己的研究问题到底是什么，为什么要研究这个问题，研究这个问题有什么重要意义或价值，这个研究问题可能涉及哪几个子方面。

（2）分解研究问题，明确关注的视角

在明确研究问题之后，核心任务就是把调查问题分解开来，逐步形成指标体系中的一级指标、二级指标和三级指标。

对研究问题的分解，基本遵循结构化系统设计或项目管理中任务分解的思想。在项目管理学中，当需要解决的任务过于复杂、难以理解时，可以根据任务中各个功能间的耦合关系进行任务分解，把耦合度较低的功能划分出来，形成一个个独立的子任务，然后分别解决这些子任务。在处理子任务时，又可以采用任务分解的策略再次分解。任务分解的目的是使工作更容易操作，职责更容易划分，对成本的估算、时间和资源的规划更加准确。目前，在项目工作安排中通常使用任务分解结构（Work Breakdown Structure，WBS）工具。对项目进行任务分解的主要策略有"自顶向下，逐步细化"的方法。对任务分解的描述则主要通过列清单或图表来实现，即采用一种层次化的树型结构来表述任务间的关系。任务分解是对需求的进一步细化，是最后确定项目所有任务范围的过程。任务分解的结果是任务分解结构，它组织并体现了整个项目的工作范围。

基于任务分解的方法，研究者对调查问题认真分析，逐层细化，其最终结果是一张分层的树形结构图，或者分层的二维表格，如表 2-2 所示。

表 2-2 任务分解的最终结果

一级指标	二级指标	三级指标
一级指标项 1	二级指标项 1.1	三级指标项 1.1.1
		三级指标项 1.1.2
	二级指标项 1.2	三级指标项 1.2.1
		三级指标项 1.2.2
一级指标项 2	二级指标项 2.1	三级指标项 2.1.1
		三级指标项 2.1.2
		三级指标项 2.1.3
	二级指标项 2.2	三级指标项 2.2.1
		三级指标项 2.2.2

（3）形成初步的指标体系

基于任务分解的流程，完成三级指标体系的填写，仔细分析各个指标项的合理性和可能存在的问题，分析三级指标项在语义描述上的准确性，尽量避免各个子指标项在语义上存在耦合性。

在这个过程中，最常用的方法是，项目组内的每个成员都独立思考，构造自己的三级指标体系。然后，在适当的时间召开碰头会，项目组所有成员都应参会，通过头脑风暴汇集所有成员的初步成果，最终形成一份整合了全体成员思考成果的完整指标体系。

（4）完善与优化指标体系

对于已经形成的初步指标体系，需要进行必要的完善和优化。常见的方法主要包括以下几种。

第一，请全体项目组成员审议已经成型的指标体系，尽可能发现指标体系中的各种问题。

第二，邀请2～3位专家对成型的指标体系进行评审，通过专家的评审建议进一步完善现有指标体系。

第三，对指标体系中的内容进行适当变形，主要包括设置一些逆向性指标和校验性指标，以便在数据采集后利用这些指标项对每份数据进行有效性检验。

第四，选择少量被调查对象，利用比较完善的指标体系进行预填报。

第五，基于少量被调查对象的填报数据，开展信度、效度检验，发现填报数据中存在的问题，进一步优化指标体系。

2. 邀请专家给予指导的具体策略

为了能使自己的研究工作顺畅开展，成功邀请专家给予指导并得到他们的支持，是非常必要的。为此，需要注意以下几个方面的问题。

（1）慎重选择专家，保证专家团队的质量

作为一个研究项目，在邀请专家参与项目并对指标体系做出审议时，一定要注意：①尽最大可能邀请真正对本项目有深入研究的专家，而不是泛泛地找几个教授或副教授。这就需要阅读大量的文献，掌握在本项目的相关领域，有哪些学者真正地做出了哪些相关研究。只有真正了解本项目的专家，才具备审议本项目指标体系的能力，能给出比较中肯和科学的建议；也只有真正从事过相关研究的专家，才会对当前的项目有兴趣。②仔细了解目标专家的工作方式和工作特点，不要贸然给专家打电话。如果这些专家与你的导师、你的朋友有过合作关系，那是最好的；你也可以以在学术会议上聆听他们的报告，或者拜读他们的某篇论文为切入点来发出邀请。对于已经决定邀请的专家，通常可先通过电子邮件或者手机短信联系一下，或者直接通过电子邮件把调查指标体系发送给他们，请他们审议。

（2）尊重专家的地位，严禁群发邮件

在向专家们发送邀请邮件时，一定要充分尊重专家的地位。这就需要在该邮件的抬头，写明对该专家的准确称谓，例如"尊敬的李教授""尊敬的王老师"等。在邮件正文部分，可用一两句话阐述该教授的成果或者你为什么邀请他来指导本课题，以表示你很尊重他，不是无的放矢。

在联系专家并向专家发送邀请邮件时，一定不要使用群发功能。笔者就经常收到这样的邮件："老师你好，请帮我们填写一份调查问卷吧！""老师你好，请帮我们审议一下我们设计的调查问卷吧！""老师你好，帮我们看看这份评价指标体系是否合理吧！"查看一下邮件原始信息栏，就会发现此邮件同时发送给了十几位学者。大多数学者不会回复这类邮件，原因有二：其一，很多邮件的内容与自己的研究领域并不相符，很难给出比较专业的建议；其二，邮件发送人对别人的劳动缺乏尊重。

（3）向专家呈现清晰的研究问题和研究目标

在联系专家的邮件中，一定要清晰地阐述你的研究问题和研究目标，甚至你们形成初步调查指标体系的主要思路，当然也可以说明你们的期望和现存的疑惑。

只有这样，才能让专家真正地了解你们的研究状况和研究需求，才有可能对你们的研究做出较客观的评价，给出有见地、有价值的建议。

（4）以诚恳、积极、严肃的态度请求专家的指导

尽管在朋友间的日常交流中，大家已经不太在意电子邮件的撰写格式，经常像使用QQ一样随便给朋友发送一句话，邮件可以既没有抬头，也没有落款。

然而，在邀请专家参与自己项目并审议调查指标体系的过程中，一定要注意邮件的撰写格式和规范。邮件的抬头措辞、文字组织和内容都要体现出诚恳、积极的态度。阐述研究的部分要杜绝错别字和不通顺的病句，向专家们呈现积极、严谨的学术态度。

（5）答谢与回复

对给予审议和给出建议的专家，一定要通过邮件进行答谢。

2.4.4　实战：以德尔菲法实现效度保证

1. 案例要求

校学生会希望了解大一新生在进入学校后的适应性程度，决定在大一下学期开学第一周针对全校大一学生开展问卷调查。请为这次问卷调查设计一套完整的调查指标体系。

2. 初步实施

（1）明确研究问题，形成初步关注点

根据案例要求，分析调查内容——大一新生对大学生活的适应性程度，初步决定调查针对3个方面开展：①对学习环境的适应性；②对生活环境的适应性；③对人际关系的适应性。

（2）进行任务分解，形成三级指标体系

基于研究问题与关注点，形成三级指标体系，如表2-3所示。

表 2-3　三级指标体系

一级指标	二级指标	三级指标
学习环境适应性	教师的教学	教材情况
		教师的教学模式
		课程设置
		授课速度
	教学环境	图书馆环境
		多媒体教室环境
		网络运行环境
生活环境适应性	伙食与住宿	伙食
		住宿
		体育活动空间
	业余生活	周末参与活动
		晚上参与活动
人际关系适应性	朋友关系	朋友数量
		自我感受
		与教师的关系
	参与活动	周末参与活动
		晚上参与活动

（3）进行头脑风暴，形成初步的指标体系

根据设计指标体系的需要，组织项目组的每位成员都基于研究问题，独立设计出三级指标体系。经过 3 位项目组成员的协商与讨论，最终形成了如表 2-4 所示的初级调查问卷，即《大学生满意度调查问卷 V0.1》。

表 2-4　初步形成的调查问卷（《大学生满意度调查问卷 V0.1》）

```
Q111：你对教师所采用的教学方法和教学模式感到满意吗？
    A．很不满意      B．不满意      C．基本满意      D．满意      E．很满意
Q112：你对现在使用的教材感到满意吗？
    A．很不满意      B．不满意      C．基本满意      D．满意      E．很满意
Q113：你对目前开设的课程感到满意吗？
    A．很不满意      B．不满意      C．基本满意      D．满意      E．很满意
Q114：你对教师的授课速度和教学方法感到适应吗？
    A．很不满意      B．不满意      C．基本满意      D．满意      E．很满意
Q121：你对学校现有的多媒体教室环境满意吗？
    A．很不满意      B．不满意      C．基本满意      D．满意      E．很满意
```

Q122：你对学校图书馆环境感到满意吗？
　　A. 很不满意　　　B. 不满意　　　C. 基本满意　　　D. 满意　　　E. 很满意
Q123：你对学校的网络环境感到满意吗？
　　A. 很不满意　　　B. 不满意　　　C. 基本满意　　　D. 满意　　　E. 很满意
Q211：你对学校的伙食质量感到满意吗？
　　A. 很不满意　　　B. 不满意　　　C. 基本满意　　　D. 满意　　　E. 很满意
Q212：你对现在的住宿条件感到满意吗？
　　A. 很不满意　　　B. 不满意　　　C. 基本满意　　　D. 满意　　　E. 很满意
Q213：你对学校的体育活动空间感到满意吗？
　　A. 很不满意　　　B. 不满意　　　C. 基本满意　　　D. 满意　　　E. 很满意
Q221：你每个周末都会外出参加活动吗？
　　A. 很正确　　　B. 正确　　　C. 一般　　　D. 不正确　　　E. 很不正确
Q222：你每个没课的晚上都会和同学或朋友一起愉快玩耍吗？
　　A. 很正确　　　B. 正确　　　C. 一般　　　D. 不正确　　　E. 很不正确
Q311：进入大学后，你是否积极主动地结交新朋友？
　　A. 很正确　　　B. 正确　　　C. 一般　　　D. 不正确　　　E. 很不正确
Q312：在宿舍和班级中，你都觉得非常自如，没有任何拘束和不适应的感觉？
　　A. 很正确　　　B. 正确　　　C. 一般　　　D. 不正确　　　E. 很不正确
Q313：你积极参加学校的各种社团活动吗？
　　A. 很正确　　　B. 正确　　　C. 一般　　　D. 不正确　　　E. 很不正确
Q321：每个周末，你都是和同学或新朋友一起活动？
　　A. 很正确　　　B. 正确　　　C. 一般　　　D. 不正确　　　E. 很不正确
Q322：在没有课的每个晚上，你都是和同学或新朋友一起活动？
　　A. 很正确　　　B. 正确　　　C. 一般　　　D. 不正确　　　E. 很不正确

3. 邀请专家评审调研指标体系

（1）专家初评，形成新指标体系

项目组通过电子邮件将初步形成的调查问卷（即《大学生满意度调查问卷V0.1》）发送给3位从事大学生心理健康研究和大学生心理咨询的教师，请他们对已经设计好的调查问卷进行评审。

经过专家评审后，主要收获了3条评审意见。①单纯地了解学生对学校的体育活动场所是否满意，不能真正反映学生的适应性，有的学生从来没有参加过业余的体育活动，但会选择"很满意"选项，建议对学生业余参与体育活动的时间进行调查。②是否积极地交朋友并不能准确地反映学生的适应性水平，建议考查学生已经有几个知心好友。③有的学生的适应性比较差，可能是受其性格和家庭因素的影响，建议增加对这方面的调查。

根据专家的评审意见，项目组对调查问卷的内容进行了调整，获得了如表2-5所示的第二版调查问卷（即《大学生满意度调查问卷V0.2》）。

表 2-5　第二版调查问卷（《大学生满意度调查问卷 V0.2》）

Q0：你对自己现在的家庭生活环境感到满意吗？
　　A．很不满意　　B．不满意　　C．基本满意　　D．满意　　E．很满意

Q111：你对教师所采用的教学方法和教学模式感到满意吗？
　　A．很不满意　　B．不满意　　C．基本满意　　D．满意　　E．很满意

Q112：你对现在使用的教材感到满意吗？
　　A．很不满意　　B．不满意　　C．基本满意　　D．满意　　E．很满意

Q113：你对目前开设的课程感到满意吗？
　　A．很不满意　　B．不满意　　C．基本满意　　D．满意　　E．很满意

Q114：你对教师的授课速度和教学方法感到适应吗？
　　A．很不满意　　B．不满意　　C．基本满意　　D．满意　　E．很满意

Q121：你对学校现有的多媒体教室环境满意吗？
　　A．很不满意　　B．不满意　　C．基本满意　　D．满意　　E．很满意

Q122：你对学校图书馆环境感到满意吗？
　　A．很不满意　　B．不满意　　C．基本满意　　D．满意　　E．很满意

Q123：你对学校的网络环境感到满意吗？
　　A．很不满意　　B．不满意　　C．基本满意　　D．满意　　E．很满意

Q211：你对学校的伙食质量感到满意吗？
　　A．很不满意　　B．不满意　　C．基本满意　　D．满意　　E．很满意

Q212：你对现在的住宿条件感到满意吗？
　　A．很不满意　　B．不满意　　C．基本满意　　D．满意　　E．很满意

Q213：你对学校的体育活动空间感到满意吗？
　　A．很不满意　　B．不满意　　C．基本满意　　D．满意　　E．很满意

Q214：每周你会到学校体育场馆锻炼（　）小时？
　　A．10 小时以上　　B．7～10 小时　　C．2～7 小时　　D．1 小时左右　　E．0 小时

Q221：你每个周末都会外出参加活动吗？
　　A．很正确　　B．正确　　C．一般　　D．不正确　　E．很不正确

Q222：你每个没课的晚上都会和同学或朋友一起愉快玩耍吗？
　　A．很正确　　B．正确　　C．一般　　D．不正确　　E．很不正确

Q311：进入大学后，你是否积极主动地结交新朋友？
　　A．很正确　　B．正确　　C．一般　　D．不正确　　E．很不正确

Q312：在现在的大学中，你已经有了几个要好的朋友？
　　A．5 个以上　　B．2～4 个　　C．1～2 个　　D．1 个　　E．尚没有

Q313：在宿舍和班级中，你都觉得非常自如，没有任何拘束和不适应的感觉？
　　A．很正确　　B．正确　　C．一般　　D．不正确　　E．很不正确

Q314：你积极参加学校的各种社团活动吗？
　　A．很正确　　B．正确　　C．一般　　D．不正确　　E．很不正确

Q321：每个周末，你都是和同学或新朋友一起活动？				
A．很正确	B．正确	C．一般	D．不正确	E．很不正确
Q322：在没有课的每个晚上，你都是和同学或新朋友一起活动？				
A．很正确	B．正确	C．一般	D．不正确	E．很不正确

（2）根据调查指标的设计目标，增加综合性检验题目和校验项题目

为方便信度检验，需要对调查问卷的内容进行调整。调整内容主要包括3个方面。首先，适当增加几个总述性的问题，用于反映被调查对象对一级指标的看法，从而便于未来开展信度检验。其次，适当设置几个校验性问题，用于帮助研究者快速识别出无效问卷。最后，校验性的问题可以设置为逆向问题。

对表2-5所示的调查问卷进行微调后，最终结果如表2-6所示（即《大学生满意度调查问卷V1.0》）。从表2-6可以看出，增加了QZ1、QZ2和Q1Z、Q2Z、Q3Z共5个总述性的问题。另外，还对表2-5中的某些问题进行了调整，使之成为具有校验功能的题目，这类题目有Q214和Q313。通过这类逆向问题，可以帮助研究者快速地从众多数据中筛选出自相矛盾、不认真填写的无效问卷。

（3）经过多轮迭代，形成较完备的指标体系

广泛征求意见后，借助CFA和EFA检验，在多轮迭代的基础上，形成了《大学生满意度调查问卷V1.0》。

表 2-6　最终定型的调查问卷（《大学生满意度调查问卷 V1.0》）

Q0：你对自己现在的家庭生活环境感到满意吗？				
A．很不满意	B．不满意	C．基本满意	D．满意	E．很满意
QZ1：你对当前的大学生活感到满意吗？				
A．很不满意	B．不满意	C．基本满意	D．满意	E．很满意
QZ2：你是否已经适应了大学的生活？				
A．很不适应	B．不适应	C．基本适应	D．适应	E．很适应
Q1Z：你对学校教师授课的总体情况感到满意吗？				
A．很不满意	B．不满意	C．基本满意	D．满意	E．很满意
Q111：你对教师所采用的教学方法和教学模式感到满意吗？				
A．很不满意	B．不满意	C．基本满意	D．满意	E．很满意
Q112：你对现在使用的教材感到满意吗？				
A．很不满意	B．不满意	C．基本满意	D．满意	E．很满意
Q113：你对目前开设的课程感到满意吗？				
A．很不满意	B．不满意	C．基本满意	D．满意	E．很满意
Q114：你对教师的授课速度和教学方法感到适应吗？				
A．很不满意	B．不满意	C．基本满意	D．满意	E．很满意
Q121：你对学校现有的多媒体教室环境满意吗？				
A．很不满意	B．不满意	C．基本满意	D．满意	E．很满意

Q122：你对学校图书馆环境感到满意吗？
    A. 很不满意   B. 不满意   C. 基本满意   D. 满意   E. 很满意
Q123：你对学校的网络环境感到满意吗？
    A. 很不满意   B. 不满意   C. 基本满意   D. 满意   E. 很满意
Q2Z：你对学校的生活环境感到满意吗？
    A. 很不满意   B. 不满意   C. 基本满意   D. 满意   E. 很满意
Q211：你对学校的伙食质量感到满意吗？
    A. 很不满意   B. 不满意   C. 基本满意   D. 满意   E. 很满意
Q212：你对现在的住宿条件感到满意吗？
    A. 很不满意   B. 不满意   C. 基本满意   D. 满意   E. 很满意
Q213：你对学校的体育活动空间感到满意吗？
    A. 很不满意   B. 不满意   C. 基本满意   D. 满意   E. 很满意
Q214：每周你会到学校体育场馆锻炼（ ）小时？
    A. 0小时   B. 1小时左右   C. 2～7小时   D. 7～10小时   E. 10小时以上
Q221：你每个周末都会外出参加活动吗？
    A. 很正确   B. 正确   C. 一般   D. 不正确   E. 很不正确
Q222：你每个没课的晚上都会和同学或朋友一起愉快玩耍吗？
    A. 很正确   B. 正确   C. 一般   D. 不正确   E. 很不正确
Q3Z：你对进入大学后的人际交往感到满意吗？
    A. 很不满意   B. 不满意   C. 基本满意   D. 满意   E. 很满意
Q311：进入大学后，你是否积极主动地结交新朋友？
    A. 很正确   B. 正确   C. 一般   D. 不正确   E. 很不正确
Q312：在现在的大学中，你已经有了几个要好的朋友？
    A. 5个以上   B. 2～4个   C. 1～2个   D. 1个   E. 尚没有
Q313：在宿舍和班级中，你是否经常觉得非常局促，总觉得自己是个局外人？
    A. 很正确   B. 正确   C. 一般   D. 不正确   E. 很不正确
Q314：你积极参加学校的各种社团活动吗？
    A. 很正确   B. 正确   C. 一般   D. 不正确   E. 很不正确
Q321：每个周末，你都是和同学或新朋友一起活动？
    A. 很正确   B. 正确   C. 一般   D. 不正确   E. 很不正确
Q322：在没有课的每个晚上，你都是和同学或新朋友一起活动？
    A. 很正确   B. 正确   C. 一般   D. 不正确   E. 很不正确

注：表2-6中带有灰色底纹的题目为历次完善过程中逐次增加的题目。

（4）邀请专家复评，形成稳定的指标体系

对已经形成的调研指标，要邀请行业专家复评，以保证整个谱研指标体系的科学性和覆盖度，并保证每一个调查项的严谨性、完备性。

4. 执行局部测验，进行信度、效度检验

在调查问卷彻底完成后，就可在小范围内开展局部测验。通过收集到的数据，进行信度、效度检验，从而发现指标体系中存在的问题，并进行进一步的修正。

5. 潜在的误区及应尽力回避的问题

在采用德尔菲法的过程中，经常出现以下误区：①对专家的选择不够慎重，把调研指标发给了非该领域的专家，未能充分发挥出专家的作用；②发给专家的邀请信中，缺乏对本研究背景和目标的清晰描述，影响了专家对调研指标的准确把握；③邮件格式、内容体例不规范，群发邮件，令专家不快，进而影响德尔菲法的推进；④前期文献调查不够，导致初版调研指标的科学性较差，存在太多的问题，专家难以给研究者提供有价值的、精练的建议。

2.4.5 信度检验的主要技术

在统计分析中，调查数据信度检验主要包括 3 个方面的技术：其一，基于同一调查指标体系做多次测量，分析多次测量的一致性水平；其二，针对同义或相关测量指标项，分析相应变量之间的一致性水平；其三，有意识地设置几个校验项，通过检查校验项与主项之间的一致性判断数据的信度。

1. 基于同一指标体系做多次测量，检验其一致性

对于同一指标体系，可以选择多次测量、不同对象重复测量等方法，以便获得多次测量数据。根据多次测量数据之间的一致性水平，来判断测量的信度。在体育比赛中，多名裁判同时对一批运动员的比赛情况打分，就可以认为是多次测量数据。

借助相关性或者差异性检验技术，分析多次测量数据之间是否具有高度相关性（或者说是否存在显著性差异）。如果多次测量结果都高度相关，就可以认为测量数据具有较高的信度。

基于多次测量数据的信度评价方式，有复本信度和重测信度两种。

（1）重测信度

重测信度是基于多次测量数据的信度评价方式之一，它要求应用同一测量方法，先后对同一组被调查对象做两次测量，然后计算两次测量所得分数的相关系数，前后测量一致性高，说明信度水平高，稳定性好。

在以重测信度评估信度时，应注意重测间隔时间对相关系数的影响。重测信度反映调查跨越时间的稳定性和一致性，它关注时间造成的误差及其对调查稳定性的影响。

（2）复本信度

复本信度又称等值性系数。它要求以两个等值但题目不同的调查（复本）来测量同一群体，然后求得被调查对象在两次调查上得分的相关系数。最简单的复本是不改变调查中各问题的题干，但重排题目的顺序，以避免因题干内容改变而引起新的语义理解错误。

在重测信度中，由于第二次调查用的是与上一次调查完全相同的题目，因此会受到学习、记忆、动机等方面因素的影响。而复本信度则不会存在这个问题，可以编制一个等值的复本来

进行第二次调查。

复本信度也要考虑两个复本的时间间隔。如果两个复本几乎是同一时间施测的，相关系数反映的才是不同复本的关系，而不掺有时间的影响。如果两个复本的施测相隔一段时间，复本信度除了反映样本的等值性水平，还能反映样本的稳定性程度。因此，它也被称为"等值稳定性系数"。

2. 对只有一轮测量结果的数据，检验同义变量之间的一致性

（1）克隆巴赫系数（α 系数）

克隆巴赫系数是检验测量结果是否存在内部一致性的基本方法之一。它将同一问题不同侧面的若干个指标项的测量结果作为一组同义或者平行变量，检查这些同义变量之间的一致性水平，用这个一致性水平（α 系数）来反映测量的信度。克隆巴赫系数对应的可信度如表 2-7 所示。

表 2-7　克隆巴赫系数对应的可信度

克隆巴赫系数	对应的可信度
$\alpha < 0.3$	不可信
$0.3 \leqslant \alpha < 0.4$	勉强可信
$0.4 \leqslant \alpha < 0.5$	可信
$0.5 \leqslant \alpha < 0.7$	很可信（次常见）
$0.7 \leqslant \alpha < 0.9$	很可信（最常见）
$0.9 \leqslant \alpha$	十分可信

用克隆巴赫系数检验信度时，常常借用"总－分"结构的数据体系。在设计指标体系时，先预设出总体性的指标项，然后再设计若干针对各个侧面的具体指标项。可以把这些指标项都视为被检验变量，分析它们内部的一致性水平，从而反映调查数据的信度。

（2）折半信度

折半信度检验是判断测量结果内部一致性的另一种检验方法。它将同一问题不同侧面的若干个指标项等分为两组，然后测量两组变量之间的关联性水平，关联性水平能够反映信度水平。两组变量之间的关联性水平越高，表示信度越高。折半信度反映调查项目的内部一致性程度，即调查反映相同内容或特质的程度。

折半信度分析的具体策略：在获得测量数据后，将调查指标项分成数量相等的两组，通常采用奇偶分组方法，即将调查题目按照序号是奇数还是偶数分成两半，然后计算这两组变量的相关性。相关程度越高，表示信度越高，或内部一致性程度越高。

使用折半信度检验应该注意：①参与折半信度检验的所有数据，应该在测量目标上具有一致性，即它们测量的应该是同一问题的不同侧面；②千万不能把本不相干的几个变量放在一起做折半信度检验；③在使用折半信度检验后，通常还需要利用校正公式进行校正。

3. 设置校验项，借助校验项与主项的一致性检验信度

在调查指标设计阶段，应在调查指标体系中有意识地设计若干个校验项，以便判断被调查

对象填写调研问卷是否过于随意，从而排除无效问卷，保证数据的信度。

校验项问题通常与问卷中的某个正式问题在语义上高度相似，只要正确填写，结果就应与被检验项高度一致。为达到校验的目的，在设计校验项时，在大多数问题都是正向问题的情况下，通常要把充当校验项的问题设计为逆向问题。

在数据预处理阶段，应重点关注校验项问题的方向。通常需要对采集到的校验项数据先做一次反转处理，以保证校验项结果与被校验项结果在语义方向上是一致的。之后，只需排除校验项结果与被校验项结果严重不一致的个案，即可把信度极低的个案从数据表中排除。

2.4.6 实战：SPSS下的信度检验

1. SPSS 中的信度分析技术

在 SPSS 中，专门用来进行信度分析的模块为"可靠性分析"模块，基于这一模块，可以完成大部分信度分析。

SPSS "可靠性分析"模块的主要功能是检验观测值的信度，主要方法包括折半信度检验、克隆巴赫系数检验等。

至于重测信度和复本信度，只需将二次测量所得的数据合并到同一个数据文件，然后利用【相关性】之下的【双变量】求其相关系数，即可得到重测或复本信度；而评分者信度检验则可以通过斯皮尔曼相关系数及肯德尔和谐系数进行验证。

2. 克隆巴赫系数——信度检验案例之一

（1）案例要求

马老师的研究团队希望对大学生的生活满意度进行调查并评价，项目设计及内容如本章开篇的研究报告所述。调查共涉及面向教学情况、生活情况、人际交流情况 3 个维度的 12 个问题项，另外还有一些综合测量项和人口学指标项。调查问卷的内容及调查指标请参阅本书附录。

目前，采集到的所有数据均被存储在文件"大学生生活满意度数据.sav"中，如图 2-38 所示。请用克隆巴赫系数分析当前调查数据的信度。

（2）操作过程

[1] 打开数据文件"大学生生活满意度数据.sav"，进入其数据视图。

[2] 单击【分析】—【标度】—【可靠性分析】，打开"可靠性分析"对话框。

[3] 在"可靠性分析"对话框中，先从左侧选择相关变量，移动到右侧的"项"列表框中。本例需移动"学校生活""适应否""多媒体教室""教师教学""图书馆""教材""伙食情况""网络环境"等 13 个变量。注意，"学生编号""性别""父学历"等字段均不可选入。如图 2-39 所示。

2.4 科研数据的质量保证 · 93 ·

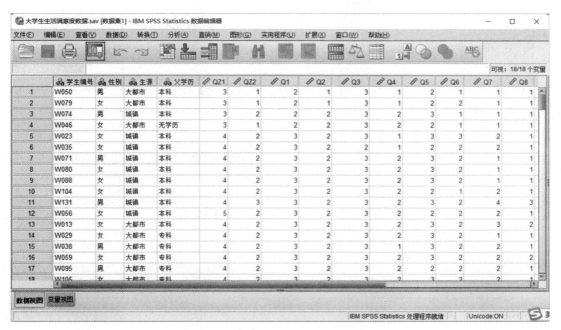

图 2-38 大学生生活满意度数据

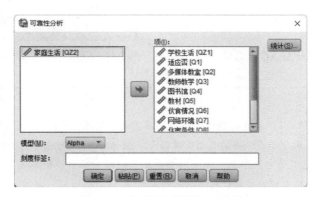

图 2-39 "可靠性分析"对话框

[4] 单击"可靠性分析"对话框左下角"模型"下拉列表，选择"Alpha"（即克隆巴赫系数模型）。

[5] 单击【确定】按钮，开始执行可靠性分析过程。

> 注意：
> 在执行基于克隆巴赫系数模型的可靠性分析时，应尽量选择针对同一核心问题的相关指标项，不要选入不相关的项，以免无关变量降低克隆巴赫系数值，导致分析结论错误。

（3）输出结果及其解读

在对大学生生活满意度数据执行了克隆巴赫系数检验后，将获得如图 2-40 所示的图表。

从图 2-40 可以看出，本案例的克隆巴赫系数为 0.754，表示数据的一致性水平较高，信度较高。

（4）补充说明

若单击图 2-39 所示"可靠性分析"对话框中的【统计】按钮，将打开一个新的对话框，如图 2-41 所示。可在此对话框内设置可靠性分析的其他辅助性指标，从而输出其他内容。

图 2-40　克隆巴赫系数检验结果

图 2-41　"可靠性分析：统计量"对话框

> 📎 注意：
> 在图 2-41 中，"F 检验"，就是检查两列数据的方差是否齐性，并输出 F 值，相当于进行了相关变量的差异性检验，适用于正态分布的高测度数据；"Friedman 卡方"就是非参数检验中 k 个关联样本的弗里德曼检验，适用于不符合正态分布的中高测度数据，用于检验其差异性；"Cochran 卡方"则是针对二分变量关联样本的非参数检验。相关内容后续会逐步讲到。

3. 折半信度——信度检验案例之二

（1）案例要求

马老师的研究团队希望对大学生的生活满意度进行调查并评价，项目设计及内容如本章开篇的研究报告所述。调查共涉及面向教学情况、生活情况、人际交流情况 3 个维度的 12 个问题项。

目前，采集到的所有数据均被存储在文件"大学生生活满意度数据.sav"中，如图 2-38 所示。请用折半信度系数分析当前调查数据的信度。

（2）操作过程

[1] 打开数据文件"大学生生活满意度数据.sav"，进入其数据视图。

[2] 单击【分析】—【度量】—【可靠性分析】，打开“可靠性分析”对话框。

[3] 在图 2-39 所示的“可靠性分析”对话框中，先从左侧选择相关变量，移动到右侧的“项”列表框中。本例需移动“学校生活”“适应否”“多媒体教室”“教师教学”“图书馆”“教材”“伙食情况”“网络环境”“师生满意度”“朋友数量”等 13 个变量。

[4] 单击“可靠性分析”对话框左下角“模型”下拉列表，选择“折半”。

[5] 执行【确定】命令，开始执行可靠性分析过程。

> **注意：**
> 在折半信度检验中，一定要尽量选择针对同一核心问题的相关指标项，不要计入不相关的项。在本例中，“学校生活”“适应否”“多媒体教室”“教师教学”“图书馆”“教材”“伙食情况”“网络环境”等项的测量目标具有较高的一致性，所以可以作为一组变量进行折半检验。

（3）输出结果及其解读

在完成了针对选定变量的折半信度检验后，获得了如图 2-42 所示的输出结果。

个案处理摘要

		个案数	%
个案	有效	156	100.0
	排除[a]	0	.0
	总计	156	100.0

a. 基于过程中所有变量的成列删除。

可靠性统计

克隆巴赫 Alpha	第一部分	值	.832
		项数	7[a]
	第二部分	值	.634
		项数	6[b]
	总项数		13
形态之间的相关性			.230
斯皮尔曼-布朗系数	等长		.374
	不等长		.375
格特曼折半系数			.373

a. 项为：学校生活, 适应否, 多媒体教室, 教师教学, 图书馆, 教材, 伙食情况.

b. 项为：伙食情况, 网络环境, 住宿条件, 校验项, 交流满意度, 师生满意度, 朋友数量.

图 2-42 针对 13 个变量的折半信度检验结果

从图 2-42 可以看到，这些项被分为两组，两组的克隆巴赫系数分别为 0.832 和 0.634，均高于 0.6，证明组内与组间都具有较高的相关性，数据的整体信度较高。但组“形态之间的相关性”系数仅有 0.230，说明存在语义上相差较大的变量组。

4．重测信度或复本信度——信度检验案例之三

对基于多次测量的复本信度和重测信度，需先借助 2.3.6 节所讲授的数据文件拼合技术把

多次测量结果拼合到同一个数据集内，然后借助 SPSS 内置的相关性检验技术分析重测数据与首测数据的相关性程度，若两次测量的各个数据项均高度正相关，则说明两次测量结果高度一致，表示数据具有很好的信度。

关于相关性分析的原理及操作技术，可参阅 6.2.2 节的内容。

思考题

（1）SPSS 的数据视图有什么特点？变量视图中"标签""值"和"度量"项的设置各有什么作用？

（2）在 Excel 中，要实现对字符型变量的数值化编码，通常采用什么方法？

（3）在 Excel 中，如何将两张数据表的内容按照共同关键词拼接起来？

（4）在 SPSS 中，可否直接打开 Excel 文档？如果未能打开，应该如何解决？

（5）在 SPSS 中，要实现对字符变量的数值化编码，通常采用什么方法？

（6）在 SPSS 中，要实现对定距变量的离散化编码，通常采用什么方法？

（7）在 Excel 中，要实现对字符型变量的数值化编码，通常采用什么方法？

（8）什么是信度？如何保证测量数据的信度？

（9）什么是效度？在数据采集的过程中，如何保证数据的效度？

（10）什么是德尔菲法？使用德尔菲法时应该注意什么？

（11）在结构效度检验中，因子分析是如何发挥作用的？

（12）什么是克隆巴赫系数？有什么作用？

综合实践题

请从"作业素材"文件夹中找到素材文件 zysc.rar，把它解压缩后存储在 D 盘上，然后从中找到所需的数据文件，以完成以下操作。

（1）用 Excel 打开文件 a0.xls。这是一个来自教学平台的文档，请完成以下操作：①删除多余的空行；②把学号转化为字符型数据，使之正常显示；③把行政班级的名称补充完整；④在单元格 E1 输入文字"性别 1"，并在 E 列以 1（男）和 2（女）表示学生的性别。

（2）用 Excel 打开文件 a1.xls。完成以下操作：①检查语文、数学、外语、物理、化学的成绩，如果发现某一列为字符型数据，请转化为数值型数据；②对 C 列的数据进行检查，把"南"修改为"男"，对各科目的成绩进行检查，对于成绩超过 100 分的值，修改为缺失值 0；③在 C 列之后插入新的 D 列，输入字段名"性别 1"，在新 D 列中按照"1 代表'男'，2 代表'女'，其他为缺失值 9"的规则对性别重新编码。

（3）启动 SPSS，新建一个数据文件，保存为 zy01.sav，定义其变量：学号、姓名、性别、生日和 10 个单选题的答案 Q1、Q2、Q3、Q4、Q5、Q6、Q7、Q8、Q9、QA。要求：①学号、姓名为字符型数据，生日采用日期格式，性别和 Q1～QA 为数值型数据，其中性别为定类变量（1 代表"男"，2 代表"女"），Q1～QA 为定序变量，性别的缺失值为 9，Q1～QA 的缺失值为 7；②变量名称必须由英文字符构成，但变量的标签可以为汉字；③请为此数据表输入 10 条记录。

（4）在 SPSS 中打开文件 a1.xls 并立即另存为 myzy.sav 文件，然后把 a2.xls 文件合并进来。要求：①切勿使学生的成绩张冠李戴；②注意数据类型的合理性；③请在 ans1 文档中简要说明你的合并过程。

（5）针对文件 myzy.sav，完成以下操作：①设置性别、各科成绩的缺失值；②把文件 myzy.sav 导出为 myzy.xls；③查找姓名为"张一37"的个案，查找语文成绩在 85 分以上的个案，在 ans1 中说明操作过程。

（6）数据文件 WebZjpj.sav 存储的是某课题组评审高职院校门户网站的数据。其中包含 3 位专家对网站的综合性评价数据和第 4 号专家针对门户网站 8 个方面所做的详细评价。请思考并检验这些数据的信度和结构效度，说明本表中的数据是否满足信度要求，代表了哪些维度的信息。

第3章 统计描述及数据加工

关键知识点

本章重点学习了针对科研数据的常见统计描述。重点内容有：①数据的集中型描述、离散化描述；②数据的图示化描述；③数据频数分布的描述；④数据分布形态的判断；⑤低测度变量的交叉表；⑥数据的高级变形（秩分、正态得分、Z分数等）。

知识结构图

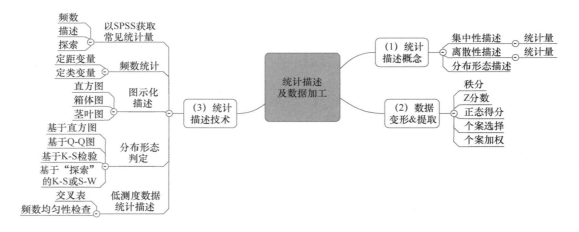

学前深思

（1）如何描述数据的分布形态？其集中性、离散性水平如何体现？有无能直观描述数据分布形态的统计图？

（2）如何判断数据的分布形态？主要有哪些技术？其适应性如何？

科研视点：研究报告品读

统计描述是科研统计分析的初级要求，对于常见的原始数据，在完成初步的规范化后，就可以进入统计描述阶段了。在统计描述阶段，人们常进行以下6个方面的操作：①数据频数分布的描述，即研究问题所关注的各个变量在不同取值下的频数及分布情况（例如，各取值的百分比、描述分布情况的饼图等）；②变量的集中性描述，即定距变量的均值是多少、中位数是多少，定类变量的众数是多少等；③变量的离散性描述，即定距变量的方差、标准差是多少，定类变量的异众比率有多大等；④数据分布形态的描述，如数据是否满足正态分布、均匀分布、泊松分布；⑤其他描述，借助箱体图、茎叶图等工具，还可对数据是否存在极端值、两端的分散程度等指标展开描述；⑥对于低测度数据，人们常常借助于交叉表探索两个低测度变量之间的分组频数，进而分析两个变量之间是否存在内在的逻辑关系。

请认真品读研究报告，仔细体会科研活动中统计描述的用法及其作用。报告涉及的相关知识和操作将会在本章逐步讲解。

2022年年度A校学生状况统计分析报告

一、总况简述

A 校是一所以信息类学科为主的高等职业技术学校，2021 年度共招生 100 名，至 2022 年年末，尚有 2021 级学生 92 名，其基本情况和学习成绩如图 1 所示。此数据存储于文档 stuData.sav 中。

请以统计描述技术对学生情况展开分析，探索其中蕴含的规律，以便开展有针对性的干预策略，提升教学质量和学生的综合素养。

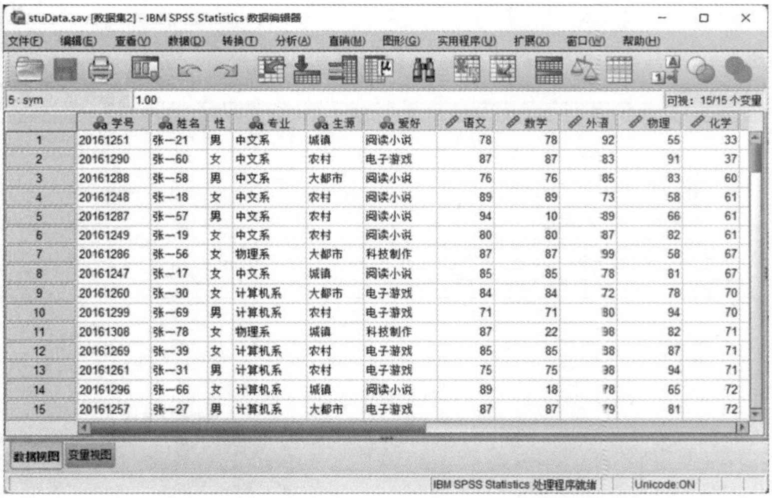

	学号	姓名	性	专业	生源	爱好	语文	数学	外语	物理	化学
1	20161251	张一21	男	中文系	城镇	阅读小说	78	78	92	55	33
2	20161290	张一60	女	中文系	农村	电子游戏	87	87	83	91	37
3	20161288	张一58	男	中文系	大都市	阅读小说	76	76	85	83	60
4	20161248	张一18	女	中文系	农村	阅读小说	89	89	73	58	61
5	20161287	张一57	男	中文系	农村	阅读小说	94	10	89	66	61
6	20161249	张一19	女	中文系	农村	阅读小说	80	80	87	82	61
7	20161286	张一56	女	物理系	大都市	科技制作	87	87	99	58	67
8	20161247	张一17	女	中文系	城镇	阅读小说	85	85	78	81	67
9	20161260	张一30	女	计算机系	大都市	电子游戏	84	84	72	78	70
10	20161299	张一69	男	计算机系	农村	电子游戏	71	71	80	94	70
11	20161308	张一78	女	物理系	城镇	科技制作	87	22	98	82	71
12	20161269	张一39	女	计算机系	农村	电子游戏	85	85	98	87	71
13	20161261	张一31	男	计算机系	农村	电子游戏	75	75	98	94	71
14	20161296	张一66	女	计算机系	城镇	阅读小说	89	18	78	65	72
15	20161257	张一27	男	计算机系	大都市	电子游戏	87	87	79	81	72

图 1　A 校 2021 级学生基本情况和学习成绩

二、数据规范化及其预处理

（略）

三、面向A校学生状况的统计描述

针对 A 校学生的状况，笔者将主要从成绩、性别和专业这 3 个维度展开讨论。

1. 与成绩相关的数据及结论

基于成绩的原始数据和离散化编码，完成针对成绩状况的统计描述。

（1）各科成绩的分布及统计描述

针对学生的各科成绩，统计其均值、标准差、极差等指标，其结果如表 1 所示。

表 1　各科成绩的分布

科目	均值（M）	标准差（SD）	极差	四分位数（Q1～Q3）
语文	83.77	7.085	31	78.50～89.00
数学	72.77	26.520	117	75.25～87.00
外语	82.15	18.585	85	78.00～95.00
物理	83.98	11.433	92	81.00～90.00
化学	85.77	21.340	98	77.00～90.00

从表 1 的内容可知，语文成绩的均值为 83.77，且其标准差较小，只有 7.085。而其他几科成绩，特别是数学、化学的标准差远大于语文的标准差，这说明它们的波动程度远大于语文，成绩不如语文稳定。另外，数学成绩的均值也远低于语文。

从表 1 还可看出，数学、物理、化学成绩的极差都超过了 90，这说明在理工科课程中，有些学生的分差极大。相比之下，语文和外语成绩的极差就明显小于 3 门理工科课程。

$Q1$ 和 $Q3$ 是两个四分位数，反映的是数据序列里中间 50% 数据的情况。从表 1 可知，各科成绩的 $Q1～Q3$ 相差不大，它们受极端值的影响较小。

（2）成绩的分布情况及其折线图

将学生的各科成绩分为 "不及格" "合格" "一般" "良好" 和 "优秀" 共 5 个等级，然后对成绩做频度分析，得到表 2 所示的数据表和图 2 所示的折线图。

表 2　学生各科成绩的分布情况

	语文	数学	外语	物理	化学
不及格	0	16	1	4	2
合格	3	1	7	8	6
一般	20	17	21	5	20
良好	52	43	33	53	37
优秀	17	15	30	22	27

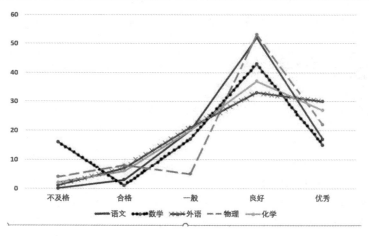

图 2　成绩分布折线图

从图 2 可知，除数学成绩不及格的学生较多外（左侧明显上翘），其他科目的成绩均为较简单的钟形分布，而且钟形向右偏，即数据呈现为负偏态——高分段的学生偏多，因此该校学生的学习成绩分布较为理想。

(3) 各科成绩的正态性检验

由于样本的规模较小（仅有 92 个个案），因此将以 K-S 检验的"精确"模式检验各科成绩是否满足正态分布。经 SPSS V24.0 检验，获得如图 3 所示的结果。

单样本柯尔莫戈洛夫-斯米诺夫检验			语文	数学	外语	物理	化学
个案数			92	92	92	92	92
正态参数[b]	平均值		83.77	72.38	84.21	82.58	81.88
	标准差		7.085	25.974	10.064	9.614	11.235
最极端差值	绝对		.089	.312	.104	.210	.132
	正		.053	.182	.071	.088	.119
	负		−.089	−.312	−.104	−.210	−.132
检验统计			.089	.312	.104	.210	.132
渐近显著性(双尾)			.071[c]	.000[c]	.015[c]	.000[c]	.000[c]
精确显著性(双尾)			.439	.000	.250	.001	.073
点概率			.000	.000	.000	.000	.000

图 3　各科成绩的正态性检验

如图 3 所示，语文成绩、外语成绩和化学成绩的"精确显著性（双尾）"检验概率值 p 依次为 0.439、0.250 和 0.073，这些值均大于 0.05，说明这 3 科成绩是满足正态分布的；而数学成绩和物理成绩的检验概率值 $p < 0.05$，所以这两科成绩是不满足正态分布的。

2．与性别相关的数据及结论

在全体学生中，男生有 39 人，女生有 53 人，男生占 42.4%，女生占 57.6%，女生的占比略高于男生。其结构如图 4 所示。

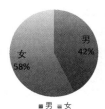

图 4　学生性别的分布情况

(1) 学生性别与专业的交叉表

以学生性别和所在专业做交叉表，获得如图 5 所示的统计结果。

性别码*专业码 交叉表					
计数					
		专业码			总计
		中文系	计算机系	物理系	
性别码	男	14	12	13	39
	女	19	20	14	53
总计		33	32	27	92

图 5　性别与专业的交叉表

从性别和专业的交叉表可以看出，表格内的各频数相差不大，这说明学生们的专业选择没有受到性别的影响。

（2）学生性别与生源地的交叉表

以学生性别和生源地做交叉表，获得如图6所示的统计结果。

性别码*生源码 交叉表
计数

		生源码			总计
		农村	城镇	大都市	
性别码	男	13	14	12	39
	女	18	17	18	53
总计		31	31	30	92

图6　性别与生源地的交叉表

从性别和生源地的交叉表可以看出，表格内的各频数相差不大，这说明学生的生源地没有受性别的影响。

（3）学生性别与爱好的交叉表

以学生性别和爱好做交叉表，获得如图7所示的统计结果。

性别码*爱好码 交叉表
计数

		爱好码			总计
		阅读小说	电子游戏	科技制作	
性别码	男	14	13	12	39
	女	16	17	20	53
总计		30	30	32	92

图7　性别与爱好的交叉表

从性别和爱好的交叉表可以看出，表格内的各频数相差不大，这说明学生的爱好没有受性别的影响。

3．与专业相关的数据及结论

在全体学生中，中文系有33人、计算机系有32人、物理系有27人。其中中文系学生占35.9%，计算机系学生占34.8%，物理系学生占29.3%。3个专业的学生占比相差不大。

（1）学生专业与生源地的交叉表

以学生专业和生源地做交叉表，获得如图8所示的统计结果。

专业码*生源码 交叉表
计数

		生源码			总计
		农村	城镇	大都市	
专业码	中文系	11	11	11	33
	计算机系	9	15	8	32
	物理系	11	5	11	27
总计		31	31	30	92

图8　专业与生源地的交叉表

从专业和生源地的交叉表可以看出，表格内的各频数相差不大，这说明学生的专业选择没有受生源地的影响，不同生源地（农村、城镇和大都市）的学生在专业选择上不存在显著的差别。

(2) 学生专业与爱好的交叉表

以学生专业和爱好做交叉表，获得如图 9 所示的统计结果。

专业码* 爱好码 交叉表					
计数					
		爱好码			总计
		阅读小说	电子游戏	科技制作	
专业码	中文系	23	8	2	33
	计算机系	7	21	4	32
	物理系	0	1	26	27
总计		30	30	32	92

图 9 专业与爱好的交叉表

从专业和爱好的交叉表可以看出，表格内主对角线（左上角至右下角）上的频数较大，这说明学生的专业选择与爱好的关联性很大。也就是说，不同爱好（阅读小说、电子游戏和科技制作）的学生在专业选择上存在着显著的差别。

4. 学生成绩与人口学指标的关联性描述

(1) 学生性别与成绩的箱体图

以学生各科成绩作为检验变量，以性别作为因子变量，制作其成绩的箱体图。其中语文成绩的箱体图如图 10 所示。

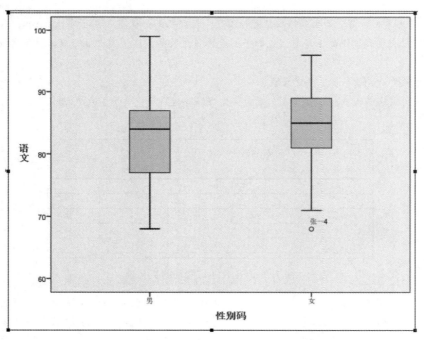

图 10 以性别分组的语文成绩的箱体图

从图 10 可以看出，女生语文成绩的箱体图比男生要短，而且它的中位线也比男生的高。因此，就语文成绩而言，女生比男生的成绩更好些，而且女生成绩更集中，而男生成绩的离散性更大。

另外,男女生外语成绩的箱体图如图 11 所示。

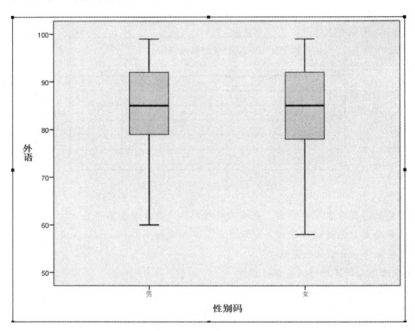

图 11　以性别分组的外语成绩的箱体图

从图 11 可看出,男、女生外语成绩箱体图的中位线基本一样高,这说明二者外语成绩的中位数基本相等,但女生箱体图的下尾翼(或触手)要比男生长些,这说明在低分段,女生的成绩具有更大的离散性。

(2) 离散化的成绩与性别的交叉表

以离散化成绩与性别构建交叉表,发现语文成绩与性别的交叉频数在表格中分布均匀,如图 12 所示。

性别码*语文码 交叉表

计数

		语文码				总计
		2.00	3.00	4.00	5.00	
性别码	男	2	11	20	6	39
	女	1	9	32	11	53
总计		3	20	52	17	92

图 12　语文成绩与性别的交叉表

因此,基于图 12,我们可以得出结论,语文成绩不受性别的影响,即语文成绩在性别上没有显著性差异。与此同时,从其他科目与性别的交叉表可知,其他科目的成绩在性别上也没有显著性差异。

(3) 离散化的成绩与专业的交叉表

以离散化成绩与所在专业构建交叉表,发现化学成绩与专业的交叉频数在表格中分布不均匀。如图 13 所示,计算机系和物理系学生的化学成绩偏低的人数较少,低分者的比重小于中文系。

专业码*化学码 交叉表

计数

		化学码					总计
		1.00	2.00	3.00	4.00	5.00	
专业码	中文系	2	5	6	14	6	33
	计算机系	0	0	10	9	13	32
	物理系	0	1	4	14	8	27
总计		2	6	20	37	27	92

图 13　化学成绩与专业的交叉表

因此，基于图 13，我们可以得出结论，化学成绩在不同专业上会呈现出显著差异，即化学的学习会受到专业的影响。与此同时，从其他科目离散化成绩与专业的交叉表可知，语文成绩和外语成绩在专业上没有呈现出显著性差异，但数学成绩和物理成绩在专业上呈现出显著的差异性。

四、结束语

（略）

3.1　科研数据的统计描述

人们用来进行统计分析的数据通常是来自一组样本或者多组样本的调查数据，也可能是一个数据序列或多个数据序列。在对数据序列进行复杂的统计分析前，掌握每个数据序列的基本特征是非常必要的。

3.1.1　统计描述中的统计量

为形象地展现统计描述中的统计量，本节将以图 3-1 所示的 stuData 数据集为例说明相关概念。

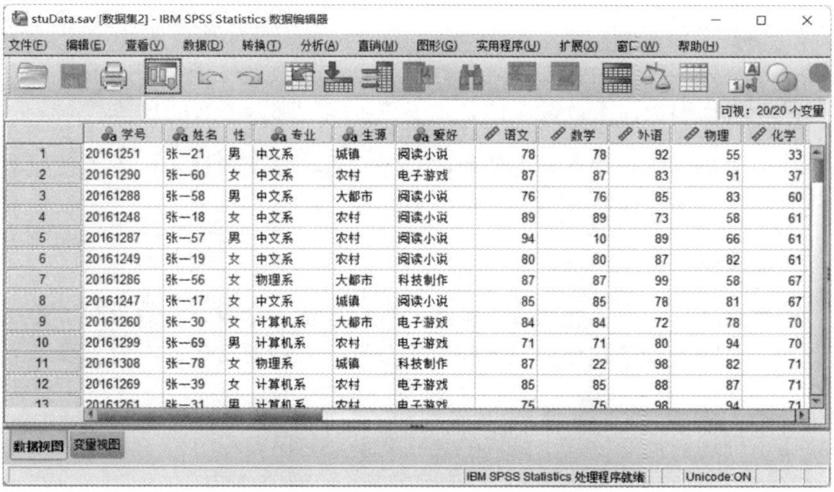

图 3-1　stuData 数据集

在图 3-1 所示的数据表中，变量"语文"列中的全体数据被称为一个数据序列，变量"数学"列的全体数据也是一个数据序列，同理，"性别""单位"中的数据都是数据序列。统计分析就是针对单个数据序列进行分析，或者分析若干个数据序列之间的相互关系。

为了更好地描述统计分析中的概念，人们用 X 代表一个变量，而以 X_1、X_2、X_3、X_4……来代表一个数据序列，其中的 X_1、X_2、X_3 等都是数据序列中的具体数据。另外，人们通常用 X_i 代表数据序列中具有一般意义的某个数据。

1. 对总体数据的集中性描述

对数据做集中性描述的量主要有均值、中位数和众数。其中，对取值大小有意义的定距变量、定序变量，人们通常以均值和中位数描述其集中性；而对取值大小无意义的定类变量，则以众数描述其集中性。

（1）均值（Mean）

均值，就是数据序列的平均值。其含义是针对数据序列中的全体数据求平均值，即用全体数据的和除以数据个数，例如语文平均分、数学平均分。常用的计算公式如式 3-1 所示。

$$\overline{X} = (X_1 + X_2 + X_3 + \cdots + X_n)/n \qquad 式3\text{-}1$$

此公式可以简写为式 3-2。

$$\overline{X} = \frac{1}{n}\left(\sum_{i=1}^{n} X_i\right) \qquad 式3\text{-}2$$

此处，以 $\overline{X}$ 代表数据序列的平均值。

均值主要用于描述定距数据或定序数据的集中性，而且容易受到个别极端值的影响。对于定类数据，均值无意义。

（2）中位数（Median）

在待处理的数据序列中，若按照取值的大小对数据进行排序，出现在排序后的序列正中间位置上的数据就是中位数。

严格来说，若待处理序列中数据的个数为奇数，中位数是位于正中间的那个数值；若待处理序列中数据的个数为偶数，中位数应该是位于正中间的那两个数的均值。

中位数主要用于描述定距变量和大值域的定序变量，它比较稳定，不容易受个别极端值的影响。中位数可能存在于数据序列中，也可能不存在。

（3）众数（Mode）

在待处理的数据序列中，出现次数最多数的数据被称为众数。众数反映了数据序列中多数数据的趋同之处。对测度较低的定类数据和定序数据，人们通常借助众数来表示数据序列的集中化趋势。

众数主要用于描述定类变量或小值域的定序变量，它比较稳定。

2. 对总体数据的离散性描述

对总体数据离散性的描述，主要指数据偏离均值或期望值的程度。对于定距变量和定序变量，人们通常用方差或标准差来表示其离散程度；而对于定类变量，则以异众比率来表示其离散程度。

（1）离差与残差

离差，是指数据序列中每个数据与均值的差（即 $X_i - \overline{X}$）。一个数据序列若有 n 个数据，就应该有 n 个离差值。第 i 个数据的离差 Δ_i 应该满足式3-3。

$$\Delta_i = X_i - \overline{X} \qquad \text{式3-3}$$

整个数据序列所有离差的和一定是 0，即 $\Sigma \Delta_i = 0$。

残差，是指数据序列中每个数据与其期望值的差。在统计分析中，人们通常会创建一个数学模型来帮助人们实施统计分析，预测数据未来的发展方向。基于数学模型，人们把数据序列中的原始数据称为观测值，而把根据数学模型计算出的数值称为期望值。理想情况下，期望值应该很好地吻合观测值。

如果以 X_i 代表第 i 个观测值，以 P_i 代表第 i 观测值所对应的期望值，那么第 i 个数据的残差应该满足式3-4。

$$\xi_i = X_i - P_i \qquad \text{式3-4}$$

具有 n 个数据的某数据序列，应该具有 n 个残差值。在优质的回归模型中，所有个案的残差之和为 0，而且满足正态分布。

（2）方差（Variance）或均方差

若要反映数据的离散程度（即数据围绕均值的波动程度），直接利用离差或离差之和是不行的（所有数据的离差之和为 0）。为此，人们提出了能够真正反映数据离散程度的专门指标——方差。

方差，是指所有数据的离差平方和的均值，也有文献称之为均方差。在统计学中，人们用 σ^2 代表方差，其计算公式如式 3-5 和式 3-6 所示。

$$\sigma^2 = \frac{1}{n} \sum_{i=1}^{n} \Delta_i^2 \qquad \text{式3-5}$$

$$\sigma^2 = \frac{\sum_{i=1}^{n}(X_i - \overline{X})^2}{n} \qquad \text{式3-6}$$

从方差的定义和公式看，其值是离差平方和的平均值，它直接反映了整个序列中所有数据偏离均值的程度，但其大小并不能真实地反映数据的离散程度。

（3）标准差（Standard Deviation）

标准差，是方差的算术平方根，它是评价数据序列围绕均值所产生波动程度的又一个指标。在统计学中，人们用 σ 代表标准差。标准差的计算公式如式 3-7 所示。

$$\sigma = \sqrt{\frac{1}{n} \sum_{i=1}^{n}(X_i - \overline{X})^2} \qquad \text{式3-7}$$

从统计的视角看，标准差 σ 是真正反映数据离散程度的统计量，直接反映了数据序列偏离均值的程度。

（4）异众比率（Variation Ratio）

异众比率，是统计学中反映数据离散趋势的指标之一。异众比率指的是总体中非众数次数与总体次数之比，即异众比率是指非众数的频数占总频数的比例。例如，在针对学生民族的统计描述中，少数民族同学所占的比例值就是异众比率。

异众比率适用于反映分类数据的离散程度，用于衡量众数对一组数据的代表程度。异众比率越大，说明非众数的频数占总频数的比重越大，众数的代表性就越差。

3. 面向样本数据的数据描述

在统计分析实践中，多数分析过程都不是面向总体数据的，因为直接获取大量的总体数据十分困难。因此，大量的研究只能针对抽样样本来做。多数统计分析操作都建立在针对样本进行估算与推断的基础上。样本数据的处理具有其特定的操作规程和运算公式。

（1）自由度的概念

所谓自由度，是指具有 n 个个案的抽样序列，允许自由取值的个案的数量。例如，在50名学生的语文成绩表中，若已经知道了这50名学生的语文平均分，那么语文成绩可以自由取值的学生就只有49名。因此，在均值已知的情况下，这50名学生的自由度为49。事实上，随着已知变量个数的增加，能够自由取值的个案数量会依次减少。

在统计分析中，很多统计分析算法都建立在均值已被预估或已知的情况下。因此，对具有 n 个个案的序列，若均值已知，其各个操作的自由度通常为 $n-1$。同理，在开展统计分析时，如果除了均值之外，还另外掌握了 k 个其他统计量，那么该操作的自由度就会变成 $n-k-1$。

（2）样本数据的方差（SD^2）

若只拿到了抽样数据，现需要基于样本数据估算总体方差，则可以用离差平方和除以自由度来计算。这就是统计学中常用的样本方差的概念。

由于假设总体均值与样本均值相等，在均值已知的情况下，样本的自由度为 $n-1$。所以，样本方差的估算是以样本均值为起点的，样本方差的计算公式如式3-8所示。

$$SD^2 = \frac{\sum_{i=1}^{n}(X_i - \overline{X})^2}{n-1} \qquad \text{式3-8}$$

（3）样本数据的标准差（SD）

由于标准差是方差的平方根，依据这一规则，样本标准差的计算公式如式3-9所示。

$$SD = \sqrt{\frac{\sum_{i=1}^{n}(X_i - \overline{X})^2}{n-1}} \qquad \text{式3-9}$$

（4）补充说明

统计学中样本估算和总体实算概念的建立，要求人们对两种不同的方差和标准差采用不同的符号，样本标准差用 SD 表示，总体标准差用 σ 表示。相应地，样本方差记作 SD^2，而总体方差记作 σ^2。在 Excel 等软件中，要计算两种不同的方差和标准差，需要使用不同的函数。

在统计分析中，绝大多数时候，人们都是借助样本估算总体的。因此，在具体的计算过程中，常常以 SD 的值来替代 σ。

4. 对统计描述中统计量的补充

对数据序列的描述，除了上述常用概念外，还可以使用以下概念。

（1）标准误差（$SE.Mean$）

人们常常使用标准差来衡量序列数据围绕均值波动的程度。如果对总体做多轮抽样，或者说使用不同精度的量具对产品做多轮测量，每轮抽样或测量均包含着多次操作，由于抽样偏差或测量误差的存在，每轮操作都能得到一组数据和一个均值，多轮操作将能获得若干个不相等的均值。对于多轮测量来讲，这些均值的波动程度直接反映了量具的精度；而对多轮抽样来讲，这些均值的波动程度则反映了抽样数据的偏差程度。

人们把能够反映若干个均值围绕真值波动程度的统计量，命名为"标准误差"，简称为"标准误"。在统计学中，标准误被简记为 $SE.Mean$，或者 SE，它是通过计算若干个均值的标准差而获得的，是描述测量精度或抽样数据偏差程度的统计量。

> **注意：**
> SE 的计算方法非常丰富，数据来源不同，应选择不同的计算方法。因此，在实际应用中，通常需要根据数据序列的构成情况和已知统计量，选用相应的计算方法。

在总体数据已知的情况下，若需计算单列数据的 SE，其计算公式如式 3-10 所示。

$$SE = \frac{1}{n}\sqrt{\sum_{i=1}^{n}(X_i - \overline{X})^2} \qquad \text{式3-10}$$

分析标准误公式与标准差公式之间的关系，可以看出，单组总体数据的标准差 σ 在数学运算上等于 SE 乘 $\sqrt{n}$，即 $SE = \dfrac{\sigma}{\sqrt{n}}$。

（2）差异系数（CV）

尽管样本的标准差能够反映出数据序列的离散程度，然而仔细考察标准差的概念，就会发现：均值相差很大（即基数相差很大）的两个序列，即使标准差的值相同，其波动程度也并不能被认为相同。例如，采用五分制和采用百分制的两个成绩序列，即使它们的标准差相同，其波动对原始数据的影响力肯定是不一样的。为此，人们引入了差异系数的概念。

差异系数，也叫变异系数，它等于标准差与均值的比值。CV 的计算方法如式 3-11 所示。在公式中，SD 代表样本的标准差，而 $\overline{X}$ 代表数据序列的均值。

$$CV = \frac{SD}{\overline{X}} \times 100\% \qquad \text{式3-11}$$

借助 CV，可以对比两个值域差异较大的序列的波动程度。

（3）四分位数（Quartile）

对于高测度数据，人们常常把所有数值由小到大排列并分为四等份，然后提取出位于 3 个分割点位置的数据，这 3 个数据起到了关键的标记性作用，它们就是四分位数。其中，3 个分割点上的数值依次为位于 25%、50% 和 75% 处的个案观测值，一般被标注为 Q_1、Q_2、Q_3。

四分位数在定距数据和定序数据的描述中起着非常重要的作用，其对应的图示化表示就是著名的箱体图。箱体图的主体部分是以 Q_1 和 Q_3 为上下边界的矩形，能够反映主要个案的分布区域和离散程度。Q_1-Q_3 的值为四分位差，用于反映中部 50% 的样本覆盖的区间。

除了四分位数，人们还可以根据自己的需要任意设置百分位点，构造其他分级的分位数。

5. 对统计描述相关概念的总结

在统计分析中，研究者经常面临定类、定序和定距等多个类型的数据，前述的各种统计描述方法均有其适用范围。例如，均值和方差就不适合定类数据，最适合用来反映定类数据趋势的统计量是众数，中位数则适合定距数据和定序数据。

不同类型的数值型数据都有其相应的统计描述方法，如表 3-1 所示。

表 3-1　不同类型数值型数据适合的统计描述方法

数据类型	基本描述	集中趋势	离散趋势
定类数据	频数、比例、比率、表格、图示	众数	异众比率
定序数据	频数、比例、比率、表格、图示、累计频数、累计百分比	中位数	四分位差
定距数据	频数、比例、比率、表格、图示、累计频数、累计百分比、分组	均值、中位数	方差、标准差

3.1.2　数据的分布形态

所谓数据的分布形态，是指待分析的数据满足一种什么样的分布形式，是在均值附近的频数最大吗？还是两端频数较大。例如，在考察上千人的考试成绩时，就会发现数据的分布呈现为一种均值附近人数很多、两端人数较少的"大钟"形状的分布形态。

在统计分析中，数据的分布形态对分析方法、分析结果的衡量都具有重要意义。常见的数据分布形态有正态分布、均匀分布、指数分布、泊松分布等，其中价值最大的分布形态是正态分布。

1. 正态分布

（1）正态分布的概念

正态分布是一种理想化的分布形态，呈现为"钟形"，均值两侧的数据密度较高，远离均值的区域数据密度较低，如图 3-2 所示。正态分布也叫高斯分布。

对于正态分布的函数曲线，若指定其位置参数（即"钟形"的波峰位置）为 μ，尺度参数（即"钟形"向两侧的拓展幅度）为 σ，那么相应的随机函数应该满足下面的式 3-12。

$$f(x) = \frac{1}{\sqrt{2\pi}\sigma} e^{-\frac{(x-\mu)^2}{2\sigma^2}}$$　　式3-12

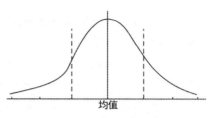

图 3-2　正态分布示意图

满足式 3-12 的随机变量称为正态随机变量，正态随机变量服从的分布就称为正态分布。

在统计分析时，若大规模样本的分布形态符合正态分布，那么全部样本的均值就是随机函数的 μ 值（即钟形图形的对称轴与水平坐标轴的交点横坐标），而样本的标准差就是该函数中的 σ 值，它间接反映了钟形图形的高度。

正态分布通常被记作 $N(\mu, \sigma^2)$，其中 N 代表 Normal（正态）。

（2）理想化的标准正态分布

对于式 3-12 表示的正态分布，如果其分布形态满足 $\mu=0$、$\sigma=1$，则整个公式可简化为式 3-13。这种正态分布是以坐标系的垂直坐标轴为对称轴，尺寸大小为 1 的完全对称的钟形。

$$f(x) = \frac{1}{\sqrt{2\pi}} e^{-\frac{x^2}{2}} \text{ 也可以写作：} \frac{1}{\sqrt{2\pi}} \exp\left(-\frac{x^2}{2}\right)$$　　式3-13

（3）偏正态分布

在统计分析实践中，人们经常碰到非标准的正态分布。例如，在期末考试中，由于大家普遍考得较好，导致数据的分布形态向右偏，形成右偏的正态分布。同理，也有很多向左偏的正态分布。

（4）评价正态分布形态的两个指标

偏度（Skewness）用于描述数据分布偏离正态分布的程度，即整个钟形图形偏离对称线的程度。若偏度大于 0，则称之为正偏态，此时均值大于中位数（峰尖在均值之左），图形向左偏；若偏度小于 0，则称之为负偏态，此时均值小于中位数，图形向右偏。

峰度（Kurtosis），也叫峭度，用于描述单峰频度曲线中峰形的尖平程度。在应用中，若峰度大于 0，则分布的集中趋势较强；若峰度小于 0，则分布的离心趋势较强。

2. 泊松分布

（1）泊松分布的概念

泊松分布是离散取值的一种概率分布形式。其准确定义为，若随机变量 X 只取非负整数值 0、1、2……且其概率分布服从下面的式 3-14，则随机变量 X 的分布称为泊松分布，记作 $P(\lambda)$。

$$P(X=i) = \frac{e^{-\lambda}\lambda^i}{i!}$$　　式3-14

(2）泊松分布的形态与用途

泊松分布适用于发生概率满足二元规则的小概率的随机事件，通常用于描述某单位时间内某罕见事件发生次数的分布规律。

当一个小概率随机事件，例如某电话交换台收到呼叫、单位体积内的水中出现细菌、某放射性物质随机发射粒子、显微镜下某区域中出现白血球等，都会以固定的平均瞬时速率 λ（或称密度）随机且独立地出现，那么这个事件在单位时间（面积或体积）内出现的次数或个数就近似地服从泊松分布。

3. 均匀分布

所谓均匀分布，是指数据在给定区间内任意位置出现的概率相等，即变量取值 X 落在 $[a,b]$ 的子区间内的概率只与子区间长度有关，而与子区间位置无关，因此 X 落在 $[a,b]$ 内任意子区间内的可能性是相等的。

在实际问题中，在区间 $[a,b]$ 内取值的随机变量 X，当我们无法区分取不同值的可能性有何不同时，我们就可以假定 X 服从 $[a,b]$ 上的均匀分布。

均匀分布是数据处理中最简单的一种分布形态。

3.2 SPSS实现统计描述的技术

在统计分析中，对数据数列的描述主要依靠集中性和离散性统计量的获取。一般说来，对于连续值形态的定距变量，描述其集中性的统计量主要是均值，而体现其离散性的统计量则包括标准差、方差、标准误。至于离散值形态的定序变量，由于其大小仅仅反映等级关系，所以常常通过中位数来体现其集中性，通过四分位差体现其离散性。不过，对于取值范围比较大、测度比较高的部分定序变量，有时也可借助均值和标准差分析其集中和离散水平。

本节主要通过均值、方差、标准差等基本统计量来描述数据，适用于定距变量和高测度的定序变量。

3.2.1 实战：以SPSS获取常见统计量

在 SPSS 中，定距变量的统计量有很多种计算方法。常见的方法有两种：①单击【分析】—【描述统计】—【频率】，打开"频率：统计量"对话框；②单击【分析】—【描述统计】—【描述】命令，打开"描述：选项"对话框。

1. 基本统计量的获取

（1）案例要求

如图 3-3 所示的学生信息表中共有 92 条记录，是高三年级部分学生的成绩。现在需要在 SPSS 中估算全体学生语文成绩的方差、标准差、均值、最小值、最大值。

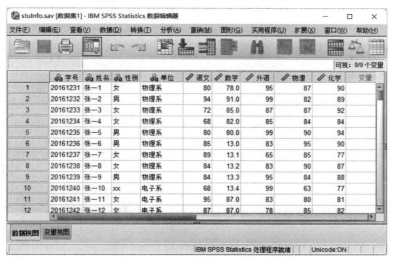

图 3-3 学生信息表

（2）操作流程

[1] 单击【分析】—【描述统计】—【描述】，打开"描述"对话框，如图 3-4 所示。

[2] 在"描述"对话框中，从左侧的列表中选择【语文】并单击【右向】按钮，使之进入右侧的"变量"列表。

[3] 单击右上角的【选项】按钮，打开"描述：选项"对话框。

[4] 根据案例要求，勾选复选框"平均值""标准差""方差""最小值"和"最大值"，如图 3-5 所示。然后，单击【继续】按钮返回上一级对话框。

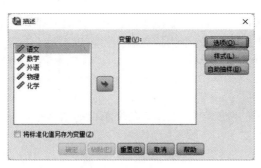

图 3-4 "描述"对话框

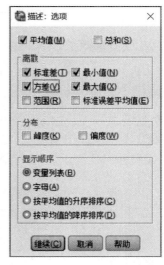

图 3-5 "描述：选项"对话框

[5] 在"描述"对话框下，单击【确定】按钮，执行计算操作。

在频率计算完成后，将会新生成一个名称为"输出 1"的对话框，如图 3-6 所示。

> ⚠ 提示：
> 在图 3-5 所示的对话框中，还可根据需要选择"范围""标准误差平均值""峰度""偏度"等选项。
> 除了在"描述：选项"对话框中进行设置之外，也可以借助"频率：统计量"对话框来进行常规统计量的计算。

（3）解读输出结果

从图 3-6 可以看出，个案共有 92 个，这些数据的方差为 50.200，标准差为 7.085，均值为 83.77。

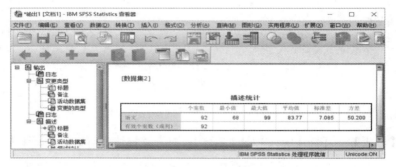

图 3-6 "输出 1"对话框

> 📊 科研视点：
> 均值和标准差是描述定距变量特征的最关键统计量，在科技论文写作中，常以 $M \pm SD$ 形式来呈现。图 3-5 中的语文成绩，可以以 83.77 ± 7.085 来表达其基本特征。"$M \pm SD$"形式的描述，可以清晰地反映各定距变量的均值位置、离散性水平，实现简单且重要的对比。

2. 数据的分类汇总

在数据处理中，经常需要依据某个标准进行分组，然后对各个组内的数据进行求和、求个数、求均值，甚至求方差等计算。这就需要使用分类汇总（Subtotal）的技术。

所谓分类汇总，就是按照某个变量分组，然后针对每组内的记录，依据某个字段执行求和、求个数、求均值等计算。例如，在如图 3-3 所示的学生信息表中，可以求每个单位中学生的人数，就是按照单位分类，然后求取个数的分类汇总。

（1）案例要求

对于如图 3-3 所示的学生信息表，现在需要在 SPSS 中计算各个单位的语文平均分、语文成绩总和、物理平均分、外语平均分。

（2）操作流程

[1] 单击【数据】—【分类汇总】，打开"汇总数据"对话框，如图 3-7 所示。

[2] 在"汇总数据"对话框中，从左侧选择变量【单位】并单击"分组变量"左侧的【右向】按钮，将其添加到"分组变量"列表框中，表示要以"单位"作为分组依据。

[3] 在"汇总数据"对话框中,从左侧选择变量"语文"并单击"汇总变量"下方的【右向】按钮,将其添加到"变量摘要"列表框中,"变量摘要"列表框中就会自动添加一行"语文_mean=MEAN(语文)",表示要对各单位学生的语文成绩求平均值。同理,再向"变量摘要"列表框中添加一行"物理_mean= MEAN(物理)"。其余操作同理。

[4] 在"变量摘要"列表中选中第一行"语文_mean=MEAN(语文)",然后单击下方的【函数】按钮,在弹出的对话框中勾选【总和】单选框,将其修正为"求每个单位学生语文成绩的总和"。

[5] 如果选中位于"汇总变量"区域的【个案数】复选框,输出结果中就会包含每个单位的个案数目。

[6] 在"汇总数据"对话框的左下部选中【创建只包含汇总变量的新数据集】单选框,并输入新数据集名称"汇总表",如图 3-7 所示。

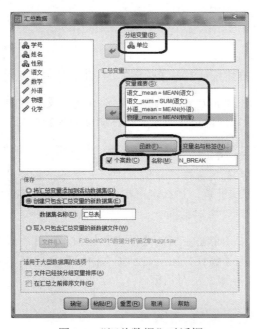

图 3-7 "汇总数据"对话框

[7] 单击【确定】按钮,启动分类汇总过程。最终将得到一个如图 3-8 所示的数据集。

图 3-8 SPSS 的分类汇总结果

3.2.2 实战：频数统计及分析

所谓频度分析，就是把数轴划分为若干段，统计落在每段内的个案的个数。比如，利用 60、80、90 三个数就可以把实数集划分为 4 段，然后对一个数据序列执行频度分析，将获得 4 个数值，这 4 个数值就是落在每段中的个案个数（频数）。

频度分析是数据管理中常用的概念，其目的是统计出各个区段的样本的个数。若辅以直方图或饼图，则能较为直观地呈现出数据的特点和规律。

1. 面向学生成绩的频度分析——SPSS 频度分析案例之一

（1）案例要求

对于图 3-3 所示的学生信息表，请在 SPSS 中分 8 段统计语文成绩、数学成绩，并绘制出直方图及其拟合的正态曲线。

（2）操作流程

[1] 单击【分析】—【描述统计】—【频率】，打开"频率"主对话框。

[2] 在"频率"主对话框中，从左侧的列表中选择【语文】并单击【右向】按钮，使之进入右侧的"变量"列表中。同理，把【数学】从左侧移动到右侧的"变量"列表中。

[3] 单击右上角的【统计量】按钮，打开"频率：统计量"对话框。

[4] 单击左上角的【割点】复选框，并输入"8"，表示把数据分为 8 段。如果还关注"均值""标准差""最小值"等统计量，那么也可在此选中相应的复选框，如图 3-9 所示。然后单击【继续】按钮，返回"频率"主对话框。

[5] 在"频率"对话框中，单击右侧的【图表】按钮，打开"频率：图表"对话框，选中【直方图】单选框，并同时把【在直方图上显示正态曲线】复选框选中，如图 3-10 所示。然后单击【继续】按钮，返回"频率"主对话框。

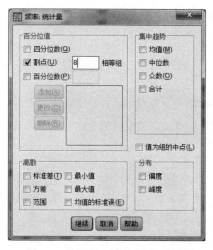

图 3-9 "频度：统计量"对话框

图 3-10 "频率：图表"对话框

[6] 在"频率"主对话框中，单击【确定】按钮，启动数据处理过程。

（3）解读输出结果

在频率分析完成后，将得到如图 3-11 和图 3-12 所示的输出结果。

从图 3-11 可知，整个数据表有 92 个个案，其中缺失值有 5 个。数据按照百分位被分割为 8 段，共有 7 个分段数据。每段的标记性分数分别在"语文"列和"数学"列中显示出来。依据频数绘制的直方图及其拟合的正态曲线如图 3-12 所示。

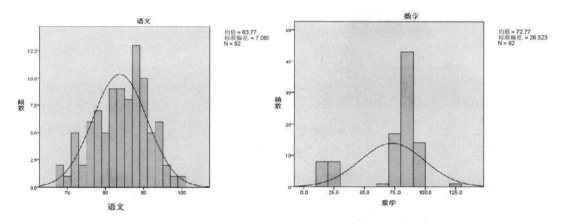

频率			
统计			
		语文	数学
个案数	有效	92	92
	缺失	5	5
百分位数	12.5	75.00	22.263
	25	78.50	75.250
	37.5	82.00	79.750
	50	84.50	82.000
	62.5	87.00	85.000
	75	89.00	87.000
	87.5	92.00	92.000

图 3-11 语文和数学的输出结果

图 3-12 依据频数绘制的直方图及其拟合的正态曲线

（4）对频数及直方图的补充说明

① 按照案例要求，SPSS 自动生成了语文成绩和数学成绩分布的直方图，如图 3-12 所示。从图 3-12 的两幅图可知，语文成绩和数学成绩在各个分数段的频数被以直方图的方式显示出来，直方柱的高度反映了该成绩段上的人数。

② SPSS 还显示了与当前数据序列最接近的正态曲线。从图 3-12 的左图可知，语文成绩分布与正态曲线比较接近，而数学成绩的分布则与正态曲线相距甚远。基于直方图及与其相近的正态曲线的拟合程度，人们可以判定数据序列是否符合正态分布。

③ 除了基于"频率"功能绘制直方图，还可单击【分析】—【描述统计】—【探索】—【绘制】，来绘制已知数据序列的直方图。

2. 面向定类或定序数据的频数分析——SPSS 频度分析案例之二

（1）案例要求

对于图 3-3 所示的学生信息表，请在 SPSS 中按照"单位"统计个案的数量。

（2）操作流程

[1] 单击【分析】—【描述统计】—【频率】，打开"频率"对话框。

[2] 在"频率"主对话框中，从左侧的列表中选择【单位】并单击【右向】按钮，使之进入右侧的"变量"列表中。然后，在此对话框的左下角选中【显示频率表格】复选框。

[3] 单击【确定】按钮，以便启动计算频数的操作。

最终的计算结果如图 3-13 所示。

	单位	频率	百分比	有效百分比	累计百分比
有效		5	5.2	5.2	5.2
	电子系	33	34.0	34.0	39.2
	计算机系	32	33.0	33.0	72.2
	物理系	27	27.8	27.8	100.0
	总计	97	100.0	100.0	

图 3-13　计算结果

3.2.3　实战：数据的图示化描述

直方图、箱体图、茎叶图是常见的数据图示化工具。除此之外，还可以用 SPSS 中的 Q-Q 图（或 P-P 图）、散点图等图示化工具做分布形态的判断。

1. 直方图

（1）直方图（Histogram）简介

直方图，又称质量分布图，是一种统计报告图，由一系列高度不等的纵向条纹或线段表示数据分布的情况。一般用横轴表示数据类型，纵轴表示分布情况。

直方图是对数值数据分布的精确图形表示，是对一个连续变量（定距变量）的概率分布的估计，由卡尔·皮尔逊（Karl Pearson）首先提出。它是一种条形图。为了构建直方图，第一步是将值的范围分段，通常是将全体值分成一系列等间隔的数，这些数是连续的，构成不重叠的、等宽的变量间隔，全体间隔必须相邻且覆盖整个值域范围，在特殊情况下，也允许不等宽的间隔存在（即个别数是不等间距的）。

在现实中，当正常分布的数据达到一定的规模，其直方图往往会呈现为均值附近频数较大，两端频数较小的形态，形成一种近似于钟形分布的直方图，即正常型直方图，如图 3-14 所示。

直方图也可以被归一化以显示"相对"频数，显示属于几个类别中的每个案例的比例，其总高度等于 1。其中每一块条纹的长度表示在该块的对应间隔内统计频数的占比。

（2）在 SPSS 中绘制直方图

直方图是一种表现频数分布的基本图形，能够直观地呈现各个取值段的分布频数。SPSS 在多个菜单下都提供了绘制直方图的功能。

其一，单击【分析】—【描述统计】—【频率】，选定好统计变量，在"频率：图表"对话框中选中【直方图】单选框，而且可要求同时"在直方图中显示正态曲线"，如图 3-15 所示。

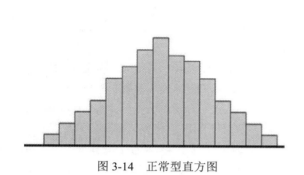

图 3-14　正常型直方图　　　　　图 3-15　绘制直方图并显示正态曲线

其二，单击【分析】—【描述统计】—【探索】，选定好统计变量之后，也可在其"图表"模块中选择【直方图】功能。

2. 箱体图

（1）箱体图（Boxplot）简介

箱体图，也简称为箱图，即用一个箱状矩形来描述变量分布形态的图形。内部带有一条横线的矩形即箱体，箱体两端各伸出一段"触手"。对于多数样本来讲，所有个案都应位于箱体和触手区域之内。但在部分图形中，触手之外还会有一些散点，这些散点均为超出正常范围的样本。距离箱体很远的散点被标记为"*"（称为"极端值"），距离箱体较近、触手之外的散点被标记为"o"（称为"奇异值"）。如图 3-16 所示。

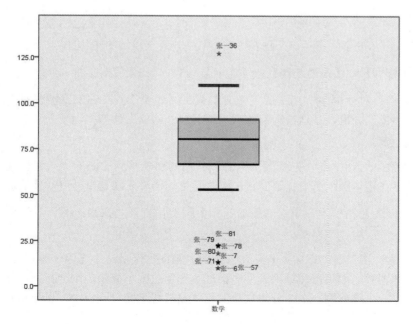

图 3-16　箱体图

在图 3-16 所示的箱体图中，矩形中部的横线实际上显示了整个数据序列的中位数的位置，箱体上下边缘则是以中位线为基准，上下各延伸 25% 的个案后所构成的区域（即 Q1～Q3 的区域，事实上，箱体部分包括了数据序列中 50% 的个案）。两端的"触手"，是以箱体上下边缘为基准，向外延伸箱体的 1.5 倍而形成的扩展区域。

> **注意：**
> 在绘制箱体图时，"触手"的长度并不是真的要延伸到箱体长度的 1.5 倍，而是以 1.5 倍区域内距中位线最远的那个样本值作为"触手"的终点。因此，有些箱体图的某侧"触手"很短，而另一侧则较长。

观测值位于"触手"之外、3 倍箱体长度之内的个案，被称为"奇异值"，以"o"作为标记；观测值位于 3 倍箱体长度之外的个案，被称为"极端值"，以"*"作为标记。在图 3-16 中，"张一7""张一78"等都是极端值，前面有"*"标记。

箱体图是针对数据序列的四分位数的直观描述，其箱体部分的范围即 Q1～Q3。因此，箱体的大小直接反映了数据偏离均值的程度，箱体越短，数据的集中性越好。利用箱体图，能直观明了地识别数据序列中的异常值或极端值，还可以判断数据序列的集中或离散水平，反映数据的偏态和尾重。

> **科研视点：**
> 利用箱体图，能够发现数据序列中的奇异值和极端值。在未来的统计分析中，不论是相关性分析，还是差异显著性检验，极端值和奇异值都会对分析结果造成严重影响。因此，利用箱体图，能够实现数据中心对比，及时发现极端值，这对于后续分析算法的选用是很重要的。

（2）绘制箱体图的方法

基于图 3-3 所示的学生信息表，请在 SPSS 中绘制语文成绩的箱体图。

[1] 单击【分析】—【描述统计】—【探索】，打开"探索"对话框。

[2] 在"探索"对话框中，把变量"语文"从左侧列表移到右侧的"因变量列表"中；如果希望根据"单位"分组，分别绘制箱体图，则可把"单位"移到"因子列表"中，如图 3-17 所示。

[3] 在"探索"对话框中，把变量"姓名"从左侧列表移到右侧的"个案标注依据"列表中——其目的是在箱体图中更清楚地显示出哪些学生的语文成绩是奇异值或极端值。

[4] 在"探索"对话框中，单击右侧的【图】按钮，打开"探索：图"对话框，如图 3-18 所示。

[5] 在"探索：图"对话框中，若从左上角的"箱图"区域选中【因子级别并置】单选框，表示在绘制箱体图时，如果已在"探索"对话框中选定过因子变量，则会按因子变量的值做分组，每组绘制出一个箱体图，多个分组构建的箱体被放置于同一画板中，以便用户在不同分组之间作对比——对比不同箱体的中位线、箱体长度等，如图 3-19 所示。

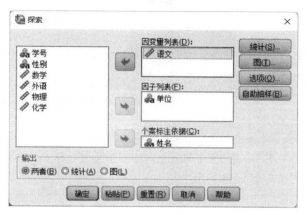
图 3-17 "探索"对话框

图 3-18 "探索：图"对话框

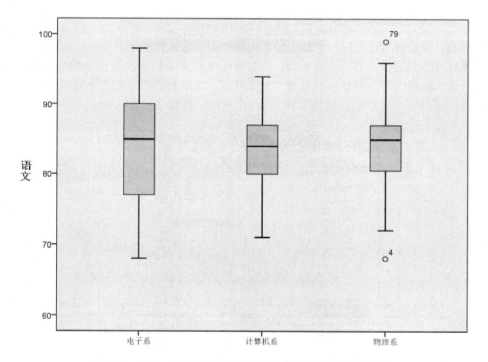
图 3-19 选中"因子级别并置"后绘制的语文成绩箱体图

[6] 单击【继续】按钮返回"探索"对话框，然后单击【确定】按钮，开始执行绘图过程。

> **科研视点：**
> 　　在实际应用中，学者们经常利用因子变量把被解释数据划分为若干组，然后把这些组的若干个箱体绘制在同一界面内，以便对比它们的中位线、箱体长度、"触手"位置等。
> 　　例如，对于学生信息表 stuInfo.sav，若在利用【分析】—【描述统计】—【探索】绘制箱体图时，将"单位"移入"因子列表"，将"数学"移入"因变量列表"，绘图模式设置为"因子级别并置"，则能得到按单位分组创建数学成绩的并列箱体图。

从图 3-19 可知，3 个单位语文成绩的中位线相差不大，说明 3 个院系学生的语文成绩的中位数相差较小，但电子系学生的成绩略高些。另外，计算机系学生成绩的箱体较小，说明该系学生成绩的波动幅度较小，偏离均值的程度不高。最后，在物理系学生的成绩里，出现了两个奇异值，这说明物理系里有学生考试得分明显高于或低于绝大多数同学。

> **注意：**
> 在图 3-17 所示的"探索"对话框中若将多个因变量（如"语文""数学""外语"）移入了"因变量列表"，又在"探索：图"对话框里选中【因变量并置】单选框，SPSS 就会把针对多个因变量绘制出的箱体图放到同一画板中，以便不同因变量之间做对比。

3. 茎叶图

（1）茎叶图（Stem-and-Leaf Plot）简介

茎叶图，也被称为枝叶图。它的思路是将序列中的数据按指定的位数做对比，将大小基本不变或变化不大的若干位作为主干（茎），将变化大的若干位上的数值作为分枝（叶），放在主干的后面，这样就可以清楚地看到每个主干后面有几个数，每个数具体是多少。例如，对于学生成绩，可以以十位数作为主干，个位数作为叶子，如图 3-20 所示。

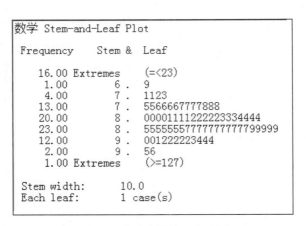

图 3-20　数学成绩的"茎叶图"

从图 3-20 可以看出，最左边一列数据为"Frequency"，即频数；中间一列为"Stem"，即茎（或主干），最右一列为"Leaf"，即叶子。茎叶图底部的"Stem width"（茎宽）取值为 10，表示主干值应为标记值乘以 10。

以图 3-20 中的第 5 行"4.00　7．1123"为例，它表示此主干为 7，在其下包含 4 个叶子（频数为 4）。由于茎宽为 10，所以实际主干值为 70，即位于 70～74 分区域的个案有 4 个。叶子部分的值为 1123，则表示 4 个个案的叶子值分别为 1、1、2、3，即个案原来的值是 71、71、72 和 73。同理，也可以对第 6 行信息"13.00 7.5566667777888"进行解释。

茎叶图的作用与直方图类似，能够帮助研究者直观地看出数据在每个区段的频数，还可以从整体上看出其分布形态，甚至可以提取出全部原始数据。

(2)绘制茎叶图

基于图 3-3 所示的学生信息表,请在 SPSS 中绘制数学成绩的茎叶图。其操作流程如下。

[1] 在 SPSS 中打开 stuInfo.sav 文档,使之处于"数据视图"状态。

[2] 单击【分析】—【描述统计】—【探索】,打开"探索"对话框。

[3] 在"探索"对话框中,把变量"数学"从左侧列表移到右侧的"因变量列表"中。

[4] 在"探索"对话框中,把变量"姓名"从左侧列表移到右侧的"个案标注依据"列表中。

[5] 在"探索"对话框中,单击右侧的【图】按钮,启动"探索:图"对话框,如图 3-18 所示。

[6] 在"探索:图"对话框中,在右上角的"描述图"区域口选中【茎叶图】复选框,表示要绘制数学变量的茎叶图。

[7] 单击【继续】按钮返回"探索"对话框,然后单击【确定】按钮,开始执行绘图过程。系统制作的图形将显示在新的输出界面中,最终得到的茎叶图如图 3-20 所示。

4. 补充说明

① 在通过【探索】命令绘制箱体图时,为能在箱体图上清晰地显示出奇异值或极端值是哪个个案,我们专门选择了"姓名"列作为个案标注依据。这样,在箱体图中出现奇异值和极端值时,就会直接显示出对应的姓名。如果没有明确提供"个案标注依据",箱体图中则只会显示奇异值或极端值个案的自然序号,这是不利于理解的。

② 在"探索"对话框中,可以把某个定类变量或定序变量添加到"因子列表"之中,以便 SPSS 分组绘图。例如,若把"性别"添加到因子列表中,则表示需要把待分析变量按照性别分组后再分别绘图,将分别得到男生、女生的箱体图或茎叶图。

③ 在 SPSS 中,还可以通过单击【图形】—【旧对话框】—【箱图】/【直方图】/【散点图】等的方式来绘制各类统计图。

3.2.4 实战:数据分布形态的判断

1. 以直方图判断数据分布形态

(1)案例要求

学生信息表(stuInfo.sav)如图 3-21 所示。请在 SPSS 中利用频数直方图判定语文成绩和数学成绩是否符合正态分布。

(2)操作流程

[1] 单击【分析】—【描述统计】—【频率】,启动"频率"对话框。

[2] 在"频率"对话框中,从左侧把"语文""数学"移动到右侧的"变量"列表框,如图 3-22 所示。

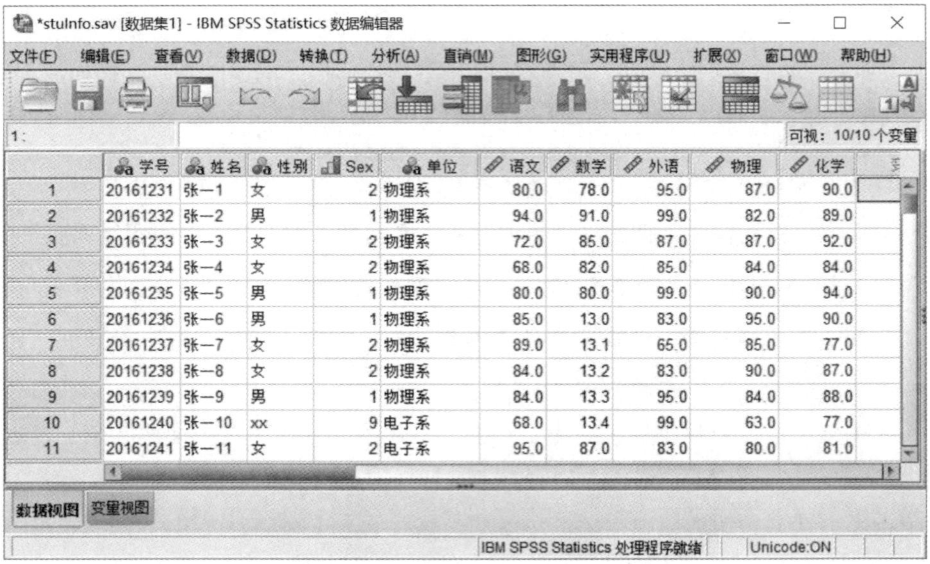

图 3-21 待判定数据分布形态的学生信息表

[3] 在图 3-22 所示的界面中，单击【图表】按钮，启动"频率：图表"对话框。

[4] 选中【直方图】单选框和【在直方图中显示正态曲线】复选框，如图 3-23 所示。然后，单击【继续】按钮，返回如图 3-22 所示的对话框。

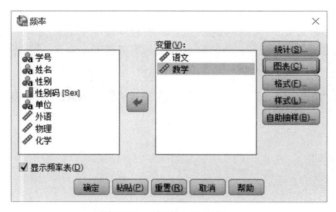

图 3-22 "频率"对话框

图 3-23 "频率：图表"对话框

[5] 单击【确定】按钮，启动绘制过程。

（3）解读输出结果

绘制得到的直方图如图 3-24 所示，图中还包含了理想化的正态曲线。

从图 3-24 可以看出，语文成绩的直方图近似于钟形，与图中的正态曲线较匹配，可以认为语文成绩基本符合正态分布。而数学成绩呈双峰形态，与图中理想化的正态曲线差别较大，可以认为数学成绩不符合正态分布。

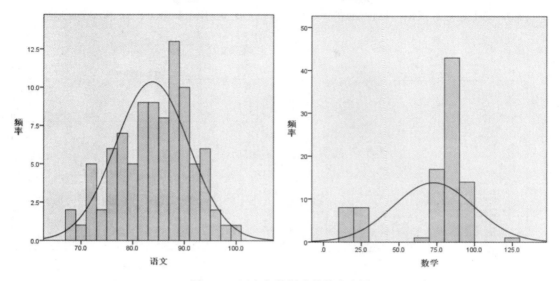

图 3-24 语文与数学成绩的直方图

2. 以 Q-Q 图判断数据是否符合正态分布

（1）案例要求

对于图 3-21 所示的数据文件 stuInfo.sav，请在 SPSS 中利用 Q-Q 图判定其中语文成绩和数学成绩的分布是否符合正态分布。

（2）操作流程

[1] 在 SPSS 中打开 stuInfo.sav，使之处于"数据视图"状态。

[2] 单击【分析】—【描述统计】—【Q-Q 图】，启动"Q-Q 图"对话框。

[3] 在"Q-Q 图"对话框中，从左侧的列表中选择"语文"并单击【右向】按钮，使之进入右侧的"变量"列表框。同理，把"数学"也添加到右侧的"变量"列表框。然后在右上角的"检验分布"区域选定检验方式为【正态】，如图 3-25 所示。

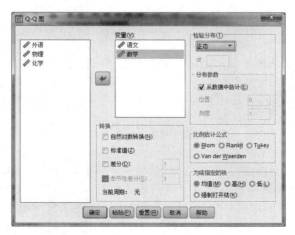

图 3-25 启动"Q-Q 图"对话框判定数据分布情况

[4] 单击【确定】按钮，以便启动 Q-Q 图制作过程。输出结果如图 3-26 和图 3-27 所示。

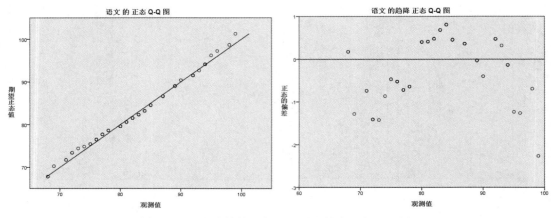

图 3-26　语文成绩的正态 Q-Q 图和趋降正态 Q-Q 图

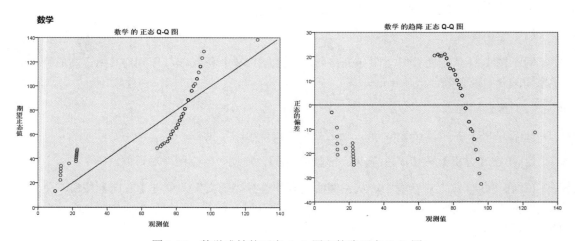

图 3-27　数学成绩的正态 Q-Q 图和趋降正态 Q-Q 图

（3）解读输出结果

图 3-26 和图 3-27 的左图，分别是语文成绩和数学成绩的正态 Q-Q 图，也叫正态概率图。它们以成绩作为横坐标，以变量的 Z 分数作为纵坐标，图中的斜线则代表标准正态分布的 Z 分数值。图 3-26 左图中的散点能够与斜线很好地吻合，说明该数据序列（语文成绩）符合正态分布。而图 3-27 左图中的散点严重偏离斜线，则说明该数据序列（数学成绩）不符合正态分布。

图 3-26 和图 3-27 的右图，分别是语文成绩和数学成绩的趋降正态 Q-Q 图，也叫反趋势正态概率图。它们以成绩作为横坐标，以变量的 Z 分数与标准正态分布的偏差作为纵坐标。因此，图中的水平线表示标准正态分布下的偏差（即 0）。在图 3-26 和图 3-27 的右图中，尽管都有很多散点分布在水平线两侧，但图 3-26 右图垂直坐标轴的值域范围为 −3～1，而图 3-27 右

图垂直坐标轴的范围为 -40~30，相比于范围为 100 的成绩值域，-3~1 的范围已经很小。因此，可认为在图 3-26 的右图中，散点与标准线的距离偏差并不大，语文成绩基本符合正态分布。

（4）补充说明

① 利用 Q-Q 图，不仅能判断数据是否符合正态分布，还可以判断数据是否符合均匀分布、指数分布或者泊松分布。在图 3-25 所示的"Q-Q 图"对话框右上部选择"正态""均匀"或"指数"等判别类型即可。

② 利用 Q-Q 图判断数据的分布形态，也是凭用户直观感受做判断的过程，仍缺乏准确的数值标准和临界值约束，其判断结果仍有一定的模糊性。

3. 基于 K-S 检验判断数据分布形态

（1）基于 K-S 检验判断分布形态的原理

在 SPSS 中，要判断数据是否符合正态分布，除了借助 Q-Q 图或者直方图进行人工比较外，还可借助数据的差异性判定规则进行正态性检验。如果一个数据序列与标准正态分布没有显著性差异，就可认为这个序列是满足正态分布的。否则，可认为该序列不满足正态分布。

根据数据差异显著性检验的规则，人们通常假设两列数据没有显著差异，若获得的检验概率值小于 0.05，则说明假设成立的可能性小于 5%，假设不成立，即二者存在着显著差异；否则，假设成立，二者不存在显著差异。

因此，基于 K-S 检验判断数据是否符合正态分布时，只需对新序列与标准正态分布序列进行差异显著性检验，若检验概率值大于 0.05，就表示被检验的数据序列是满足正态分布的。

（2）案例要求

对于图 3-21 所示的数据文件 stuInfo.sav，请利用 K-S 差异显著性检验判定语文成绩和数学成绩的分布是否符合正态分布。

（3）操作流程

[1] 在 SPSS 中打开 stuInfo.sav，使之处于"数据视图"状态。

[2] 单击【分析】—【非参数检验】—【旧对话框】—【单样本 K-S】，启动"单样本柯尔莫戈洛夫 - 斯米诺夫检验"对话框。

[3] 在该对话框中，从左侧的列表中选择"语文"并单击【右向】按钮，使之进入右侧的"检验变量列表"列表框。同理，把"数学"也添加到右侧的"检验变量列表"列表框。然后，选中左下角的【正态】复选框，表示要进行正态性检验。如图 3-28 所示。

[4] 由于本案例中的样本规模较小，只有 100 多个个案，因此此次检验需以"精确"方式实施。所以，单击本对话框右上角的【精确】按钮，在弹出的"精确检验"对话框中选择【精确】单选框。

[5] 单击【确定】按钮，以便启动 K-S 检验过程，获得最终的检验结论。检验结果如图 3-29 所示。

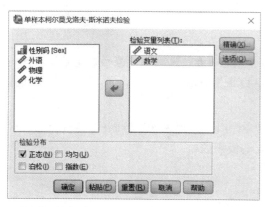

图 3-28 设置"单样本柯尔莫戈洛夫-斯米诺夫检验"对话框　　图 3-29 K-S 检验结果

（4）解读输出结果

从图 3-29 中的"精确显著性（双侧）"一行可知，语文成绩正态性的检验概率为 0.439，大于 0.05，所以假设成立，语文成绩的分布与正态分布标准没有显著性差异，语文成绩的分布形态符合正态分布。而数学成绩正态性的检验概率为 0.000，小于 0.05，所以假设不成立，数学成绩的分布与正态分布的标准有显著性差异，数学成绩的分布形态不符合正态分布。

这一检验结论与前面基于直方图和 Q-Q 图获得的结论一致。

> 📎 注意：
> 　　如果待检验变量中的个案数较小（不大于 1000），建议使用"精确"判断方式，在个案数较大的情况下，可使用默认的"仅渐进法"。

（5）补充说明

从图 3-28 可知，利用 K-S 检验除了能判断数据是否符合正态分布外，还可以判断数据是否符合均匀分布、指数分布、泊松分布，在该对话框的左下角选定相应的复选框即可。

4. 以"探索"模块判断数据分布形态

判定数据序列是否符合正态分布，还可以用 SPSS 的【探索】模块中提供的两种算法，K-S 检验和 S-W 检验。其中，K-S 检验主要面向大规模样本，而 S-W 检验则主要面向小规模样本（300 及以下）。

（1）案例要求

对于图 3-21 所示的原始数据文件 stuInfo.sav，请利用 SPSS 的"探索"模块判定语文成绩和数学成绩是否符合正态分布。

（2）操作流程

[1] 在 SPSS 中打开 stuInfo.sav，使之处于"数据视图"状态。

[2] 单击【分析】—【描述统计】—【探索】，打开"探索"对话框。

[3] 在"探索"对话框中，从左侧的列表中选择"语文"并单击【右向】按钮，使之进入右侧的"因变量列表"列表框中。同理，把"数学"也添加到右侧的"因变量列表"列表框中。然后，选中底部的单选框【两者】，表示要同时输出统计量和统计图。如图 3-30 所示。

[4] 单击右侧的【图】按钮，启动"探索：图"对话框，如图 3-31 所示。选中对话框中部的【含检验的正态图】复选框，表示要进行数据序列的正态性检验。

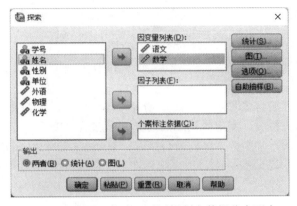 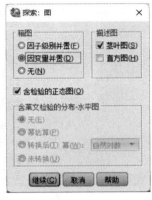

图 3-30　利用"探索"对话框判定数据分布形态　　　图 3-31　"探索：图"对话框

[5] 单击【继续】按钮返回"探索"对话框，再单击【确定】按钮，启动计算过程。

（3）解读输出结果

执行"探索"功能之后获得的结果如图 3-32 所示。

正态性检验

	柯尔莫戈洛夫-斯米诺夫[a]			夏皮洛-威尔克		
	统计	自由度	显著性	统计	自由度	显著性
语文	.089	92	.071	.983	92	.263
数学	.305	92	.000	.715	92	.000

a. 里利氏显著性修正

图 3-32　执行"探索"功能之后获得的结果

图 3-32 呈现出了对语文和数学实施正态性检验的检验概率值（即"显著性"列）。在假设语文和数学均符合正态分布的情况下，K-S 检验（即柯尔莫戈洛夫 - 斯米诺夫检验）的检验概率分别为 0.071 和 0.000，S-W 检验（即夏皮洛 - 威尔克检验）的检验概率分别为 0.263 和 0.000。这说明语文成绩符合正态分布，而数学成绩是不符合正态分布的。

> **注意：**
> K-S 检验和 S-W 检验通常以 0.05 为基准（即置信度 95%），也就是说，若检验概率值大于 0.05，则认为原假设成立，被检验变量的分布基本符合正态分布；否则，原假设失败，被检验变量的分布不符合正态分布。
>
> 在样本量较小的情况下，应优先参考 S-W 检验的检验概率值来得出结论。

（4）补充说明

① 在图3-31所示的"探索：图"对话框下，还可以为选定的数据绘制箱体图、直方图和茎叶图。

② 在使用SPSS"探索"功能的过程中，若在"探索"对话框的"因子列表"中加入一个可作为分组依据的因子变量，那么可以在"探索：图"对话框左上角的"箱图"区域中选择【因子级别并置】单选框，以便为每个分组绘制箱体图、直方图，甚至分组进行分布形态的分析。

③ SPSS的"探索"模块是一个功能比较强的模块，希望读者认真体会其功能。

5. 小结

（1）数据分布形态的判定策略

在SPSS中，判定数据分布形态的方法有多种，常见的策略有：①绘制带正态曲线的直方图，通过对比直方图与正态曲线的拟合程度，判定数据序列的分布形态是否接近正态分布；②利用"描述统计"中的Q-Q图或P-P图，判断数据序列是否接近正态分布；③利用SPSS的单变量K-S检验判断数据序列是否接近正态分布；④对于小规模样本，借助S-W检验或"精确"模式下的K-S检验判断数据的分布形态。

（2）数据分布形态判断的价值

在统计分析过程中，数据的分布形态将直接影响数据分析的策略选择。因此，对数据序列分布形态的判定，是统计分析中非常重要的内容。

常见的数据分布形态有正态分布、随机分布（均匀分布）、泊松分布、指数分布等。在统计分析中，最重要的分布形态就是正态分布，因为统计分析操作的逻辑在很大程度上源于正态分布的高测度数据。符合正态分布的高测度数据是统计分析中最理想的数据，其可用的分析算法很多，计算精度也很高。

3.2.5 实战：面向低测度数据的统计描述

在统计分析中，并不是所有变量都是诸如成绩之类的高测度变量，也经常会有针对性别、专业、爱好等低测度数据的分析需求。特别是在社会调查过程中，人们经常利用调查问卷对研究对象实施测量，而调查问卷中的问题项常常被设计为3级定序变量、4级定序变量，有时甚至是定类变量。对于这些定类数据或者值域较小的定序数据，采用均值、方差或标准差等处理手段都是不合适的。对此，人们通常借助"分类统计其频数并构建交叉表"的方法展开研究，这就是基于交叉表的研究方法。

1. 交叉表的概念

交叉表，顾名思义，是由两个低测度变量的取值交叉而构建的二维数据表，其基本思路是先选择一个变量作为行变量，再选择另一个变量作为列变量，由行变量的各个取值和列变量的各个取值构成交叉的二维表格，然后分别统计处于交叉点上的个案频数，进而分析变量间的内在逻辑。由"性别码"和"单位"变量构建的交叉表如图3-33所示。

性别码*单位 交叉表

计数

		单位			
		电子系	计算机系	物理系	总计
性别码	男	13	11	11	35
	女	18	19	14	51
总计		31	30	25	86

图 3-33 “性别码”与“单位”变量构建的交叉表

2. 交叉表创建及解读

（1）案例要求

对于图 3-34 所示的学生数据表 stuData.sav，请分析性别、专业、生源、爱好的分类频数，以及它们之间是否存在一定的关联性。

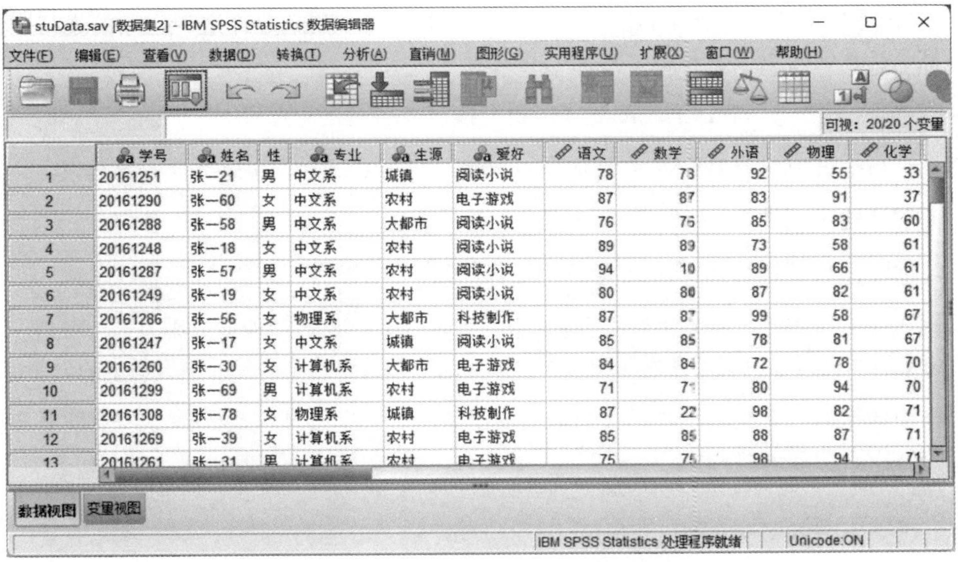

	学号	姓名	性	专业	生源	爱好	语文	数学	外语	物理	化学
1	20161251	张—21	男	中文系	城镇	阅读小说	78	73	92	55	33
2	20161290	张—60	女	中文系	农村	电子游戏	87	87	83	91	37
3	20161288	张—58	男	中文系	大都市	阅读小说	76	76	85	83	60
4	20161248	张—18	女	中文系	农村	阅读小说	89	89	73	58	61
5	20161287	张—57	男	中文系	农村	阅读小说	94	10	89	66	61
6	20161249	张—19	女	中文系	农村	阅读小说	80	80	87	82	61
7	20161286	张—56	女	物理系	大都市	科技制作	87	87	99	58	67
8	20161247	张—17	女	中文系	城镇	阅读小说	85	85	78	81	67
9	20161260	张—30	女	计算机系	大都市	电子游戏	84	84	72	78	70
10	20161299	张—69	男	计算机系	农村	电子游戏	71	71	80	94	70
11	20161308	张—78	女	物理系	城镇	科技制作	87	22	98	82	71
12	20161269	张—39	女	计算机系	农村	电子游戏	85	85	88	87	71
13	20161261	张—31	男	计算机系	农村	电子游戏	75	75	98	94	71

图 3-34 待分析的原始数据表

（2）分析解决方案

要观察某两个低测度变量的交叉频数及变量间有无关联性，通常需要借助交叉表。只须把其中一个变量作为交叉表的行，另一个变量作为交叉表的列，然后统计出每个行列交叉点之处的频数，即可观察它们之间是否存在关联关系。

（3）操作流程

[1] 单击【分析】—【描述统计】—【交叉表】，打开“交叉表”对话框。

[2] 在“交叉表”对话框中，从左侧列表中把“性别”添加到右上角的“行”列表框中，把“专业”添加到右侧的“列”列表框中，表示以“性别”作为行、“专业”作为列构造交叉表，如图 3-35 所示。

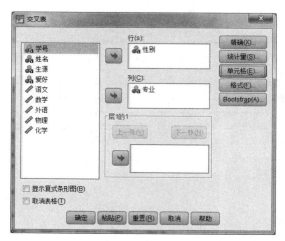

图3-35 "交叉表"对话框

[3] 单击右侧的【单元格】按钮,在新弹出的对话框中勾选"计数"区域的【观察值】复选框。然后,单击【继续】按钮,返回"交叉表"对话框。

[4] 单击"交叉表"对话框底部的【确定】按钮,启动运算过程。

同理,可以完成"爱好"与"专业"、"生源"与"爱好"等其他组合的交叉表。

(4)解读输出结果

经过前述操作,将得到图3-36所示的运算结果。

从图3-36可以看出,变量"性别"有"男""女"两个取值,"专业"则有3个取值。由此构成了由两变量的所有取值交叉之后的交叉表,其交叉频数反映了不同专业中男女生的分布情况。

表格中数据的分布比较均匀,没有取值明显较大的对角线或区块。因此,不同专业男女生分布的频数没有明显的倾向性。

3. 对交叉表的补充说明

基于分类交叉计数的思想构建交叉表并分析频数的分布特征,是处理低测度数据的重要手段,在统计分析中具有重要作用。对于交叉表的内容,特作如下补充。

(1)探究交叉表中的频数及分布特色,从中获得规律

① 对"爱好"与"专业"做交叉分析,可得到图3-37所示的交叉表。

性别 * 专业 交叉制表

计数

		专业			合计
		计算机系	物理系	中文系	
性别	男	12	13	14	39
	女	20	14	19	53
合计		32	27	33	92

图3-36 "性别"与"专业"的交叉表

爱好 * 专业 交叉制表

计数

		专业			合计
		计算机系	物理系	中文系	
爱好	电子游戏	21	1	8	30
	科技制作	4	26	2	32
	阅读小说	7	0	23	30
合计		32	27	33	92

图3-37 "爱好"与"专业"的交叉表

由图 3-37 内的数据可以看出，爱好"电子游戏"的学生中选择计算机系的人数较多，爱好"科技制作"的学生大多选择了"物理系"，而中文系的学生则在爱好"阅读小说"的人员中占了较大比例。因此，通过图 3-37，还可以获得一个简单的结论：学生的专业选择与其爱好有一定的关联度。

② 本节主要从频数分布的视角阐述了交叉表的用法。实际上，在后续章节的学习中，对低测度数据内在逻辑的分析，也是借助交叉表来完成的。在图 3-35 所示的"交叉表"对话框中，若单击右上角的【统计量】按钮，会打开一个很复杂的"交叉表：统计量"对话框。通过该对话框，能完成针对低测度变量的相关性分析、差异显著性检验等重要统计分析。

（2）针对交叉频数，重置检验类型，以提升结论的科学性

在"交叉表"对话框中，若单击右上角的【精确】按钮，则会打开图 3-38 所示的对话框，允许用户根据数据特征选择合适的检验类型，从而提升检验结论的科学性。

①【仅渐进法】单选框：这是缺省选项，适用于个案数在 500 以上的大样本数据或者渐进分布式的数据。

②【精确】单选框：此选项为精确计算，主要面向个案数较少（在 500 以内）或个案数较多但计算精度较低的情形，这种模式具有较高的计算精度。

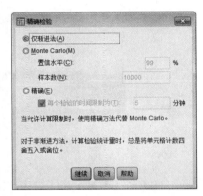

图 3-38 "精确检验"对话框

3.3 数据抽取与变形

在统计分析实践中，为了能针对某些特殊数据做统计描述或分析，或者对值域不合适、分布形态不规范的数据做统计分析，就必须预先把待处理的数据进行高级变形，或者有条件地抽取。

3.3.1 实战：数据的排序与抽样

1. 数据的排序

数据排序是数据处理中最常见的工作，其目标是使数据记录（个案）按照某一关键词有序排列。

在排序过程中，为了解决"若在主排序关键词下存有多条取值相同的记录，应如何设置其顺序"的问题，人们还需要增设第二关键词、第三关键词等。在这种情况下，如果两条记录的主关键词取值相同，系统就会按照第二关键词、第三关键词的值排列其顺序。

在 SPSS 的数据编辑状态下，单击【数据】—【排序个案】，就可以打开"排序个案"对话框，实现数据排序。

（1）案例要求

已知学生基本信息及成绩文件 stuInfo.sav，如图 3-39 所示。请按照性别对数据进行排序，

性别相同的个案，则以姓名为标准升序排列。

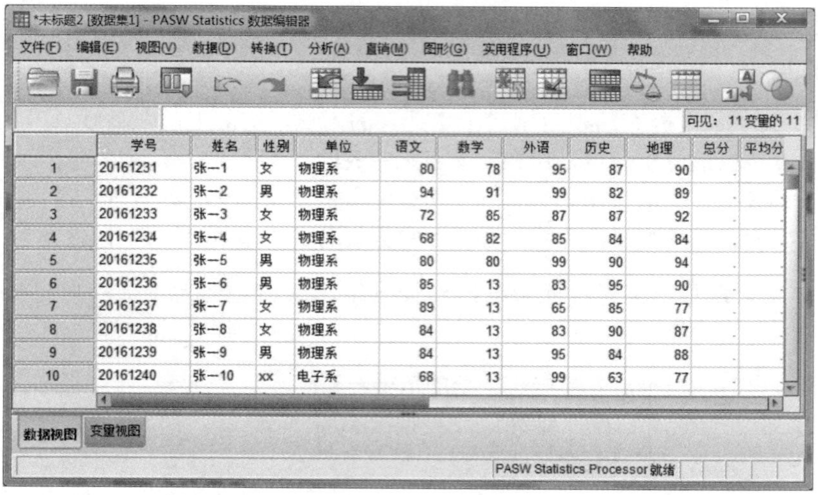

图 3-39 待排序的原始数据

（2）操作流程

[1] 单击【数据】—【排序个案】，打开"排序个案"对话框。

[2] 在"排序个案"对话框中，从左侧选择"性别"变量，单击中部的【右向】按钮，使"性别"进入右侧的"排序依据"列表框。同理，从左侧选择"姓名"变量，并设置其"排列顺序"为【升序】；然后单击【右向】箭头，使之进入右侧的"排序依据"列表框。如图 3-40 所示。

图 3-40 "排序个案"对话框

[3] 单击【确定】按钮，完成排序过程。

> **注意：**
> 在 SPSS 的排序过程中，多个变量在"排序依据"列表框中的排列顺序体现了它们在排序中的优先级。图 3-40 所示的"排序依据"列表框表明，所有个案优先按照"性别"升序排列，对于"性别"相同的多个个案，则依据第二关键词"姓名"升序排列。

2. 数据的抽样

在个案规模很大的情况下，数据的检索与提前抽样就显得比较重要了。利用"检索"与"抽样"功能，可以对数据集内的个案进行检索，以把不在检索范围内的个案排除掉，使被筛掉的个案不再参与未来的各种统计分析工作。

在 SPSS 的数据编辑状态，单击【数据】—【选择个案】，就可以实现针对个案的抽样。凡是没有被选中的个案，行标记处都会显示出一条斜线，表示此个案暂时被剔除了。

如果需要撤销"选择个案"的状态，只需在图 3-41 所示的对话框中，先选择【全部个案】单选框，再单击【确定】，从而撤销对特殊个案的筛选。

（1）案例要求

对于学生信息表 stuInfo.sav，请从整体数据中随机抽取出大约 30% 的个案。

（2）操作流程

[1] 单击【数据】—【选择个案】，打开"选择个案"对话框，如图 3-41 所示。

[2] 在对话框右侧选择【随机个案样本】单选框，然后单击其下部的【样本】按钮，启动"选择个案 随机样本"对话框。

[3] 先从中选定【大约 % 的所有个案】单选框，再在其文本框中输入数字 30。

[4] 单击【确定】按钮。

图 3-41 "选择个案"对话框

（3）结果解读

"选择个案"的结果如图 3-42 所示。在图 3-42 中，序号为 2、3、6、7、8、13 的个案左侧已带有删除标记，表示这些个案已经被排除，未来将不参与任何统计分析操作。

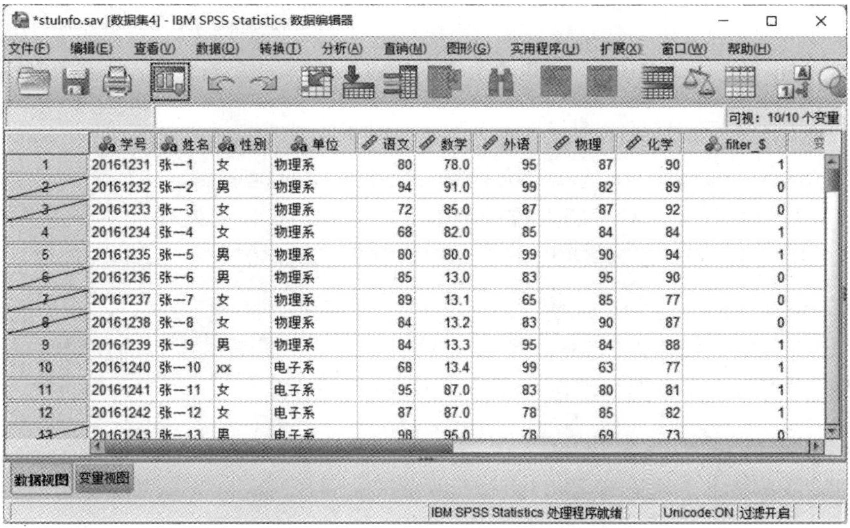

图 3-42 "选择个案"的结果

> **科研视点：**
> 数据的抽样（即个案选择）在统计分析中非常重要。在后续的分析操作中，若我们只需对数据集中的某一类个案做统计分析，则只需先做一次个案选择，再执行相应的统计分析操作。

在课题研究的统计分析阶段，我们特别推崇针对数据集内的某一特定群体（或排除某些特定群体）做统计分析并获得结论。由于这类结论的针对性比较强，所以容易成为研究的亮点。因此，灵活使用"个案选择"功能并与后续的统计分析算法紧密结合，对于产生高质量的研究成果是非常重要的。

3.3.2 实战：个案的加权处理

1. 加权的概念及价值

在以 SPSS 进行数据处理的过程中，有时需要快捷地生成规模比较大的一批数据，一个一个地输入个案是相当麻烦的。为此，人们经常借助"个案加权"方法快速地生成大量数据。

所谓个案加权，就是在数据集内新添加一列，在该列中设定每个个案的重复次数（即权重）。统计分析时，SPSS 系统会认为有多个此类个案要参与统计分析过程。

在个案加权过程中，设置"权重"列并把权重列设置为当前数据表的"频率变量"，是非常重要的。

2. 案例：加权操作

（1）案例要求

学生们的成绩采用 10 分制，可能的得分有 1、2、3、4、5、6、7、8、9、10。现在需要创建 1000 个个案，而且要保证这 1000 个个案的成绩基本满足正态分布。

（2）可行方案分析

根据正态分布的规则可知，个案在各个得分上的分布曲线应该近似于钟形，得 6 分的人数量最多，向左右两侧延伸，对应的人数逐渐降低。为此，可以依次设计各个得分对应的人数（即权重）为 10、40、80、100、180、190、180、100、80、40。

所以，应先创建两个变量"成绩"和"权重"，然后在"成绩"列输入 10 个成绩作为原始个案，接着在"权重"列输入作为权重的数值，并把权重列设置为个案的权重——利用"加权个案"对话框设置每个个案的权重，从而形成大规模个案集。

（3）操作过程

[1] 启动 SPSS 并进入"变量视图"。

[2] 输入变量名"成绩"，并设置为"数值型"且宽度为 3，小数位数为 0；然后，输入变量名"权重"，并设置为"数值型"且宽度为 4，小数位数为 0。

[3] 切换到"数据视图"，在"成绩"列输入 10 个个案，依次为 1、2、3、4、5、6、7、8、9、10。接着在"权重"列输入对应的权重值 10、40、80、100、180、190、180、100、80、40。

[4] 单击【数据】—【加权个案】，启动"加权个案"对话框，如图 3-43 所示。

[5] 在图 3-43 所示的"加权个案"对话框中，先选中【加权个案】单选框，然后从左侧的列表框中选择变量"权重"，把它添加到右侧的"频率变量"文本框中。

[6] 单击【确定】按钮，以便把"权重"列设置为本数据表内个案的频率权重，从而大幅度地增加个案数量。

图 3-43 "加权个案"对话框

> **注意：**
> 一旦为数据表的个案加权，在未来的统计分析中，SPSS 就会按照权重的值来统计每种个案的频数。本方法对快捷地产生大规模样本并开展统计分析是非常有效的。

3.3.3 实战：求秩分

1. 秩分的概念

所谓秩分，就是依据某种排序规则排序后，当前个案在整个数据序列中的位次，简称为"秩"。例如，学生们考试后，其数学名次、语文名次均为相应变量的秩分值。

在 SPSS 统计分析中，绝大多数操作都是面向正态分布型数据的。然而，在实际工作中，也有一些数据序列因存在较多极端值而不满足正态分布。对于不满足正态分布的数据，通常不能直接使用传统的均值分析的方法来做统计推断，而是需基于秩分或数据分布形态来实施各种判定，因为秩均值不容易受个别极端值的影响。

在 SPSS 中，对序列的个案排秩可通过【转换】—【个案排秩】方法来实现。借助 SPSS 的"个案排秩"对话框，可以获得不同类型的秩分。

2. 案例：个案排秩

（1）案例要求

学生信息表 stuInfo.sav 如图 3-44 所示。请在 SPSS 中对语文成绩依据降序求秩分，若存在观测值相同的多个个案，则按最小值计算其秩分。

（2）操作过程

[1] 单击【转换】—【个案排秩】，打开"个案排秩"对话框。

[2] 在该对话框中，从左侧选择变量"语文"并单击【右向】按钮，将其添加到"变量"列表框中，如图 3-45 所示。在左下角"将秩 1 赋予"选择【最大值】单选框，以便按照降序方式赋予秩分。

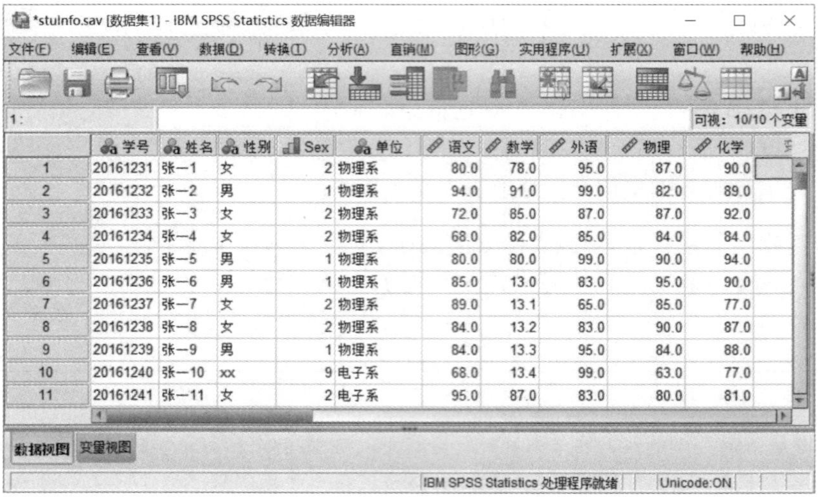

图 3-44 待求秩分的原始数据

[3] 单击右上方的【绑定值】按钮，启动"个案排秩：绑定值"对话框。在此对话框中选择【最小值】单选框，表示对观测值相同的多个个案，其秩分取最小值。然后单击【继续】按钮返回上一对话框。

[4] 单击【确定】按钮，启动排秩过程。

排秩完成后，将在原始表内最右侧新增一列，其名称为"R 语文"，表示它是语文成绩的排秩结果。

3. 对 SPSS 个案排秩的补充说明

（1）设置"个案排秩绑定值"的类型

单击图 3-45 所示对话框右上角的【绑定值】按钮，会启动"个案排秩：绑定值"对话框。此对话框主要用于确定若有观测值相同的若干个案，应如何赋分。其中，"均值"表示对观测值相同的所有个案，其最终秩分为其顺序秩分的平均值；"最小值"表示对观测值相同的所有个案，其最终秩分取其顺序秩的最小值；"最大值"表示对观测值相同的所有个案，其最终秩分取其顺序秩分的最大值。

图 3-45 "个案排秩"对话框

例如，若第一名为 99 分，然后有 3 位得 98 分的同学，那么在"顺序秩"下，得 98 分的 3 位同学的秩分应依次为 2、3、4；而在"均值"下，3 人的秩分全部为 3；在"最小值"下，3 人的秩分全部为 2；在"最大值"下，3 人的秩分全部为 4。

（2）设置秩分的类型

单击图 3-45 所示对话框右上角的【类型排秩】按钮，会启动"个案排秩：类型"对话框，如图 3-46 所示。此对话框中提供了多种秩分，用户可根据自己的需要自主选择。常见的秩分类型主要有以下几种。

① "秩": 普通意义上的秩分,即名次、位次。这也是排秩的默认方式。

② "分数秩": 归一化处理之后的秩分。求分数秩的基本策略是先求出每个个案的秩分,然后除以样本总数 n,最终得到值在 $0 \sim 1$ 的数值序列。普通秩分的值域为 $1 \sim n$,而分数秩的值域为 $0 \sim 1$。

③ "Savage 得分": 求每个个案的秩在其 Savage 序列中的得分,其结果为一个接近标准正态分布的数据序列。

图 3-46 "个案排秩:类型"对话框

> **📖 科研视点:**
> 秩分在统计分析中起到了重要的作用。对于非正态分布的高测度变量来讲,其均值或标准差非常容易受到少数极端值的影响,导致分析结论偏颇,于是请秩分参与到各类统计分析过程中就成为解决此问题的常规策略。秩分在后续的统计分析中占据着非常重要的地位。首先,由于多数非正态分布的高测度数据的秩分都是满足或接近正态分布的,所以秩分成为很多统计分析算法的基础数据;其次,在比较关注个案名次(即个案秩)的研究中,秩分的重要性更是不言而喻的,研究生的面试成绩、运动员的比赛成绩等都是如此,人们的关注点均是名次,而不是原始的绝对成绩。

3.3.4 实战:求正态得分

1. 正态得分的概念

(1) 正态得分的含义

多数统计分析算法要求原始数据是符合正态分布的定距变量。然而,现实是残酷的,在各种研究中,非正态分布的定距变量十分常见。为处理这些数据,SPSS 提供了秩分、正态得分等必要的数据变形手段。

正态得分是把非正态分布的定距变量转化为正态分布数据的一种常见手段。

(2) SPSS 中求正态得分的方法

在 SPSS 中,可以在"个案排秩"的同时获取数据序列的正态得分。

单击【转换】—【个案排秩】,在"个案排秩:类型"对话框中勾选【正态得分】复选框,就可以把指定的定距变量转化为正态得分值。

2. 案例:求正态得分

(1) 案例要求

对于学生信息表 stuInfo.sav,现在需要在 SPSS 中把不满足正态分布的物理成绩转化为正态得分。

（2）操作过程

[1] 单击【转换】—【个案排秩】，打开"个案排秩"对话框，如图 3-45 所示。

[2] 从左侧选择变量"物理"并单击【右向】按钮，将其添加到"变量"列表框中；在对话框的左下角选择【最小值】单选框，以便按照升序方式赋予秩分。

[3] 单击右侧的【类型排秩】按钮，打开"个案排秩：类型"对话框。

[4] 在此对话框中部，勾选【正态得分】复选框，并可从底部的 4 种"比例估计公式"中选择一种算法，如图 3-47 所示。然后单击【继续】按钮，以便返回上一级对话框。

[5] 单击【确定】按钮，启动计算过程。完成计算后，原始表右侧将新增一列"N_物理"，该列内容就是物理成绩的正态得分。

3. 对正态得分算法的补充说明

① 完成求正态得分的操作后，当前数据集内将新增一列，其名称为"N_物理"，其标签为"Normal Score of 物理 using Blom's Formula"，表示该列数据是物理成绩被正态化的结果，而且采用的算法为默认的 Blom 算法。

② 图 3-47 所示的"个案排秩：类型"对话框中提供了 4 种正态得分算法，每种算法都有其适应的场景。其中 Blom 算法是默认的算法，适应性较广；Tukey 算法比较适合负偏态较严重的数据；Rankit 算法则更适合等级性的定序变量。在实际应用中，可先根据原始数据的直方图预判其分布形态，再选用适宜的算法。

图 3-47 设置"个案排秩：类型"对话框

③ 需要特别强调的是，正态得分有其局限性，有很多变量在转化为正态得分后也未能实现正态化。事实上，对于"双峰"或"多峰"分布的数据序列，除了秩分外，没有任何其他算法能够完美地使之正态化。

3.3.5 实战：分数的标准化——求Z分数

在数据预处理过程中，为了将值域相差较大的多个变量统一到相同的值域，或者把满足普通正态分布的变量转化为标准正态分布，人们引入了标准分的概念。

1. Z 分数（标准分）的概念

（1）什么是 Z 分数？

基本符合正态分布的数据序列，其分布曲线呈钟形。它以垂线（$x=\mu$）作为对称轴，以 σ 反映钟形的坡度（分布幅度），即序列 X 满足 $N(\mu, \sigma)$。这里的 μ 为数据序列的均值，而 σ 为数据序列的标准差。Z 分数是对原始数据的标准化表示，若原始数据基本符合正态分布，那么其 Z 分数就会符合标准正态分布，满足 $\mu=0$ 且 $\sigma=1$ 的条件，保证钟形分布曲线对称于 y 坐标轴且其幅度为 1。

对于基本满足正态分布的数据序列，假设其均值为 μ，第 i 个个案的取值为 X_i，那么由公式 $Z_i = \dfrac{X_i - u}{\sigma}$ 得到的序列就被称为 Z 分布，其中的每一个数值就是相应原始数据的标准分，也叫 Z 分数。

从公式可以看出，第 i 个个案的标准分等于其个案值与均值之差和标准差的比值，即个案值与均值之差等于多少倍的标准差。

在 SPSS 中，利用【分析】—【描述统计】—【描述】，可把定距变量的取值转化为 Z 分数。

（2）Z 分数的用途

在统计学中，Z 分数可被看作对原始数据的标准化表示。原因如下：①若原始数据序列符合正态分布，那么由 Z 分数构成的序列应符合标准正态分布；②Z 分数将各个变量的不同值域统一为 [−3，3]，从而使原本值域不同的数据能在同一标准下做对比。

2．案例：把学生成绩转化为 Z 分数

（1）案例要求

学生信息表 stuInfo.sav 如图 3-48 所示，现在需要在 SPSS 中求取语文成绩的 Z 分数，或者说把语文成绩转化为标准分。

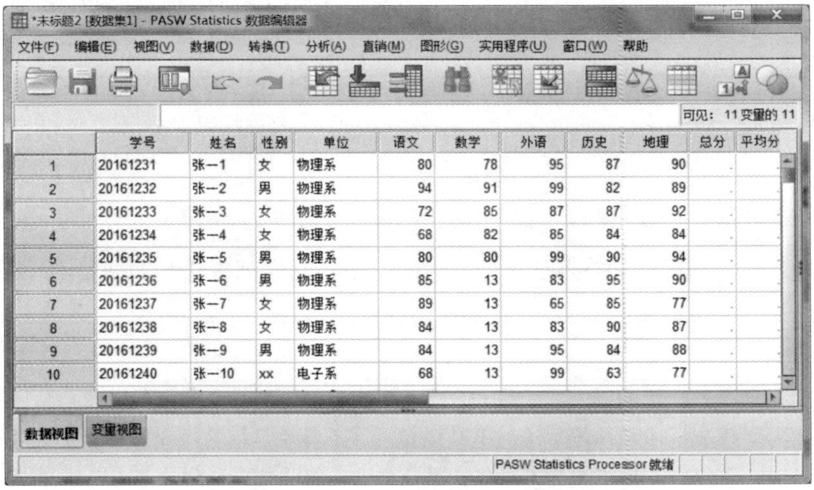

图 3-48　待求 Z 分数的学生信息表

（2）操作过程

[1] 单击【分析】—【描述统计】—【描述】，打开"描述性"对话框。

[2] 从左侧的列表框中选择变量"语文"，并单击【右向】按钮，将其添加到"变量"列表框中。

[3] 单击右下角的【将标准化得分另存为变量】复选框，使之处于选中状态，如图 3-49 所示。

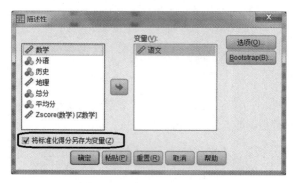

图 3-49 "描述性"对话框

[4] 单击【确定】按钮，启动计算过程。

计算完成后，当前数据表的右侧将新增一列，其名称为"Z 语文"，表示该列数据是语文成绩的标准化结果。

3. 小结

（1）Z 分数的特点。

小于均值的个案，其 Z 分数肯定小于 0；大于均值的个案，其 Z 分数肯定大于 0。全体 Z 分数的总和为 0，均值也是 0；全体 Z 分数的标准差应该为 1；由 Z 分数构成的序列应该接近标准正态分布。

（2）尽管 Z 分数的概念源自正态分布，但并不只有符合正态分布的定距变量才能求 Z 分数。也可以对其他分布形态定距变量求 Z 分数。另外，把原始数据转化为 Z 分数，并不能把非正态分布序列变成正态分布。

（3）利用 Z 分数，可以把基本满足普通正态分布的数据序列转化为标准正态分布形态。

（4）利用 Z 分数，可以把全距值相差很大的两个数据序列转化为同一量级。

> **科研视点：**
>
> 在科学研究和各类评估考核中，经常需要由若干专家组分别对大量个案实施评估。在这种模式下，由于各专家组性质不同，或评估规则不严格相同，不同专家组的评分可能并不等效，进而影响公平公正。这时，只需以专家组为基本单位，把每个专家组的评分转化为 Z 分数，就能在同一标准下对比所有评估对象了。
>
> Z 分数又被称为"标准分"或"标准化分数"，其均值为 0，取值范围基本在 [−3, 3]。因此，其最大特点是能基于已有的均值和标准差，对不同值域、不同规则的若干原始数据集做统一化变形，使之形成均值为零、值域基本相同的数据集，从而使这些个案变得可以相互比较。
>
> 由于 Z 分数的值域基本为 [−3, 3]，与常见的百分制分数有差别，若用户不习惯，则可借助公式 "$X = M * Z 分数 + N$" 把 Z 分数再转化为百分制分数。注意：公式里的 M 和 N 均为常数，例如 M 常取 10，N 则取 50。于是公式变成了 "$T = 10 * Z + 50$"，这就是人们常说的 T 分数。在具体应用中，研究者也可根据实际情况，把 M 和 N 设置为其他常数，以使 T 分数更好地覆盖百分域。

3.3.6 补充说明：其他变形操作

在大数据时代的科研活动中，由于数据来源多样化，不同项目中数据的值域和规范性也存在着很大差异。为了适应统计分析算法的要求，对原始数据进行各种层次的变形是非常必要的。比如，在宏观世界或微观世界的研究中，数据的值域往往非常大，若直接以原始数据做对比分析，是很难获得有效结论的，因此，通常需要研究者提前对原始数据进行对数变换。同理，在牛顿第二定律的推演中，若要分析距离和时间的内在关系，提前对时间变量做平方变形也是非常重要的。

事实上，统计思维已经渗透到各个学科之中，并与其他研究方法深度融合，而每个学科的研究数据、研究范式均有其独特的规律和特色，这就需要研究者既关注到一般意义上的统计分析算法和思维模式，也关注到特定学科的数据预处理要求，以适合学科特征的数据模式来组织基于数据的统计分析活动，使研究满足科学性、严谨性的要求。

总之，希望大家务必认识到：预先对原始数据求平方、求立方、求对数、取倒数、求幂、求标准分、求正态得分等，再启用适宜的统计分析算法，是科研统计思维的重要体现。

思考题

（1）在数据的统计描述中，如何描述定类数据的集中性？如何描述定类数据的离散性？

（2）总体数据的方差与样本数据的方差，在数据描述方面有哪些不同？

（3）常见的数据分布形态有哪些？它们各自有什么特点？

（4）什么是正态分布？正态分布的数据有哪些特殊之处？什么是标准正态分布？

（5）在 SPSS 中，如何判定一个数据序列的分布形态？

（6）在判断数据分布形态时，K-S 算法与 S-W 算法有什么不同？

（7）什么是箱体图？在箱体图中，如何查看数据序列的中位数和离散性水平？

（8）在箱体图中，是如何标记奇异值和极端值的？

（9）什么是秩分？秩分主要有哪些类型？它在统计分析中有什么价值？

（10）什么是正态得分？其 4 种算法各适用于何种场景？

（11）什么是 Z 分数？它在数据处理中有什么价值？

（12）什么是交叉表？在数据描述中，交叉表主要用于解决哪种数据的描述问题？

综合实践题

请从"作业素材"文件夹中找到素材文件 myzy.sav，然后完成以下操作。

（1）分别求语文、数学、外语、物理、化学等变量的四分位数、均值、方差、标准差，把结果贴图到 ans1 中。

（2）按照单位和性别，对语文、数学、外语、物理、化学、地理、历史等变量求平均值，在 ans1 中说明操作过程。

（3）分别对语文、数学、外语、物理、化学等变量求秩分、Z 分数、正态得分。

（4）分别判断这些秩分、Z 分数和正态得分是否满足正态分布。

（5）分别绘制语文、数学、外语、物理、化学等变量的箱体图，仔细观察箱体图的形状，说明其中是否存在着奇异值或极端值。

（6）分别绘制语文、数学、外语、物理、化学等变量的茎叶图，体会茎叶图的结构。

（7）制作性别和单位的交叉表，检查交叉表中的频数是否分布均匀。

（8）对数学变量进行离散化编码，划分为 4 级，构成"数学等级"变量；然后制作单位和数学等级的交叉表，检查交叉表中频数的分布情况，说明数学成绩是否受所在单位的影响。

（9）针对语文、数学、外语、物理、化学、地理、历史等变量，判断哪些变量符合正态分布，哪些变量符合均匀分布？把符合正态分布的图形粘贴到 ans1 中。思考为什么某些变量既符合正态分布，又符合均匀分布。检验女生的语文成绩、数学成绩是否符合正态分布。

（10）请绘制以性别作为分组标准的语文成绩的箱体图，通过箱体图分析男女生在语文成绩的分布上有什么不同。

第 4 章

差异显著性检验

关键知识点

本章重点学习差异显著性检验的关键内容，分析分组差异的显著性与科学研究中归因之间的内在逻辑。重点内容：①统计推断的概念、差异显著性检验的类型及特征；②配对样本的参数检验和非参数检验；③两独立样本的差异显著性检验——独立样本 T 检验与非参数检验；④多独立样本的差异显著性检验——方差分析与多独立样本非参数检验；⑤差异显著性检验的基本原理和原则；⑥充分理解差异显著性检验在科学研究中的作用和用法。

知识结构图

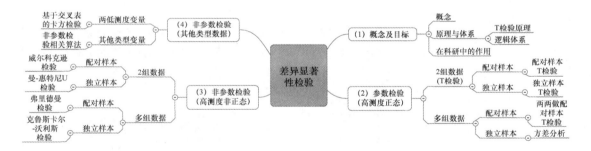

学前深思

（1）在科研活动中，面向分组样本的差异显著性检验主要用于解决什么问题——在何种情境下论证何种问题？面向配对样本的差异显著性检验又用以解决什么问题？

（2）什么是方差分析？为什么方差分析要求因变量须满足正态分布，而且要满足方差齐性的要求？

（3）针对低测度变量，特别是定类变量，如何检验不同分组之间的差异显著性？交叉表在这个过程中发挥了什么作用？

科研视点：研究报告品读

差异显著性检验是统计分析在科研活动中非常重要的应用。大量实证性研究结论的获得建立在数据采集和差异性检验的基础之上。从研究范式的视角看，常见的论证可分为两大类：①面向调查状况的统计分析报告；②面向实验活动和准实验活动的实证研究。

在面向调查状况的统计分析报告中，研究者通常会从不同视角对采集到的数据做对比分析，探索诸如性别、家庭类型、专业等因素变量对某些目标变量的影响，从中探究影响目标变量的关键原因。比如，研究者可以从性别、教师、父母文化程度、个人爱好等诸多维度展开分析，探究影响物理成绩、物理学习兴趣的关键因素，从而为面向不同类型学生的物理教学提供指导。

面向实验活动或准实验活动的实证研究广泛存在，诸如论证某种新药品的有效性、探究某种教学改革策略的价值，等等。在这类研究中，研究者通常以“实验组 - 对照组”模式组织实验活动。在实验过程中，除了研究者关注的因素变量之外，研究者要严格控制实验过程中可能影响实验结论的其他潜在因素，以保证研究的科学性和严谨性。在实验结束并采集数据之后，研究者应该借助实验组与对照组的后测对比分析（独立样本对比分析）、实验组的前后测对比分析（配对样本对比分析）等多视角的分析，论证新药品或教改的有效性。

本例是一篇面向一年级小学生状况调查数据的统计分析报告。请大家认真阅读此报告，体会这类报告的结构、写法，以及其使用的差异显著性检验方法。

2021年度C小学一年级学生状况统计分析报告

一、选题及背景

1．背景简介

C 小学是北京市一所知名的重点学校，2020 年秋季的重点班共招新生 61 人。2021 级重点班新生的相关信息如图 1 所示。此数据存储于文件 School2021.sav 中。

请探索表格中存储的数据内蕴含的规律。请特别关注父母文化程度、生源、学前辅导时长对学生的 IQ 值及入学初成绩等造成的影响。然后，基于探究所得，采取有针对性的干预策略，以便提升学校的育人质量和综合素养。

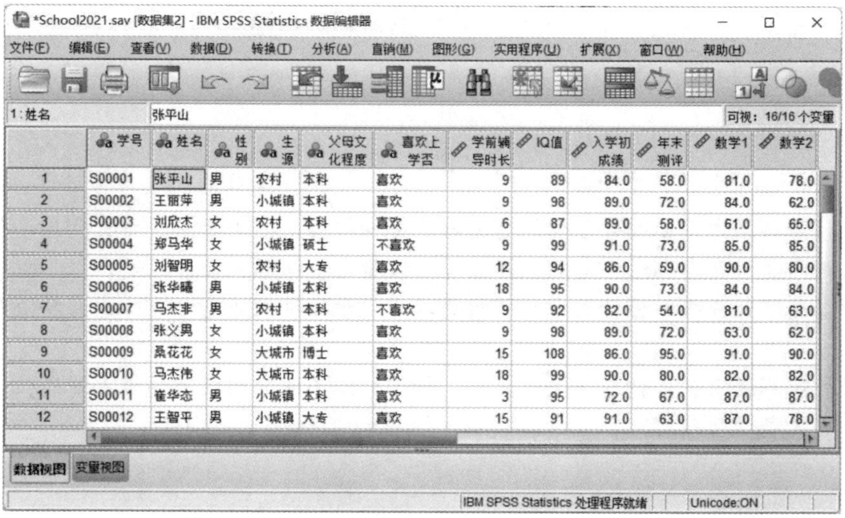

	学号	姓名	性别	生源	父母文化程度	喜欢上学否	学前辅导时长	IQ值	入学初成绩	年末测评	数学1	数学2
1	S00001	张平山	男	农村	本科	喜欢	9	89	84.0	58.0	81.0	78.0
2	S00002	王丽萍	男	小城镇	本科	喜欢	9	98	89.0	72.0	84.0	62.0
3	S00003	刘欣杰	女	农村	本科	喜欢	6	87	89.0	58.0	61.0	65.0
4	S00004	郑马华	女	小城镇	硕士	不喜欢	9	99	91.0	73.0	85.0	85.0
5	S00005	刘智明	女	农村	大专	喜欢	12	94	86.0	59.0	90.0	80.0
6	S00006	张华曦	男	小城镇	本科	喜欢	18	95	90.0	73.0	84.0	84.0
7	S00007	马杰非	男	农村	本科	不喜欢	9	92	82.0	54.0	81.0	63.0
8	S00008	张义男	女	小城镇	本科	喜欢	9	98	89.0	72.0	63.0	62.0
9	S00009	桑花花	女	大城市	博士	喜欢	15	108	86.0	95.0	91.0	90.0
10	S00010	马杰伟	女	大城市	本科	喜欢	18	99	90.0	80.0	82.0	82.0
11	S00011	崔华态	男	小城镇	本科	喜欢	3	95	72.0	67.0	87.0	87.0
12	S00012	王智平	男	小城镇	大专	喜欢	15	91	91.0	63.0	87.0	78.0

图 1　C 小学 2021 级重点班新生基本信息表

2. 研究问题

(1) 学生的性别是否会对 IQ 值、入学初成绩、年末测评、学前辅导时长、两门数学成绩产生影响?

(2) 父母的文化程度是否会对 IQ 值、入学初成绩、年末测评、学前辅导时长、两门数学成绩产生影响?

(3) 生源是否会对 IQ 值、入学初成绩、年末测评、学前辅导时长、两门数学成绩产生影响?

(4) 学生的学前辅导时长是否会对学生的入学初成绩、年末测评、两门数学成绩产生影响?

(5) 哪些因素对小学生的学业成绩影响较大?应该如何改善基础薄弱学生的学习?

二、数据规范化及与预处理

1. 数据的数值化编码

从统计分析的视角对性别、专业、生源等字段进行数值化编码。在数值化编码时,应尽最大可能把各变量转化为大小有意义的定序变量,如表 1 所示。

表 1 数值化编码规则

变量名	变量值	编码值
性别	男	1
	女	2
	不规范数据	99
生源	农村	1
	小城镇	2
	大城市	3
	不规范数据	99
父母文化程度	大专	1
	本科	2
	硕士	3
	博士	4
喜欢上学否	不喜欢	0
	喜欢	1

在这个表格中,"生源"的编码值按从农村到大城市的顺序递增,"父母文化程度"的编码值则按从大专到博士的顺序递增,以保证形成的编码为定序变量。

另外,统一用学前辅导时长除以 6 并取整,实现对学前辅导时长的离散化编码,生成新变量 sTime。

2. 正确地标记缺失值

在开展正式的统计分析之前,应把数据表中的不规范数据标记为缺失值,使这些数据不参与相关统计分析操作,以免不规范数据影响分析结果。

3. 对因变量分布形态的判断

在差异显著性检验中,若因变量符合正态分布,则采用参数检验的方法;否则,就采用非参数检验。因此,需先对因变量做正态性检验。

借助 SPSS V24.0 的 K-S 检验,在"精确"模式下,可以获得如图 2 所示的检验结果。

从图 2 可知,IQ 值、入学初成绩、年末测评是符合正态分布的,可以使用参数检验的技术。而学前辅导时长、数学 1、数学 2 是不符合正态分布的,对其进行差异性检验需采用非参数检验技术。

单样本柯尔莫戈洛夫-斯米诺夫检验

		学前辅导时长	IQ值	入学初成绩	年末测评	数学1	数学2
个案数		61	61	61	61	61	61
正态参数[a,b]	平均值	11.85	96.25	88.69	72.7951	82.885	77.590
	标准差	5.151	5.614	3.990	12.91426	10.1227	12.7480
最极端差值	绝对	.202	.112	.154	.083	.180	.179
	正	.202	.112	.084	.083	.099	.168
	负	-.130	-.098	-.154	-.061	-.180	-.179
检验统计		.202	.112	.154	.083	.180	.179
渐近显著性（双尾）		.000[c]	.053[c]	.001[c]	.200[c,d]	.000[c]	.000[c]
精确显著性（双尾）		.012	.395	.099	.763	.033	.035
点概率		.000	.000	.000	.000	.000	.000

a. 检验分布为正态分布。

图2 K-S 检验的结果

三、统计分析及论证

针对入学初成绩、年末成绩、学前辅导时长等影响因素的探究，通常可借助分组间的差异显著性检验来实现。若基于因素变量的分组在该因变量上存在显著性差异，就可认为因素变量对因变量有显著的影响。

1. 探究受到性别影响的因变量

由于性别是二元变量，而且 IQ 值、入学初成绩、年末测评是符合正态分布的，因此可以使用独立样本 T 检验，获得表 2 所示的表格。

表2 面向 IQ 值、入学初成绩、年末测评的独立样本 T 检验

因变量名	性别（因素）	$M \pm SD$	T 值	Sig 值
IQ 值	男	95.16±4.871	-1.265	0.211
	女	97.00±6.029		
入学初成绩	男	86.92±4.509	-3.083	0.003**
	女	89.92±3.093		
年末测评	男	67.76±10.595	-2.663	0.010*
	女	76.29±13.350		

由于性别是二元变量，而且学前辅导时长、数学 1 和数学 2 是不符合正态分布的，因此只能使用两独立样本的非参数检验，获得表 3 所示的表格。

表3 面向学前辅导时长、数学 1 和数学 2 的两独立样本非参数检验

因变量名	性别（因素）	秩均值	曼·惠特尼 U 值	Sig 值
学前辅导时长	男	27.10	352.500	0.143
	女	33.71		
数学1	男	31.08	448.500	0.977
	女	30.94		
数学2	男	29.94	423.500	0.697
	女	31.74		

从表 2 和表 3 可知，在按性别分组的情况下，入学初测试和年末测评的显著性检验概率值为 0.003 和 0.010，小于 0.05。因此，可以认为在入学初成绩和年末测评成绩维度，男女生存在显著性

差异,且女生成绩均值略高于男生。也就是说,学生的入学初成绩和年末测评成绩会受学生性别的影响,女生成绩略高于男生。但学生的 IQ 值、学前辅导时长、数学分数与性别没有关系。

2. 探究受父母文化程度影响的因变量

由于父母文化程度是值域为 4 的低测度变量,而且 IQ 值、入学初成绩、年末测评是符合正态分布的,因此可以使用单因素方差分析,获得图 3 所示的表格。

		平方和	自由度	均方	F	显著性
IQ值	组间	718.255	3	239.418	11.634	.000
	组内	1173.057	57	20.580		
	总计	1891.311	60			
入学初成绩	组间	115.787	3	38.596	2.621	.059
	组内	839.295	57	14.724		
	总计	955.082	60			
年末测评	组间	6150.678	3	2050.226	30.307	.000
	组内	3856.011	57	67.649		
	总计	10006.689	60			

图 3 面向 IQ 值、入学初成绩、年末测评变量的单因素方差分析

对于图 3 呈现的结果,由于按父母文化程度分组时,年末测评的方差非齐性,因此只有因变量 IQ 值和入学初成绩的结论是有效的。从图 3 可知,学生的 IQ 值受父母文化程度的影响显著,因为按父母文化程度对 IQ 值分组后,分组间出现了显著差异。

由于学前辅导时长、数学 1 和数学 2 不符合正态分布,年末测评成绩未能在方差分析中获得有效结论,而且父母文化程度是值域为 4 的低测度变量,因此,只能对这 4 个变量使用 K- 独立样本的非参数检验,获得表 4 所示的分析结果。

表 4 基于父母文化程度分组的非参数检验

	卡方值	自由度	Sig 值
年末测评	21.707	3	0.000**
学前辅导时长	5.285	3	0.152
数学 1	13.565	3	0.004**
数学 2	22.648	3	0.000**

从表 4 可以看出,按父母文化程度分组后,学生的年末测评成绩、两门数学成绩均呈现出显著性差异,因为这个变量的显著性概率值(Sig 值)均小于 0.05。

综上所述,学生的 IQ 值、学习成绩(含年末测评、两门数学成绩)与父母文化程度有关联,但学前辅导时长、入学初成绩未受到父母文化程度的影响。

3. 探索受到生源影响的因变量

由于生源是值域为 3 的定序变量,而且 IQ 值、入学初成绩、年末测评是符合正态分布的,因此可以使用单因素方差分析。分析发现,在 3 个因变量中,IQ 值(F=16.110, Sig 值 =0.000)、入学初成绩(F=9.799, Sig 值 =0.000)、年末测评(F=18.860, Sig 值 =0.000)的显著性概率值均为 0.000,即小于 0.05。因此,在以生源作为分组基准时,IQ 值、入学初成绩、年末测评均呈现出显著性差异,即生源能够对因变量 IQ 值、入学初成绩、年末测评产生显著的影响。

另外，由于学前辅导时长、数学 1 和数学 2 是不符合正态分布的，而且生源的值域为 3，因此只能使用 K- 独立样本的非参数检验。检验发现：在以生源作为分组变量时，学前辅导时长、两门数学成绩的显著性概率值依次为 0.001、0.000 和 0.000，这说明这 3 个因变量在各分组上均呈现出显著差异。因此，生源会对学前辅导时长、数学成绩产生显著的影响。

4. 探索受学前辅导时长影响的因变量

由于学前辅导时长是值域很大的定距变量，不便于作为分组依据，因此需要先对学前辅导时长做离散化编码，形成新变量 sTime。本例中，笔者用学前辅导时长除以 6 并取整，得到 sTime 变量。因此 sTime 是值域为 4 的低测度变量。

由于 IQ 值、入学初成绩、年末测评是符合正态分布的，而且 sTime 为值域是 4 的离散型变量，因此可以使用单因素方差分析。经方差分析发现：在按 sTime 分组时，IQ 值和年末测评均表现出显著差异（Sig 值均为 0.000），而入学初成绩不满足方差齐性的基本要求，其结论无效，接下来将采取非参数检验的策略来检验此变量。

由于 sTime 是值域为 4 的离散变量，而学前辅导时长、数学 1 和数学 2 不符合正态分布，因此只能使用 K- 独立样本的非参数检验。同时，我们也把入学初成绩加入非参数检验队列中。结果证实：在按 sTime 分组时，入学初成绩、数学 1 和数学 2 均呈现出了显著差异。

因此，从研究数据来看，入学初成绩、年末测评、IQ 值、数学 1 和数学 2 均会受到学前辅导时长的影响。

5. 探索学期前后学生的成绩是否存在显著差异

在 4 项学生成绩里，由于入学初成绩和年末测评均符合正态分布，这两项成绩间的对比，可采用"配对样本 T 检验"。其检验结果如表 5 所示。

表 5　入学初成绩与年末测评的配对样本 T 检验

	平均值	标准差	标准误	T 值	Sig 值
入学初成绩	88.69	3.990	0.511	11.093	0.000**
年末测评	72.79	12.914	1.653		

由于两项数学成绩为非正态分布，所以它们之间的对比需要使用两配对样本的非参数检验。其结果证实：显著性概率为 0.000，小于 0.05，所以这两项成绩之间存在显著差异。

6. ～ 8. 针对影响学生学业成绩诸因素的综合性探究

（相关内容见第 5 章开头的"科研视点"板块）

四、讨论与结论

基于 School2021.sav，经分析和对比发现：C 小学 2021 级新生的入学测试成绩、年末测评成绩、IQ 值均受到生源和父母文化程度的较大影响，也就是说，成长于大都市、父母学历比较高的学生，其 IQ 值、入学测试成绩、一年后的学习成绩均呈现出一定的优势。另外，性别对入学测试成绩、一年后的学习成绩有显著性影响，但对 IQ 值、数学成绩的影响不显著。从数据的均值来看，在入学测试成绩和一年后的学习成绩这两项上，女生有一定的优势。关于这一现象，同行学者也有类似的研究成果和结论。

说明：关于幼儿成长的影响因素，幼儿发展状态与性别、家庭情况、父母状况等诸多因素之间关系的讨论与思考，以及与同行学者相关研究的对比，暂略。

注意：讨论过程中注意相关文献的引用，并与当前研究结论进行对比和总结。

五、结束语

（略）

4.1 差异显著性检验&统计推断

4.1.1 差异显著性检验的概念

1. 什么是差异显著性检验?

在各类科学研究中,由于个案千差万别,仅仅基于特定个案的采样数据而得出的结论是没有说服力的。一种新药,不能因为一个人用过后有效就大面积地推广;一种新的教学方法,也不能因为一个学生的赞赏就在全校应用。在很多科学研究中,研究者通常需要对大量样本进行采样,并基于大规模样本判定某一新方法的有效性,这就需要论证大规模样本中实验组的数据优于对照组的数据,二者存在显著差别。差异显著性检验的理论就是在这种具体需求下提出来的。

所谓差异显著性检验,是面向两组或多组统计的一种数据分析方式,其目的是对两组数据之间是否存在显著的差异进行判断。

一般说来,两组待处理的观测数据不可能完全相同,肯定存在或多或少的差异。在统计分析中,相比两组数据数量上的差距,研究者通常更加关心能否判定两组数据的差距是否显著。如果两个或多个数据序列之间的差异是显著的,就可以说这两组数据之间存在显著差异;如果两个或多个数据序列之间的差异不显著,则可以说它们之间没有显著差异,甚至可以简称为"无差异"。

在差异显著性检验中,要求参与对比的两个(或多个)数据序列具有相同的值域、相同的数据类型。

2. 差异显著性检验的常见方法

数据差异显著性的检验主要有以下3类方法。

(1)基于均值的差异显著性检验

顾名思义,基于均值的差异显著性检验是通过均值的差异程度来判断两组数据之间的差异是否显著。若两组数据的均值相差很大,远远超过正常的波动幅度,就认为二者存在着显著差异。反之,若两组数据的均值相差得不是很大,接近或小于正常波动幅度,则认为二者没有显著差异。

基于均值的差异显著性检验分为T检验和方差分析两类,这两类检验都建立在均值和方差的基础上,因此对极端值和数据的分布形态较为敏感。基于均值的差异显著性检验要求数据满足中高测度要求,且其分布形态接近正态分布,基本没有极端值。它是对已经明确了分布形态(接近正态分布)的数据的检验形式。所以,这类方法也被称作参数检验——已明确了分布参数的统计检验技术。

基于均值的差异显著性检验是统计思维的逻辑起点,整个差异性显著性检验的方法论体系都是以此为原点,逐渐向高测度非正态数据、低测度数据领域拓展的。

(2)基于秩分或分布均匀性的差异显著性检验

对不符合正态分布形态的高测度数据序列,不能直接使用基于均值的差异显著性检验方法。研究者通常会借助分布均匀性或者秩分均值来判断这样的两个数据序列之间是否存在显著的差异。

由于这种检验方法允许对分布形态不明的数据序列做差异显著性检验，因此它也被视为针对参数不明的数据序列的检验，即非参数检验。

目前，基于秩分或分布均匀性的差异显著性检验都属于非参数检验。

（3）面向低测度数据的差异显著性检验

对于统计分析中的低测度数据（含定类变量和低测度的定序变量），不能借助基于均值的差异显著性检验来判断其差异性，只能借助专门的非参数检验技术来做判断。

为此，学者们提出了基于分类交叉表的卡方检验和 Phi 检验技术。在这类检验中，需要获取两个变量不同取值的交叉点处的频数，分析各交叉点处的频数是否均匀分布，并通过检查交叉表中的频数与均匀分布的卡方距离来判断有关变量之间的关系。

例如，在分析男生与女生在专业选择方面是否存在显著性差异时，就需要借助性别和专业的交叉表来实施判断。若发现男生集中于某几个专业，而女生集中于另外的几个专业，即男生和女生在各个专业中的人数分布并不均匀时，就可以认为男女生在专业选择上存在显著差异。

（4）小结

差异显著性检验的算法体系如图 4-1 所示。

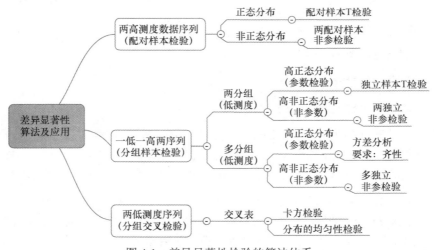

图 4-1　差异显著性检验的算法体系

3. 被检验数据的两大来源

要进行差异显著性检验，首先要考虑的问题是被检验数据的来源。被检验数据的来源主要有以下 2 种。

（1）配对样本

针对同一组研究对象的不同侧面或同一侧面所做的多次测量获得的数据，就是配对样本。通常来讲，作为配对样本的数据序列，数据个数应该相同，而且数据能够一一对应。

在科学研究中，同一组研究对象的前后测数据，就属于配对样本。同一组研究对象各个方面的测量数据，也互为配对样本。在图 4-2 所示的数据集中，性别列与语文列、数学列、语文列、单位列均互为配对样本。

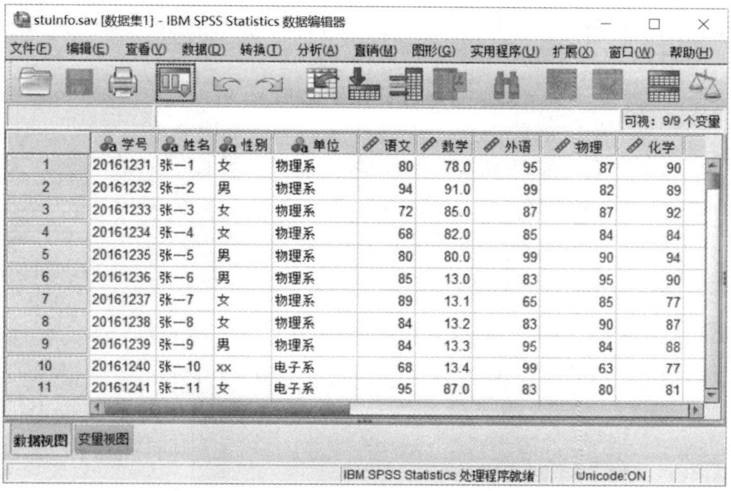

	学号	姓名	性别	单位	语文	数学	外语	物理	化学
1	20161231	张一1	女	物理系	80	78.0	95	87	90
2	20161232	张一2	男	物理系	94	91.0	99	82	89
3	20161233	张一3	女	物理系	72	85.0	87	87	92
4	20161234	张一4	女	物理系	68	82.0	85	84	84
5	20161235	张一5	男	物理系	80	80.0	99	90	94
6	20161236	张一6	男	物理系	85	13.0	83	95	90
7	20161237	张一7	女	物理系	89	13.1	65	85	77
8	20161238	张一8	女	物理系	84	13.2	83	90	87
9	20161239	张一9	男	物理系	84	13.3	95	84	88
10	20161240	张一10	xx	电子系	68	13.4	99	63	77
11	20161241	张一11	女	电子系	95	87.0	83	80	81

图 4-2　待分析的数据集

面向配对样本的差异显著性检验，常常被用于论证研究对象的成长，即若研究对象在受到干预前后出现了显著差异，则可认为研究对象在干预后产生了重要变化，即研究对象有所成长。

（2）分组形成的独立样本

针对某个被检验变量，可以依据其他定类变量或定序变量把此变量值划分为多组。由这种方式构造的多个数据序列是最常见的独立样本之一。在分组的过程中，分组变量被称为“因素变量”或“因子变量”，被检验变量被称为“因变量”或“被解释变量”。因素变量的取值是实现分组的依据，常被称为“水平”。例如，男女生的数学成绩就是典型的两分组独立样本，其中数学成绩是因变量，性别是因素变量，而“男”和“女”则是因素变量的两个水平。

在图 4-2 所示的数据集中，男生的语文成绩、女生的语文成绩就是两个独立样本。另外，依据“单位”变量，也可以把数学分划分为多个独立样本。

作为独立样本的两个数据序列，数据个数可以不相同，数据之间也没有对应关系。

科研视点：

在量化研究中，面向分组独立样本的差异显著性检验常常被用于归因。如果发现在以 A 变量为基准对个案分组后，不同分组之间变量 B 的取值存在着显著差异，那么可以认为因素 A 会对结果 B 产生显著影响，或者说 A 变量是 B 变量的影响因素。当然，在这里 A 变量应为低测度的定类变量或定序变量，B 变量应为中高测度的定序变量或定距变量。

> 基于分组的差异显著性检验被广泛地应用于医学、教育、心理学等领域。一种新药的问世、一种新的诊疗技术的研发，都需要选择两组无显著差异的研究对象开展对比性研究，其中一组给予新药治疗（或采用新诊疗技术）。经过一段时间的治疗后，按照科学的指标对所有研究对象进行采样和差异显著性检验，如果实验组和对照组之间存在显著差异，而且实验组的情况好于对照组，则说明这种新药（或诊疗技术）是有效的。

4.1.2 统计推断的概念

1. 什么是统计推断？

所谓统计推断，就是基于对原始数据的计算判断假设是否成立的一种分析方法，统计推断是统计分析的基本算法和核心内容。统计推断的基本流程为：先对分析结果进行假设，然后通过统计量的计算，得到反映结果强度的具体值，随后，考虑到样本规模对结果值的影响，需要通过查表获取假设成立的可能性（即概率值），并基于概率值判断假设是否成立。

例如，在差异显著性检验中，人们通常先假设差异"不显著"，如实验班与对照班没有显著差异，学生性别对物理成绩没有显著的影响。这个假设被称为"零假设"，简记为 H0。然后利用已有的数据进行计算，计算出二者真实差异的程度，根据样本规模查表得到零假设成立的检验概率（可能性）。

在科学研究中，人们通常指定检验概率 Sig 值 = 0.05 作为判断是否承认零假设的标准（即常讲的置信度为 95%），当 Sig 值 ≥ 0.05 时，就承认零假设，认为研究对象的差异不显著；只有在 Sig 值 < 0.05 时，才拒绝零假设，认为被研究对象的差异是显著的。在特定情况下，为了提升研究的规格，进一步控制"显著性"，人们也常常把 Sig 值 = 0.01 作为拒绝零假设的标准（即置信度为 99%）。

2. 统计推断的类别

在统计分析中，统计推断主要分为差异显著性检验和相关性分析。其中差异显著性检验包含 T 检验、方差分析和基于交叉表的卡方检验，相关性分析则包括皮尔逊相关和斯皮尔曼相关等方法。

统计推断的类型、效应值、检验概率等关键指标如表 4-1 所示。

表 4-1 统计推断的类型及其相关指标

类型	名称	效应值	检验概率	显著性标准
差异显著性检验	T 检验	T 值	$P(Sig$ 值)	Sig 值 < 0.05
	方差分析	F 值	$P(Sig$ 值)	Sig 值 < 0.05
	基于交叉表的卡方检验	卡方距离	$P(Sig$ 值)	Sig 值 < 0.05
相关性分析	相关性分析	相关系数 r	$P(Sig$ 值)	Sig 值 < 0.05

3. 统计推断中的两类错误

在统计推断中，"显著性"是研究者期望得到的结果。例如：经过教改，实验班与对照班的学生呈现出显著差异；在医药领域，服用新药的病人与服用安慰剂的病人有显著差异；在归因分析中，新媒体技术的应用对学生的物理成绩产生了显著影响……

对于"显著性"的统计推断，容易发生两类错误：其一，错误地拒绝了零假设，把不显著的判定为"显著"，这类错误也被称为"α错误"或"TYPE I错误"；其二，错误地接受了零假设，把显著的判定为不显著，这类错误也被称为"β错误"或"TYPE II"错误。

从科学研究的角度看，α错误的危害较大，相当于把"无差异"判断为"有差异"、把"无效"判定为"有效"。由于报告了本来不显著的现象，后续衍生出的一系列研究、应用可能会造成不可估量的浪费和危害。相对而言，β错误的危害则相对较小，研究者如果对自己的假设很有信心，可能会重新设计实验，再次来过，从而规避β错误的出现。

拒绝零假设的标准，对于减少两类错误非常重要。标准定得过宽，容易犯α错误；标准定得过严，则容易犯β错误。在科学研究中，人们常常把置信度设置为95%，即当 Sig 值 > 0.05 时，承认原假设；当 Sig 值 < 0.05 时，则拒绝原假设。特定情况下，也可以把置信度设置为99%，即只有 Sig 值 < 0.01 时，才会拒绝原假设。

4. 差异显著性检验的基本流程

对研究对象实施差异显著性检验，需要遵循以下流程。

（1）确立可行的分析方法

首先，仔细分析研究问题，确定研究目标中的关注点。是要关注数据序列的均值，还是关注数据序列的秩分，或者关注序列的分布特性？

其次，要判断变量的特点。变量是定距变量还是定类变量，是低测度定序变量还是高测度定序变量？数据序列是否符合正态分布？从数据本身来看：思考有哪些分析方法是可用的。

对于关注均值的差异显著性检验，应该选择 T 检验或方差分析的方法；对于关注秩分和分布特性的差异显著性检验，则选择非参数检验的方式；对于低测度数据序列，则只能选用基于交叉表的卡方检验。

（2）借助 SPSS 或 Excel 启动统计分析过程

确定分析方法后，就可以打开数据表文件并启动统计分析过程了。经过必要的参数配置和完整的分析过程之后，就能得到结果表格。

（3）基于结果，给出检验结论

在差异显著性检验过程中，通常假设两组数据之间没有显著的差异，即 H0，也叫原假设或零假设。经过对原始数据序列的计算，可以得到假设成立的检验概率。

在统计学中，通常规定置信区间为95%，即若 Sig 值 < 0.05，认为假设不成立，数据序列之间存在显著差异；否则，若 Sig 值 > 0.05，则假设成立，数据序列之间不存在显著的差异。

4.2 面向配对数据的差异显著性检验

若需分析多组数据是否存在相关性或显著差异，必须首先明确这些数据是配对样本还是独立样本，是否符合正态分布，然后才能选用相应的推断方法。面向配对样本的差异性检验是统计分析中最重要的算法之一。

4.2.1 配对样本及其统计推断操作

1. 配对样本的主要类型

配对样本主要有以下3种：①两组数据都是高区分度、值域较大的数据，而且值域相同，例如同一个班的前测与后测数据；②两组数据区分度都很高，但值域不同，例如，在学生成绩单中，多数科目的成绩为百分制，但少量科目为十分制或等级制；③作为配对样本的两组数据，有一组为字符或者大小无意义的定类变量，例如"性别码"与"前测"，"性别"与"语文分"。

2. 配对样本可执行的统计推断

对不同的两配对样本选用相应的统计推断方法，以分析两组数据内部隐含的逻辑关系。

（1）值域相同的两组高测度配对样本

具有相同值域的两组高测度配对样本，通常可以做差异显著性检验、方差齐性检验（两列数据的波动程度是否相差不大）、相关分析。

（2）值域不同的两组高测度配对样本

值域不同的两组高测度配对样本，只允许做相关分析。因为值域不同，差异显著性和方差齐性检验均无意义。

（3）带有定类变量或其他低测度变量的两配对样本

对于带有定类变量的两配对样本，通常可借助交叉表分析两组样本之间的内在关系。

对低测度的两配对样本之间关系的分析，将在后续有关相关性分析的章节中集中阐述。

4.2.2 实战：教改前后学生的成绩有变化吗？——两配对样本差异显著性检验

1. 案例要求

在图4-3所示的SPSS数据文件School2022.sav中，年初测评和年末测评是学校实施平板电脑教学前后的综合测评成绩，而数学1和数学2是学校实施平板电脑教学前后的两次数学考试成绩。请利用SPSS判断实施平板电脑教学前后学生的综合测评成绩、数学成绩是否有显著变化。

图 4-3　待进行差异显著性检验的原始数据

2. 解决方案分析

（1）基本思路

从案例要求可知，本例需对"年初测评"和"年末测评"、"数学 1"和"数学 2"做差异显著性检验。从数据类型看，此处涉及的 4 列数据均为定距数据，而且是针对同一组学生的多次测量结果，因此本例属于面向两配对样本的差异显著性检验。

对于两配对样本的差异显著性检验，常用的算法有两配对样本 T 检验和两配对样本的非参数检验。到底选用哪个算法，需要根据数据是否符合正态分布来确定。因此，这里需要首先对有关变量进行正态性判定。

（2）数据的正态性判定

[1] 在 SPSS 下打开数据文件 School2022.sav，并使之处于"数据视图"状态下。

[2] 单击【分析】—【非参数检验】—【旧对话框】—【单样本 K-S 检验】，以打开"单样本柯尔莫戈洛夫 - 斯米诺夫检验"对话框。

[3] 把变量"年初测评""年末测评""数学 1""数学 2"移动到右侧的"检验变量列表"中，同时勾选左下角的【正态】复选框，如图 4-4 所示。

[4] 单击右上部的【精确】按钮，在新打开的对话框中设置检验方式为"精确"。然后单击【继续】，返回上一级对话框。

[5] 单击【确定】，获得图 4-5 所示的测试结果。

由图 4-5 可知，变量"年初测评"和"年末测评"的精确显著性 Sig 值分别为 0.99 和 0.763，是大于 0.05 的，因此这两个变量符合正态分布。而变量"数学 1"和"数学 2"的精确显著性 Sig 值分别为 0.033 和 0.035，均小于 0.05，因此这两个变量是不符合正态分布的。

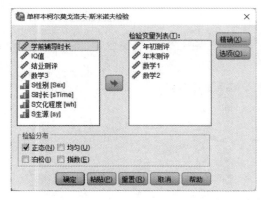

图 4-4 单样本 K-S 检验对话框　　　图 4-5 变量的正态性检验结果

（3）方案确定

"年初测评"与"年末测评"之间的差异显著性检验，应该采用参数检验的方式，这里选择两配对样本的 T 检验；而"数学 1"和"数学 2"的差异显著性检验，则应选用非参数检验方式，这里选择两配对样本的非参数检验。

3. 操作流程（1）：判定"年初测评"与"年末测评"之间的差异性

（1）操作过程

[1] 在 School2022.sav 的"数据视图"状态下，单击【分析】—【比较均值】—【成对样本 T 检验】，打开"成对样本 T 检验"对话框。

[2] 在"成对样本 T 检验"对话框中，从左侧把"入学初测评"添加到"配对变量"列表框中，放在"变量 1"之下，再把"年末测评"添加到"变量 2"之下，使这两个变量成为一对。如图 4-6 所示。

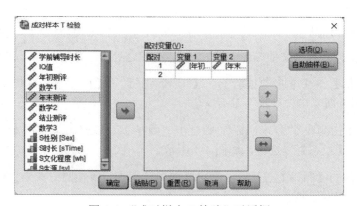

图 4-6 "成对样本 T 检验"对话框

[3] 单击此对话框底部的【确定】按钮，以便进行差异显著性检验。

（2）解读输出结果

完成检验后，输出结果如图 4-7 所示。

4.2 面向配对数据的差异显著性检验

	配对样本检验							
		配对差值						
		平均值	标准差	标准误差平均值	差值 95% 置信区间		t	自由度	显著性（双尾）
					下限	上限			
配对1	年初测评 - 年末测评	15.8934	11.1904	1.4328	13.0274	18.7594	11.093	60	.000

图 4-7 配对样本 T 检验的输出结果

从图 4-7 所示结果可以看出，本案例的检验概率值为 0.000，此值小于 0.05，表示原假设不成立，说明两次测评成绩之间存在显著差异。其实，配对样本 T 检验的 T 值为 11.093，远大于 1.96，这也证明了两次测评成绩的均值差异远大于正常的数据波动，两次测评成绩的均值之间存在显著的差别。

> **注意：**
> 在本例中，若是需检验的两次测评成绩中有一个不符合正态分布，即便二者是配对样本，也不能使用配对样本 T 检验进行判断，只能使用"两配对样本的非参数检验"来操作。

4. 操作流程（2）：判定"数学1"与"数学2"之间的差异性

（1）操作过程

[1] 在 School2022.sav 的"数据视图"状态下，单击【分析】—【非参数检验】—【旧对话框】—【2个相关样本…】，以便打开"双关联样本检验"对话框。

[2] 在"双关联样本检验"对话框中，从左侧把"数学1"添加到"检验对"列表框中，放在"变量1"之下，再把"数学2"添加到"变量2"之下，使这两个变量成为一对。如图 4-8 所示。

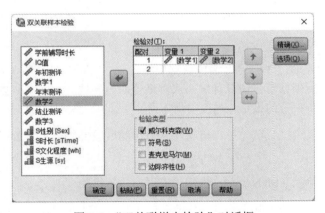

图 4-8 "双关联样本检验"对话框

[3] 把"检验类型"设置为【威尔科克森】模式。

[4] 单击此对话框底部的【确定】按钮，启动差异显著性检验。

（2）解读输出结果

输出结果如图 4-9 所示。

秩

		个案数	秩平均值	秩的总和
数学2 - 数学1	负秩	28[a]	20.00	560.00
	正秩	7[b]	10.00	70.00
	绑定值	26[c]		
	总计	61		

a. 数学2 < 数学1

b. 数学2 > 数学1

c. 数学2 = 数学1

检验统计[a]

	数学2 - 数学1
Z	-4.016[b]
渐近显著性（双尾）	.000

a. 威尔科克森符号秩检验

b. 基于正秩。

图 4-9　非参数检验的输出结果

从图 4-9 所示的结果可以看出，本案例的检验概率值为 0.000，此值小于 0.05，表示原假设不成立，说明两次测评成绩之间存在显著差异。另外，从图 4-9 里的左图可知，“数学 2 - 数学 1”数据对的负秩个数远大于正秩个数，这说明“数学 2”的得分显著低于“数学 1”的得分。

5. 对两配对样本差异显著性检验的小结

高测度正态性的两配对样本属于非常理想的数据，一般采用两配对样本 T 检验展开差异显著性检验。而高测度非正态性的两配对样本属于不太理想的数据形式，可以采用非参数检验中的“威尔科克森”算法进行差异显著性检验。

SPSS 提供了 4 种两配对样本的非参数检验，以适应不同数据序列的特点。

（1）符号秩检验（Wilcoxon，也称“威尔科克森检验”）

所谓符号秩检验，就是基于“秩 + 符号”的检验方法，本质上是一种检验平均秩的算法。即把样本的两次观测值相减，记录差值的符号和绝对值，并基于绝对值升序求秩分，然后比较正值秩分与负值秩分的个数及权重，从而确定其差异程度。这种算法的适应性最广，精度也较高，主要面向高测度变量之间的差异显著性检验。

（2）符号检验（Sign）

符号检验，是纯粹通过“符号”实施数据检验的一种方法，即将样本的两次测量值相减，记录结果的符号，然后根据符号情况确定两次测量值的差异性。与威尔科克森检验相比，符号检验忽略了正秩分和负秩分的权重，精度有所下降。

由于符号检验仅仅通过正负号进行检验，它适合测度较低的非定距数据。其检验准确度也不够高。

（3）变化显著性检验（McNemar，也称“麦克尼马尔检验”）

变化显著性检验，是基于两次测量差值情况的检验方法。即把样本的两次观测值相减，记录差值，然后通过校验公式处理后，求卡方值。最后，基于卡方检验决定其差异性。

变化显著性检验，仅适用于两个变量均为二分数据的情况。

（4）边缘一致性检验（Marginal Homo，也称“边际齐性检验”）

边缘一致性检验，也是基于两次测量差值情况的检验方法。对先后测量的两组样本值进行卡方检验，基于卡方检验的结论判断序列之间的差异程度。

边缘一致性检验不要求变量是二分数据,变量也可以是多值的分类变量。可以说它是变化显著性检验的"推广版本"。

4.2.3 实战:三轮测量数据之间的差别明显吗?——K-配对样本差异性检验

1. 案例要求

在图 4-3 所示的 SPSS 数据文件 School2022.sav 中,年初测评、年末测评和结业测评是学生参加的 3 次综合测评成绩,而数学 1、数学 2 和数学 3 是 3 次数学考试成绩。请利用 SPSS 判断 3 次综合测评成绩、3 次数学成绩之间是否存在显著变化。

2. 解决方案分析

(1)基本思路

从案例要求可知,本例需针对"年初测评、年末测评、结业测评""数学 1、数学 2、数学 3"做差异显著性检验,这属于面向多配对样本的差异显著性检验。从数据类型看,此处涉及的 6 列数据均为定距数据,而且是针对同一组学生的多次测量结果。

对于多配对样本的差异显著性检验,常用的算法有两两组合的两配对样本 T 检验和 K- 配对样本的非参数检验。到底选用哪个算法,需要根据数据是否符合正态分布来确定。

(2)数据的正态性判定

[1] 打开数据文件 School2022.sav,并使之处于"数据视图"状态。

[2] 单击【分析】—【非参数检验】—【旧对话框】—【单样本 K-S 检验】,打开"单样本柯尔莫戈洛夫 - 斯米诺夫检验"对话框。

[3] 把变量"年初测评""年末测评""结业测评""数学 1""数学 2""数学 3"移动到右侧的"检验变量列表"中,同时在左下角勾选【正态】复选框,并在"精确"对话框中把检验模式设置为"精确"。

[4] 单击【确定】之后获得正态性检验结果。检验结果证实:"年初测评""年末测评""结业测评""数学 3"均满足正态分布,而"数学 1"和"数学 2"不满足正态分布。

(3)方案确定

对"年初测评""年末测评"和"结业测评"之间的差异显著性检验,应该采用参数检验的方式,这里选用两两组合的两配对样本 T 检验。而"数学 1""数学 2"和"数学 3"之间的差异显著性检验,则应选用非参数检验方式,这里选择 K- 配对样本的非参数检验。

3. 操作流程(1):判定 3 次综合测评成绩之间是否有显著差异

(1)操作过程

[1] 在 School2022.sav 的"数据视图"状态下,单击【分析】—【比较均值】—【成对样本 T 检验】,打开"成对样本 T 检验"对话框。

[2] 在"成对样本 T 检验"对话框中，从左侧把"入学初测评"添加到"配对变量"列表框中，放在"变量 1"之下，再把"年末测评"添加到"变量 2"之下，使这两个变量成为一对。同理，把"年末测评"和"结业测评"放到"配对变量"列表框的第二行。如图 4-10 所示。

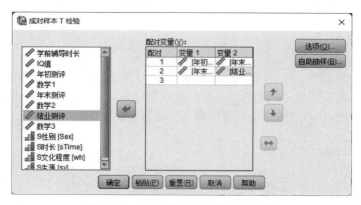

图 4-10 "成对样本 T 检验"对话框

[3] 单击此对话框底部的【确定】按钮，进行差异显著性检验。

（2）解读输出结果

输出结果如图 4-11 所示。

配对样本检验									
		配对差值							显著性（双尾）
		平均值	标准差	标准误差平均值	差值 95% 置信区间		t	自由度	
					下限	上限			
配对 1	年初测评 - 年末测评	15.8934	11.1904	1.4328	13.0274	18.7594	11.093	60	.000
配对 2	年末测评 - 结业测评	-1.3115	4.5954	.5884	-2.4884	-.1345	-2.229	60	.030

图 4-11 成对样本 T 检验的输出结果

从图 4-11 所示的结果可知，本案例中"年初测评 - 年末测评"的检验概率值为 0.000，此值小于 0.05，表示原假设不成立，说明年初测评与年末测评之间存在显著差异。另外，这两次成绩配对样本 T 检验的 T 值为 11.093，也远大于 1.96，这也证明了两次测评成绩之间的均值差异大于正常的数据波动。

而"年末测评 - 结业测评"的检验概率值为 0.030，也小于 0.05，这说明年末测评与结业测评之间也存在显著差异。由于 T 值为 -2.229，为负值，所以年末测评的均值小于结业测评的均值。

综上所述，3 次测评成绩存在显著差异，而且年末的测评成绩相对较差些。

4. 操作流程（2）：判定 3 次数学成绩之间是否存在显著性差异

（1）操作过程

[1] 在 School2022.sav 的"数据视图"状态下，单击【分析】—【非参数检验】—【旧

对话框】—【K 个相关样本…】，打开“针对多个相关样本的检验”对话框。

[2] 在“针对多个相关样本的检验”对话框中，从左侧把“数学 1”“数学 2”和“数学 3”依次添加到“检验变量”列表中，如图 4-12 所示。

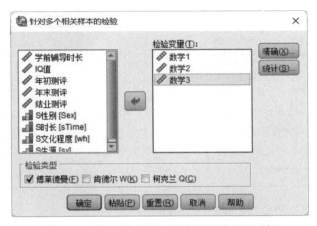

图 4-12　“针对多个相关样本的检验”对话框

[3] 把“检验类型”设置为【傅莱德曼】模式。

[4] 单击此对话框底部的【确定】按钮，进行差异显著性检验。

（2）解读输出结果

输出结果如图 4-13 所示。

傅莱德曼检验

秩

	秩平均值
数学1	2.43
数学2	1.96
数学3	1.61

检验统计[a]

个案数	61
卡方	22.967
自由度	2
渐近显著性	.000

a. 傅莱德曼检验

图 4-13　非参数检验的输出结果

从图 4-13 所示结果可以看出，检验概率值为 0.000，此值小于 0.05，表示原假设不成立，说明 3 次测评成绩之间存在显著差异。另外，从图 4-13 里的左图可知，3 个成绩的秩均值依次为 2.43、1.96 和 1.61，说明三者之间的差异还是比较均衡的。

5. 对 K- 配对样本差异性检验的小结

高测度正态性的 K- 配对样本，属于非常理想的数据，若想检验其差异性，通常可采用两两组合的两配对样本 T 检验。而高测度非正态性的 K- 配对样本，属于不太理想的数据形式，可以直接采用非参数检验中的“傅莱德曼”算法进行差异显著性检验。

SPSS 提供了 3 种 K- 配对样本的非参数检验，以便对不同类型的数据序列进行检验。

（1）双向等级方差分析（Friedman 检验，即傅莱德曼检验）

双向等级方差分析，是基于 K 个变量降序秩分的差异显著性检验。这是基于秩分的一种方差分析方法，其基本思路是先对样本的 K 个待检验的变量做降序并求秩分，然后按照秩分值矩阵做方差分析。

双向等级方差分析，比较适合定距变量和高测度定序变量的数据分析。

> **注意：**
> 与常规个案排秩中的"按列对个案排序并求秩分"不同，在双向等级方差分析中，系统按照水平（非变量方向）方向对每个个案进行排序并求秩分，每个个案都会产生一个 $1 \sim k$ 的序列。因此，如果有 n 个个案的 k 个变量参与双向等级方差分析，会得到一个 n 行 k 列的二维秩分表。在此表格中，每行都是一个 $1 \sim k$ 的序列。通过计算每列数据的平均秩分来比较变量有无明显差别，即可获得评价结论（基于秩分的方差分析）。

（2）肯德尔和谐系数检验（Kendall W 检验）

肯德尔和谐系数检验，是基于肯德尔系数的差异显著性检验技术，是基于秩分的平均等级分析。其基本思路是，先计算 K 个变量的卡方值和肯德尔和谐系数 W，从而判断其观测值的分布是否具有一致性。

在肯德尔和谐系数检验中，以肯德尔和谐系数 W 表示被检验变量的秩分之间的差异程度。协同系数 W 的取值为 $0 \sim 1$，W 越接近于 1，表示变量的组间差异越大；反之，协同系数 W 越接近于 0，表示变量的组间差异越小。

肯德尔和谐系数检验比较适合定距变量与定序变量的处理。

（3）二分变量检验（Cochran 检验，即柯克兰检验）

二分变量检验通过检验多个样本量的 Cochran Q 系数，分析 K 个关联样本是否来自同一总体或者具有相同的分布。

二分变量检验主要用于针对多个二分变量的分析。

4.2.4 实战：专家们是否科学严谨地评审了项目？——综合应用型案例

1. 案例要求

学校邀请 8 名专家对参评的 12 个项目进行评价。每名专家都对 12 个项目进行了评价并给出了成绩。目前，8 名专家给出的成绩如图 4-14 所示，数据被存储在数据文件 MydataC.sav 之中。

现在需要了解 8 名专家给出的评价是否客观、有效，并对 8 名专家的评价情况进行元评价，分析哪些专家的评分与其他专家差异较大。

2. 分析解决方案

对于图 4-14 所示的数据表，研究目标是分析 12 个项目得到的评价是否具有高度区分度。

若 8 名专家对 12 个项目给分的排名高度一致，则证明本轮评价是科学有效的；否则，则可认为专家的评价存在问题。

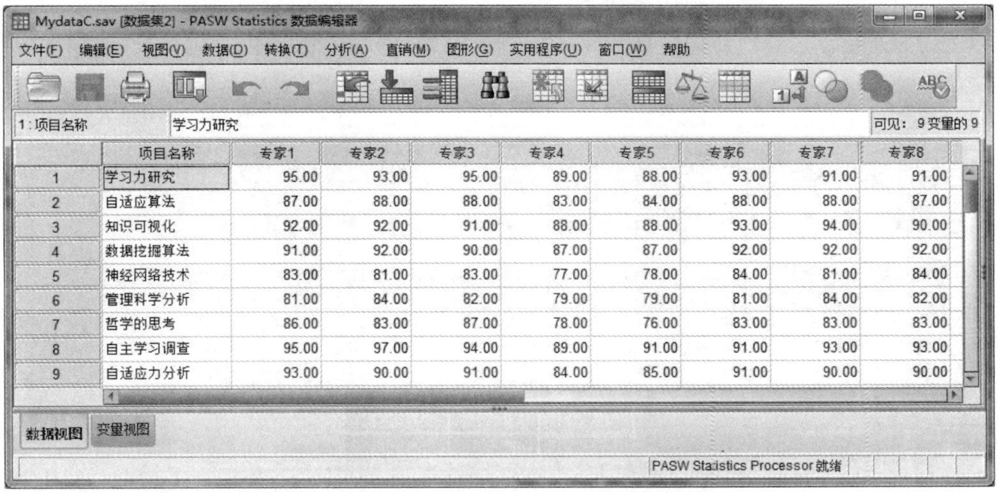

	项目名称	专家1	专家2	专家3	专家4	专家5	专家6	专家7	专家8
1	学习力研究	95.00	93.00	95.00	89.00	88.00	93.00	91.00	91.00
2	自适应算法	87.00	88.00	88.00	83.00	84.00	88.00	88.00	87.00
3	知识可视化	92.00	92.00	91.00	88.00	88.00	93.00	94.00	90.00
4	数据挖掘算法	91.00	92.00	90.00	87.00	87.00	92.00	92.00	92.00
5	神经网络技术	83.00	81.00	83.00	77.00	78.00	84.00	81.00	84.00
6	管理科学分析	81.00	84.00	82.00	79.00	79.00	81.00	84.00	82.00
7	哲学的思考	86.00	83.00	87.00	78.00	76.00	83.00	83.00	83.00
8	自主学习调查	95.00	97.00	94.00	89.00	91.00	91.00	93.00	93.00
9	自适应力分析	93.00	90.00	91.00	84.00	85.00	91.00	90.00	90.00

图 4-14　多专家对多个项目的评价情况

因此，各专家的给分不是重点，给分的名次（即秩分）才是研究重点。由于本案例重点关注各组评价的秩分是否存在显著性差异，所以应使用基于秩分的 K- 配对样本非参数检验技术来开展研究。

基于图 4-14 给出的数据，如果直接以“专家 1”至“专家 8”作为变量开展非参数检验，根据 K- 配对样本非参数检验的工作原理，系统将会以被评价项目为处理单位依次对 8 名专家的给分展开排序并求秩分，得到 12 行取值为 1 ～ 8 的数据序列，进而计算出每列数据的平均秩分（即每名专家给分的平均秩）。基于此所获得的结论是 8 名专家的秩均值和秩均值的差异显著性检验概率。这些数据仅能体现出不同专家的秩均值是否不同，并不能论证项目的评价是否客观、有效。因此，直接使用 K- 配对样本的非参数检验方法并不能解决本问题。

针对此研究问题，需要先换一个解题思路：可先对图 4-14 所示的数据进行转置，开展针对评价项目的差异显著性检验。如果 12 个项目得分的平均秩存在显著性差异，则证明项目的秩分之间也有较高的区分度，从而可以证明专家们的评价是客观且有效的。否则，若 12 个项目得分的平均秩无显著差异，则无法区分出项目的优劣，那么本轮专家评价就是无效的。

综上所述，本检验需通过分析项目得分之间的差异显著性论证总体评价的有效性，然后再通过分析专家给分的一致性来论证专家的评价质量，进而找出哪些专家是评价质量不高的专家。

另外，在分析过程中，还可以依据 K- 配对样本非参数检验的肯德尔和谐系数检验，探索各个项目秩分的区分度水平，从而间接反映出专家给分的一致性程度。

3. 操作流程（1）：项目的评审结论是否科学？

[1] 在 SPSS 中打开 MydataC.sav，进入“数据视图”。

[2] 单击【数据】—【转置】，打开"转置"对话框。在"转置"对话框中，把"专家1"至"专家8"添加到右侧的"变量"列表框中，把变量"项目名称"添加到"名称变量"列表框中。最后，单击【确定】按钮，实现数据表的转置。

[3] 完成转置后，得到新的数据集"未标题6"。切换到"未标题6"窗口，获得图4-15所示的数据表。

图4-15 转置后的数据表

[4] 单击【分析】—【非参数检验】—【旧对话框】—【K个相关样本】，打开"多个关联样本检验"对话框。

[5] 在"多个关联样本检验"对话框中，从左侧选择全部数值型变量，使之移动到"检验变量"列表框中，如图4-16所示。

[6] 在"多个关联样本检验"对话框中，选中"检验类型"中的【Friedman】和【Kendall 的 W】复选框。

[7] 单击"多个关联样本检验"对话框右上角的【统计量】按钮，在新打开的对话框中把【描述性】设置为有效。

[8] 单击【确定】按钮，启动数据分析过程。

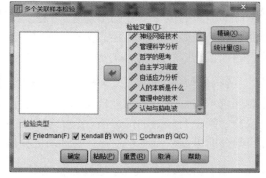

图4-16 K-配对样本的非参数检验

4．解读输出结果（1）

基于图4-16的配置，启动分析过程后，就能获得图4-17和图4-18所示的输出结果。

（1）基于"Friedman"非参数检验的结果

图4-17右表中的"渐近显著性"检验概率值为0.000，说明这12个项目的秩分在分布上存在显著差异，表示从项目秩分的角度看，各个项目的得分具有较高的区分度；基于本次评估，

是能够找出优质项目和较差项目的。因此,我们可以说,每个项目的得分是具备了较高一致性的。

图 4-17 中的左表显示出了每个项目的秩均值,发现秩均值均匀地分布在 1～12 的范围内,这也说明项目得分的区分度非常好,专家们对项目评价的质量较高。

傅莱德曼检验

秩

	秩平均值
学习力研究	9.75
自适应算法	5.06
知识可视化	8.75
数据挖掘算法	7.81
神经网络技术	2.63
管理科学分析	2.94
哲学的思考	3.00
自主学习调查	10.44
自适应力分析	7.13
人的本质是什么	7.56
管理中的技术	1.44
认知与脑电波	11.50

检验统计[a]

个案数	8
卡方	78.927
自由度	11
渐近显著性	.000

a. 傅莱德曼检验

图 4-17 "Friedman"非参数检验的运算结果

(2) 基于"Kendall 的 W"的非参数检验的结果

图 4-18 则从"Kendall 的 W"检验的视角反映了项目评价的质量。从图 4-18 中的右表可知:各项目的肯德尔和谐系数(0.897)较大,而且其"渐进显著性"Sig 值为 0.000,这些均说明 12 个项目的秩分均值具有很大的差异性,项目得分的区分度较高。

肯德尔 W 检验

秩

	秩平均值
学习力研究	9.75
自适应算法	5.06
知识可视化	8.75
数据挖掘算法	7.81
神经网络技术	2.63
管理科学分析	2.94
哲学的思考	3.00
自主学习调查	10.44
自适应力分析	7.13
人的本质是什么	7.56
管理中的技术	1.44
认知与脑电波	11.50

检验统计

个案数	8
肯德尔 W[a]	.897
卡方	78.927
自由度	11
渐近显著性	.000

a. 肯德尔协同系数

图 4-18 "Kendall 的 W"非参数检验的运算结果

综上所述,在本轮评审中,各项目均获得了区分度很高的得分,形成众望所归的第一名、第二名……同时说明:各专家对项目评价的秩分高度一致。因此本轮项目评价比较客观、有效，质量较高。

5. 操作流程（2）：探索各专家的评价质量，探寻特殊专家

对于图 4-14 所示的原始数据，以“专家 1”至“专家 8”作为检验变量，进行基于“Kendall 的 W”的非参数检验，检验 8 名专家在本轮评价中的秩均值情况，从而找出在评价过程中给分比较特殊的专家。

[1] 切换到 MydataC.sav 的“数据视图”，使最初未转置的数据显示在屏幕上。

[2] 单击【分析】—【非参数检验】—【旧对话框】—【K 个相关样本】，启动“多关联样本非参数检验”对话框，并进行图 4-19 所示的设置。

图 4-19　“多个关联样本检验”对话框的配置

[3] 单击【确定】按钮，运行非参数检验，获得图 4-20 所示的结果。

肯德尔 W 检验

秩

	秩平均值
专家1	5.88
专家2	6.08
专家3	5.13
专家4	1.29
专家5	1.83
专家6	5.29
专家7	5.83
专家8	4.67

检验统计

个案数	12
肯德尔 W[a]	.625
卡方	52.533
自由度	7
渐近显著性	.000

a. 肯德尔协同系数

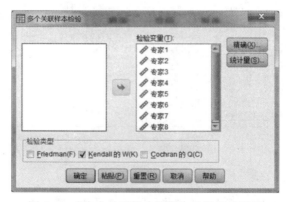

图 4-20　检验结果

6. 解读输出结果（2）

图 4-20 右表中的“渐近显著性”检验概率值用于说明全体待检验变量的总体分布是否一致。由于此值为 0.000，远小于 0.05，从总体来看，8 名专家的给分是存在显著差异的，其秩分并不完全一致，其中至少有 1 名专家的给分与其他专家显著不同。

从图 4-20 的左表可以看出，在 8 名专家中，4 号专家和 5 号专家给分的秩均值明显地比其他 6 名专家低。这两名专家的给分，可能与其他专家有较大的差别。

为此，针对原始数据，刨除"专家 4"和"专家 5"，再次进行 K- 配对样本的非参数检验，并利用"Kendall 的 W"算法进行差异显著性分析，最终获得图 4-21 所示的检验结果。

肯德尔 W 检验	
秩	检验统计
秩平均值	
专家1 3.88	个案数 12
专家2 4.08	肯德尔 W[a] .093
专家3 3.21	卡方 5.582
专家6 3.33	自由度 5
专家7 3.83	渐近显著性 .349
专家8 2.67	a. 肯德尔协同系数

图 4-21　排除专家 4、专家 5 之后的差异显著性检验

从图 4-21 可以看出，在排除了"专家 4"和"专家 5"的给分后，其他 6 名专家给分的检验概率值为 0.349。由于这个值大于 0.05，原假设成立，表示这 6 名专家的给分在总体分布上具有高度一致性，没有显著差异。与此同时，肯德尔和谐系数为 0.093，此值比较小且接近于 0，也说明这 6 名专家给分的秩均值是高度一致的。

> **注意：**
> 对于多名专家评价质量及一致性的分析，除了综合使用 K- 配对样本的非参数检验外，如果每名专家的给分都为定距数据且符合正态分布，还可以使用两配对样本 T 检验进行两两比较，查看专家们的评价是否有显著差异。

7. 最终研究结论

K- 配对样本的非参数检验证实，本轮项目评价是一次有效的、质量不错的评价。由于 12 个项目的秩分具有很高的一致性，而且区分度也很高，说明 8 名专家对 12 个项目的评价结论是比较一致的。

通过针对专家评价的分析，发现"专家 4"和"专家 5"的秩均值与其他专家差异较大，其他 6 名专家的评价具有更强的一致性。

4.3　面向分组数据的差异显著性检验

在统计推断中，如果多组数据各自为一个集合，多个集合内的数据没有一一对应的关系，甚至连个数都不相等，那么这种数据被称为独立样本。在种类繁多的独立样本中，因分组形成的多独立样本是统计分析中最常见的一类独立样本。

4.3.1 分组样本及其统计推断操作

1. 分组形成的独立样本

在众多的独立样本中，分组形成的多独立样本是统计分析中最常见的一类独立样本。在这种样本中，被关注的变量被称为"因变量"或"被解释变量"，而起分组作用的变量被称为"因素变量"或"因子"。例如，对于"语文成绩"，若按照"性别"分组，可以分为两组，男生的语文成绩是一组，女生的语文成绩是另一组。这两组成绩就是两组独立样本。

对基于因子分组的独立样本，如果因子有两个取值，就被称为两水平，因变量被分组之后将产生两个独立样本。同理，若因子变量有多个取值，就被称为多水平，因变量被分组之后将会产生多个独立样本，也被称为K-独立样本。

> **注意：**
> 在基于因子分组的独立样本中，参与统计分析过程的数据始终是由因变量划分出的多个分组数据，而不是因子的值。分组变量仅用于分组，并不参与统计计算的任何过程。

2. 针对独立样本可执行的操作

针对独立样本，可执行的操作较少，主要有以下4种：①独立样本T检验；②方差分析；③两独立样本非参数检验；④K-独立样本非参数检验。在这4种算法里，前两种要求因变量符合正态分布，后两种则不要求因变量符合正态分布。后两种算法属于非参数检验，主要面向非正态分布的因变量。

方差分析和独立样本T检验，均需在解读分析结果时报告各分组是否方差齐性，以便据此判定方差分析的结论是否有效、T检验中应选择哪个结果值（齐性与非齐性对应不同的结果值）。对于方差分析来讲，只有符合正态分布且各组方差齐性的数据，其方差分析结论才是有效的。

所谓方差齐性，是指在各分组内，因变量的波动幅度相差不大。在统计分析中，方差齐性也被称为方差同质性、方差齐次。

> **科研视点：**
> 基于分组所做的差异显著性检验，从本质上看检验的是各分组之间是否存在显著差异，但在科技应用中，却常常被用于归因，用于探索分组变量对因变量的影响是否显著，或者说探究因素变量是不是导致因变量产生变化的重要因素。

4.3.2 实战：性别是影响学习成绩的因素吗？——两独立样本差异性检验

1. 案例要求

对于图4-22所示的"小学生入学状况测试"数据文件School2022.sav，请利用SPSS判断男生和女生的"IQ值"是否存在显著差异，并分析男女生在"数学1"成绩上是否存在显著差异。

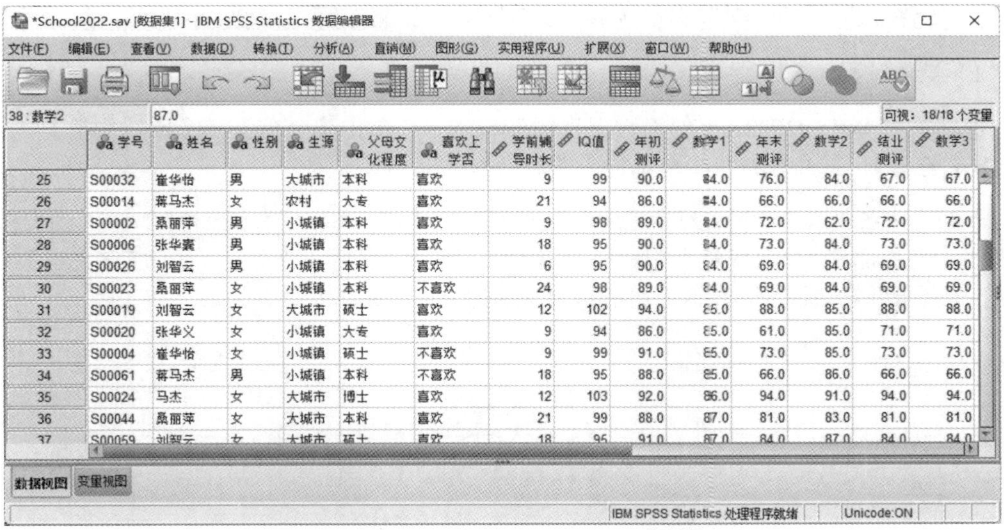

	学号	姓名	性别	生源	父母文化程度	喜欢上学否	学前辅导时长	IQ值	年初测评	数学1	年末测评	数学2	结业测评	数学3
25	S00032	崔华怡	男	大城市	本科	喜欢	9	99	90.0	84.0	76.0	84.0	67.0	67.0
26	S00014	蒋马杰	女	农村	大专	喜欢	21	94	86.0	84.0	66.0	66.0	66.0	66.0
27	S00002	桑丽萍	男	小城镇	本科	喜欢	9	98	89.0	84.0	72.0	62.0	72.0	72.0
28	S00006	张华襄	男	小城镇	本科	喜欢	18	95	90.0	84.0	73.0	84.0	73.0	73.0
29	S00026	刘智云	男	小城镇	本科	喜欢	6	95	90.0	84.0	69.0	84.0	69.0	69.0
30	S00023	桑丽萍	女	小城镇	本科	不喜欢	24	98	89.0	84.0	69.0	84.0	69.0	69.0
31	S00019	刘智云	女	大城市	硕士	喜欢	12	102	94.0	85.0	88.0	85.0	88.0	88.0
32	S00020	张华义	女	小城镇	大专	喜欢	9	94	86.0	85.0	61.0	85.0	71.0	71.0
33	S00004	崔华怡	女	小城镇	硕士	不喜欢	9	99	91.0	85.0	73.0	85.0	73.0	73.0
34	S00061	蒋马杰	男	小城镇	本科	不喜欢	18	95	88.0	85.0	66.0	86.0	66.0	66.0
35	S00024	马杰	女	大城市	博士	喜欢	12	103	92.0	86.0	94.0	91.0	94.0	94.0
36	S00044	桑丽萍	女	大城市	本科	喜欢	21	99	88.0	87.0	81.0	83.0	81.0	81.0
37	S00059	刘智云	女	大城市	硕士	喜欢	18	95	91.0	87.0	84.0	87.0	84.0	84.0

图 4-22 “小学生入学状况测试”原始数据

2. 解决方案分析

（1）基本思路

从案例要求可知，本例需分析男女生的 IQ 值是否存在显著差异，并分析男女生在数学 1 和数学 2 成绩上是否有显著差异。题目中的被解释数据为 IQ 值、数学 1 和数学 2 成绩，被解释数据将依据性别进行分组（共有两个小组）。因此，本案例属于典型的两独立样本的差异显著性检验。

对于两独立样本的差异显著性检验，常用的算法有两独立样本 T 检验和两独立样本的非参数检验。到底选用哪个算法，需要根据数据是否符合正态分布来确定。因此，我们首先对 IQ 值、数学 1、数学 2 三个因变量做正态性判定。

（2）数据的正态性判定

[1] 打开数据文件 School2022.sav，并使之处于“数据视图”状态下。

[2] 单击【分析】—【非参数检验】—【旧对话框】—【单样本 K-S 检验】，以打开“单样本柯尔莫戈洛夫 - 斯米诺夫检验”对话框。

[3] 把变量“IQ 值”“数学 1”“数学 2”移动到右侧的“检验变量列表”中，同时勾选【正态】复选框，以保证做正态性检验。同时在“精确”对话框中选中“精确”模式。

[4] 单击【确定】之后获得正态性检验结果。检验结果证实：IQ 值符合正态分布，而数学 1 和数学 2 不符合正态分布。

（3）方案确定

对于男女生 IQ 值的差异显著性判定，应采用参数检验的方式，本例将选用两独立样本 T 检验。而男女生“数学 1”“数学 2”成绩的差异显著性检验，则应选用非参数检验方式，本例将选择两独立样本非参数检验。

3. 操作流程（1）：判定男女生的 IQ 值是否有显著差异

（1）操作过程

[1] 在文档 School2022.sav 的 "数据视图" 状态下，单击【分析】—【比较均值】—【独立样本 T 检验】，打开 "独立样本 T 检验" 对话框。

[2] 在 "独立样本 T 检验" 对话框中，从左侧把 "IQ 值" 添加到右侧 "检验变量" 列表框中；再把 "性别" 添加到 "分组变量" 列表中，如图 4-23 所示。然后，单击其下面的【定义组】按钮，启动 "定义组" 对话框，设置两个组的标记分别为 "男" 和 "女"。

图 4-23 "独立样本 T 检验" 对话框

[3] 单击此对话框底部的【确定】按钮，启动差异显著性检验运算。

> **注意：**
> 在独立样本 T 检验中，分组变量可以直接使用字符型变量或者数值型变量。如果使用字符型变量，则需在 "定义组" 对话框中输入两个组的标记字符，例如，输入 "男" 或 "女"。不过，在统计分析模型中，人们会优先选择数值型变量。另外，若想以定距变量作为分组变量的话，则需要在 "定义组" 对话框中设置 "割点" 值，以便以割点为界，把个案分为两组。

（2）解读输出结果

完成检验后，输出结果如图 4-24 所示。

		莱文方差等同性检验		平均值等同性t检验					差值 95% 置信区间	
		F	显著性	t	自由度	显著性（双尾）	平均值差值	标准误差差值	下限	上限
IQ值	假定等方差	1.430	.236	-1.265	59	.211	-1.840	1.454	-4.750	1.070
	不假定等方差			-1.315	57.558	.194	-1.840	1.399	-4.642	.962

图 4-24 独立样本 T 检验的输出结果

从图 4-24 所示结果可以看出，本案例 "莱文方差等同性检验"（F 检验）的 "显著性" 值为 0.236，表示两分组方差齐性的检验概率值为 0.236，因其大于 0.05，所以这两组数据的方差是齐性的。由于方差齐性，所以需要在 "平均值等同性 T 检验" 区块的 "显著性 (双尾)" 列中取第一行值 0.211，作为原假设的检验概率。因 0.211 大于 0.05，原假设成立，即男女生的"IQ 值"没有显著差异。

另外，图 4-24 中的 T 值为 -1.265，其绝对值小于 1.96，也说明两组数据之间的均值差异在正常的波动范围之内。此处，T 值 = 均值差值 / 标准误差值，就是图中的 -1.840 除以 1.454 之后的商。

> **注意：**
> 在图 4-24 中，如果左侧"F 检验"的概率值小于 0.05，则表示方差非齐性，就应选择 T 检验区域中"显著性（双尾）"列第 2 行的数值（图中为 0.194）作为最终的检验概率值，以此数据作为是否存在显著差异的判定标准。

4. 操作流程（2）：判定男女生的"数学 1"成绩是否有显著差异

因"数学 1"成绩不符合正态分布，所以本检验必须采用两独立样本的非参数检验。

（1）操作过程

[1] 由于两独立样本非参数检验不支持以字符型变量作为分组变量，所以需要先借助字符型变量的数值化编码技术，把字符型变量"性别"转化为数值型变量"Sex"，且男生编码为 1，女生编码为 2。

[2] 单击【分析】—【非参数检验】—【旧对话框】—【2 个独立样本】命令，打开"双独立样本检验"对话框。

[3] 在"双独立样本检验"对话框中，从左侧选择变量"数学 1"添加到"检验变量列表"中；接着，把变量"Sex"添加到"分组变量"列表框中，并利用【定义组】按钮把两个组的取值设置为"1"和"2"。如图 4-25 所示。

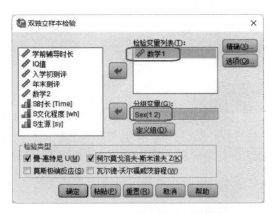

图 4-25　两独立样本的非参数检验

[4] 在"双独立样本检验"对话框中，选中"检验类型"中的【曼 - 惠特尼 U】复选框和【柯尔莫戈洛夫 - 斯米诺夫 Z】复选框。

[5] 单击【确定】按钮，启动数据分析过程。

（2）解读输出结果

基于图4-25的配置，启动分析过程后，将获得了图4-26所示的输出结果。

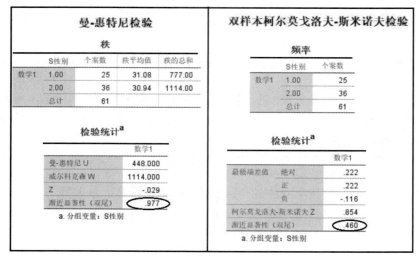

图4-26　两独立样本的差异显著性检验结果

① 图4-26的左图给出了基于"曼-惠特尼U"检验算法的数据分析结论，左侧上图给出了男生、女生在数学成绩上的秩分的分布情况，下图的"渐近显著性（双尾）"行则给出了本次检验的检验概率值0.977，0.977＞0.05，说明依据"曼-惠特尼U"算法，男生和女生的数学成绩不存在显著差异。

② 图4-26的右图给出了基于"柯尔莫戈洛夫-斯米诺夫Z"检验算法的数据分析结论，右侧上图给出了男生、女生的频率分布情况，右图的"渐近显著性（双尾）"行则给出了本次检验的检验概率值0.460，0.460＞0.05，说明依据"柯尔莫戈洛夫-斯米诺夫Z"算法，男生和女生的"数学1"成绩不存在显著差异。

③ 基于"曼-惠特尼U"算法和基于"柯尔莫戈洛夫-斯米诺夫Z"算法的检验都证明：男生和女生在"数学1"成绩上没有显著性差异。目前，两种算法的检验结果是一致的。

5. 对两独立样本差异显著性检验的小结

高测度正态性的两独立样本，是非常理想的数据，可直接采用独立样本T检验展开差异显著性判定。而高测度非正态性的两独立样本，则属于不太理想的数据形式，通常采用非参数检验中的"曼-惠特尼U"算法进行差异显著性检验。

SPSS提供了4种两独立样本的非参数检验，以适应不同数据序列的特点。

（1）曼-惠特尼U（Mann-Whitney）U检验

威尔克科森秩和检验，也叫曼-惠特尼U检验。其基本思路是，把全部样本混在一起求秩，然后根据两组样本的秩分情况判断是否存在差异。曼-惠特尼U检验本质上是一种通过比较两个样本秩分情况而获得检验结论的检验技术。曼-惠特尼U检验等价于"秩分＋独立样本T检验"。

本算法适用于高测度数据，其运算精度较高，是应用最广泛的一种两独立样本非参数检验算法。

（2）莫斯极端反应（Moses Extreme Reaction）的差异检验

莫斯极端反应检验，即基于莫斯极端值的差异显著性检验方法。它先对全体样本混合求秩分，根据两端的极端秩分值确定其差异程度。

莫斯极端反应检验通过检查极端值反映的差异情况，来判断两组数据的分布是否存在显著差异。其精度远低于曼 - 惠特尼 U 检验。

（3）两独立样本的 K-S 检验（柯尔莫戈洛夫 - 斯米诺夫 Z 检验）

两独立样本的 K-S 检验，是基于秩分累计频数的检验方式。即对全体样本混合求秩分，然后针对秩分的累计频数或累计频率进行差异显著性检验。本算法适宜于同秩分的个案较多，应关注秩分频数的情况。

本算法适用于定距数据和定序数据。

如果预先把其中一组数据设置为标准分布形态的数据，那么通过 K-S 检验分析待检验序列与标准正态分布的差异水平，就能实现针对单样本数据分布形态的判定。

（4）瓦尔德 - 沃尔福威茨游程（Wald-Wolfwitz Runs）检验

瓦尔德 - 沃尔福威茨游程检验，是基于秩分排列的游程检验。即对全体样本混合求秩分，并基于两组样本在秩分序列中的位置构造游程，通过分析游程的大小和数量实现游程检验，从而判断两组样本在混合序列中的排列是否随机。

若两组样本在混合序列中的排列是随机的，则两组样本之间没有显著差异；否则，存在显著差异。

4.3.3 实战：生源是影响学习成绩的因素吗？——K-独立样本差异性检验

多独立样本既可以是针对同一总体的多次随机抽样得到的多个样本，也可以源于不同总体，多独立样本差异显著性检验的目的是判断多个样本序列的差异是否显著。在多独立样本的差异显著性检验中，对符合正态分布的高测度数据，通常使用方差分析的方法，而对不符合正态分布的数据，或者方差非齐性时，则常常使用非参数检验的方法。

1. 案例要求

对图 4-27 所示的"小学生入学状况测试"数据文件 School2022.sav，请分析不同生源学生的"数学 1""数学 2"成绩是否存在显著差异，不同生源学生的"IQ 值"是否存在显著差别。

2. 分析解决方案

（1）基本思路

基于案例需求，我们需要检验基于生源的多分组之间是否有显著差异，被检验变量有"IQ 值""数学 1""数学 2"。因此，本检验应借助多分组（独立样本）的差异显著性检验来实现。

对于 K- 独立样本的差异显著性检验，常用的算法有单因素方差分析（参数检验）和 K- 独立样本的非参数检验。到底选用哪个算法，需根据数据是否符合正态分布来确定。因此，我们要先对 IQ 值、数学 1、数学 2 三个因变量做正态性判定。

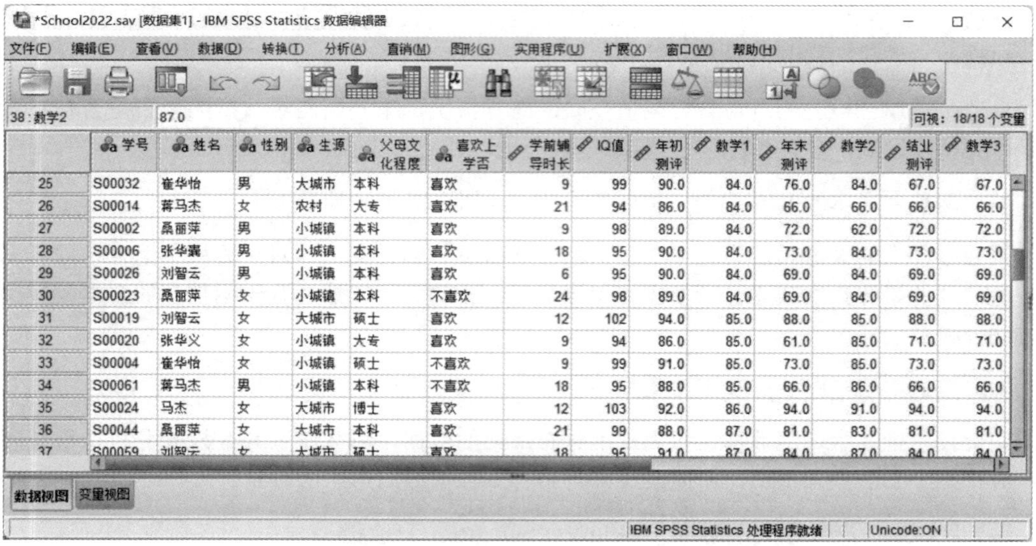

图 4-27 "小学生入学状况测试"原始数据

（2）数据的正态性判定

[1] 打开数据文件 School2022.sav，并使之处于"数据视图"状态下。

[2] 单击【分析】—【非参数检验】—【旧对话框】—【单样本 K-S 检验】，以打开"单样本柯尔莫戈洛夫 - 斯米诺夫检验"对话框。

[3] 把变量"IQ 值""数学 1""数学 2"移动到右侧的"检验变量列表"中，同时勾选【正态】复选框，以保证做正态性检验。同时在"精确"对话框中选中"精确"模式。

[4] 单击【确定】之后获得正态性检验结果。检验结果证实：IQ 值符合正态分布，而数学 1 和数学 2 不符合正态分布。

（3）方案确定

对不同生源学生"IQ 值"的差异显著性检验，应采用参数检验的方式，本例将选用单因素方差分析来完成；而不同生源学生"数学 1""数学 2"的差异显著性检验，则应选用非参数检验方式，本例将选择 K- 独立样本非参数检验。

（4）必要预处理

单因素方差分析和 K- 独立样本非参数检验均不支持字符型分组变量，也就是说，字符型的"生源"变量不可以充当方差分析或 K- 独立样本非参数检验的分组变量。

针对这一问题，我们先借助字符型数据的数值化编码技术对"生源"变量进行重编码，按照表 4-2 所示的规则生成新变量"sy"（即生源码）。此生源码按照地域的发展层次生成，为定序变量。

表 4-2　生源码生成规则

序号	生源类型	生源码
1	农村	1
2	小城镇	2
3	大都市	3

3. 操作流程（1）——判断生源是否会影响学生的 IQ 值

（1）操作过程

[1] 在 School2022.sav 的"数据视图"状态下，单击【分析】—【比较均值】—【单因素 ANOVA】，以便打开"单因素 ANOVA 检验"对话框。

[2] 在"单因素 ANOVA 检验"对话框中，从左侧把"IQ 值"添加到右侧"因变量列表"列表框中；再把"生源"的数值化变量"sy"添加到"因子"列表中。如图 4-28 所示。

[3] 在"单因素 ANOVA 检验"对话框中，单击右上角的【选项】按钮，启动图 4-29 所示的"单因素 ANOVA 检验：选项"对话框。在此对话框中勾选【方差齐性检验】复选框。然后，单击【继续】按钮，重返"单因素 ANOVA 检验"对话框。

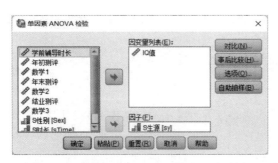

图 4-28　"单因素 ANOVA 检验"对话框

图 4-29　"单因素 ANOVA 检验：选项"对话框

[4] 单击此对话框底部的【确定】按钮，启动方差分析运算。

（2）解读输出结果

输出结果如图 4-30 所示。

由图 4-30 所示的结果，可以得出以下结论。

① 由于在第 [3] 步勾选了"方差齐性检验"复选框，所以我们获得了图 4-30 中上半部分的"方差齐性检验"表格。从这个表格的"显著性"列可知，方差齐性的检验概

方差齐性检验

IQ值

英文统计	自由度1	自由度2	显著性
1.659	2	58	.199

ANOVA

IQ值

	平方和	自由度	均方	F	显著性
组间	859.064	2	429.532	24.135	.000
组内	1032.247	58	17.797		
总计	1891.311	60			

图 4-30　单因素方差分析的输出结果

率为0.199，此值大于0.05，表示原假设"方差齐性"是成立的。由此证实：本案例中的各分组方差齐性，满足了单因素方差分析的前提条件。

② 在图4-30所示的"ANOVA"表格里，其最右列的"显著性"值为0.000，表示本案例最终的显著性检验概率值为0.000，小于0.05，说明原假设不成立，表示不同生源地区的学生，其"IQ值"是存在显著性差异的。

③ 在图4-30所示的"ANOVA"表格中，第2列数据为"平方和"，包括"组间的离差平方和"和"组内的离差平方和"；第3列数据为"自由度"，组间自由度为2，组内自由度为58。平方和除以自由度，就得到了"均方和"。

④ 图中的 F 值 = 组间均方值/组内均方值，即429.532/17.797，结果为24.135，其绝对值远大于1.96，这说明组间的均值差异超出了正常的波动范围。因此，不同生源之间是存在显著差异的。

> **注意：**
> （1）对于方差分析，只有因变量在各分组上方差齐性，其方差分析的"ANOVA"表格才有价值，其中的"显著性"指标（即 Sig 值）才有价值。若执行方差分析之后发现方差非齐性，则意味着"ANOVA"表格无价值，需要改用两独立样本T检验两两进行判定，或者使用多独立样本的非参数检验来判定。
> （2）方差分析中，在有多个分组的情况下，只要存在两个分组差异显著，其总结论就是差异显著。因此，若最终结论为差异显著，想知道到底是哪些分组差异显著，还需要使用"事后检验"技术，或使用两独立样本T检验做两两后续检验。

4．操作流程（2）——判断生源是否会影响学生的数学成绩

（1）操作过程

[1] 单击【分析】—【非参数检验】—【旧对话框】—【K个独立样本】，打开"针对多独立样本的检验"对话框。

[2] 在"多独立样本检验"对话框中，从左侧选择变量"数学1"和"数学2"，添加到"检验变量列表"列表框中。接着，把变量"sy"添加到"分组变量"列表框中，并设置【定义范围】为1和3。如图4-31所示。

[3] 在"针对多个独立样本的检验"对话框中，选中"检验类型"中的【克鲁斯卡尔-沃利斯H】复选框和【中位数】复选框。

[4] 单击【确定】按钮，启动数据分析过程，就会获得图4-32所示的输出结果。

（2）解读输出结果

本案例基于"克鲁斯卡尔-沃利斯 H"算法和"中位数"算法计算K个独立样本的差异显著性水平，获得了如图4-32检验结论。

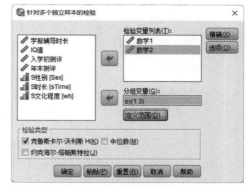

图4-31 "针对多个独立样本的检验"对话框

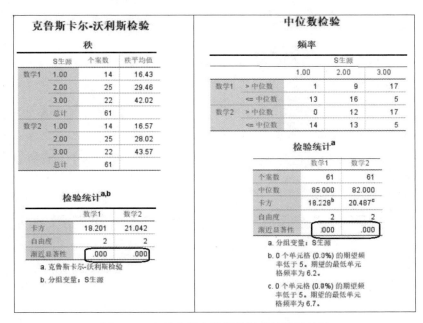

图 4-32　多独立样本的差异显著性检验结果

通过图 4-32 中显示的结果可知，在面向不同生源学生"数学 1"成绩的差异显著性检验中，"克鲁斯卡尔 - 沃利斯 H"检验的检验概率值为 0.000，小于 0.05，说明不同生源学生的"数学 1"成绩有显著差异。同理，在面向不同生源学生的"数学 2"成绩的差异显著性检验中，"克鲁斯卡尔 - 沃利斯 H"检验的检验概率为 0.000，小于 0.05，说明不同生源学生的"数学 2"成绩也有显著差异。

基于"中位数"算法的检验，结论与"克鲁斯卡尔 - 沃利斯 H"的检验结论相同。

5．对 K- 独立样本差异显著性检验的小结

高测度正态性的多分组独立样本，是非常理想的数据，通常直接采用单因素方差分析算法展开差异显著性判定。而高测度非正态性的 K - 独立样本，则属于不太理想的数据，通常采用非参数检验中的"克鲁斯卡尔 - 沃利斯 H"算法进行差异显著性检验。

SPSS 共提供了 3 种 K - 独立样本的非参数检验，以适应不同的数据序列。

（1）K-W 平均秩检验（克鲁斯卡尔 - 沃利斯 H 检验）

K-W 平均秩检验，是一种基于平均秩的差异显著性检验。其基本思路是，先对待分析的全部观测变量求升序秩分（或者把多个独立样本的数据混合后求升序秩分），然后基于各组秩分值，进行类似方差分析的计算，分析各组秩分均值的差异是否显著。

K-W 平均秩检验是基于秩分的一种方差分析技术，适用于观测变量为定距数据或高测度定序数据的场合。

（2）中位数（Median）检验

顾名思义，中位数检验是基于数据序列的中位数而设计的一种差异显著性检验。其基本思路是，先求混合后的数据序列的中位数，然后利用卡方分布统计量来计算每个样本组内中位数两侧个案数的差异显著性。

中位数检验适用于值域不高的定序变量。

（3）分组分布检验（约克海尔-塔帕斯特拉检验）

分组分布检验，是通过检验多个样本组是否具有相同的分布形态来判断差异显著性的方法。样本的分组由分组变量的取值确定。

分组分布检验既可以检验定距变量，也可以检验定序变量。对于定序变量，本算法比K-W平均秩检验更为有效。

4.3.4　实战：生源对学生是否喜欢上学有影响吗？——低测度数据的分组检验

1. 案例要求

对于如图4-33所示的学生信息表School2022.sav，分析学生的"喜欢上学否"与"生源"是否有关。

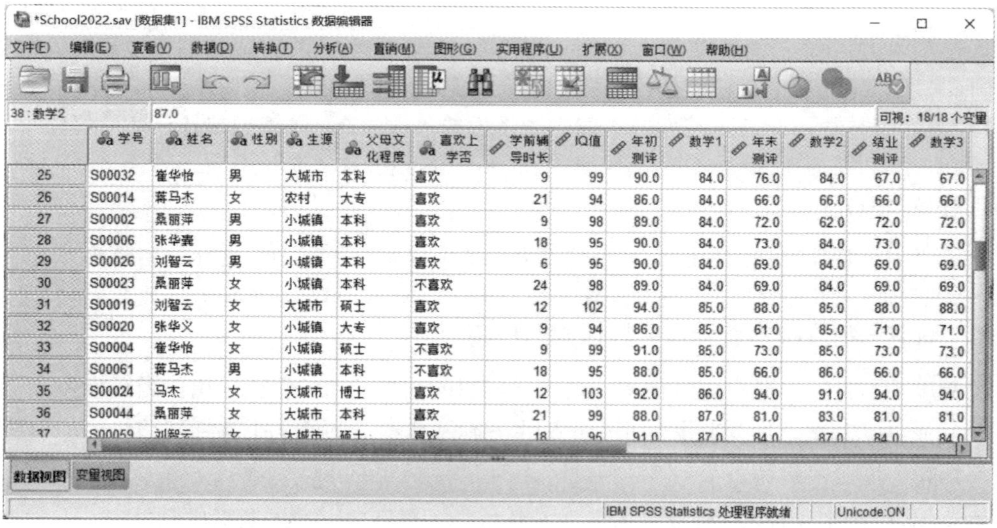

图4-33　学生信息表

2. 分析解决方案

由于"喜欢上学否"和"生源"都是低测度数据，因此只能借助交叉表的频数分布来完成统计分析。为了使检验结果的可读性更强，尽可能将"生源"和"喜欢上学否"都转化为定序变量，即在对字符型变量的数值化编码过程中，尽可能按照合理的规范做好顺序编码。

基于题目要求及数据特点，把生源中的"农村""城镇""大城市"按照从小规模到大规模的顺序依次编码为1、2、3，把"喜欢上学否"按照"不喜欢"到"喜欢"的顺序编码为1、2。

在本例中，先假设"喜欢上学否"与"生源"相互独立，即不同的生源不会引起"喜欢上学否"的变化。然后,启用基于交叉表的卡方检验。

3. 操作流程

(1) 操作过程

[1] 在 School2022.sav 的"数据视图"下,单击【分析】—【描述统计】—【交叉表】,打开"交叉表"对话框。

[2] 在"交叉表"对话框中,从左侧的列表中选择"喜欢上学否",并把它添加到右侧的"行"列表框中,再从左侧的列表中选择变量"sy",并把它添加到右侧的"列"列表框中,如图 4-34 所示。

[3] 在"交叉表"对话框中,单击右上角的【统计量】按钮,打开"交叉表:统计量"对话框,勾选左上角的【卡方】复选框,如图 4-35 所示。然后,单击【继续】按钮,返回"交叉表"对话框。

图 4-34 "交叉表"对话框　　　　图 4-35 "交叉表:统计量"对话框

[4] 完成设置后,单击【确定】按钮,启动交叉表的检验过程。

(2) 解读输出结果

在完成图 4-35 所示的设置并开始卡方检验计算后,将获得图 4-36 所示的输出结果。

图 4-36 交叉表及卡方检验的输出结果

图 4-36 的左图为"喜欢上学否 * 生源的交叉表",清晰地显示出了 3 种生源与"喜欢上学

否"的 2 种答案之间的交叉频数。

图 4-36 的右图则显示出了针对此交叉表做"卡方检验"的情况。从"卡方检验"表格右侧的"渐进显著性（双侧）"列可以看出，各检验概率值均大于 0.05。由此可以得出结论：不同生源的学生在"喜欢上学否"方面并没有显著的差别。也就是说，学生是否喜欢上学与生源没有关联，或者学生是否喜欢上学独立于生源变量。

4. 对两低测度变量互为分组并检验其独立性的说明

（1）低测度数据及其特点

定类变量的数值大小和顺序常常并不表明意义，对于定类变量和低测度的定序变量，均值和方差都不能描述变量的特征，故不能通过分析其平均值、方差等参数开展统计分析。在做统计分析时，通常借助中位数、频数、百分比及分布形态，实现对这类变量的数据描述。从科研视角看，对于低测度数据，比较典型的研究是关于结构成分的研究，这实际上是一种借助频数来分析数据分布形态，进而发现分布差异性的检验技术。

目前，对于两低测度变量之间关系的处理，最常见的策略是基于交叉表的卡方检验。

（2）基于交叉表的卡方检验

对两低测度变量做交叉分组并计算频数后，可以分析行变量与列变量之间是否存在关系，或者说某个变量处在不同水平时，另一个变量的频数是否有显著差异。基于这一思路，可以获取两个变量之间是否存在一定关联性、关联的紧密程度等更深层次的信息。

例如，学校统计了大三 1000 名学生爱好与专业的情况，构造了如表 4-3 所示的交叉表。

表 4-3 学生爱好与专业的交叉表

专业＼爱好	钢琴	阅读小说	推理断案	手工制作	合计
音乐	198	28	8	31	265
中文	3	187	31	15	236
电子学	6	39	128	46	219
物理学	3	76	21	180	280
合计	210	330	188	272	1000

从表 4-3 中可以看出，"左上－右下"对角线方向上的数值比较大，表示学生的爱好与专业之间还是有一定关联的。人们还可借助观察法分析频数的分布是否均匀，是否很不平衡。然而，当交叉表的数据规模或值域较大时，仅凭观察法来评判交叉频数是否平衡，就会存在严重局限了。

作为一款专业的统计分析工具，SPSS 借助卡方检验算法来检查交叉表中的频数是否均衡，即 SPSS 先假设交叉表内的所有频数都是均衡的，然后把针对交叉表的检验转化为"计算交叉频数与 1:1:1:1 期望比例的卡方距离"，若卡方距离大于指定的标准，则认为这个交叉表是不平衡的，否则就认为这个交叉表是平衡的。

SPSS 采用了皮卡逊卡方统计量标准，其数学定义公式如式 4-1 所示。

$$X^2 = \sum_{i=1}^{row} \sum_{j=1}^{col} \frac{(Q_{ij} - E_{ij})^2}{E_{ij}}$$

式4-1

公式中的 Q 代表观测值，Q_{ij} 代表第 i 行第 j 列的观测频数，即交叉表中的实际数值。而 E_{ij} 代表第 i 行第 j 列数据对应的期望频数，其值等于第 i 行的合计数和第 j 列合计数的积与样本总数的比值，即 $E_{ij} = \dfrac{w_j \times w_i}{n}$。

在基于交叉表的卡方检验中，获得交叉表之后，SPSS 就会根据卡方计算公式计算出整个交叉表的卡方值，然后依据卡方值查相应的统计表，得到此卡方值的检验概率值，进而判断两变量之间是否相互独立，不存在任何的关联。

> **注意：**
> 在基于交叉表的卡方检验中，有两个低测度变量参与统计分析过程。此处的差异显著性检验不是直接检查这两个变量之间的差异显著性，而是以其中一个变量作为分组基准，探索不同分组在另一个变量的取值（频数）是否存在显著差异。比如，在"性别"和"爱好"的交叉表中，SPSS 不是直接比较"性别"与"爱好"的差异显著性，而是希望检查不同性别的学生在"爱好"的各维度上是否有较大的卡方距离。

（3）基于交叉表做卡方检验的作用

基于交叉表实施的低测度变量的差异显著性检验，实质上仍是一种面向分组的差异显著性检验——检验各分组的频数是否平衡。从其最终效果看，则可以将其看作针对两低测度变量的关联性分析。比如，如果男女生在各个专业的频数有较大差异（分布不均匀），则可以认为变量"专业"与变量"性别"之间存在关联；反之，如果男女生在各个专业的分布非常均匀，则可以认为变量"专业"与变量"性别"不相关。在统计学领域，人们通常又把这种针对定类变量的检验称为"独立性检验"，即两个低测度变量之间是否相互独立、无影响关系。

4.4 差异显著性检验算法的思考与深化

差异显著性检验的算法非常丰富，针对不同类型的数据或不同的需求，可能有不同的检验算法。然而，众多差异显著性检验算法的逻辑起点是面向正态分布的高测度数据的差异性检验，其中典型的算法是 T 检验和方差分析。针对非正态分布的高测度数据，其差异显著性检验可以借助"秩分 +T 检验或方差分析"的算法来完成，即先求非正态分布的原始数据的秩分或正态得分，然后针对秩分（或正态得分）做 T 检验或方差分析。

4.4.1 深究：均值差异显著性检验机理

面向均值的差异显著性检验算法有 2 类，分别是 T 检验和方差分析。其中 T 检验又被分为面向配对样本的 T 检验和面向独立样本的 T 检验。由于 T 检验和方差分析都是基于均值做检验，其逻辑起点为无极端值的正态分布数据，这类数据的均值应该是相对稳定的，而且会满足中心极限定理。

1. T检验的逻辑起点及原理

(1) 理想化的数据——高测度的正态分布数据及其特征

正态分布,也称"常态分布",又名"高斯分布",是自然界中广泛存在的一种分布形态,其突出表现为两端低、中间高的钟形,因此它也被人们形象地称为钟形分布。在现实世界中,当个案达到一定的规模,其频数必然形成"以均值为峰、两侧逐渐减小"的钟形分布,如图4-37所示。

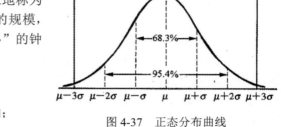

图4-37 正态分布曲线

理想化的正态分布曲线满足以下特征:

① 此分布形态以数据的均值 μ 作为对称轴;

② 以 μ 为中心,左右各1倍标准差($\mu \pm \sigma$)的区间占据正态区域的68.3%,而 $\mu \pm 2\sigma$ 的区域占据正态区域的95.4%;

③ 中部95%的正态区域,即以 μ 为对称轴,占据 $\mu \pm 1.96\sigma$ 的区间。

基于上述特征,我们可以反推出以下结论:在正态分布的情况下,新个案落到 $\mu \pm \sigma$ 区域内的概率是68.3%,落到 $\mu \pm 1.96\sigma$ 区域内的概率为95%。比如说,某大学大一新生的平均身高为1.72米,标准差为0.09米。若全体学生的身高符合正态分布,那么新报到的某个学生的身高,有95%的概率在 1.55~1.89 米。偏离均值越多的身高,出现的可能性越低。

> **注意:**
> 在具体应用中,对于个案规模较小或不严格遵循正态分布的数据集,要达到95%的概率值,可能需要比 $\mu \pm 1.96\sigma$ 更大的区域。这一点需要综合考虑样本规模 n 和实际的应用情境。

(2) 中心极限定理

对于一个任意分布的总体,若每次从总体中随机抽取 n 个样本,一共抽 m 次,对这 m 组样本分别求出平均值,那么这些平均值的分布接近正态分布。

中心极限定理指出,如果样本量足够大,则采样均值的分布将近似于正态分布,而与该变量在总体中的分布状况无关。

2. T检验的概念及其类别

(1) T检验概念的提出

T检验(T-Test)是针对两列接近正态分布的高测度数据(定距变量或高测度的定序变量)所采取的一种基于均值做差异对比的检验算法。其核心是比较两个数据序列的均值,通过均值的差与两序列的综合标准误之间的比值,来判定两数据序列之间的差别是明显的差异还是数据序列内部的正常波动。

假设两个数据序列 A 和 B,其均值分别为 X_A 和 X_B,这两个序列的综合标准误是 $SE_{综合}$。那么其基本公式如式4-2所示。

$$T = \frac{X_A - X_B}{SE_{综合}} \qquad 式4\text{-}2$$

在理想情况下，若 $|T| > 1.96$，即若两个序列的均值之差远大于整体数据的标准误，则表示两序列的均值之差不是正常的数据组内波动，两列数据的均值之间应存在显著差异。

（2）T检验的基本思路

根据中心极限定理，对于两组样本，如果他们来自同一总体，那么这两组样本的均值应符合正态分布。也就是说，在理想情况下，其 T 值应满足标准正态分布的要求：有95%的概率满足 $|T| < 1.96$，有99%的概率满足 $|T| < 2.58$。

反过来说，对于已存在的两个序列，若其 $|T| > 1.96$，则说明有95%的概率证明这两个序列不是来自同一总体的样本。这就是在95%的置信度下T检验结论的由来。同理，若其 $|T| > 2.58$，则说明在99%的置信度下，这两个序列不是来自同一总体的样本，即二者存在着显著的差异。

> **注意：**
> 本例中的1.96和2.58均为理想化正态分布下达到95%置信度和99%置信度的指标。然而，若样本规模较小，则数据的分布形态距离理想化的正态分布较远，此时要达到95%的置信度，就需要更大的T值。在具体的实践中，人们常常以计算出的 T 值并参考样本的规模 n，通过查阅"T检验临界值表"来获得无显著差异的检验概率 p。

（3）T检验的类型

T检验是针对两列数据的差异显著性检验，根据数据序列的特点，可以分为3类：配对样本T检验、独立样本等方差T检验和独立样本异方差T检验。在具体应用中，应根据数据序列的特点选择相应的检验方法。

3. 不同类型T检验及其计算公式

在T检验中，主要依据 T 值和无显著差异的检验概率 Sig 值来判定检验结果。其中 T 值代表了两分组之间差异的程度，被称为效应值，而 Sig 值则是基于 T 值和样本规模 n 获得的"无显著差异"的检验概率。

选择3类T检验的根本原则在于：针对不同类别的数据序列，要依据抽样数据的特点选用计算其 SE 的不同算法。

（1）配对样本T检验的计算公式

对于配对样本，其综合标准误的计算公式如式4-3所示。

$$SE_{综合} = \sqrt{\frac{\sigma_A^2 + \sigma_B^2 - 2\gamma\sigma_A\sigma_B}{n}} \qquad 式4\text{-}3$$

所以其 T 值计算公式如式4-4所示。

$$T = \frac{X_A - X_B}{\sqrt{\dfrac{\sigma_A^2 + \sigma_B^2 - 2\gamma\sigma_A\sigma_B}{n}}} \qquad \text{式4-4}$$

其中，X_A 和 X_B 是数据序列 A 和数据序列 B 的均值，σ_A 和 σ_B 分别是两个数据序列的标准差，而 γ 是两个数据序列的相关系数。

（2）独立样本等方差 T 检验的计算公式

对于方差齐性的情况，独立样本综合标准误的计算公式如式 4-5 所示。

$$SE_{综合} = \sqrt{\left(\dfrac{(n_A-1)\sigma_A^2 + (n_B-1)\sigma_B^2}{n_A + n_B - 2}\right)\left(\dfrac{1}{n_A} + \dfrac{1}{n_B}\right)} \qquad \text{式4-5}$$

所以 T 值计算公式如式 4-6 所示。

$$T = \frac{X_A - X_B}{\sqrt{\left(\dfrac{(n_A-1)\sigma_A^2 + (n_B-1)\sigma_B^2}{n_A + n_B - 2}\right)\left(\dfrac{1}{n_A} + \dfrac{1}{n_B}\right)}} \qquad \text{式4-6}$$

其中，X_A 和 X_B 是数据序列 A 和数据序列 B 的均值，σ_A 和 σ_B 分别是两个数据序列的标准差，n_A 和 n_B 是两个序列的样本个数。此时整体自由度为 $n_A + n_B - 2$。

（3）独立样本异方差 T 检验的计算公式

对于方差非齐性的情况，独立样本综合标准误的计算公式如式 4-7 所示。

$$SE_{综合} = \sqrt{\dfrac{\sigma_A^2}{n_A} + \dfrac{\sigma_B^2}{n_B}} \qquad \text{式4-7}$$

所以 T 值计算公式如式 4-8 所示。

$$T = \frac{X_A - X_B}{\sqrt{\dfrac{\sigma_A^2}{n_A} + \dfrac{\sigma_B^2}{n_B}}} \qquad \text{式4-8}$$

其中，X_A 和 X_B 是数据序列 A 和数据序列 B 的均值，σ_A 和 σ_B 分别是两个数据序列的标准差，n_A 和 n_B 是两个序列的样本个数。

4. T 检验的原假设与结果解读

（1）T 检验的原假设

T 检验过程是一种基于原假设的统计推断过程。参与 T 检验的一定是两个数据序列，T 检验先假设两个数据序列的均值没有显著差异，然后开始计算，对比两个序列的均值之差与序列标准误之间的大小，以"均值之差 / 序列标准误"作为 T 值。

因此，T 检验的原假设 H0 是"两个序列是来自同一总体的两组样本，其均值没有显著差异"。T 检验的目标就是通过计算 T 值并参考 n 值，以判断这个假设成立的可能性（检验概率值）到底是多大。

（2）对 T 检验结果的解读

对 T 检验结果的解读，主要依据原假设成立的检验概率值 p（也叫 Sig 值）。在置信度为 95% 的情况下，若 Sig 值 < 0.05，则说明被检验的两数据序列之间存在显著差异。在置信度为 99% 的情况下，只有 Sig 值 < 0.01，才能说明被检验的两数据序列之间存在显著差异。

在大多数研究中，通常设置置信度为 95%。即若 Sig 值 > 0.05，则说明原假设成立，两个序列之间没有显著差异。否则，说明原假设成立的概率低于 5%，即原假设不成立，可以认为两个序列的均值存在显著差异。

在 T 检验的输出结果中，T 值是需要重点关注的另一个指标，它反映了"两序列的均值之差/序列标准误"之值，即序列之间的均值之差是否远大于序列内部的正常波动（标准误的范围）。若 T 值的绝对值很大，则两序列的均值之差远大于序列内部的正常波动，表示两列数据之间具有较大的差别。

在 T 检验中，由 T 值与检验概率 Sig 值所获得的结论肯定是一致的。

> **注意：**
> （1）T 检验是面向理想化的两序列数据所做的差异显著性检验，是所有差异显著性检验算法的起点。T 检验的算法起源于成正态分布的高测度数据，是一种基于均值做对比的检验算法。由于均值容易受数据序列中极端值的影响，所以 T 检验要求数据接近正态分布。
> （2）在理想正态分布下，若 $|T| = 1.96$，则无显著差异（来自同一总体）的概率为 5%，即 0.05。随着 $|T|$ 的增大，概率会逐渐减小。当 $|T| = 2.58$ 时，无显著差异的概率将降到 1%。

5. 方差分析的工作原理

方差分析是针对正态分布的结果变量、探究多分组的均值之间是否存在显著差异的检验算法。其理论依据依然是中心极限定理和正态分布的内在规律。

方差分析要求被检验变量基本符合正态分布，以减少极端值过多导致的分析错误。在满足数据整体正态性且各分组方差齐性要求的情况下，先计算出组间均方和（MS 组间）的值和组内均方和（MS 组内）的值，通过观察二者的比值 F（$F = $ MS 组间 /MS 组内）的大小，以确定组间的差异是否超过了正常的组内波动。

对方差分析结果的解读：①检查各分组的方差是否齐性，只有方差齐性，后续的其他表格才有效；②在方差齐性的前提下，检查 F 值和 p 值，通常 p 值（即 Sig 值）< 0.05，才说明组间差异超过了组内的正常波动，证明组间存在着显著的差别。

在方差分析中，最简单的算法是单因素方差分析，较复杂的则有多因素方差分析、协方差分析、多因变量方差分析等算法，相关知识将会在第 5 章详细讲解。

4.4.2 深究：差异显著性检验的算法体系

1. 差异显著性检验算法的回顾

（1）差异显著性检验算法的体系

通过 4.2 节和 4.3 节的若干实战案例，我们已经对 SPSS 中采用的差异显著性检验算法及其体系有了基本掌握：从数据类型的视角看，检验算法主要有三大类：面向高测度正态分布数据、面向高测度非正态分布数据、面向低测度变量的检验算法。从待对比的数据的来源来看，检验算法主要有两类：面向配对样本的对比，面向独立样本（主要是分组样本）的对比。

从统计分析技术发展的历程看，面向高测度正态分布数据的检验，是整个差异显著性检验的起源。也就是说，最初的差异显著性检验是面向高测度正态分布的数据的，形成了基于正态分布原理和中心极限定理的 T 检验和方差分析算法（即参数检验系列算法）。当面向这类数据的 T 检验算法和单因素方差分析技术成熟以后，人们开始思考如何实现针对高测度非正态数据的对比，提出了"秩分＋参数检验"思路。与此同时，面向两低测度数据的交叉表的应用、针对表内频数分布均匀性的检验，为两低测度变量的分组间差异显著性分析提供了良好的技术支撑，进而支撑了两变量间的关联性分析。

如果说 4.2 节和 4.3 节的实战是从应用的视角呈现了差异显著性检验的体系，这里我们从知识结构和算法发展的视角，以思维导图的形式呈现差异显著性检验体系，如图 4-38 所示。

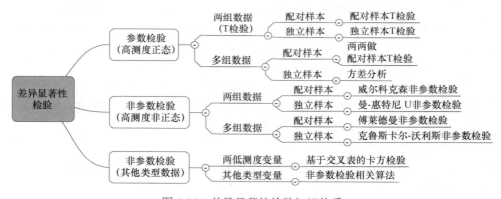

图 4-38　差异显著性检验知识体系

（2）面向高测度非正态数据的差异显著性检验思路

对于非正态分布的高测度数据序列，要判断数据序列之间的差异显著性，不可以直接使用参数检验的方法实施检验。由于数据序列高测度且非正态分布，其中可能存在若干极端值或双峰分布。个别极端值和双峰分布的存在，会对均值产生极大的影响，将直接导致均值差异显著性检验的判断结果错误。

解决这一问题的常见技术有 2 种。①对数据变形后再使用参数检验。先对非正态分布的高测度数据进行变形（通常可使用秩分或正态得分），消减个别极端值导致的不良影响，使之成为接近正态分布的数据序列，以便后续采用参数检验（即 T 检验或方差分析）的技术实施判断。②游程检验。把待检验的全部数据（多个序列）打乱，按照某一规则混合在一起排秩，然后通过游程来检查每一类数据是否都均匀地出现在整体序列中（随机分布）。如果每一类数据都均匀地出现于整体序列中（随机分布），则说明不同类别的数据之间没有显著差异。

2. 差异性检验的主流算法及其适应性

基于前述分析，笔者对差异显著性检验的技术及其适应性进行了总结，获得如表 4-4 所示的表格。

表 4-4 差异显著性检验的类别及其适应性

类别	名称	对数据的要求	研究聚焦点	特点
均值的差异显著性检验	配对样本T检验	两组高测度数据，接近正态分布，数据有一一对应关系，是针对同一组研究对象多次测量的结果	两组一一对应的数据之间的均值差异显著性	2个配对变量的均值差异显著性检验
	独立样本T检验	一组高测度且正态分布的数据作因变量，以两水平的定类或定序变量作为分组变量（因素变量）	两组无对应关系的数据（两分组数据）之间的均值差异性	单因素两水平的均值差异显著性检验
	单因素方差分析	一组高测度且正态分布的数据作因变量，以定类或定序变量作为因素变量。基于单个因素对高测度数据做分组	基于因素变量分出多组数据，检查各组数据之间的均值差异显著性（注意方差齐性）	单因素多水平的均值差异显著性检验
非理想数据的差异显著性检验	面向秩均值的差异显著性检验	一组高测度且非正态分布的数据作因变量，因素变量须为定类或定序变量；基于单个因素对高测度数据做分组	对因变量利用秩分或正态得分做变形，然后做方差分析或T检验	单因素多水平的差异显著性检验
	游程检验	对于数据序列B，在依据某一基准划分为两类之后，检查其类别号是否随机出现	基于A序列做排序后，判断在B序列的分布是否随机	数据分布的随机性检验
	卡方检验（x^2）	至少A、B两个数据序列，A序列作为期望序列，B序列作为被分析变量	基于卡方距离分析待解释变量与期望序列的拟合程度	与期望序列的拟合优度检验
	基于交叉表的卡方检验	定类变量或两个低测度的定序变量，基于变量取值实现交叉并计算频数，然后进行卡方检验	对两个处于交叉关系的变量，利用其取值实现分组，并分析每组频数的差异性	基于低测度分组数据的频数差异性检验
SPSS的非参数检验	两关联样本非参数检验	两组高测度数据且不符合正态分布，两组数据间有一一对应关系	两组一一对应的数据之间是否存在分布差异显著性或者秩分不一致性	2个配对变量的分布差异显著性检验
	K-关联样本非参数检验	多组高测度数据且不符合正态分布，多组数据间有一一对应关系	多组一一对应的数据之间是否存在分布差异显著性或者秩分不一致性	多个相关变量的分布差异显著性检验
	两独立样本非参数检验	一组高测度且不符合正态分布的数据作为因变量，以另一个两水平因素变量作为分组标准，把数据分为两组	基于因素变量分组后的两组数据之间，是否存在分布差异显著性或秩分不一致性	单因素两水平的分布差异显著性检验
	K-独立样本非参数检验	一组高测度且不符合正态分布的数据作为因变量，另一个定类或定序变量作为因素变量，以因素变量为分组标准对高测度变量实施分组	依据因素变量分组后的各组数据之间，是否存在分布差异显著性或者秩分不一致	单因素多水平的分布差异显著性检验
	单样本K-S检验（拟合优度检验）	单组高测度数据	与正态分布进行差异显著性检验，判断此数据序列是否符合正态分布	单样本数据的拟合优度检验

在众多差异显著性检验算法中，基于均值对比的 T 检验、方差分析和基于游程的游程检验、基于交叉表的卡方检验属于基本算法，其他算法基本都是在此基础上设计并发展起来的。

多数高测度非正态分布的数据通常可采用"秩分 + 参数检验（即 T 检验或方差分析）"算法来处理，以弱化数据序列中的极端值所导致的影响，实现差异显著性检验的目标。

3. 差异显著性判断中应注意的问题

在差异显著性的判断过程中，应该注意两个问题。

（1）避免分析方法的滥用。对于不满足分析条件的数据，如果滥用分析方法，可能会导致错误的分析结论。

例如，在以"实验班 - 对照班"模式进行的研究中，对实验班和对照班的后测成绩使用了配对样本 T 检验，就是错误使用了分析方法；若学生们的数学成绩严重偏离正态分布，还使用独立样本 T 检验来判断男女生的成绩是否存在显著性差异，也属于分析方法的误用。另外，直接对值域不同的两个数据序列采用 T 检验，更是不可容忍的严重错误。

（2）在差异显著性检验中，除了要尊重原始数据的规律和特点，还要考虑研究问题所关注的研究目标。

例如，在实际工作中，经常出现多名专家对多个待评价项目分别打分的情况。例如，多名裁判对运动员的场上比赛情况进行给分，多名教师对多篇参与竞赛的作文给予评分。对于这些情形，主办方通常要在项目结束之后对专家的工作情况进行评价，分析所有专家的打分是否都合理。

针对这一研究问题，由于主办方的关注点是各专家的评分所形成的名次是否具有一致性，所以使用基于秩分的非参数检验比采用均值差异显著性检验更为有效。换句话说，在这类研究中，检验各位专家给分的秩分比直接检查原始得分更有效，找出给分与大多数专家有较大差别的个别专家，有助于发现评价过程中存在的问题。

4.4.3 补充：面向随机分布的检验——游程检验及原理

1. 游程的概念

（1）什么是游程？

在变量的取值序列中，连续出现的相同值被看作一个整体，这个整体被称为游程。对于序列"111222223331123333"，可以认为其中有 6 个游程，依次为"111""22222""333""11""2"和"3333"。

（2）游程检验的思路与用途

所谓游程检验，是指依据某种规则对数据序列中的个案分组，并记录每个个案的组号；然后，按一定规则对数据序列升序排序，把得到的组号排列起来就构成一个游程序列；对于这个游程序列，如果游程个数能达到一定的规模，就可认为组号在该序列中的分布是均匀的，即在此规则控制下，组号被随机均匀地分布到整个游程序列中，否则，就认为组号在游程序列中的分布是不均匀的，不是随机的。

游程检验的目标是检验两种样本的分布是否具有随机性，通过检查数据分布的随机程度，进而检查两种样本是否差异显著。

例如，在学生成绩管理过程中，如果先按照数学成绩升序排列个案，然后顺序记下每个个案的性别，就能构建出性别游程序列。在此游程序列中，若游程个数接近个案总数，则说明男生、女生随机均匀地出现在游程序列中，即男生和女生的数学成绩没有显著差别；若游程个数远小于个案总数，则说明在游程序列中有很多个连续出现的"男"或"女"字，其分布不是随机的，导致游程个数较少，那么男生和女生的数学成绩应该存在着显著差异。

2. 案例：游程检验的应用

（1）案例要求

对于图 4-39 所示的数据文件 School2022.sav，分析不同性别学生的"数学 1"成绩是否存在显著差异，即性别是否会影响到学生们的"数学 1"成绩。

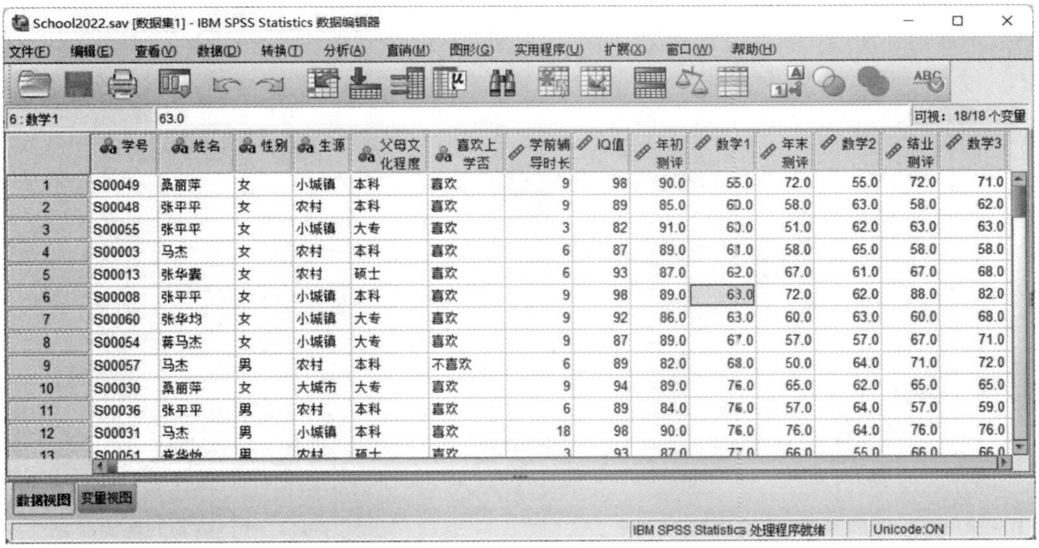

图 4-39　待分析差异显著性的原始数据

（2）解决方案分析

从本案例的目标看，需要做单因素分组的"数学 1"成绩的差异显著性检验。但是，由于"数学 1"成绩不符合正态分布，不可以使用方差分析或独立样本 T 检验。

本案例的目标完全可以借助 SPSS 内置的 K- 独立样本的非参数检验（曼 - 惠特尼 U）来实现，也可以借助基于游程检验的技术实现，本案例将介绍其内在机理。

解题思路：先以"数学 1"成绩做升序排序，然后统计由"性别"构建的游程数，以便论证"性别"的值是否为随机分布。若"性别"的分布是随机的，则性别不同的学生在"数学 1"成绩上没有显著差异；否则存在显著性差异。

（3）操作过程

[1] 单击【转换】—【重新编码为不同变量】，对"性别"变量进行数值化编码，生成新变量"Sex"，并依此编码：男—1，女—2，其他—9。

[2] 单击【数据】—【排序个案】，打开"排序个案"对话框。在此对话框中，设置【排序依据】为"数学1"，【排序顺序】为"升序"。最后，单击【确定】按钮，执行排序操作，使个案按照"数学1"成绩升序排列。

[3] 单击【分析】—【非参数检验】—【旧对话框】—【游程】，打开"游程"对话框。

[4] 在图4-40所示的"游程"对话框中，从左侧选择变量"Sex"，添加到右侧的"检测变量列表"中，表示要对这个变量进行游程检验。

[5] 在图4-40所示的对话框中，在左下角的"分割点"区域内，勾选【平均值】复选框，表示要以平均值作为编组的分割点，构造游程。

[6] 单击底部的【确定】按钮，启动游程分析。

（4）输出结果及其解读

游程分析完成后，将会得到图4-41所示的输出结果。

图4-40 "游程检验"对话框　　　　图4-41 游程检验的输出结果

在图4-41所示的表格中，最后一行"渐进显著性（双尾）"反映了检验概率值。

变量"S性别"的检验概率值为0.229，大于0.05，表示需要接受原假设，认为变量"S性别"的分布形态为随机分布，即按照"数学1"成绩排序后，变量"S性别"的分布符合随机分布。

由此可以得出结论，在School2022.sav所提供的样本中，以"数学1"成绩为基准排序之后，变量"性别"的值是随机分布的，即不同性别的学生，其"数学1"成绩没有显著差异。

> **注意：**
> 在游程检验中，若检验变量的取值超过2种，则需要使用"分割点"分隔检验变量，使之成为二分值变量，从而更有利于创建游程。这种情况下的检验变量通常为定序或定距变量。

3. 补充说明

如上述案例所示，在 SPSS 的单样本变量值随机性的测验中，可利用游程构造检验统计量，这个统计量的分布情况能够反映样本所代表的总体分布是否具有随机性。其基本思路是，在游程检验过程中，SPSS 将利用游程构造 Z 统计量，并依据正态分布表给出相伴概率值。如果相伴概率小于或等于样本的显著性水平 0.05，应拒绝零假设，认为样本值的出现不是随机的；如果相伴概率大于显著性水平 0.05，则不能拒绝零假设，认为样本值的出现是随机的。

在 SPSS 中，研究者可按照自己的需要以均值、中位数或者众数作为分组割点，构造游程序列。在游程检验中，所分析的变量通常为定序变量或者定距变量。

借助游程检验，可以检验非正态分布的多组高测度数据之间是否存在显著差异。在 SPSS 的两独立样本的非参数检验中，"瓦尔德 - 沃尔福威茨游程"就是游程检验在高测度数据差异显著性检验中的实际应用。

4.4.4 补充：面向期望分布的检验——卡方检验

1. 卡方检验技术

（1）卡方检验的概念

分析观测值与期望值在频数上拟合程度的检验，被称为卡方拟合优度检验，简称卡方检验。比如，某校希望在 2023 年的招生中实现男女生比例均衡，但实际招生数为男生 2381 人、女生 1263 人。现在需要检验实际招生人数是否满足原来的期望，这就是卡方检验要解决的问题。1∶1 是期望分布，而实际招生人数则是观测值。

（2）卡方检验的思路

卡方检验主要面向低测度变量，其目标是检验观测值的频数与期望频数之间的差异显著性。由于卡方检验要求对个案进行分类并统计其频数，可见，卡方检验通常是基于定类数据或低测度定序数据的，通过计算实际频数与期望频数的距离，来判定实际频数与预期目标是否存在显著差异。

（3）卡方距离计算公式

由于卡方检验的目标是检验观测值的频数与期望频数之间的差异显著性水平，因此卡方检验的核心内容就是计算出观测值的频数与期望频数的总体距离。在统计学中，反映观测值频数与期望频数之间总体差距的统计量，就是卡方距离。这个距离可通过"观测值频数与期望频数差值的平方和与期望频数之比"来体现，如式 4-9 所示。这个值就是卡方值。在式 4-9 中，Q_i 代表第 i 个观测值，E_i 代表第 i 个期望值。

$$\chi^2 = \sum \frac{(Q_i - E_i)^2}{E_i} \qquad \text{式4-9}$$

卡方值越大，表示距离越大，差异越显著。在 SPSS 中，计算机可以根据卡方值查表推导出卡方检验的概率值，然后根据概率值判定卡方检验的判断结论。

2. 案例：卡方检验的应用

（1）案例要求

校长希望来自"大城市""小城镇"和"农村"的学生的比例为 2∶2∶1，男女生人数基本持平。

请基于图 4-39 所示的数据集进行差异显著性检验，以便评判实际情况与校长的期望是否一致。

（2）分析解决方案

对本案例提出的要求，可借助卡方检验技术来实现。在这里，我们把校长提出的比例要求作为期望值，把原始数据表的分类计算结果作为实际频数值，然后进行实际频数与期望频数之间的卡方检验。

观察图 4-39 的数据集，可以得知学生的生源共有"农村""城镇""大城市"3 类，如果希望其比例为 1∶2∶2，则可把表格内的数据作为实际频数，把 1∶2∶2 作为期望值，然后进行卡方检验，以判断学生们的实际频数是否符合期望。同理，对于性别的分布，也可进行相似的卡方检验。

（3）操作流程

[1] 利用"重编码为其他变量"功能，把字符型变量"性别"转化为数值型变量"Sex"，接着把字符型变量"生源"转化为数值型变量"Sy"，最后在"变量视图"对它们的"标签"和"值"作必要的说明。

[2] 单击【分析】—【非参数检验】—【旧对话框】—【卡方】，打开"卡方检验"对话框。

[3] 在"卡方检验"对话框中，从左侧的列表中选择"Sex"并把它添加到右侧的"检验变量列表"中。接着，把右下角"期望值"区域内的【所有类别相等】单选框选中，表示对"性别"变量在各取值上的频数期望为"完全相同"。如图 4-42 所示。

图 4-42 "卡方检验"对话框

[4] 在完成各项设置后，单击【确定】按钮，启动卡方检验过程。

（4）解读输出结果

在完成图 4-42 所示的设置并启动卡方检验计算后，将获得如图 4-43 所示的输出结果。

S性别	实测个案数	期望个案数	残差
男	25	30.5	-5.5
女	36	30.5	5.5
总计	61		

检验统计	S性别
卡方	1.984[a]
自由度	1
渐近显著性	.159

a. 0 个单元格 (0.0%) 的期望频率低于 5。期望的最低单元格频率为 30.5。

图 4-43　卡方检验的输出结果

在图 4-44 中，从左图可以看出男、女生的实际频数，右图则显示出了检验统计量"S 性别"的卡方检验情况。从右图可以看出，卡方值为 1.984，其"渐近显著性"值为 0.159。由于 0.159 > 0.05，所以可以得出结论：不同性别的实际频数与期望频数无明显差异，当前学生的性别分布基本达到了校长的期望。

（5）针对学生"生源"的卡方检验

对于"生源"的分布情况，校长期望来自农村、城镇、大城市的学生的比例为 1：2：2。为检验实际情况是否符合期望，可使用与"性别"卡方检验相同的操作方法。

主要操作步骤：在图 4-42 所示的对话框中，从左侧的列表中选择"Sy"并把它添加到右侧的"检验变量列表"中。接着，把右下角"期望值"区域内的【值】单选框选中，然后在【值】后面的文本框中输入数字"1"，并单击【添加】按钮，以便把"1"添加到右下角的列表框中。同理，再把"2"和"2"添加到右下角的列表框中。

对于"生源"的卡方检验，可以得到如图 4-44 所示的输出结果。

S生源	实测个案数	期望个案数	残差
农村	14	12.2	1.8
城镇	25	24.4	.6
大城市	22	24.4	-2.4
总计	61		

检验统计	S生源
卡方	.516[a]
自由度	2
渐近显著性	.772

a. 0 个单元格 (0.0%) 的期望频率低于 5。期望的最低单元格频率为 12.2。

图 4-44　对于"生源"的卡方检验的输出结果

在图 4-45 中，从左图可以看出 3 种生源的学生的实际频数，右图则显示出了检验统计量"S 生源"的卡方检验情况。从右图可以看出，卡方值为 0.516，其"渐近显著性"值为 0.772。由于此值大于 0.05，所以可得出结论：学生生源的实际频数与期望频数无显著差异，当前学生的生源分布基本达到了校长的期望。

3. 补充说明

（1）卡方检验的两种应用

在 SPSS 中，卡方检验有两种基本应用。其一，检验期望分布与实际观测值的差异性。其二，基于交叉表计算两个低测度变量在各自不同因素水平上的卡方距离，从而完成两个低测度变量的独立性检验。这一点正是 4.3.4 节内容的理论基础。

（2）卡方检验的目标及原理

对于低测度变量，如果从总体中抽取若干样本，依据给定的低测度变量值，这些样本可构成 k 个互不相交的子集。这 k 个子集的观察频数应该服从一个多项分布。当 k 趋于无穷时，这个分布应该接近总体的分布规律。

因此，要了解变量 X 的总体分布情况，可以从观察样本在各个频段的频数入手。通过观察样本在各个频段的频数分布，从而掌握样本的分布形态。对比它们与期望值的差距，可以掌握变量 X 是否与预期分布存在显著差异。

思考题

（1）什么是参数检验？什么是非参数检验？它们对待检验变量分别有什么要求？

（2）数据的差异显著性检验有多种，哪些检验是均值差异显著性检验？

（3）什么是 T 检验？T 检验对待检测的数据有哪些要求？

（4）在 T 检验中，如果参与检验的两组独立样本的方差不齐性，应该如何做？

（5）什么是独立样本 T 检验？独立样本 T 检验支持方差非齐性的数据吗？

（6）什么是方差分析？它对参与方差分析的数据有哪些要求？

（7）在进行方差分析时，如果分组变量是字符型变量，应该如何做？

（8）在进行方差分析时，如果 F 值小于 1，说明什么？此时的 Sig 值会有什么表现？

（9）数据的差异显著性分析主要有哪 4 种基本思路？各有什么特点？

（10）什么是卡方检验？它主要用于解决什么问题？

（11）什么是游程检验？它有哪些作用？

（12）什么是曼-惠特尼 U 非参数检验？它适用于什么情况？

综合实践题

已知：MyDataB 中的数据是小学招生时采集到的学生信息。MyDataD 中的数据是某农业科研基地在选定的若干块试验田和对照田中连续 4 年进行农业科研所获取的各地块亩产数据，该项目主要用于测试新肥料是否有推广的价值，数据表中以变量"是否使用"的值为标记，说明该地块是不是使用了新肥料的试验田。

请从作业素材文件夹中找到素材文件 MyDataB.sav 和 MyDataD.sav，然后基于这 2 个数据文件，完成以下操作。

（1）针对 MyDataB，分析男生和女生的 IQ 值是否存在显著差异？

（2）针对 MyDataB，分析父母文化程度是否会对 IQ 值产生显著影响？

（3）针对 MyDataB，分析男生和女生的"数学 1"成绩是否存在显著差异？

（4）针对 MyDataB，分析父母文化程度是否会对"数学 2"成绩产生显著影响？

（5）针对 MyDataB，分析生源是否能对"年末测评"成绩产生显著影响？

（6）针对 MyDataB，分析学前辅导时长能否对"年末测评"成绩产生显著影响？

（7）基于 MyDataD，分析尚未开始农业实验前，试验田与对照田之间的亩产量是否存在显著差异？

（8）基于 MyDataD，分析在实验的第一年，试验田与对照田的亩产量是否存在显著的差异？哪种地块的产量较高？

（9）基于 MyDataD，对于未使用新肥料的地块（对照田），分析其"使用前"与"第一年""第二年"的亩产量是否存在显著的差异？

（10）基于 MyDataD，分析开始实验之后，试验田第一年、第二年、第三年、第四年亩产量的均值是否存在显著差异，呈什么趋势？与对照田之间有无显著差异，可以说明什么问题？

第 5 章

方差分析及其高级应用

关键知识点

本章重点讲解方差分析及其高级应用，是本书中难度较大的章节，同时其应用价值也比较高。重点内容有：①单因素方差分析中的事后比较和平均值图；②多因素方差分析的模型构建与调整、交叉因素在科学研究中的作用；③协方差分析的概念、模型构建；④多因变量方差分析的基本要求和特色，对多变量检验和主体间效应检验结果的正确解读。

知识结构图

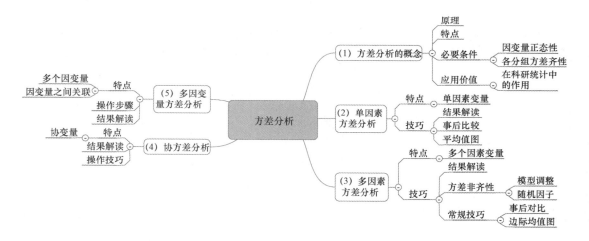

学前深思

（1）在科研活动中，方差分析主要解决哪方面的问题？方差分析过程中可能会发生哪些问题？

（2）方差齐性是方差分析的基本要求吗？在统计分析过程中，会出现方差非齐性的情况吗？在多因素方差分析中，如何解决方差非齐性的问题？

（3）在科学研究中，协方差分析有什么价值？为什么说在"实验组-对照组"的实证研究中，协方差分析比独立样本 T 检验更科学？

科研视点：研究报告品读

多因素方差分析和协方差分析是单因素方差分析的高级形式和拓展。另外，面向单因素方差分析的事后比较，也对研究结果的解读具有重要意义。因此，本章的研究报告品读将接续第 4 章，并在其基础加以补充和完善。

本章的研究报告面向 2021 级小学生的调研数据，主要呈现单因素方差分析的事后比较、多因素方差分析和协方差分析在科研活动中的应用。其中"3. 探索受到生源影响的因变量"将对第 4 章的相关内容进行补充和完善，而 6～8 节是多因素方差分析和协方差分析在科研统计中的具体应用。

本章的研究报告将承接第4章研究报告，是与本章内容密切相关的部分。

3. 探索受到生源影响的因变量

由于生源是值域为 3 的定序变量，并且 IQ 值、入学初成绩、年末测评是符合正态分布的，因此可以使用单因素方差分析。结果发现，在 3 个因变量中，IQ 值（$F = 16.110$，Sig 值 $= 0.000$）、入学初成绩（$F = 9.799$，Sig 值 $= 0.000$）、年末测评成绩（$F = 18.860$、Sig 值 $= 0.000$）的显著性概率值均为 0.000，小于 0.05。因此，在以生源作为分组基准时，IQ 值、入学初成绩、年末测评均呈现出了显著差异，即生源会对因变量 IQ 值、入学初成绩、年末测评产生显著的影响。

为了更清楚地了解 IQ 值、入学初成绩和年末成绩受生源的影响情况，针对单因素方差分析结果，笔者做了"事后比较"，探索了方差齐性情况下因素的各水平之间的差异显著性。

经"邦弗伦尼"算法做事后比较，结果如图 1 所示。从图 1 可知：不同水平的生源，学生们的 IQ 值、入学初成绩和年末成绩两两之间均存在显著差异。这说明，生源对上述三因素的影响是全方位的，不论在农村与城镇、还是城镇与大城市，以及农村与大城市之间都存在着显著差异。这说明，在幼儿发展和教育中，城乡的差别依然显著，政府和教育部门需要关注到这一差异性，并在相关政策上适当倾斜。

多重比较

邦弗伦尼

因变量	(I) S生源	(J) S生源	平均值差值 (I-J)	标准误差	显著性	95% 置信区间 下限	95% 置信区间 上限
IQ值	农村	城镇	-4.503*	1.408	.007	-7.97	-1.03
		大城市	-9.825*	1.442	.000	-13.38	-6.27
	城镇	农村	4.503*	1.408	.007	1.03	7.97
		大城市	-5.322*	1.233	.000	-8.36	-2.28
	大城市	农村	9.825*	1.442	.000	6.27	13.38
		城镇	5.322*	1.233	.000	2.28	8.36
入学初成绩	农村	城镇	-3.0029*	1.1263	.030	-5.780	-.226
		大城市	-5.8247*	1.1535	.000	-8.668	-2.981
	城镇	农村	3.0029*	1.1263	.030	.226	5.780
		大城市	-2.8218*	.9863	.018	-5.253	-.390
	大城市	农村	5.8247*	1.1535	.000	2.981	8.668
		城镇	2.8218*	.9863	.018	.390	5.253
年末测评	农村	城镇	-9.4429*	3.0361	.009	-16.928	-1.958
		大城市	-23.7565*	3.1096	.000	-31.423	-16.090
	城镇	农村	9.4429*	3.0361	.009	1.958	16.928
		大城市	-14.3136*	2.6588	.000	-20.869	-7.759
	大城市	农村	23.7565*	3.1096	.000	16.090	31.423
		城镇	14.3136*	2.6588	.000	7.759	20.869

*. 平均值差值的显著性水平为 0.05。

图 1　针对生源的"事后比较"——不同生源两两对比

6. 综合分析性别、父母文化程度、生源、学前辅导时长等因素可否对入学初成绩产生显著影响？

以性别、父母文化程度、生源、学前辅导时长等作为因素变量，以入学初成绩作为因变量，做多因素方差分析。因全因子模型下方差非齐性，经模型调整，获得如图2所示的分析结果。

主体间效应检验

因变量：入学初成绩

源	III 类平方和	自由度	均方	F	显著性
修正模型	820.115a	37	22.165	3.777	.001
截距	214557.156	1	214557.156	36563.210	.000
Sex	.003	1	.003	.001	.981
wh	43.999	3	14.666	2.499	.085
sTime	43.237	4	10.809	1.842	.155
sy	118.505	2	59.253	10.097	.001
Sex * wh	.296	1	.296	.050	.824
Sex * sTime	3.150	2	1.575	.268	.767
Sex * sy	3.551	2	1.776	.303	.742
wh * sTime	19.256	5	3.851	.656	.660
wh * sy	8.795	3	2.932	.500	.686
sTime * sy	120.114	4	30.029	5.117	.004
Sex * wh * sTime	.000	0	.	.	.
Sex * wh * sy	.296	1	.296	.050	.824
Sex * sTime * sy	.000	0	.	.	.
wh * sTime * sy	.000	0	.	.	.
Sex * wh * sTime * sy	.000	0	.	.	.
误差	134.967	23	5.868		
总计	480760.000	61			
修正后总计	955.082	60			

a. R 方 = .859（调整后 R 方 = .631）

图2 面向入学初成绩的多因素方差分析结果

分析结果证实：生源（Sy）作为分组变量时会引起因变量均值出现显著变化，即生源能够直接对因变量产生显著影响。在表格中，它的 F 值大于 3.84，也证实了这一点。由此可知，生源是影响学生入学初成绩的重要因素。另外，图2还证实，除了生源作为独立变量产生的主效应外，交互因素"学前辅导时长 * 生源"（sTime*sy）的 Sig 值 < 0.05，这说明生源和学前辅导时长的交互因素也会对入学初成绩产生显著影响。

为进一步探究这两组因素的影响方式，针对这两组变量进行了事后比较，比较发现：不同的生源取值，两两之间均存在着显著差异，而在不同水平的学前辅导时长下，仅无辅导和短时辅导之间（取值为0和1）有显著差异，而短时辅导与长时辅导之间是没有显著差异的。

另外，从本次多因素方差分析的边际均值图（图3）来看，大城市且有一定学前辅导时长的学生的均值普遍偏高，而且中等辅导时长（总时长在10小时左右）的效果最好。而城镇生源且学前无任何辅导的学生，其入学初成绩最差，甚至远低于农村学生。这一现象需要相关教育部门的重视和进一步探索。

与此同时还可以发现，在3条曲线中，面向农村的均值线与面向城镇的均值线有一次交叉和一次接近交叉，这说明这两个水平之间可能存在着交互效应，事实上这也是"sTime*sy"在主体间效应检验表格中显示为"显著"的原因。

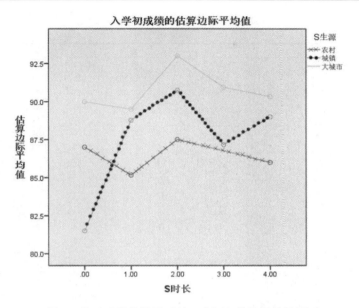

图 3 基于"学前辅导时长 * 生源"的边际均值图

7. 综合分析性别、父母文化程度、生源、学前辅导时长等因素可否对学生的 IQ 值产生显著影响

以性别、父母文化程度、生源、学前辅导时长等作为因素变量,以入学初成绩作为因变量,做多因素方差分析。因全因子模型下方差非齐性,经模型调整,获得满足方差齐性要求的主体间效应检验表格。

结果:父母文化程度和生源这两个因素变量对因变量 IQ 值有显著影响(其 Sig 值 < 0.05),学前辅导时长在单侧检验中呈现出显著性,但达不到双侧显著的水平。

针对这两个变量做"事后比较"和边际均值图之后发现,不同水平的生源两两组合对比,IQ 值均呈现出显著差异。而在父母文化程度维度,除了"本科"与"硕士"父母的子女之间无显著差异外,"大专"父母的子女与其他类别子女、"博士"父母的子女与其他类别子女之间均差异显著。

综上所述,低年级小学生的 IQ 值,与其生源地、父母文化程度具有较强的关联性。也就是说,小学生的 IQ 值与其所在环境、密切接触到的人员素质,均关系密切。

8. 基于年末成绩和入学初成绩,探索影响小学生发展的影响因素

以年末成绩为依据,排除入学初成绩和 IQ 值的影响,综合分析性别、父母文化程度、生源、学前辅导时长等因素可否对学生的学习成绩产生显著影响。基于这一设想,将组织以年末成绩为因变量,以性别、父母文化程度、生源、学前辅导时长为因素变量,以 IQ 值和入学初成绩为协变量的协方差分析。在满足方差齐性基本条件的情况下,获得了如图 4 所示的主效应模型。

从图 4 所示的主体间效应检验表格可知,在排除了对年末成绩具有显著影响的 IQ 值和入学初成绩的作用之后,能够对小学生的年末成绩产生显著影响的因素有父母文化程度(Sig 值 =0.000)和生源(Sig 值 =0.025),其他因素的影响均达不到显著性水平。

另外,基于此协方差分析所得到的边际均值图如图 5 所示。从图 5 可以看出,在排除 IQ 值及入学初成绩的影响之后,学生的年末成绩仍与其父母文化程度保持较强的一致性,即不同生源地的学生,其成长幅度与父母文化程度的高低是高度一致的。另外,从生源地的视角分析,来自大城市的学生,其成长幅度的均值也高于农村学生和城镇学生。

主体间效应检验					
因变量: 年末测评					
源	III 类平方和	自由度	均方	F	显著性
修正模型	9857.542ª	39	252.757	35.589	.000
截距	13.233	1	13.233	1.863	.187
IQ值	77.070	1	77.070	10.852	.003
入学初成绩	28.578	1	28.578	4.024	.058
Sex	6.652	1	6.652	.937	.344
wh	398.424	3	132.808	18.700	.000
sTime	53.253	4	13.313	1.875	.152
sy	62.826	2	31.413	4.423	.025
Sex * wh	1.451	1	1.451	.204	.656
Sex * sTime	.893	2	.446	.063	.939
Sex * sy	11.645	2	5.822	.820	.454
wh * sTime	25.795	5	5.159	.726	.611
wh * sy	24.588	3	8.196	1.154	.351
sTime * sy	49.425	4	12.356	1.740	.179
Sex * wh * sTime	.000	0	.	.	.
Sex * wh * sy	3.357	1	3.357	.473	.499
Sex * sTime * sy	.000	0	.	.	.
wh * sTime * sy	.000	0	.	.	.
Sex * wh * sTime * sy	.000	0	.	.	.
误差	149.146	21	7.102		
总计	333253.250	61			
修正后总计	10006.689	60			

a. R 方 = .985（调整后 R 方 = .957）

图 4　协方差分析的主效应模型

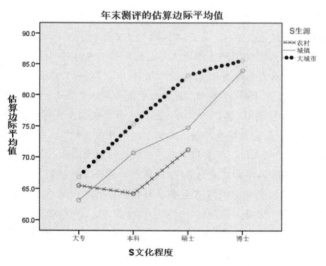

图 5　排除了 IQ 值及入学初成绩影响的边际均值图

综上所述，在排除了 IQ 值和入学初成绩的影响之后，学生的年末成绩仍与其父母的文化程度、生源地的发展程度高度一致。分析产生这一现象的原因，笔者认为，小学生父母的文化程度，可能会从遗传素质、对学生教育的重视程度、为学生提供的学习环境等角度影响学生。另外，学生的生源地，为学生提供了不同的生存环境，对学生的生存能力、见识、视野均有重要影响，因此它对学生早期学习能力的形成而言也是很关键的因素。

5.1 方差分析的概念及应用

方差分析的目标是检验来源于同一总体的多个分组在被解释变量（接近正态分布的高测度变量）上是否有均值差异显著性。因此，方差分析是均值差异显著性检验中的一种。对于方差分析，在本书的 4.3.3 节已初步涉及。

5.1.1 方差分析的概念

1. 方差分析的含义

方差分析（Variance Analysis）是按照某种规则对符合正态分布的高测度变量进行分组，并基于各个分组比较其均值是否存在差异显著性的统计分析策略。例如，对于探究不同民族的学生在物理成绩上是否存在显著差异这一问题，当物理成绩符合正态分布时，通常就会选用单因素方差分析。

在方差分析中，参与对比运算的数据来自高测度变量，应该具备正态性，分组变量充当数据分组的依据。在此，此高测度变量是研究数据，被称为因变量，分组变量则被称为因素变量、因子变量。

在方差分析过程中，除了要从总体上考虑各分组之间的差异程度，还经常需要考虑多个分组之间的相互关系。

2. 方差分析的应用价值

在方差分析实践中，如果研究者发现基于某一因素分组后，各分组在因变量上的均值具有显著差异，则可以认为：这个因素对因变量有一定程度的影响力。例如，如果按照"爱好"分组后，发现不同分组的"物理"成绩存在显著差异，则说明"爱好"与"物理"成绩之间具有一定的关联性，即"爱好"会对"物理"成绩产生显著影响。因此，方差分析又是探索变量之间内在关联性的重要方法，也是科学研究中实现归因分析的重要手段之一。因此，因变量又被称为被解释变量，例如这里的物理成绩。

在统计分析中，方差分析的价值主要体现在 2 个方面：①针对来源于同一总体的多个分组，检验各分组在被解释变量上的均值是否有显著差异；②探索因素变量能否对被解释变量产生显著影响，即被解释变量与因素变量之间是否存在着一定的关联。

3. 方差分析中的假设与结论

在方差分析中，通常假设在不同因素水平下，各个分组在观测变量上的均值不存在显著差异，即该因素对因变量没有显著影响。通过统计分析软件计算后，将会获得方差分析的检验概率值（简称 p 或者 Sig 值）。若检验概率值大于 0.05，则表示原假设成立，因素变量对因变量无显著影响。若检验概率值小于 0.05，则表示在因素的不同水平下，至少有一组个案在因变量上的均值与其他组存在显著差异，即原假设不成立，因素变量对因变量有显著影响。

4. 方差分析中的相关术语及其含义

方差分析的目标就是分析分组变量与被解释变量之间是否存在关联，或者说分析分组变量的不同水平，是否会导致被解释变量的值显著不同。方差分析过程主要涉及以下几个重要概念。

① 被解释变量。即结果变量，也叫因变量。在方差分析中，因变量应该是符合正态分布的定距变量或高测度定序变量，也常常被简称为变量。

② 分组变量。也叫因素变量、自变量或因子，即研究者怀疑能够影响实验结果的变量，它通常是定类变量或者区分度不太高的定序变量。在方差分析中，因素变量作为分组标准出现，用于把个案划分为若干个分组，以便分析软件能依据分组变量进行均值比较。因此，因素变量也简称为因素或因子，其取值必须为整数。

③ 分组。从本质上看，方差分析是检验各分组数据之间的均值是否存在显著差异，其分组就是基于因素变量的不同水平而产生的。比如，若以性别作为因素变量，则个案自然被划分为"男""女"两组。在实际研究中，分组可以基于多个因素的不同水平而产生，甚至需要结合不同因素的交叉作用而实施更加复杂的分组。

④ 水平。即分组变量的取值范围，也叫因素的水平。比如，如果以性别作为因素变量，那么"男""女"两个取值就是它的两个不同水平。当然，在方差分析中，通常不以字符型变量作为因素变量。因此，如果需要以字符型变量充当因素变量，就必须先对字符型变量进行数值化编码。

⑤ 随机变量。研究者怀疑能够影响实验结果的变量，通常是低测度的定序或定类变量，少数情况下也会有定距变量或者高区分度的定序变量。若以定距变量或高测度定序变量作为因子，则被称为随机因子、随机变量。在方差分析过程中，为了便于分析随机变量的影响力，减少分组过多导致的误差，常常借助技术手段对随机变量进行离散化，以便把它作为普通的因素变量使用。在多因素方差分析中，也可把随机变量放在随机因子区块，以随机因子的身份参与方差分析。

⑥ 控制变量。研究中需要被排除影响力的变量。在研究过程中，为了观察 A 因素对结果的影响，当怀疑 B 因素也会影响结果并且 B 因素对结果的影响不易控制时，就要把 B 因素作为控制变量，尽可能排除 B 因素的影响力。

5.1.2 方差分析的原理及类别

方差分析就是探究在不同的因素水平下，结果变量的均值是否差异显著，即检验各因素各水平作用下样本均值的差异显著性。独立样本 T 检验是关于单因素两水平的均值差异显著性检验，而单因素方差分析是单因素多水平的均值差异性检验。随着统计学的发展，人们对方差分析的研究也日益深化，逐步形成了关于方差分析的强大理论体系。

1. 方差分析中数据处理的思路

从本质上讲，方差分析是一种基于因素水平进行分组而开展的均值差异显著性检验。方差分析的内部机制比较复杂，本教材不做特别详细的探索。但其基本思路，仍然遵循 1.2.4 节中所阐述的统计分析的基本规则，借助公式" $F = \dfrac{\text{组间均方}}{\text{组内均方}}$ "反映组间差异的程度，当 $F >$ 指定界值时即可认为组间差异显著。

对于一个观测变量来讲，如果基于因素水平分组后，组间均方值远大于组内均方值（即 F 值远大于1），则表示不同因素水平的个案组，其均值具有显著差异。若组间均方值约等于甚至小于组内均方值（即 F 值小于等于1），则表示不同因素水平的个案组，其均值没有显著差异。

如果处于不同因素水平的个案组，其均值具有显著差异，则说明此因素变量对因变量具有显著影响，即因变量与因素变量之间存在一定的内在关联性。

2. 方差分析的类别

基于因素水平的均值差异显著性检验的主要类别如表 5-1 所示。

表 5-1 基于因素水平的均值差异显著性检验的主要类别

研究目标	方差分析技术	特点
单因素双水平的均值差异显著性检验	独立样本 T 检验	因变量符合正态分布且为高测度数据；单因素变量，此因素只有两水平
单因素多水平的均值差异显著性检验	单因素方差分析	因变量符合正态分布且为高测度数据；单因素变量，此因素有多个水平
多因素多水平的均值差异显著性检验	多因素方差分析	因变量符合正态分布且为高测度数据；多因素变量，每个因素变量有多个水平；且要考察多因素的交互作用
多因素多水平且排除某些变量影响力的差异显著性检验	协方差分析	因变量符合正态分布且为高测度数据；多因素变量，每个因素变量有多个水平；考察多因素交互作用，并要排除特定变量对因变量的影响力
面向多个相关因变量，基于因素分组的差异显著性检验	多因变量方差分析	多个具有内在关系的因变量，分析多因素对这些因变量的影响；关注因素变量对因变量的共性和个性的分别影响

5.2 单因素方差分析

单因素方差分析是指因变量为高测度正态性数据，因素变量只有一个且有多水平的方差分析。其目的是探究多个分组下，各分组在因变量上的均值是否差异显著。在科研统计中，常常用于归因，论证因素变量对因变量是否有显著影响力。如果不同因素水平的个案组，其均值具有显著差异，则说明此因素变量对因变量具有显著影响力。

5.2.1 实战：父母文化程度会影响学生的IQ值吗？

1. 案例要求

对于图 5-1 所示的"小学生入学情况测试"数据文件 School2022.sav，请分析父母文化程度不同的学生，其 IQ 值是否存在显著差异。或者说，父母文化程度是否会影响学生的 IQ 值。

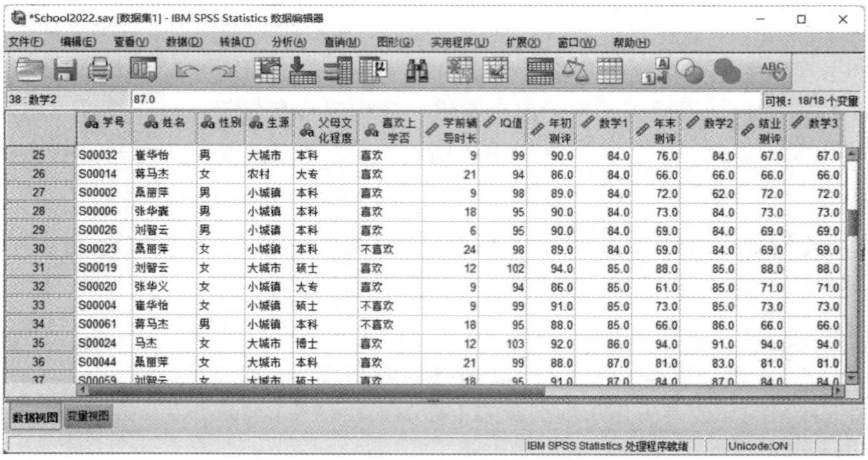

• 206 • 第 5 章 方差分析及其高级应用

图 5-1 原始数据

2. 分析解决方案

（1）基本思路

基于案例需求，需要检验基于父母文化程度的多分组 IQ 值之间是否有显著差异。此处，被检验变量是 IQ 值。由于已知 IQ 值符合正态分布，因此，本检验应采用单因素方差分析来完成。

（2）必要的预处理

单因素方差分析不支持以字符型变量作为分组变量，也就是说，字符型变量"父母文化程度"不可以直接充当方差分析或 K- 独立样本非参数检验的分组变量。针对这一问题，我们先借助数值化编码技术对"父母文化程度"变量重编码，按照学历从低到高的规则顺次编码，生成新变量"wh"（即文化程度码）。此编码按照学历层次生成，为定序变量。

3. 操作流程——判断父母文化程度是否会影响学生的 IQ 值

（1）操作过程

[1] 在文件 School2022.sav 的"数据视图"下，单击【分析】—【比较均值】—【单因素 ANOVA】，打开"单因素 ANOVA 检验"对话框。

[2] 在"单因素 ANOVA 检验"对话框中，从左侧把"IQ 值"添加到右侧"因变量列表"列表框中；再把"父母文化程度"的数值化变量"wh"添加到"因子"列表框中。如图 5-2 所示。

[3] 在"单因素 ANOVA 检验"对话框中，单击右上角的【选项】按钮，启动"单因素 ANOVA 检验选项"对话框。在此对话框中选中【方差齐性检验】复选框，如图 5-3 所示。

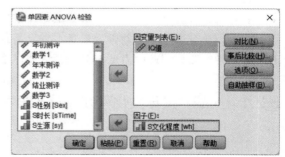

图 5-2 "单因素 ANOVA 检验"对话框

然后，单击【继续】按钮，重返"单因素 ANOVA 检验"对话框。

> **注意：**
> 在方差分析中，方差齐性是结论有效的必要前提条件。因此，务必勾选【方差齐性检验】复选框，以保证同时执行"方差齐性"检验。

[4] 单击此对话框底部的【确定】按钮，启动方差分析运算。

（2）解读输出结果

输出结果如图 5-4 所示。

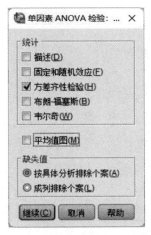

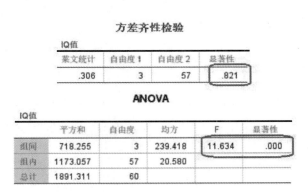

图 5-3　"单因素 ANOVA 检验：选项"对话框　　图 5-4　单因素方差分析的输出结果

从图 5-4 所示的表格中，可以获得以下结论。

① 本案例中，由于在步骤 [3] 里勾选了【方差齐性检验】复选框，所以输出结果包含图 5-4 上部的"方差齐性检验"表格。从此处的 0.821 得知，各分组的方差齐性，满足了单因素方差分析的前提条件。

② 在图 5-4 的"ANOVA"表格里，最右列的"显著性"（即 Sig）值为 0.000，表示本案例最终的显著性检验概率值为 0.000，因其小于 0.05，说明原假设不成立，表示父母文化程度不同的学生，其 IQ 值是存在显著性差异的。

4．进一步深化：启用"事后比较"

（1）两个问题

借助单因素方差分析，我们清晰地论证了父母文化程度不同的学生，其 IQ 值存在显著差异。然而，这里仍存在两个疑问：①显著差异体现在哪两组数据之间，还是所有分组两两都存在显著差异？②若方差非齐性怎么办？如果方差分析结束后，发现方差非齐性，那么当前的方差分析结论不可靠，后续应如何操作？

（2）解决方案

在 SPSS 的单因素方差分析中，系统提供了"事后比较"的功能。借助"事后比较"可解决上述问题。

[1] 在图 5-2 所示的"单因素 ANOVA 检验"对话框中，单击【事后比较】按钮，启动"单因素 ANOVA 检验：事后多重比较"对话框。在此对话框中，勾选【LSD】和【邦弗伦尼】复选框，如图 5-5 所示。此处表示要借助这两种算法针对各个分组做对比。

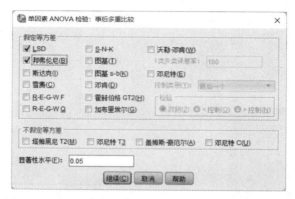

图 5-5 "单因素 ANOVA 检验：事后多重比较"对话框

[2] 单击【继续】按钮返回"单因素 ANOVA 检验"对话框，单击【确定】启动分析过程。由于选用了"事后检验"，输出结果中将新增"多重表格"表格，如图 5-6 所示。

多重比较

因变量：IQ值

	(I) S文化程度	(J) S文化程度	平均值差值 (I-J)	标准误差	显著性	95% 置信区间	
						下限	上限
LSD	大专	本科	-3.549*	1.606	.031	-6.77	-.33
		硕士	-5.173*	1.982	.012	-9.14	-1.20
		博士	-11.000*	1.934	.000	-14.87	-7.13
	本科	大专	3.549*	1.606	.031	.33	6.77
		硕士	-1.624	1.664	.333	-4.96	1.71
		博士	-7.451*	1.606	.000	-10.67	-4.23
	硕士	大专	5.173*	1.982	.012	1.20	9.14
		本科	1.624	1.664	.333	-1.71	4.96
		博士	-5.827*	1.982	.005	-9.80	-1.86
	博士	大专	11.000*	1.934	.000	7.13	14.87
		本科	7.451*	1.606	.000	4.23	10.67
		硕士	5.827*	1.982	.005	1.86	9.80
邦弗伦尼	大专	本科	-3.549	1.606	.187	-7.94	.84
		硕士	-5.173	1.982	.069	-10.59	.25
		博士	-11.000*	1.934	.000	-16.29	-5.71
	本科	大专	3.549	1.606	.187	-.84	7.94
		硕士	-1.624	1.664	1.000	-6.17	2.92
		博士	-7.451*	1.606	.000	-11.84	-3.06
	硕士	大专	5.173	1.982	.069	-.25	10.59
		本科	1.624	1.664	1.000	-2.92	6.17
		博士	-5.827*	1.982	.028	-11.25	-.41
	博士	大专	11.000*	1.934	.000	5.71	16.29
		本科	7.451*	1.606	.000	3.06	11.84
		硕士	5.827*	1.982	.028	.41	11.25

图 5-6 单因素方差分析的"事后比较"

从图 5-6 可知，由"LSD"和"邦弗伦尼"算法分别得出了对比结论。在二者得出的结论不同的时候，可优先考虑邦弗伦尼的结论。从表中邦弗伦尼的"显著性"列可知，博士与大专、本科、硕士对比的显著性值分别为 0.000、0.000 和 0.028，因此，我们可以得出结论，"博士"父母的孩子，其 IQ 值与其他学生存在显著差异。其他类别学生之间的差异则没有这么显著。

5. 进一步深化：查阅平均值图

为了清晰地呈现出各个分组在 IQ 值上的表现，还可以参考其"平均值图"。

在图 5-2 所示的"单因素 ANOVA 检验"对话框中，单击右部的【选项】按钮，启动"单因素 ANOVA 检验：选项"对话框，如图 5-3 所示。然后勾选【平均值图】复选框，以便在方差分析结束后显示出反映各分组取值情况的平均值图。

执行方差分析后，其输出页面中会显示出各个分组 IQ 值的均值图，如图 5-7 所示。

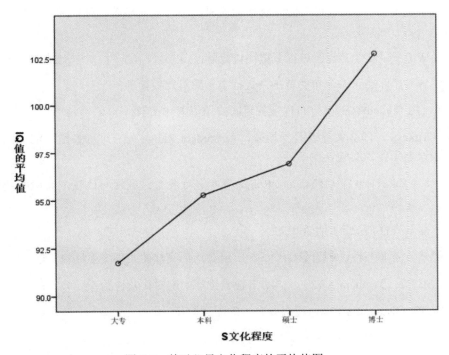

图 5-7 基于父母文化程度的平均值图

由图 5-7 可知，在父母文化程度不同的 4 类学生里，父母为博士的学生，IQ 值的均值明显最高；父母文化程度为大专的学生，其 IQ 值的均值最低；硕士父母与本科父母的子女，IQ 值的均值差距最小。

5.2.2 单因素方差分析反思与总结

1. 单因素方差分析的"事后比较"

"事后比较"是单因素方差分析提供的一个重要功能，它支持分组之间的两两对比。其操作界面如图 5-5 所示。从图 5-5 可知，针对分组间的两两对比，事后比较提供了两种方式：其一，方差齐性条件下的两两对比，这是在方差分析有效的情况下的有益补充；其二，未设定方差齐性情况下的两两比较，相当于在方差非齐性、方差分析有效性受质疑时进行的补充处理，等同于执行了多轮独立样本异方差 T 检验操作。

图 5-5 所示对话框中的相关复选框解释如下。

（1）方差齐性条件下的事后比较

如果已知方差齐性，可以选择图 5-5 所示对话框上部的 14 种多重比较方法。

LSD，即最小显著差异检验，采取各组配对比较、不调整误差率的对比方式；

邦弗伦尼（Bonferroni），即修正的 LSD 检验，通过设置检验误差率来控制误差；

斯达克（Sidak），即基于 T 统计量的多重配对比较，可以调整其显著性水平；

雪费（Scheffe），即同步进入的配对比较检验，不要求 n 相等，可以对各个均值的差异显著性检验结果进行对比；

R-E-G-W F，即借助 F 检验进行多重比较检验；

R-E-G-W Q，即在正态分布的范围内进行多重配对比较检验；

S-N-K，用 Student Range 分布进行各组间的均值配对比较；

图基（Tukey），即真实显著差异检验，用 Student Range 分布进行各组间配对比较，用所有配对比较误差率作为实验误差率；

图基 s-b（Tukey s-b），用 Student Range 分布进行各个组间配对比较，其精确度是前二者的均值。

（2）方差非齐性情况下的事后比较

如果已知方差非齐性，则可借助图 5-5 所示对话框底部的 4 种多重比较方法：

塔姆黑尼 T2（Tamhane's T2），借助 T 检验进行的配对比较检验；

邓尼特 T3（Dunnett's T3），正态分布下的配对检验；

盖姆斯-豪厄尔（Games-Howell），对应方差非齐性的检验；

邓尼特 C（Dunnett's C），正态分布下的配对比较检验。

2. 单因素方差分析的其他选项

（1）"选项"对话框

在"单因素 ANOVA 检验：选项"对话框中，最重要的选项是"方差齐性检验"和"平均值图"。另外，"描述""固定和随机效应"选项也是非常重要的功能，对依据分组来分类显示统计结果，同时呈现有关的效应值，也很有价值。

（2）"对比"对话框

在"单因素 ANOVA 检验"对话框中还有个【对比】按钮，单击此按钮可启动"单因素

ANOVA 检验：对比"对话框。此对话框对单因素方差分析的作用不大，主要服务于多因素方差分析和多元线性回归分析。

> **科研视点：**
>
> 在科研统计中，单因素方差分析与一元线性回归分析有众多共同之处。若在单因素方差分析中，分组变量对因变量的影响显著，那么通常就能够获得有效的回归方程，此时方差分析中的分组变量将成为回归方程中影响显著的自变量。另外，回归分析并不局限于一元线性回归，通过对自变量取平方、取立方、添加系数等操作，可以把影响显著的方差分析转化为高次曲线回归方程。在形成高次曲线回归方程的过程中，针对自变量做各种变形（取平方、取立方、添加系数构建多项式）是非常必要的。

3. 以"一般线性模型"实现单因素方差分析

在 SPSS 中，单因素方差分析通常通过【分析】—【比较均值】—【单因素 ANOVA】路径来实现，这是最常见的操作。

其实，单因素方差分析还可通过【分析】—【一般线性模型】—【单变量】路径来实现。尽管这样打开的是面向多因素方差分析的界面，但若仅在"因子列表"输入一个因素变量，则其执行效果与"单因素 ANOVA"完全相同。

5.3 多因素方差分析

多因素方差分析研究在多个因素同时发生影响的过程中，因变量在多因素的各级水平下的均值是否存在显著差异。在此过程中，既要考虑单个因素对方差的影响，还要考虑若干个因素交叉作用的影响力。

5.3.1 实战：多因素方差分析模型构建及调整

1. 案例要求

对于图 5-1 所示的"小学生入学情况测评"数据文件 School2022.sav，请分析性别、父母文化程度、生源、学前辅导时长等因素可否对"年初测评"成绩产生显著影响，探究哪些因素的作用是显著的，并重点关注交互因素对年初测评成绩的影响程度。另外，请进一步分析性别、父母文化程度、生源、学前辅导时长等因素可否对"数学 2"成绩产生显著影响。

2. 解决方案分析

（1）基本思路

基于案例需求，我们首先需要综合考察性别、父母文化程度、生源、学前辅导时长等因素可否对年初测评产生显著影响。由于"年初测评"成绩是符合正态分布的，因此这是一个典型的多因素方差分析。然后，我们要综合考察性别、父母文化程度、生源、学前辅导时长等因素可否对"数学 2"成绩产生显著影响。由于"数学 2"成绩不符合正态分布，因此此检验不符合方差分析的基本要求，不可以采用多因素方差分析算法完成。

（2）必要的预处理

由于多因素方差分析不支持以字符型变量作为分组变量，也就是说，字符型的"父母文化程度""性别""生源"等变量不可以直接充当方差分析的分组变量。针对这一问题，我们先借助数值化编码技术对"父母文化程度"等变量重编码，生成新变量 Sex（即性别码）、wh（即文化程度码）和 sy（即生源码）。这些编码均依据特定的顺序规则编制，都是定序变量。

3. 操作流程（1）——初步尝试

（1）操作过程

[1] 在 School2022.sav 的"数据视图"下，单击【分析】—【一般线性模型】—【单变量】，打开"单变量"对话框。

[2] 在"单变量"对话框中，从左侧把"年初测评"添加到右侧的"因变量"列表框中。再把"父母文化程度"的数值化变量"wh"添加到"固定因子"列表框中。同理，把"sy""Sex""学前辅导时长"添加到"固定因子"列表框中。如图 5-8 所示。

> **注意：**
> 在图 5-8 中的"固定因子"列表框中，若只加入一个分组变量，则此模块将实现"单因素 ANOVA"分析。

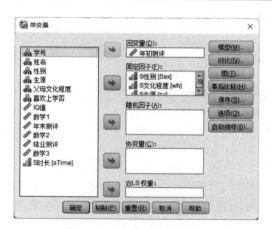

图 5-8 "单变量"对话框

[3] 在"单变量"对话框中，单击右侧的【选项】按钮，启动"选项"对话框。在此对话框中勾选【齐性检验】复选框。然后，单击【继续】按钮，返回"单变量"对话框。

> **注意：**
> 在方差分析中，方差齐性是结论有效的必要前提条件。因此，务必勾选【齐性检验】复选框，以保证同时执行方差齐性检验。

[4] 单击此对话框底部的【确定】按钮，启动方差分析运算。

（2）解读输出结果

输出结果如图 5-9 所示。

解读图 5-9 所示的结果表格，发现：由于方差齐性检验的“显著性”值为 0.004 < 0.05，因此此模型的方差非齐性，模型无效。所以，需要针对此多因素方差分析模型进行调整。

误差方差的莱文等同性检验[a]

因变量：年初测评

F	自由度 1	自由度 2	显著性
3.564	44	16	.004

检验“各个组中的因变量误差方差相等”这一原假设。

a. 设计：截距 + Sex + wh + sy + 学前辅导时长 + Sex * wh + Sex * sy + Sex * 学前辅导时长 + wh * sy + wh * 学前辅导时长 + sy * 学前辅导时长 + Sex * wh * sy + Sex * wh * 学前辅导时长 + Sex * sy * 学前辅导时长 + wh * sy * 学前辅导时长 + Sex * wh * sy * 学前辅导时长

图 5-9 多因素方差分析的输出结果

4．操作流程（2）——把高测度变量设置为“随机因子”或离散化

方差分析的核心理念是分组并基于分组做对比。因此，如果在分组变量中存在值域较大的定距变量，就会导致分组数量过多，每组内的个案数量太少。所以，定距变量或值域特别大的定序变量，通常是不可以作为固定因子出现的。解决策略有两种。

（1）检查本例中的所有分组变量，我们发现“学前辅导时长”的值域较大，不适合作为固定因子出现。因此在图 5-8 所示的界面下，把“学前辅导时长”从“固定因子”列表框中去掉，然后把它添加到“随机因子”列表框中。

修改完毕后，单击【确定】按钮，启动多因素分析过程。完成分析之后，我们发现在其输出结果中，方差齐性检验概率仍小于 0.05，仍未能达到方差齐性这一基本要求。

（2）针对“学前辅导时长”值域过大的问题，可对“学前辅导时长”做离散化化编码，形成新变量“sTime”，将其值域限制在 1 ～ 4。然后把“sTime”作为固定因子添加到模型中。

修改完毕后，单击【确定】按钮，启动多因素分析过程。完成分析之后，我们发现在其输出结果中，检验概率已经大于 0.05，达到了方差齐性这一基本要求。因此，此时的多因素方差分析结果应为有效的。

5．操作流程（3）——调整模型结构

在多因素方差分析中，系统默认为“全因子”结构——系统把所有的固定因子、随机因子等都加入模型中，而且把它们所有可能的组合方式也都添加到模型里，以便检验所有因子、所有交叉因素对因变量的影响力。当因子变量较多时，这种全因子结构是非常容易导致“方差非齐性”这一严重后果的。

（1）启动“模型调整”功能

在图 5-8 所示的“单变量”对话框中，单击右侧的【模型】按钮，启动“单变量：模型”对话框。

（2）调整多因素的模型

[1] 在“单变量：模型”对话框中，在“指定模型”区域选择【定制】单选框，使系统从“全因子”模型变成用户定制模型。

[2] 从左侧选择某个因子变量，然后在中部区域的"类型"下选择【主效应】，再单击右向箭头，把此因子添加到右侧的"模型"列表框中。

[3] 从左侧同时选中两个因子变量（按住 Ctrl 键并用鼠标单击想要的因子变量，可同时选中多个变量），然后在中部区域的"类型"下选择【二阶效应】，再单击右向箭头，把此因子组合添加到右侧的"模型"列表框中。同理，可向模型中逐步添加其他的二阶效应和三阶效应，如图 5-10 所示。

[4] 完成调整后，单击【继续】按钮返回"单变量"对话框。继续单击【确定】按钮，再次启动多因素方差分析过程，观察方差齐性检验结果。重复此调整过程，直到其满足要求为止。

图 5-10 调整多因素方差分析的模型

6. 结果解读

在满足方差齐性基本要求的情况下，多因素方差分析的重要输出就是"主体间效应检验"结果，如图 5-11 所示。

由于多因素方差分析与多元线性回归有很强的内在联系，在多因素方差分析的输出结果中，会同时显示与多元线性回归相关的一些指标项。

主体间效应检验

因变量：年初测评

源	Ⅲ类平方和	自由度	均方	F	显著性
修正模型	800.859a	32	25.027	4.544	.000
截距	84940.151	1	84940.151	15421.360	.000
Sex	67.985	1	67.985	12.343	.002
wh	79.221	3	26.407	4.794	.008
sy	76.343	2	38.172	6.930	.004
sTime	14.591	4	3.648	.662	.623
Sex* sy	2.949	2	1.474	.268	.767
Sex*wh	74.142	3	24.714	4.487	.011
wh*sy	13.511	5	2.702	.491	.780
Sex*wh*sy	.427	1	.427	.077	.783
Sex*sTime	157.786	4	39.447	7.162	.000
sy* sTime	122.576	6	20.429	3.709	.008
误差	154.223	28	5.508		
总计	480760.000	61			
修正后总计	955.082	60			

a.R方=.839 (调整后R方=.654)

图 5-11 主体间效应检验结果

① 由图 5-11 中最右列的 *Sig* 值（"显著性"）可知，"Sex"行和"sy"行的 *Sig* 值小于 0.05，表示这两个分组变量取不同的值会引起因变量均值的显著变化，即这两个因素能够对因

变量产生显著影响。在表格中，它们的 F 值均大于 1.96，也证实了这一点。由此可知，性别和生源是影响学生年初测评成绩的重要因素。

② 除了"Sex"和"sy"行外，我们发现"Sex*wh"和"Sex*sTime"行的 Sig 值小于 0.05，这说明性别和父母文化程度的交互因素、性别和学前辅导时长的交互因素均会对年初测评成绩产生显著影响。

③ 图 5-11 的前两行为"修正模型"和"截距"，其最右侧对应的 Sig 值均为 0.000，小于 0.05，表示模型中自变量值的改变会引起模型最终变量值的显著变化，因此此模型为有效模型。另外，图 5-11 底部显示"R 方 =0.730"，值比较大，说明本模型的判定系数比较高，它对因变量的影响力比较显著，具有较好的反映观测值的能力。

> **注意：**
> （1）修正模型、截距及 R 方等概念都是多元线性回归中的概念。在多因素方差分析中出现这些概念，且 R 方值较高，说明此多因素方差分析模型能够对应生成较为优质的多元线性回归方程，而且回归模型会有很好的拟合度，质量也非常不错。
> （2）在多因素方差分析过程中，也有这样一种可能，即各分组之间的差异显著，固定因子对因变量的影响也很显著，但无法生成有效的线性回归模型，导致在"主体间效应检验"表格中无法生成修正模型。

5.3.2　多因素方差分析中的关键问题及反思

1. 方差非齐性问题

与单因素方差分析的目标相同，多因素方差分析也借助 F 值（组间均方值与组内均方值之比）判断多因素分组的因变量之均值是否差异显著，从而发现各因素变量对因变量的影响能力。鉴于方差分析的逻辑起点和工作原理，"方差齐性"是方差分析的基本要求，但在多因素方差分析过程中，由于因素变量过多，满足"方差齐性"标准是多因素方差分析的难点。

为解决这一问题，我们在执行多因素方差分析时必须明确几个要点。

① 明确固定因子和随机因子的区别。一般说来，充当因素的变量若是定类变量或值域较小的定序变量，通常可放到"固定因子"列表框；若是需要以定距变量或值域很大的定序变量作为因素变量，通常需放到"随机因子"列表框，或者先做离散化处理，缩小其值域之后再放到"固定因子"列表框。

② 务必掌握调整"模型"的方法。针对方差非齐性的模型，要善于进入"模型"对话框，把模型从"全因子"调整为"定制"状态，通过适当删减一些组合效应，减少参与对比的分组，以提升方差齐性的可能性。

2. 绘制"估算边际图"

在如图 5-8 所示的"单变量"对话框中，单击【图】按钮，启动如图 5-12 所示的对话框，可以设置并绘制出"轮廓图"（也叫"估算边际图"），以便更好地显示出自变量之间的关系。

[1] 选择作为水平轴的自变量项，本例中从左侧选择"wh"并将其移到右侧的"水平轴"文本框中。

[2] 选择作为单图标记的自变量项，本例中从左侧选择"sy"并将其移到右侧的"单独的线条"文本框中。

[3] 单击【添加】按钮，此时底部的列表框中会出现"wh*sy"，表示要以因变量为纵轴，以"wh"为横轴，且以"sy"变量作为单图标记绘制"估算边际图"——针对 sy 的每个取值，独立绘制出一条 wh 为横轴、因变量为纵轴的线条。

图 5-12 "单变量：轮廓图"对话框

[4] 单击【继续】按钮，返回"单变量"对话框，并单击【确定】按钮，启动多因素方差分析过程。随后将随同分析结果显示出估算边际图，如图 5-13 所示。

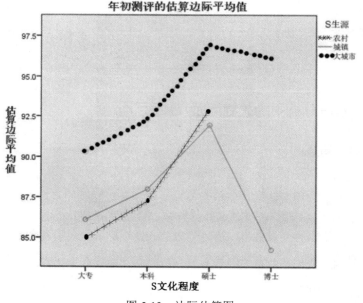

图 5-13 边际估算图

从图 5-13 可以看出，随着父母文化程度的提升，学生的年初测评成绩有明显的变化，其中父母学历为硕士的学生，其年初测评成绩均值最高，而父母学历为博士的学生，其年初测评成绩的均值却最低。另外，3 条折线分别代表 3 种生源的学生在年初测评成绩上的均值情况。由于 3 条折线基本相离，而且间隔较大，没有出现任何交叉，因此，可以认为：生源和父母文化程度这两个变量之间不存在影响显著的交互效应。另外，因农村生源学生的父母都没有博士学位，所以第三条折线不完整。

3. 设置面向因素的事后多重比较

在如图 5-8 所示的"单变量"对话框中，单击【事后比较】按钮，打开如图 5-14 所示的对话框，以便进行具体设置。

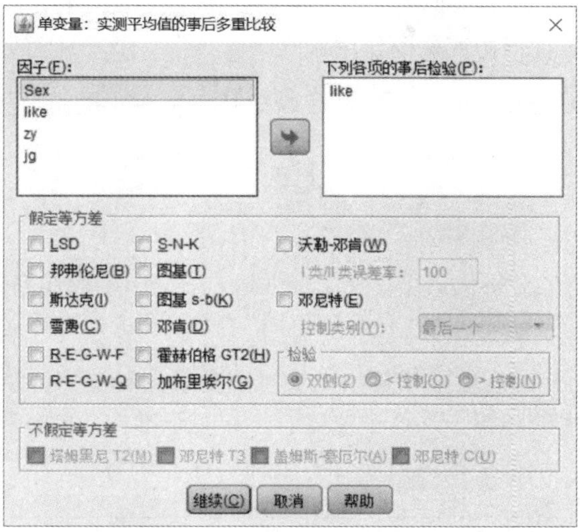

图 5-14 "单变量：实测平均值的事后多重比较"对话框

在图 5-14 所示的对话框中，用户可把需要做内部分组比较的因子从左侧移到右侧的"下列各项的事后检验"列表框中，然后从中部的"假设等方差"区域中选用一种或多种比较方法。比如选择最常用的"LSD"或"邦弗伦尼"算法。

对于图 5-14 中各算法的含义，请参阅 5.2.2 节中的相关内容。

5.4 协方差分析

协方差分析是指排除协变量对因变量的影响力，探索各个分组变量对因变量是否影响显著的一种多因素方差分析技术。

5.4.1 协方差分析的概念

1. 协方差分析的含义与作用

在多因素方差分析中，影响结果的因素可能非常多。在这些因素中，有的因素是我们关注的、区分度较高的可控因素，有的因素是我们不关注的，还有些因素是随机变量，对结果的影响不便于控制，但在研究中需要排除。

为了分析出被关注因素的作用程度，需要在方差分析过程中，屏蔽那些不受关注的因素或者随机因素对因变量的影响，以保证研究的严谨性。

人们把这种不可控的、需要被屏蔽的因素称为"协变量"。基于协变量所开展的方差分析被称为"协方差分析"（CoVariable Analysis）。

在 SPSS 中，协方差分析仍借用单变量多因素方差分析的操作界面完成。

2. 协方差分析的前提条件

SPSS 的协方差分析，要求因变量和协变量都是能连续取值的定距变量，而且二者线性相关，以便借助线性回归过程把协变量的作用剔除。

在具体的应用中，根据研究的需要，也可以把某些定序变量作为协变量使用。定类变量通常不作为协变量使用。

3. 补充说明

① 在 SPSS 中，协方差分析仍借用单变量多因素方差分析的操作界面完成。因此，多因素方差分析中的“模型调整”“事后比较”“边际均值图”“方差非齐性”等功能也适用于协方差分析。

② 协方差分析的核心特色是排除某些变量对因变量的影响力，从而更精准地分析研究者关注的变量对因变量产生的影响。从这个角度看，在基于准实验的各种实证研究中，协方差分析比独立样本 T 检验、一般的多因素方差分析更加严谨、科学。

科研视点：

当前多数学者主张，在各类基于准实验活动的实证研究，特别是以“实验组 - 对照组”模式组织的研究中，应摒弃“针对实验组 - 对照组后测数据的独立样本 T 检验”，改用“面向实验组 - 对照组后测数据的协方差分析”来实施论证，因为协方差分析考虑到了实验过程中的其他因素及其对研究结果的影响，并排除了这些影响。所以，协方差分析比独立样本 T 检验更加科学、严谨。

5.4.2 实战：排除控制变量影响的方差分析——协方差分析模型

1. 案例要求

某小学在一年级新生入学时测量了其学业成绩（即“年初测评”值），并调查了学生的学前教育时长、生源、父母文化程度等信息。获得的数据被存储在数据文件 School2022.sav 中。如图 5-15 所示。

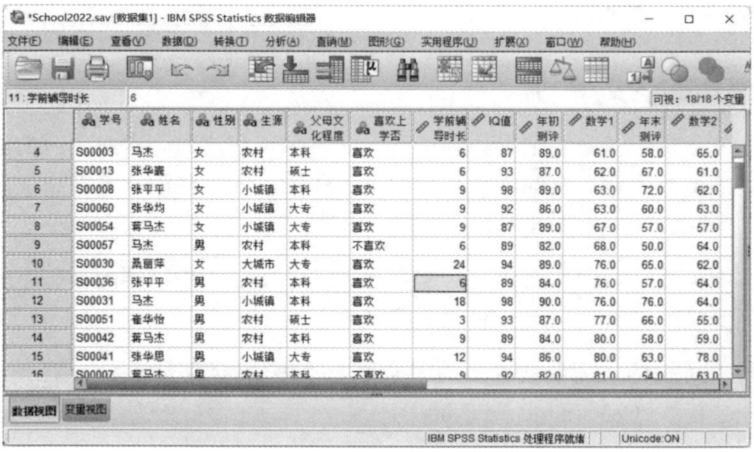

	学号	姓名	性别	生源	父母文化程度	喜欢上学否	学前辅导时长	IQ值	年初测评	数学1	年末测评	数学2
4	S00003	马杰	女	农村	本科	喜欢	6	87	89.0	61.0	58.0	65.0
5	S00013	张华囊	女	农村	硕士	喜欢	6	93	87.0	62.0	67.0	61.0
6	S00008	张平平	女	小城镇	本科	喜欢	9	98	89.0	63.0	72.0	62.0
7	S00060	张华均	女	小城镇	大专	喜欢	9	92	86.0	63.0	60.0	63.0
8	S00054	蒋马杰	女	小城镇	大专	喜欢	9	87	89.0	67.0	57.0	57.0
9	S00057	马杰	男	农村	本科	不喜欢	6	89	82.0	68.0	50.0	64.0
10	S00030	桑丽萍	女	大城市	大专	喜欢	24	94	89.0	76.0	65.0	62.0
11	S00036	张平平	男	农村	本科	喜欢	6	89	84.0	76.0	57.0	64.0
12	S00031	马杰	男	小城镇	本科	喜欢	18	98	90.0	76.0	76.0	64.0
13	S00051	崔华怡	男	农村	硕士	喜欢	3	93	87.0	77.0	66.0	55.0
14	S00042	蒋马杰	男	农村	本科	喜欢	9	89	84.0	80.0	58.0	59.0
15	S00041	张华思	男	小城镇	大专	喜欢	12	94	86.0	80.0	63.0	78.0
16	S00007	蒋马杰	男	农村	本科	不喜欢	9	92	82.0	81.0	54.0	63.0

图 5-15　待执行统计分析的原始数据

现在需要了解父母文化程度和生源是否对学生的年初测评成绩产生了影响。在此过程中，需要屏蔽学前辅导时长对学生年初测评成绩产生的影响。

2. 解决方案分析

（1）基本思路

本案例是要分析在排除了学前辅导时长影响的情况下，父母文化程度不同和生源不同的小学生的年初测评成绩是否存在显著差异。由于原始数据中的年初测评成绩符合正态分布，所以十分适合采用带协变量的多因素方差分析。在本案例中，年初测评成绩为因变量、父母文化程度和生源为因素变量，而学前教育时长为需要屏蔽影响的因素（即协变量）。

（2）数据预处理

在真正开始协方差分析之前，需要先借助数值化编码技术对"父母文化程度""生源"等变量进行重编码，生成"wh"（即文化程度码）和"sy"（即生源码）变量。这些编码均依据特定的顺序规则编制，生成的都是定序变量。例如，"父母文化程度"的编码规则：大专为1，本科为2，硕士为3，博士为4。

3. 操作过程

[1] 在 School2022.sav 的"数据视图"下，单击【分析】—【一般线性模型】—【单变量】，打开"单变量"对话框。

[2] 在"单变量"对话框中，从左侧把"年初测评"添加到右侧"因变量"列表框中；再把新创建的数值化变量"wh""sy"添加到"固定因子"列表中。如图 5-16 所示。

[3] 把作为协变量的"学前辅导时长"添加到"协变量"列表框中，表示"学前辅导时长"是分析过程中需被排除的协变量。

[4] 单击【选项】按钮，在弹出的对话框中勾选【方差齐性检验】复选框，然后返回"单变量"对话框。

[5] 单击此对话框底部的【确定】按钮，启动协方差分析运算。

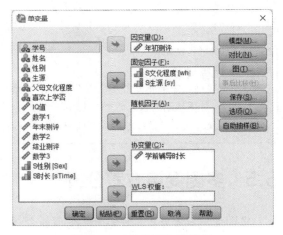

图 5-16 "单变量"对话框

4. 解读输出结果

输出结果如图 5-17 所示。分析这个输出结果，可以获得以下结论。

（1）满足方差齐性的要求

执行协方差分析之后，系统输出的"误差方差的莱文等同性检验"表格显示，其显著性概率为 0.402，说明本模型方差齐性，满足协方差分析的基本要求。

（2）检验结果解读

系统输出了图 5-17 所示的结果。

主体间因子

		值标签	个案数
S文化程度	1.00	大专	11
	2.00	本科	29
	3.00	硕士	10
	4.00	博士	11
S生源	1.00	农村	14
	2.00	城镇	25
	3.00	大城市	22

主体间效应检验

因变量：年初测评

源	III 类平方和	自由度	均方	F	显著性
修正模型	387.230[a]	11	35.203	3.038	.004
截距	48219.596	1	48219.596	4160.872	.000
学前辅导时长	3.410	1	3.410	.294	.590
wh	59.711	3	19.904	1.717	.176
sy	120.117	2	60.058	5.182	.009
wh * sy	27.423	5	5.485	.473	.794
误差	567.852	49	11.589		
总计	480760.000	61			
修正后总计	955.082	60			

a. R 方 = .405（调整后 R 方 = .272）

图 5-17　协方差分析的输出结果

由图 5-17 的左图可知两个因素变量“父母文化程度”和“生源”的因素水平及其个案分布情况。

由图 5-17 右图“主体间效应检验”表格的底部可以看出，本次方差分析模型“*R* 方”的值为 0.405，表示此模型的影响力一般。由右图的“显著性”列可以看出，整个“修正模型”的 *Sig* 值为 0.000，表示整个分析模型是有效的。

从“主体间效应检验”表格的“显著性”列可知，在“学前辅导时长”“生源类型”和“父母文化程度”3 个因素中，如果排除学前辅导时长对幼儿年初测评成绩的影响，则只有“sy”(生源）因素对应的 *Sig* 值 0.009 小于 0.05，表示生源情况会影响到幼儿的年初测评成绩。

注意：

如果想以“学前辅导时长”作为固定因子进行方差分析，为缩小分组变量的值域（减少分组个数），则需对值域范围较大的“学前辅导时长”做离散化处理。在本案例中，可以利用【转换】—【计算变量】操作把“学前辅导时长”除以 6，得到新的离散化变量“sTime”。

5.5　多因变量方差分析

多因变量方差分析是探索分组变量能否对多个相关的因变量产生显著影响的一种多因素方差分析技术。多因变量方差分析的最大特色是被解释变量有多个，多个被解释变量之间必须既有共性，同时又有个性。

5.5.1　多因变量方差分析概述

1. 多因变量方差分析的概念

在统计分析中，如果需要分析某些因素对多个因变量的影响是否显著，就需预先探索这里的多个因变量之间是否存在较强的关联性。

如果待分析的多个因变量之间没有关联性、相对独立，那么这种多因变量的方差分析可以直接转化为多个单因变量的方差分析，逐一检验即可。

如果待分析的多个因变量之间存在较强关联性但又不完全相同，就需要采用"多因变量方差分析"来探索变量间的内在逻辑了。

2. SPSS 中的多因变量方差分析操作

SPSS 的"一般线性模型"中提供了"多变量"（即多因变量）分析模型。我们不仅可以直接把多个因变量添加到这种分析模型中，还可以在其"选项"中设置输出项，以便反映多个因变量之间的交互关系。

SPSS 提供了"协方差矩阵等同性"检验（即 Box 检验）功能，以判断因变量之间的关系是否适合做多因变量方差分析。通常情况下，以其检验概率值大于 0.05 为佳，表示因变量之间关系较为密切，比较适合做多因变量方差分析。

在面向多因变量的方差分析中，不仅要考虑多因变量的不同水平对各因变量个性的影响，还要考虑因变量之间的关联程度（共性），并探索因素变量对多因变量共性的影响。

5.5.2 实战：面向多因变量的方差分析

1. 案例要求

某小学在一年级新生入学时测量了其学业成绩（即"年初测评"）和 IQ 值，并调查了学生的学前教育时长、生源、父母文化程度等信息。获得的数据被存储在数据文件 School2022.sav 中，如图 5-15 所示。

现在需要在排除年初测评成绩影响的情况下，了解父母文化程度、生源、学前辅导时长、性别等因素能否对学生的 IQ 值和年末测评成绩产生显著影响。

2. 解决方案分析

（1）基本思路

本案例是要分析在排除了年初测评成绩影响的情况下，父母文化程度、生源、学前辅导时长、性别对双因变量（IQ 值、年末测评）是否产生了显著影响。

由于本例中的两个因变量（IQ 值、年末测评）符合正态分布，而且存在一定关联性，所以应采用带协变量的多因变量方差分析。在操作中，IQ 值和年末测评成绩为因变量，父母文化程度、生源、性别、学前辅导时长为因素变量，而年初测评成绩则为需要屏蔽影响的因素（即协变量）。

（2）数据预处理

在真正开始协方差分析之前，需要先借助数值化编码技术对"父母文化程度""生源""性别"等变量进行重编码，生成"wh"（即文化程度码）"sy"（即生源码）和"Sex"（即性别码）变量。这些编码均依据特定的顺序规则编制，生成的都是定序变量。

另外，为保证每个分组中具备充足的个案，我们也对"学前辅导时长"进行了离散化编码，使之成为值域为 4 的低测度数据。

3. 操作过程

[1] 在 School2022.sav 的“数据视图”下，单击【分析】—【一般线性模型】—【多变量】，打开“多变量”对话框。

[2] 在“多变量”对话框中，从左侧把“年末测评”和“IQ 值”添加到右侧的“因变量”列表框中；再把新创建的数值化变量“wh”“sy”“Sex”添加到“固定因子”列表框中；接着把“学前辅导时长”的离散化编码“sTime”添加到“固定因子”列表框中。

[3] 把作为协变量的“年初测评”添加到右侧的“协变量”列表框中，表示“年初测评”是分析过程中需被排除的协变量。如图 5-18 所示。

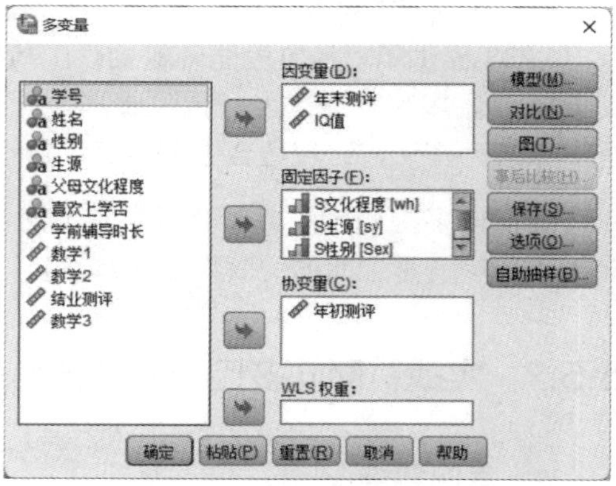

图 5-18　“多变量”对话框

[4] 单击【选项】按钮，在弹出的对话框中勾选【方差齐性检验】复选框，然后返回“多变量”对话框。

[5] 单击此对话框底部的【确定】按钮，启动多变量方差分析运算。

4. 解读输出结果

（1）符合方差齐性的要求

执行多因变量方差分析之后，系统会首先输出两个表格。如图 5-19 所示。

协方差矩阵的博克斯等同性检验[a]

博克斯 M	30.165
F	1.320
自由度 1	15
自由度 2	693.281
显著性	.183

检验“各个组的因变量实测协方差矩阵相等”这一原假设。

误差方差的莱文等同性检验[a]

	F	自由度 1	自由度 2	显著性
年末测评	1.059	37	23	.451
IQ值	.986	37	23	.526

检验“各个组中的因变量误差方差相等”这一原假设。

图 5-19　多因变量方差分析的方差齐性检验结果

在图 5-19 中的“协方差矩阵的博克斯等同性检验”表格中，显著为 0.183，大于 0.05，说明多个因变量之间有较强的共性，适合做多因变量方差分析。

在图 5-19 中的“误差方差的莱文等同性检验”表格中，显著性分别为 0.451 和 0.526，均大于 0.05，满足方差齐性的要求，表示这个方差分析的结果是有效的、可信的。

（2）针对最终检验结果的解读

① 系统先输出了图 5-20 所示的“多变量检验”表格。这个表格逐一反映了各个因素变量对因变量共性部分的影响力。限于篇幅，此处仅显示了“多变量检验”表格的局部内容。从这个表格可知，“wh”和“sy”的 *Sig* 值都为 0.000，小于 0.05，这说明父母文化程度、生源对两个因变量的影响是显著的。

多变量检验[a]

效应		值	F	假设自由度	误差自由度	显著性
截距	比莱轨迹	.632	18.017[b]	2.000	21.000	.000
	威尔克 Lambda	.368	18.017[b]	2.000	21.000	.000
	霍特林轨迹	1.716	18.017[b]	2.000	21.000	.000
	罗伊最大根	1.716	18.017[b]	2.000	21.000	.000
年初测评	比莱轨迹	.168	2.114[b]	2.000	21.000	.146
	威尔克 Lambda	.832	2.114[b]	2.000	21.000	.146
	霍特林轨迹	.201	2.114[b]	2.000	21.000	.146
	罗伊最大根	.201	2.114[b]	2.000	21.000	.146
wh	比莱轨迹	.877	5.730	6.000	44.000	.000
	威尔克 Lambda	.136	12.013[b]	6.000	42.000	.000
	霍特林轨迹	6.283	20.944	6.000	40.000	.000
	罗伊最大根	6.268	45.967[c]	3.000	22.000	.000
sy	比莱轨迹	.767	6.842	4.000	44.000	.000
	威尔克 Lambda	.307	8.448[b]	4.000	42.000	.000
	霍特林轨迹	2.015	10.077	4.000	40.000	.000
	罗伊最大根	1.888	20.763[c]	2.000	22.000	.000
Sex	比莱轨迹	.115	1.370[b]	2.000	21.000	.276
	威尔克 Lambda	.885	1.370[b]	2.000	21.000	.276
	霍特林轨迹	.130	1.370[b]	2.000	21.000	.276
	罗伊最大根	.130	1.370[b]	2.000	21.000	.276

图 5-20　“多变量检验”表格

② 系统接着输出了图 5-21 所示的“主体效应间检验”表格。这个表格逐一反映了各个因素变量对每个因变量个性部分的影响力。限于篇幅，此处仅显示了“主体效应间检验”表格的局部内容。从这个表格可知，“wh”“sy”和“sTime”的 *Sig* 值均小于 0.05，这说明父母文化程度、生源、学前辅导时长对两个因变量个性化部分具有显著性的影响。

主体间效应检验

源	因变量	III 类平方和	自由度	均方	F	显著性
修正模型	年末测评	9780.473[a]	38	257.381	25.031	.000
	IQ值	1767.359[b]	38	46.509	8.255	.000
截距	年末测评	24.869	1	24.869	2.419	.134
	IQ值	185.256	1	185.256	32.881	.000
年初测评	年末测评	20.917	1	20.917	2.034	.168
	IQ值	1.014	1	1.014	.180	.675
wh	年末测评	1354.708	3	451.569	43.916	.000
	IQ值	125.127	3	41.709	7.403	.001
sy	年末测评	386.104	2	193.052	18.775	.000
	IQ值	160.063	2	80.031	14.205	.000
Sex	年末测评	.028	1	.028	.003	.959
	IQ值	10.188	1	10.188	1.808	.192
sTime	年末测评	161.813	4	40.453	3.934	.015
	IQ值	96.816	4	24.204	4.296	.010
wh * sy	年末测评	34.295	3	11.432	1.112	.366
	IQ值	2.498	3	.833	.148	.930

图 5-21　“主体间效应检验”表格

另外，在“多变量”对话框中单击【选项】按钮，会弹出相应的对话框，该对话框左下角的“显示”区域中提供了一些与多因变量方差分析密切相关的输出项，例如【SSCP 矩阵】和【残差 SSCP 矩阵】，这些输出项对于更好地理解因素变量与因变量之间的内在逻辑，也具有重要意义。

⚠ 提示：

在多因变量方差分析中，“多变量检验”表格反映了各因子对因变量共性部分的影响力，它同时提供了基于不同算法的“显著性”结果——若各算法提供的“显著性”结果有冲突，通常会选择“罗伊最大根”作为最终结论。而“主体间效应检验”表格反映了各因子对每个因变量个性部分的影响力，相当于做了多个单因变量多因素方差分析的效果。

思考题

（1）什么是方差分析？方差分析对数据有哪些要求？在科研活动中，方差分析主要用于解决数据论证中哪些方面的问题？

（2）在进行方差分析时，如果作为分组变量的变量是字符型变量，应该如何做？

（3）在方差分析的输出结果中，如果 F 值小于 1，说明什么？此时的 Sig 值会有什么表现？

（4）什么是协方差分析？有什么用途？

（5）在方差分析过程中，可能会发生哪些异常现象？方差齐性是方差分析的基本要求吗？

（6）在统计分析过程中，会出现方差非齐性的情况吗？在多因素方差分析中，如何解决方差非齐性的问题？

（7）在科学研究中，协方差分析有什么价值？为什么说在"实验组－对照组"模式的实证研究中，协方差分析比独立样本 T 检验更科学？

（8）什么是多因变量方差分析？对因变量有哪些要求？

综合实践题

已知：数据文件 MyDataA.sav 中的数据是学生们的各科考试成绩；MyDataB.sav 中的数据是某小学招生时采集到的学生情况信息。

请从作业素材文件夹中找到素材文件 myDataA.sav、MyDataB.sav，然后基于这 2 个数据文件，完成以下操作。

（1）在 MydataA.sav 中，检验不同专业的学生的语文 1 成绩、历史成绩是否有显著差异（或者说检验学生所在专业是否会对语文 1 成绩、历史成绩产生重要影响）。

（2）在 MydataA.sav 中，检验不同专业的学生的数学成绩、物理成绩是否有显著差异，检验性别是否能够影响学生的数学成绩、物理成绩。

（3）在 MydataA.sav 中，剔除"爱好"字段的影响，分析籍贯、专业、性别对语文 1、语文 2、历史成绩的影响。

（4）在 MydataB.sav 中，综合分析生源、IQ 值、学习时长、父母文化程度等因素对入学测试成绩的影响。

（5）在 MydataB.sav 中，剔除"学前辅导时长"的影响，分析父母文化程度、生源、性别、IQ 值对入学测试成绩的影响。

第 6 章
关联性分析技术

关键知识点

关联性分析,是探索若干配对样本之间内在逻辑的重要分析方法,也是实现归因分析的重要手段。本章重点讲解了面向变量间内在关联性的统计分析技术。重点内容有:①面向两种高测度数据的相关性分析(皮尔逊相关、斯皮尔曼相关、肯德尔相关);②面向定类数据的交叉表分析;③回归分析的原理及应用;④线性回归分析;⑤二元逻辑回归分析。

知识结构图

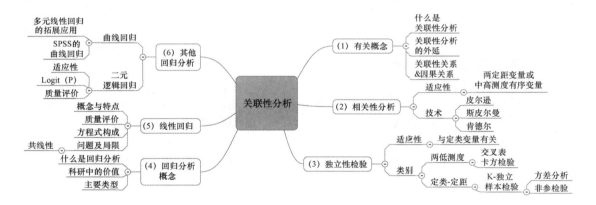

学前深思

(1) 为什么说当今社会学学者在弱化因果关系分析,更加强调关联性分析?
(2) 什么是回归分析?其目标是什么?常用的回归分析有哪些类型?
(3) 在科学研究中,如何应用回归分析论证研究结论?

科研视点:研究报告品读

相关性分析和回归分析是科研统计中用于实现归因及关联性分析的重要手段,这些技术与方差分析具有密切的联系。为便于大家理解，本章仍选择了第4章的案例数据，只是从相关性、线性回归分析的视角重新组织了研究报告。请大家对照第4章的相关内容阅读和学习，使知识融会贯通。

本例是一篇面向一年级小学生入学情况调查数据的数据关联性分析报告，请大家认真阅读此报告，体会这类报告的结构、写法，以及其中蕴含的关联性分析方法。

2021年度C小学一年级学生状况统计分析报告

一、选题及背景

1. 背景简介

C小学是北京市一所知名的重点学校，2020年秋季，重点班共招新生61人。至2021年，小学一年级重点班新生的相关信息已经采集完毕，此数据存储于文档School2021.sav中。

请针对表格中存储的数据，探索其中蕴含的规律。在此过程中，请特别关注学生的父母文化程度、生源、学前辅导时长对学生的IQ值及入学初成绩造成的影响，以便基于探究所得，为学校的教学和管理提供有针对性的干预策略，以提升学校的育人质量和综合素养。

2. 研究问题

（1）学生的IQ值、入学初成绩、年末测评、学前辅导时长、两科数学成绩与其性别是否有关联？

（2）学生的IQ值、入学初成绩、年末测评、学前辅导时长、两科数学成绩是否与父母文化程度、生源有关联并呈现为线性关系？

（3）排除入学初成绩的影响，学生的年末测评是否与IQ值高度正相关？

（4）学生的入学初成绩、年末测评、两科数学成绩与学生的学前辅导时长之间是否存在明显的线性关系？

（5）探究哪种因素对小学生的年末测评成绩影响较大？能否形成有效的线性回归方程？

二、数据规范化及与预处理

1. 数据的数值化编码

由于相关性分析和回归分析均面向数值型变量，而且应是大小有意义的定序变量和定距变量，因此，需要先对性别、生源等变量进行数值化编码。在数值化编码时，应尽最大可能分析各个变量的特点，寻求有效的高质量编码规则，以便把各变量转化为大小有意义的定序变量。

另外，对于学前辅导时长，统一除以6并取整，从而实现对该变量的离散化编码，生成新变量sTime。

2. 正确地标记缺失值

在正式开展统计分析之前，应把数据表中的不规范数据标记为缺失值，不让这些数据参与相关统计分析操作，以免不规范数据影响分析结果。

3. 针对因变量分布形态的判断

借助SPSS V24.0的K-S检验，在"精确"模式下，可知：IQ值、入学初成绩、年末测评是符合正态分布的，而学前辅导时长、数学1、数学2成绩是不符合正态分布的。

三、数据分析及论证

本研究主要希望借助相关性分析和回归分析探索诸变量之间的关联性。因此，需根据数据的特点选择适宜的方法。

1. 探究 IQ 值、各次成绩与性别的关联性

由于性别是个二分变量，值域很小，而且其取值没有大小上的意义，因此，可把对性别与某定距变量是否有关联性的探究，转化为对"性别不同的学生在该变量取值上是否存在差异显著性"的检验。

借助独立样本 T 检验，可获得如表 1 所示的表格。

表 1　面向 IQ 值、入学初成绩、年末测评的独立样本 T 检验

因变量名	性别（因素）	$M \pm SD$	T 值	Sig 值
IQ 值	男	95.16±4.871	−1.265	0.211
	女	97.00±6.029		
入学初成绩	男	86.92±4.509	−3.083	0.003**
	女	89.92±3.093		
年末测评	男	67.76±10.595	−2.663	0.010*
	女	76.29±13.350		

在按性别分组的情况下，入学初成绩和年末测评的显著性检验概率分别为 0.003 和 0.010，均小于 0.05。因此，可以认为在入学初成绩和年末测评维度，男女生存在着显著差异，且女生成绩的均值略高于男生。而学生的 IQ 值不受学生性别的影响。

另外，针对学前辅导时长、两科数学成绩，可以以性别为因素变量，做两独立样本的非参数检验，结果显示，学前辅导时长、两科数学成绩不受性别的影响。

综上所述，入学初测试和年末测评与性别有关联，会受到性别的影响；而 IQ 值、学前辅导时长、数学 1、数学 2 等独立于性别，与性别没有关联，没有受到性别的影响。

2. 探究 IQ 值、各次成绩与生源的关联性

以面向双变量的斯皮尔曼相关性检验分析 IQ 值、各次成绩与生源的关联性，获得如表 2 所示的数据。

表 2　生源与诸变量之间的相关性

变量	相关系数	Sig 值	相关类别
生源 -IQ 值	0.725**	0.000	正相关
生源 - 入学初成绩	0.632**	0.000	正相关
生源 - 年末测评	0.722**	0.000	正相关
生源 - 数学 1	0.549**	0.000	正相关
生源 - 数学 2	0.592**	0.000	正相关

基于生源的数值化编码（按照生源地的发展程度编码的定序变量），在完成斯皮尔曼相关性分析之后，可以发现，各次成绩、IQ 值均与生源情况存在显著相关性，且为正相关。这说明，发达地区的小学生，在 IQ 值和学业成绩方面均表现出较强的优势。

3. 探究 IQ 值、各次成绩与父母文化程度的关联性

以面向双变量的斯皮尔曼相关性检验分析 IQ 值、各次成绩与父母文化程度的关联性，获得如表 3 所示的数据。

表 3　父母文化程度与诸变量之间的相关性

变量	相关系数	Sig 值	相关类别
父母文化程度 -IQ 值	0.578**	0.000	正相关
父母文化程度 - 入学初成绩	0.420**	0.000	正相关
父母文化程度 - 年末测评	0.743**	0.000	正相关
父母文化程度 - 数学 1	0.383**	0.000	正相关
父母文化程度 - 数学 2	0.499**	0.000	正相关

　　基于父母文化程度的数值化编码，在完成斯皮尔曼相关性分析之后，可以发现，各次成绩、IQ 值均与父母文化程度存在显著相关性，且为正相关。这说明，父母文化程度较高的小学生，在 IQ 值和学业成绩方面均表现出较强的优势。另外，从表 3 也可看出，表格中的相关系数不是太高，说明各次成绩、IQ 值与父母文化程度有关联性，但关联性程度不是很高。因此，可以认为，各次成绩、IQ 值还与其他因素有关联。

　　4. 在排除入学初成绩的影响后，探究年末成绩与 IQ 值的关联性

　　以入学初成绩作为控制变量，以年末测评和 IQ 值作为检验变量，在 SPSS 中做偏相关分析，分析结果如表 4 所示。

表 4　针对年末测评的偏相关分析

控制变量			年末测评	IQ 值
入学初成绩	年末测评	相关性	1.000	.881
		显著性（双尾）	.	.000
		自由度	0	58
	IQ 值	相关性	.881	1.000
		显著性（双尾）	.000	.
		自由度	58	0

　　从表 4 的分析结果可知，在排除了入学初成绩的影响之后，学生的年末测评成绩仍与 IQ 值高度正相关，这说明 IQ 值对年末测评成绩的影响是真的显著，不是因为其他中介变量的影响。

　　5. 分析 4 次成绩是否与学前辅导时长具有清晰的线性关系

　　（1）入学初成绩与学前辅导时长之间的回归关系

　　以入学初成绩为因变量，以学前辅导时长为自变量，做一元线性回归分析。结果其 R 方为 0.103，模型的 Sig 值为 0.012。从判别指标看，模型是有效的，但方程的质量不高。基于回归分析的输出，可以获得学前辅导时长与入学初成绩之间的线性方程：$Y_{入学初成绩} = 85.738 + 0.249 * X_{学前辅导时长}$。

　　基于这一回归结果，可以认为学前辅导时长对入学初成绩具备一定的作用力。但由于 R 方值较小，故而这种作用的效果并不是非常地显著。

　　（2）年末测评与学前辅导时长之间的回归关系

　　以年末测评为因变量，以学前辅导时长为自变量，做一元线性回归分析。结果其 R 方为 0.314，模型的 Sig 值为 0.000。因此，模型是有效的，但回归方程质量不高。基于其输出，可获得回归方程：$Y_{年末测评} = 56.155 + 1.404 * X_{学前辅导时长}$。

(3)"数学 1"成绩与学前辅导时长之间的回归关系

以"数学 1"成绩为因变量,以学前辅导时长为自变量,做一元线性回归分析。结果其 R 方为 0.195,模型的 Sig 值为 0.000。因此,模型是有效的,但回归方程质量不高。基于其输出,可获得回归方程:$Y_{数学1} = 72.594 + 0.868 * X_{学前辅导时长}$。

(4)"数学 2"成绩与学前辅导时长之间的回归关系

以"数学 2"成绩为因变量,以学前辅导时长为自变量,做一元线性回归分析。结果其 R 方为 0.185,模型的 Sig 值为 0.001。因此,模型是有效的,但回归方程质量不高。基于其输出,可获得回归方程:$Y_{数学2} = 64.973 + 1.064 * X_{学前辅导时长}$。

(5)小结

从上述回归分析来看,4 个成绩变量与学前辅导时长均可构成有效的回归方程,能在一定程度上通过学前辅导时长预测相应的成绩。但因为 R 方较小,这种预测能力是很弱的,局限性较大。

6. 综合分析影响年末测评成绩的诸因素及其影响力

(1)基本分析

可以以年末测评作为因变量,以数值化编码之后的性别、生源、父母文化程度、IQ 值、学前辅导时长、入学初成绩作为自变量,做多元线性回归分析。

分析发现,其调整的 R 方为 0.957,Sig 值为 0.000,这说明回归模型是有效的,而且其质量相当不错。另外,性别未能进入方程中,这说明性别不是能对年末测评产生影响的关键因素。

各自变量的非标准化和标准化系数及其影响显著性如表 5 所示。

表 5 各自变量的系数和显著性

自变量名	非标准化系数	标准化系数	Sig 值
IQ 值	0.792	0.344	0.000
父母文化程度	5.805	0.441	0.000
生源	4.425	0.262	0.000
学前辅导时长	0.374	0.138	0.000
入学初成绩	0.262	0.081	0.019
常数项(截距)	−53.833		0.000

基于表 5 中的非标准化系数,笔者构造出了面向小学生调查数据的回归方程,利用这一回归方程,可以实现面向小学生学习状况的预测。

$$Y_{年末成绩} = 0.792 \times X_{1(IQ值)} + 5.805 \times X_{2(父母文化)} + 4.425 \times X_{3(生源)} + 0.374 \times X_{4(学前辅导时长)} + 0.262 \times X_{5(入学初成绩)} - 53.833$$

另外,从表 5 的标准化系数中可以看出各自变量对因变量的影响权重。对小学生年末测评成绩影响权重最大的是父母文化程度,其标准化系数为 0.441,随后为学生的 IQ 值,位于第二位,其影响权重为 0.344。

(2)总结

首先,对于上述多元回归方程,笔者进行了共线性诊断,没有发现自变量间有明显的共线性问题。因此,此回归模型是可靠的。

其次,基于多元线性回归结果可知:学生的年末测评成绩同时受到诸多因素的影响。在这种情况下,做一元线性回归时,R 方的值通常均不高,但多元线性回归能呈现多个自变量同时作用于因变量的程度，获得了拟合度较好的回归模型，此模型能够很好地描绘学生学习成绩的影响因素及其对成绩的作用力度。

四、研究结果与讨论

基于 School2021 数据集，经分析和对比发现：C 校 2020 级小学生的入学初成绩、年末测评、IQ 值均与生源和父母文化程度有很强的关联性，是正相关关系。也就是说，成长于大都市、父母学历比较高的学生，在 IQ 值、入学初成绩、年末测评上均会呈现出一定的优势。另外，学生的入学初成绩、年末测评与性别有关联，但 IQ 值、数学课程的成绩则与性别没有关联。从均值的视角看，在入学初成绩和年末测评成绩上，小学女生均有一定的优势，但她们的 IQ 值却没有突出的表现。关于这一现象，同行学者也有类似的研究结论。

说明：①关于幼儿成长的影响因素，幼儿发展状态与性别、家庭情况、父母状况等诸多因素之间关联性的讨论与思考，以及与同行学者相关研究的对比和分析，本文暂略。②在讨论过程中，要注意相关文献的引用，并与当前研究结论进行对比和总结。此处暂略。

五、结束语

（略）

6.1 关联性分析综述

关联性分析是探索若干配对样本之间内在逻辑的重要分析方法，也是实现归因分析的重要手段。随着统计分析技术的发展，人们发现很多配对变量之间的因果关系是相互的，因此，近十年，在科研活动中，人们更加重视变量间的关联关系，而弱化了对因果关系的探索。

6.1.1 关联性分析的特点及类型

1. 变量之间关联的程度

待分析的两个配对变量的关联水平主要可分为以下 3 个等级：①两列数据之间根本不存在任何关联性；②两列数据之间存在着模糊的关联性；③两列数据之间存在着清晰的函数关系。数据序列之间的关联性水平，可以通过散点图直观地呈现，如图 6-1、图 6-2 所示。

在图 6-1 的左图中，"IQ 值"作为水平轴（x 轴），"入学测试成绩"作为垂直轴（y 轴）。在这个散点图中，个案分散在整个画面中，看不出趋势和规律，说明水平轴和垂直轴所描述的两个变量之间没有关联性。而在图 6-1 的右图中，尽管散点的分布也比较混乱，但大致构成了一个自左下指向右上的带状区域，说明水平轴的"物理"与垂直轴的"作业情况"之间具备一定的关联性。

在图 6-2 所示的散点图中，散点构成了一条清晰的曲线，说明 X 序列与 Y 序列的数据之间存在着比较清晰的关联关系，X 的每个取值，都能有一个比较确定的 Y 值。这种关联关系应该是函数关系，可以借助回归分析技术找出原始的函数式（即回归方程）。

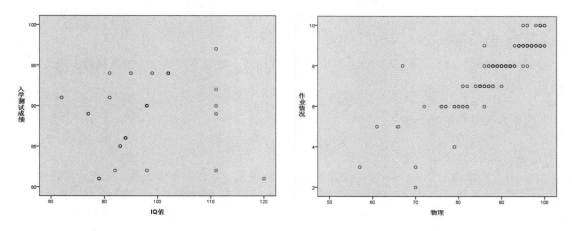

图 6-1 两种不同类型关联性的散点图

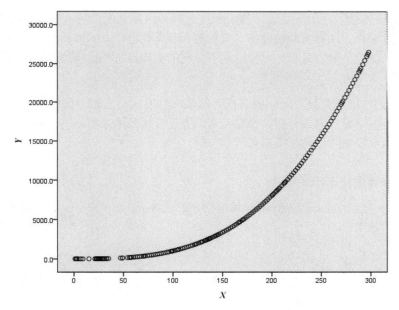

图 6-2 数据序列 X 与数据序列 Y 所构成的散点图

2. 关联性分析对数据的要求

关联性分析讨论的是两个或两个以上配对变量之间的内在联系，比如物理成绩是否与语文成绩有关联，物理成绩是否与性别有关联，物理成绩是否与学生的爱好有关联，爱好是否与性别有关联。

关联性分析通常要探索：A 变量升高是否会同时引起 B 变量的升高（或降低），或者 A 变量取值的变化是否会同时引起 B 变量取值的变化。在此过程中，研究者特别关注与 A 变量某一取值相对应的 B 变量取值的变化情况。

因此，在关联性分析中，参与分析过程的变量通常由两个或多个配对变量构成，应存在一一对应的关系，即这些变量的值应是针对同一组样本进行多次测量而获得的。所以，与差异显著性检验不同,在关联性分析中没有独立样本一说,关联性分析仅面向配对样本开展,参与关联性分析的数据序列,数据个数应该相同,且存在着一一对应的关系。

另外,关联性分析不要求参与分析的变量值域相同,值域不同的两个变量也可以做关联性分析。

3. 关联性分析的类型

从参与关联性分析的数据来看,关联性分析可以分为以下几种情形。

① 两有序变量之间的关联性。比如定距-定距变量、定序-定序变量、定序-定距变量。在实践中,分析同一个教学班级中两次考试成绩的关联性、物理成绩与学习态度的关联性,就属于这一类型。对这类关联性分析,统计学家已经给予了专门的定义——相关性分析,并提供了专门的技术:皮尔逊(Pearson)相关、斯皮尔曼(Spearman)相关和肯德尔(Kendall)相关。另外,还可以借助回归分析探索各变量之间是否存在清晰的函数关系。

② 两低测度变量之间的关联性。例如专业选择与性别之间的关联性分析、爱好与专业选择之间的关联性分析。这种关联性分析,又被称为独立性检验,即检验两个变量是否独立,不存在任何关联。这类关联性分析,可借助基于分组的差异显著性检验技术——基于交叉表的卡方检验来实现。

③ 定距变量与定类变量之间的关联性。例如,物理成绩是否与民族有关联,身高是否与来源地有关联等。这种关联性分析,通常可借助方差分析技术来实施——若定类变量对定距变量影响显著,就可以认为这两个变量之间有关联。

4. 关联性分析中的主要技术

相关性分析(Correlation Analysis)与回归分析(Regression Analysis),是数据关联性分析中两个最重要的技术。

(1) 相关性分析

在进行相关性分析之前,通常先假设两个有序变量之间没有相关性。在启动相关性分析之后,能够获得两个量化指标:其一是显著性检验概率 Sig 值;其二是相关系数,用于表示相关程度,即其效应值。Sig 值反映的是不相关的可能性,若 Sig 值 <0.05,表示两变量之间存在相关性;相关系数值反映的是相关程度和方向,相关系数的绝对值越大,表示两变量的关联性越强。

利用相关分析能够发现两有序变量之间的关联性程度,但不能证明变量之间的因果关系。但是,根据研究问题的具体情境,即变量的语义,我们可以分析在存在相关性的变量对之中,哪个变量是原因,哪个变量是结果。

(2) 回归分析

回归分析的目标在于探究因变量与自变量之间的函数关系。从理论上看,对于每组变量(一个因变量和多个自变量),在按照算法实施计算后,都能产生一个或多个函数式(即回归方程)。在系统生成回归方程后,必须考察回归方程的有效性。只有有效的回归方程,才是有价值的。创建回归方程的过程,就是构造回归模型的过程,即数据建模的过程。

利用有效的回归方程，人们可以基于自变量计算出因变量的值，从而可以实现预测和进一步的科学研究活动。

在回归分析中，科学地评价回归方程的质量非常重要。借助高质量的回归方程，可以保证研究活动的科学性和有效性。反之，如果回归方程的质量很差，反倒有可能把科学研究活动引入歧途。

（3）其他技术

在第 4 章中，我们介绍了单因素方差分析和 K- 独立样本的非参数检验，它们本质上研究的是在某个因素变量的不同水平下，因变量的均值或秩均值是否存在显著性差异。客观上看，面向多个分组样本的方差分析或非参数检验，能够判断因变量是否受到了因素变量的显著影响，即这些技术能够判断因素变量与因变量之间是否有关联。因此，方差分析或 K- 独立样本的非参数检验是帮助我们判断定类变量和定距变量之间是否关联的重要方法。

另外，对于两个低测度的变量，可以通过基于交叉表的卡方检验判断其是否存在关联性，我们可以用分组之间的差异性来反映两低测度变量的关联性。

6.1.2 SPSS实现关联性分析的主要技术

对于配对变量的关联性分析，SPSS 提供了一系列专门技术，最常见的技术包括相关性分析、回归分析。另外，对低测度数据，SPSS 提供了基于交叉表的卡方检验。事实上，方差分析和 K- 独立样本的非参数检验也能实现针对定类 - 定距变量的关联性分析。

常见的关联性分析技术及其适应性如表 6-1 所示。

表 6-1　常见的关联性分析技术及其适应性

类别	名称	数据特点	研究目标
相关性分析	皮尔逊相关	两定距变量或中高测度定序变量、正态分布，两配对变量	获取两列数据之间的相关系数，存在相关性的检验概率
	斯皮尔曼相关	两定距变量或中高测度定序变量、不明分布，两配对变量	获取两列数据秩分之间的相关系数，存在相关性的检验概率
	肯德尔相关	两定序变量、不明分布，两配对变量	基于一致对获取两列数据的相关水平，存在相关性的检验概率
	偏相关	多个定距变量或高测度定序变量、正态分布，需去除控制变量的影响	屏蔽控制变量影响力之后的相关性检验，获取两列数据的相关系数，存在相关性的检验概率
因素变量与因变量的关联性	方差分析	因变量为定距变量或高测度定序变量、正态分布，因素变量为定序变量或定类变量	按因素水平分组，检验不同分组的差异显著性，从而反映因素变量与因变量之间的关联性
	K- 独立样本非参数检验	因变量为定距变量或高测度定序变量且不符合正态分布，因素变量为定序变量或定类变量	按因素水平分组，检验不同分组的差异显著性，从而反映因素变量与因变量的之间的关联性
基于交叉表的卡方检验	定类变量独立性分析	两定类变量或"定类 - 低测度定序变量"对，基于不同取值的交叉点计算各分组的频数	基于交叉点的频数实施卡方检验，探究不同分组之间频数的差异显著性，进而确认两变量之间的独立性程度

续表

类别	名称	数据特点	研究目标
回归分析	一元线性回归分析	因变量为定距变量或高测度定序变量，自变量为定序变量或定距变量。只有单一自变量	获取自变量与因变量之间的一元线性方程式
	多元线性回归分析	因变量为定距变量或高测度定序变量，自变量为定序变量或定距变量。具有多个自变量	获取自变量与因变量之间的多元线性方程式
	二元逻辑回归分析	因变量为二分变量，自变量为定序变量或定距变量。可有多个自变量	获取自变量与因变量之间的逻辑方程式
	曲线回归分析	因变量为定距变量或高测度定序变量，自变量为定序变量或定距变量。只有单一自变量	获取自变量与因变量之间的一元高次方程式

6.2 相关性分析及应用

相关性分析是数据之间关联性分析的主要内容，主要包括面向中高测度数据序列的专门算法（皮尔逊相关、斯皮尔曼相关或肯德尔相关）、偏相关分析和基于交叉表的卡方检验。

6.2.1 相关性分析算法及其适应性

1. 皮尔逊相关（Pearson 相关）

（1）适用性

皮尔逊相关算法用于检验两个符合正态分布的中高测度变量的相关性水平。即只有待检验的两列数据都符合正态分布而且是中高测度数据（定距变量、中高测度的定序变量），才可以直接使用皮尔逊检验。

使用皮尔逊检验的两列数据，其自变量应等间距或等比例，两序列内的数据应一一对应。参与皮尔逊检验的数据序列通常来自对同一组样本的多次测量或者不同视角的测量。

（2）算法思路

皮尔逊相关利用积矩相关系数判定数据之间的线性相关性，其基本思路是以两列数据的协方差与每列数据的标准差之比反映相关性水平，如式 6-1 所示。

$$\text{相关系数} r = \frac{\sigma_{xy}^2}{\sigma_x \sigma_y} = \frac{\Sigma[(X_i - X)(Y_i - Y)]}{\sqrt{\Sigma[(X_i - X)^2]}\sqrt{\Sigma[(Y_i - Y)^2]}} \qquad \text{式6-1}$$

其中，σ_{xy}^2 是指两个数据序列 X 和 Y 的协方差，即度量两个随机变量协同变化程度的方差。在概率论和统计学中，协方差用于衡量两个变量的总体离差水平，即"两个变量距其均值的内积之累加和"，如式 6-2 所示。

$$\sigma_{xy}^2 = \Sigma[(X_i - X)(Y_i - Y)] \qquad \text{式6-2}$$

（3）分析结果解读

皮尔逊检验通常能够得到两个数值，其一是相关系数，它反映两变量的关联性水平和方向；其二是检验概率 Sig 值，即两列数据不相关的可能性。当 Sig 值 <0.05 时，两列数据之间存在关联性。

相关系数 r，用于表示两变量相关的程度，是反映相关性效应的值，即效应值。对于 r，通常可按以下规则判定：$|r|>0.7$ 为高度相关，$0.3 \leqslant |r| \leqslant 0.7$ 为相关，$|r|<0.3$ 为不相关。$r>0$ 时，可以认为是正相关，二者具有一致性趋势；$r<0$ 时，可以认为是负相关，二者的发展趋势是反向的。例如，某两列数据的相关系数 $r=0.873$，则可以认为这两列数据高度正相关；而若另外两列数据的相关系数 $r=-0.4573$，则可以认为这两列数据呈负相关，但相关性水平不高，是普通负相关。

> **注意**：
> 对于两个数据序列的皮尔逊相关判定，尽管习惯上认为 $|r|<0.3$ 即两列数据不相关，但它们相关与否应该由其检验概率决定，若检验概率值小于 0.05，通常认为是相关的，否则认为不相关。在具体应用中，作为检验结论的检验概率值 Sig 值与相关系数值 r，二者表达的语义应该是一致的，但在取值上是相反的，$|r|$ 越大，Sig 值越小。

2. 斯皮尔曼相关（Spearman 相关）

（1）适用性

斯皮尔曼相关最初的设计意图是解决定序变量的相关性检验问题，它采用了基于秩分的等级相关技术。事实上，它除了可检验两列不明分布的定序变量之间的相关性水平之外，也能检验不明分布的定距变量的相关性。即各类不明分布的定距或定序数据都可以使用斯皮尔曼检验。

斯皮尔曼检验适用于自变量顺序等距或等比例，检验变量为非正态分布或不明分布的定序型或定距型变量的情况，不过它既可以检验高测度非正态变量之间的相关性，也可以检验两高测度正态变量之间的相关性。

（2）算法思路

斯皮尔曼相关实质上是一种基于秩分的等级相关。由于待分析的数据不符合正态分布，不能直接使用皮尔逊相关，人们向皮尔逊相关分析中引入了秩分，借助秩分实现皮尔逊检验。即先分别计算两个序列的秩分，然后以秩分值代替原始数据参与式 6-1 的计算过程。由于两个序列的秩分值都被限制在 $1 \sim n$ 这个范围，式 6-1 可以简化为式 6-3 的形式。

$$相关系数 r = 1 - 6\Sigma\frac{(X_i - Y_i)^2}{n^3 - n} = 1 - \frac{6\Sigma(X_i - Y_i)^2}{n^3 - n} \qquad 式6\text{-}3$$

> **科研视点**：
> 我们可以把斯皮尔曼检验看作"秩分 + 皮尔逊检验"。因此，斯皮尔曼检验有更广泛的适应性，但其检验精度略有欠缺。

（3）分析结果解读

斯皮尔曼检验的结果也包括相关系数 r 和检验概率 Sig 值，其含义与皮尔逊检验完全相同。

3. 肯德尔相关（Kendall 相关）

（1）适用性

肯德尔相关用于判断两列不明分布的定序变量之间的相关性水平。

使用肯德尔检验的两个变量，其取值可以是顺序、不等间距或不等比例的数据，待检验数据可为非正态分布或分布形态不明的数据。从应用的视角看，肯德尔检验的应用范围非常广，它允许数据序列来自对不同样本组的测量（即不是严格意义的配对样本）。但是，尽管数据序列可以来自不同的样本组，但要求相关样本仍必须按照同一规范有序排列。

（2）基本思路

由于待分析的数据不符合正态分布，甚至数据的自变量可能不等间距，所以不能直接使用皮尔逊检验计算其相关系数。为此，人们在相关分析中引入了"一致对"概念，借助"一致对"在总数对中的比例分析其相关性水平，如式 6-4 所示。

$$相关系数 r = \frac{N_c - N_d}{n(n-1)/2} = \frac{2(N_c - N_d)}{n(n-1)} \qquad 式6-4$$

肯德尔相关实质上是通过计算"一致对"N_c 和"不一致对"N_d 的比例关系来判断数据的相关性水平的。若一致对远多于不一致对，则为正相关；若一致对远少于不一致对，则为负相关；若一致对个数接近不一致对，则为不相关。

（3）肯德尔检验中"一致对"的概念

肯德尔检验的核心思想是检验两个序列的秩分是否同步增减。因此，统计两序列中的一致对和非一致对的数量就非常重要。其算法如下所述。

[1] 分别对两个变量求秩。即分别获取每个个案在变量 X 上的秩分 U、在变量 Y 上的秩分 V。

[2] 按照变量 U 对个案排序。此时变量 U 升序排列，但变量 V 处于非排序状态（其顺序受变量 U 控制）。

[3] 对于 V 列数据中的每个值 V_i，检索位于 V_i 之后且大于 V_i 值的数据，并统计其个数，作为 V_i 值的"一致对"的个数；同理，检索位于 V_i 之后且小于 V_i 值的数据，并统计其个数，作为 V_i 值的"不一致对"的个数。例如，对于 V_4，统计在数据序列中第 4 个数之后有多少个大于 V_4 的数据（即一致对），有多少个小于 V_4 的数据（即不一致对）。

[4] 统计出每个个案的一致对数量和不一致对数量，以其累加和作为式 6-4 中的 N_c 和 N_d。

[5] 利用式 6-4 计算出本次检验的相关系数 r。

（4）分析结果解读

在肯德尔检验的结果表格中，也包含两个数值，分别是相关系数 r 和检验概率 Sig 值，其语义与皮尔逊检验算法相同。

4. 偏相关分析的概念和思路

在数据的相关性分析中，偏相关分析是在剔除控制变量影响的情况下，分析指定变量之间是否存在显著的相关性。

（1）偏相关概念的必要性

相关分析研究两个变量共同变化的密切程度，但有时，两个相关变量又同时与另外一个变量相关。在这3个变量中，有可能只是因某个变量起到了相关性的中介作用，而另外的两个变量并不存在实质性的相关关系。这种情形会导致统计分析中出现"伪相关"现象，造成伪相关现象的变量被称为"桥梁变量"。

例如，在研究大学生上网时间、游戏时间、完成作业情况、考试成绩的相关性时，往往会发现上网时间与作业情况、考试成绩呈现不明显的负相关性，同时上网时间又和游戏时间呈现高度正相关性，游戏时间与作业情况、考试成绩也呈现负相关性。那么，上网时间与作业情况、考试成绩之间的微弱负相关是真的吗？

在数据的相关性分析中，为了摒弃桥梁变量的影响力，发现变量内部隐藏的真正相关性，人们引入了偏相关分析的概念。

（2）偏相关分析的处理思路

在数据的相关性分析中，通常把怀疑存在关联性的变量加入 SPSS 的相关性检验变量表中，以检查它们之间的相关性水平。在验证了数据内部存在相关性并且怀疑可能存在桥梁变量时，则可以把疑似桥梁变量的变量作为控制变量，重新进行相关性分析，检查在排除了该变量的影响力之后，其他变量之间是否还存在关联性。

偏相关分析相当于对原始数据减去控制变量的影响力之后，再做皮尔逊检验，即排除了控制变量对原变量的影响力后，再计算原变量与某变量之间的相关系数。

6.2.2 实战：学生的数学成绩与游戏时间相关吗？——中高测度数据相关性分析

1. 案例要求

某高校大二学生在校学习的成绩及生活情况的调查数据被统一存储在数据文件 Student2022.sav 中，相关数据集如图 6-3 所示。

现在需要分析数学成绩与语文成绩是否相关，数学成绩与游戏时间、作业情况、上网时间、学习态度是否相关。

2. 解决方案分析

（1）基本思路

本案例是要分析若干个配对变量之间的相关性，可用的相关性分析算法有皮尔逊相关、斯皮尔曼相关和肯德尔相关等。

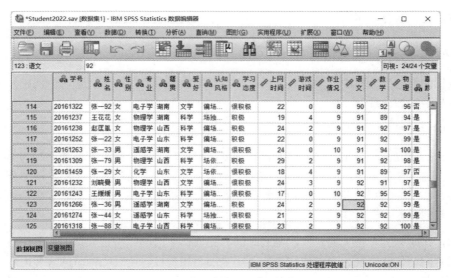

图 6-3 待分析的数据

根据 3 个相关性分析算法的特点,我们需分析各变量的特点,并对变量进行必要的预处理,然后才能选用合适的方法。

(2)数据预处理

由于"学习态度"是字符型变量,需要先借助数值化编码技术对"学习态度"进行重编码,生成新变量"S 态度"。对"学习态度"的编码依据态度的积极程度来进行:1 代表"很不好",2 代表"不好",3 代表"一般",4 代表"积极",5 代表"很积极"。因此,"S 态度"为 5 级定序变量,可以直接参与相关性分析。

(3)最终决策

经 SPSS 的 K-S 检验,发现"数学""语文"两个变量符合正态分布,而其他变量均非正态分布。因此,"数学"与"语文"之间的相关性分析,可以采用皮尔逊检验,而其他变量之间的相关性分析,可以选择斯皮尔曼检验。

3. 操作过程(1)——检验"语文"和"数学"的相关性

(1)操作过程

[1] 在 Student2022.sav 的"数据视图"下,单击【分析】—【相关】—【双变量】,以便打开"双变量相关性"对话框。

[2] 在"双变量相关性"对话框中,从左侧把"语文"和"数学"添加到右侧的"变量"列表框中;再在"相关系数"区域选择【皮尔逊】复选框,并选中左下角的【标记显著性相关性】复选框。如图 6-4 所示。

[3] 单击【确定】按钮,启动相关性分析。

(2)结果解读

相关性分析完成后,获得图 6-5 所示的结果表格。

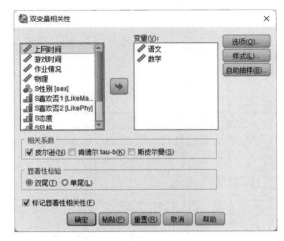

图 6-4 "双变量相关性"对话框　　图 6-5 相关性分析结果

图 6-5 是针对语文成绩和数学成绩进行皮尔逊检验的结果。从图 6-5 可以看出，这是一个对称矩阵，在左上角至右下角的主对角线上，是变量自身的相关性检验，相关系数全部为 1，其他数据沿主对角线对称。

从图 6-5 可知：①"语文"和"数学"的相关性检验概率值（即"显著性（双尾）"值）为 0.000，小于 0.05，说明语文成绩与数学成绩之间存在显著相关性；②"语文"与"数学"之间的相关系数为 0.972，这是一个正数且接近于 1，可以说明二者的相关程度很高，是高度正相关，数据具有高度一致性；③在相关系数 0.972 右上角标记了"**"，表示高度显著相关。

（3）补充说明

在图 6-4 所示的配置界面下，如果选择了【皮尔逊】，那么还可以单击【选项】按钮，启动"双变量相关性：选项"对话框，如图 6-6 所示。

图 6-6 "双变量相关性：选项"对话框

在此对话框中，如果勾选【均值和标准差】复选框，则可在检验数据列之间相关性的同时，输出每个变量的均值与标准差；如果勾选【叉积偏差和协方差】复选框，则会在最终输出表格中显示每对变量的"协方差"与"平方与叉积的和"。这些信息有助于用户更好地理解相关变量及其关系。

4. 操作过程（2）——检验其他变量之间的相关性

（1）操作过程

[1] 在 Student2022.sav 的"数据视图"下，单击【分析】—【相关】—【双变量】，打开"双变量相关性"对话框。

[2] 在"双变量相关性"对话框中，从左侧把"数学""游戏时间""作业情况""上网时间"和"S 态度"添加到右侧的"变量"列表框中；再在"相关系数"区域中选择【斯皮尔曼】复选框，并勾选左下角的【标记显著性相关性】复选框。

[3] 单击【确定】按钮，启动相关性分析。

（2）结果解读

相关性分析完成后，获得图 6-7 所示的结果表格。

			数学	游戏时间	作业情况	上网时间	S态度
斯皮尔曼 Rho	数学	相关系数	1.000	-.966**	.899**	-.601**	.709**
		显著性（双尾）	.	.000	.000	.000	.000
		个案数	139	139	139	139	139
	游戏时间	相关系数	-.966**	1.000	-.902**	.561**	-.698**
		显著性（双尾）	.000	.	.000	.000	.000
		个案数	139	139	139	139	139
	作业情况	相关系数	.899**	-.902**	1.000	-.560**	.641**
		显著性（双尾）	.000	.000	.	.000	.000
		个案数	139	139	139	139	139
	上网时间	相关系数	-.601**	.561**	-.560**	1.000	-.421**
		显著性（双尾）	.000	.000	.000	.	.000
		个案数	139	139	139	139	139
	S态度	相关系数	.709**	-.698**	.641**	-.421**	1.000
		显著性（双尾）	.000	.000	.000	.000	.
		个案数	139	139	139	139	139

**. 在 0.01 级别（双尾），相关性显著。

图 6-7 斯皮尔曼相关性分析结果

图 6-7 是针对"数学"与"游戏时间""作业情况""上网时间""学习态度"等变量执行斯皮尔曼检验结果：从图 6-7 所示表格表身的第一行可获得数学成绩与其他变量的相关系数，除与其自身的相关系数外，其他系数依次为 -0.966、0.899、-0.601、0.709；第二行则可获得相应的检验概率 Sig 值，其 Sig 值均为 0.000，小于 0.05，这说明数学成绩与游戏时间、作业情况、上网时间、学习态度均显著相关；另外，通过相关系数可知，游戏时间（$r=-0.966$）、上网时间（$r=-0.601$）与数学成绩负相关，而作业情况（$r=0.899$）、学习态度（$r=0.709$）与数学成绩正相关。其他变量之间相关性的解读同上，不再一一赘述。

另外，从图 6-7 可以看出，这是一个对称矩阵，在左上角至右下角的主对角线上，是变量与自身的相关性检验，相关系数全部为 1，其他数据则沿主对角线对称。

5. 相关性分析小结

（1）数据之间的相关性分析描述的是两列数据之间的关联性或一致性水平。在相关性分析过程中，如果同时提供多个变量（多列数据），则会得到一个以主对角线为对称轴的对称矩阵。

（2）在 3 种相关性分析技术中，皮尔逊相关的精确度最高，但对原始数据的要求也最高。斯皮尔曼相关和肯德尔相关的适用范围较广，但精确度略差。

（3）若两列数据都符合正态分布且为连续变量，则可以直接使用皮尔逊相关，具有较高的准确度。若数据均为连续变量但不符合正态分布，则可以使用斯皮尔曼相关实施检验。若数据为连续变量但仅有一列符合正态分布，也建议使用斯皮尔曼相关实施检验。对于两列数据来自不同的样本组且样本组内个案具有相同的顺序的情况，通常使用肯德尔相关实施检验。

6.2.3 实战：影响学生成绩的真实原因是上网时间吗？——偏相关分析

1. 案例要求

某高校大二学生在校学习的成绩及生活情况的调查数据被统一存储在数据文件 Student2022.sav 中，相关数据集如图 6-8 所示。

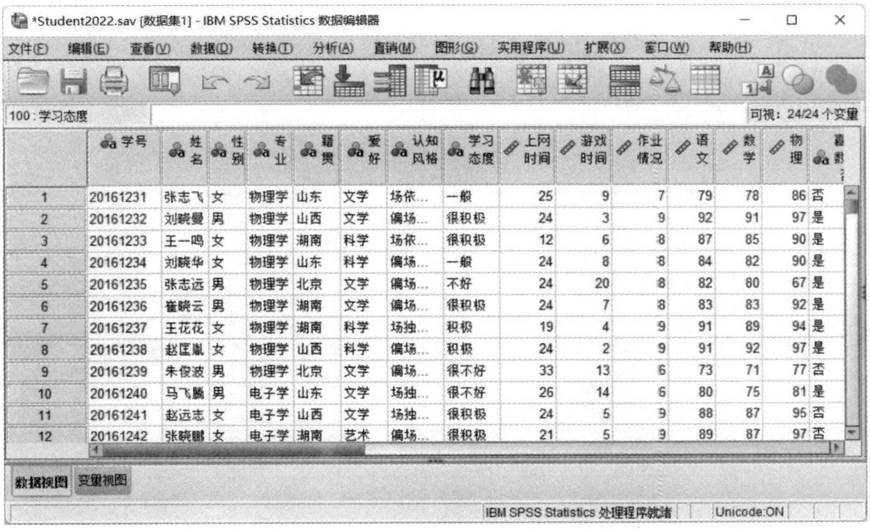

图 6-8 待分析的数据

在前述案例中，我们发现学生的物理成绩与上网时间、游戏时间均为高度负相关。现在我们需要核实：影响物理成绩的因素到底是游戏时间还是上网时间，还是说二者均对物理成绩产生了严重不良影响。

2. 解决方案分析

（1）基本思路

本案例是要检验 3 个变量中是否存在桥梁变量，导致某些变量之间的相关是伪相关。对于这种情况，通常使用偏相关分析。

（2）最终决策

首先，分析待检验数据的特点和分布形态，以便选择恰当的相关性分析技术。然后，用选定的相关性分析技术分析这些变量的相关性水平。最后，检验这些变量之间的关系，分析是否存在桥梁变量，在设置控制变量（桥梁变量）的情况下，借助偏相关分析技术分析其他变量之间的关联性水平。

3. 操作过程（1）——检验"物理""上网时间""游戏时间"之间的相关性

（1）操作过程

[1] 在 Student2022.sav 的"数据视图"下，单击【分析】—【相关】—【双变量】，打开"双

变量相关性"对话框。

[2] 在"双变量相关性"对话框中,从左侧把"物理""游戏时间"和"上网时间"添加到右侧的"变量"列表框中;再在"相关系数"区域选择【斯皮尔曼】复选框,并勾选左下角的【标记显著性相关】复选框。

[3] 单击【确定】按钮,启动相关性分析。

(2) 结果解读

相关性分析完成后,获得如图 6-9 所示的结果表格。结果显示,物理成绩与上网时间和游戏时间均显著相关(*Sig* 值 =0.000),且为高度负相关。

			游戏时间	上网时间	物理
斯皮尔曼 Rho	游戏时间	相关系数	1.000	.561**	-.941**
		显著性(双尾)	.	.000	.000
		个案数	139	139	139
	上网时间	相关系数	.561**	1.000	-.561**
		显著性(双尾)	.000	.	.000
		个案数	139	139	139
	物理	相关系数	-.941**	-.561**	1.000
		显著性(双尾)	.000	.000	.
		个案数	139	139	139

**. 在 0.01 级别(双尾),相关性显著。

图 6-9 "物理""上网时间""游戏时间"的相关性分析结果

4. 操作过程(2)——对物理、上网时间、游戏时间做偏相关分析

(1) 操作过程

[1] 在 Student2022.sav 的"数据视图"下,单击【分析】—【相关】—【偏相关】,打开"偏相关性"对话框。

[2] 在"偏相关性"对话框中,从左侧把"物理"和"上网时间"添加到右侧的"变量"列表框中;再从左侧把"游戏时间"添加到右侧的"控制"列表框中。然后勾选左下角的【显示实际显著性水平】复选框。如图 6-10 所示。

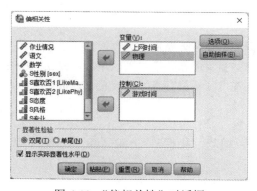

图 6-10 "偏相关性"对话框

[3] 单击【确定】按钮，启动偏相关分析过程。

（2）结果解读

偏相关分析完成后，获得如图 6-11 所示的结果表格。

结果显示，在以游戏时间作为控制变量之后，物理成绩与上网时间不相关（*Sig* 值 = 0.658 > 0.05）。也就是说，在排除了游戏时间的影响之后，物理成绩与上网时间没有关系，上网时间不是导致物理成绩低的因素。

相关性

控制变量			上网时间	物理
游戏时间	上网时间	相关性	1.000	.038
		显著性（双尾）	.	.658
		自由度	0	136
	物理	相关性	.038	1.000
		显著性（双尾）	.658	.
		自由度	136	0

图 6-11 偏相关分析结果

（3）补充验证

再以物理成绩和游戏时间作为检验变量，以上网时间作为控制变量，重新做偏相关分析，结果显示：在以上网时间作为控制变量时，物理成绩仍与游戏时间高度负相关，其相关系数达到了惊人的 −0.929。

综上所述，导致物理成绩不好的关键因素是游戏时间，而不是上网时间。偏相关检验的结论说明，上网时间与物理成绩的显著负相关是由游戏时间引起的，游戏时间在上网时间和物理成绩之间起着桥梁的作用，导致上网时间与物理成绩之间出现了伪相关性。

6.2.4 低测度变量的相关性分析

1. 低测度变量相关性分析的概念

（1）什么是低测度变量的相关性分析？

在数据的相关性分析中，除了面向高测度数据的相关性分析外，有时还需要分析低测度数据的相关性。例如，在教学研究中，人们经常需要探索学习习惯与生源类型是否存在相关性，认知风格与学生爱好是否存在相关性等问题。同理，在社会调查与分析中，四级量表中的任意两个问题之间的相关性分析，也属于低测度数据的相关性分析。

（2）实现低测度变量相关性分析的思路

在针对低测度变量的相关性分析中，涉及的变量既可能是定类变量，也可能是低测度的定序变量，对于这些变量之间的关联性，通常无法直接使用皮尔逊相关、斯皮尔曼相关或肯德尔相关的方法直接进行判断。

回顾第 4 章讲授的低测度数据的分组差异显著性检验，有这么一种思路：若变量 A 和变量 B 构建的交叉表中频数分布极不均衡，就可以认为以变量 A 为分组标准所形成的各个分组，在变量 B 上的分布存在着显著差异，也可以认为变量 A 与变量 B 之间存在着关联性。例如，在学生报考时的专业选择上，如果女生都选择了外语、美术、中文和教育，而男生大多选择了物理、电子学、计算机，那么由性别和专业构成的交叉表就不会均衡，我们也就可以认为专业与性别有关联。

因此，两低测度变量之间的关联性判定可借助分组差异显著性检验技术实现，分组间的差异显著性与两变量之间的关联性在此被有机地统一起来。

2. 实战：两低测度变量的相关性分析

（1）案例要求

针对 6-8 所示的某高校大二学生在校学习成绩及生活情况的调查数据（Student2022.sav），请分析学生的专业选择与爱好是否相关。

（2）解决方案分析

本例适合采用两低测度变量的相关性分析，也叫独立性检验。这里可采用基于交叉表的卡方检验来完成。

（3）操作过程

[1] 在 Student2022.sav 的"数据视图"下，单击【分析】—【描述统计】—【交叉表】，打开"交叉表"对话框。

[2] 在"交叉表"对话框中，从左侧把"爱好"添加到右侧的"行"列表框中，把"专业"添加到右侧的"列"列表框中，如图 6-12 所示。

[3] 在"交叉表"对话框中，单击右侧的【统计】按钮，启动"交叉表：统计"对话框，然后在其中勾选【卡方】【相关性】两个复选框。如图 6-13 所示。然后，单击【继续】按钮，返回"交叉表"对话框。

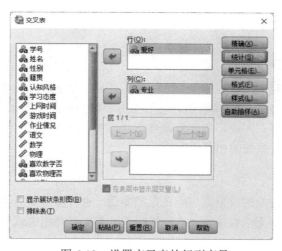

图 6-12 设置交叉表的行列变量

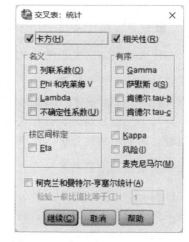

图 6-13 "交叉表：统计"对话框

[4] 单击【确定】按钮，启动相关性分析。

（4）结果解读

相关性分析完成后，获得如图 6-14 所示的结果表格。

在图 6-14 中，左图是爱好与专业的交叉表，反映了在爱好和专业的各水平上所产生的交叉点及其频数。观察其频数可知，整个表格中的频数分布比较均匀。

爱好 * 专业 交叉表					
计数		专业			
		电子学	化学	物理学	遥感学	总计
爱好	科学	11	10	14	11	46
	文学	21	11	15	13	60
	艺术	11	7	7	8	33
总计		43	28	36	32	139

卡方检验			
	值	自由度	渐进显著性（双侧）
皮尔逊卡方	2.039[a]	6	.916
似然比(L)	2.088	6	.911
有效个案数	139		

a. 0 个单元格 (0.0%) 的期望计数小于 5。最小期望计数为 6.65。

图 6-14　交叉表及卡方检验结果

右图是基于交叉表执行卡方检验的结果，系统给出了皮尔逊卡方和似然比两种计算结果。结果证实：基于此交叉表计算出的卡方距离很小，其检验概率为 0.916 或 0.911，均远大于 0.05。因此，从这个数据集来看，专业选择与爱好没有关联性。

> **注意：**
> 若按照较科学的规则对两个字符型的低测度变量进行编码，使之成为两个值域不太大的定序变量，针对这种编码结果，也可以使用肯德尔检验或斯皮尔曼检验论证其相关性。

3. 总结与补充

在数据的相关性分析中，对低测度数据的相关性分析是最为复杂的。由于低测度数据的类型比较复杂，可测量和可操作性较差，稍有不慎，就会因分析方法不当而造成分析结果错误。

（1）"交叉表：统计"对话框

在图 6-13 所示的"交叉表：统计"对话框中，系统提供了若干与低测度变量相关的相关性分析算法。

① 针对"定类－定类"变量的分析

定类变量的精度比较低，而且其大小和顺序无实际意义。常见的分析方法参见图 6-13 左上角的"名义"区域，有列联系数、Phi 和克莱姆变量、Lambda 系数、不确定性系数 4 类。

② 针对"定序－定序"变量的分析

定序变量的数值大小有意义，而且其测度水平通常高于定类变量。常见的分析方法参见图 6-13 右上角的"有序"区域，有 Gamma 系数、萨默斯 d 系数、肯德尔 tau-b 系数、肯德尔 tau-c 系数。

③ 针对"定类－定距"变量的分析

对于定类变量和定距变量构成的分析对，可以使用 Eta 关联系数做检验。

另外，如果定距变量的测度较高，且符合正态分布，则可以以定距变量作为因变量，以定类变量作为因素变量，进行方差分析或者 K- 独立样本的非参数检验。如果在不同因素水平下，定距变量具有显著差异，那么可以认为定类变量和定距变量之间具有关联性。

④ 对"二分变量－二分变量"的相关性分析

麦克尼马尔相关系数用于检验两个成对的二分变量之间的关联性。

柯克兰和曼特尔-亨塞尔统计量，用于检验两个无关联的独立二分变量之间的关联性。

⑤ 其他类型

Kappa 相关系数可用于两个等级相同的定序变量的相关性分析。

风险相关系数可用于分析某事件与某因素之间联系的一致性水平。

（2）其他说明

对于变量间的关联性分析，SPSS 提供了众多方法，在某些情况下，也许多种分析方法都是正确的、有效的，但在另外的情况下，又有可能只能采取某种特定的方法。一般说来，我们应尽可能选择逻辑清晰、大众化的统计分析方法，以保证分析结论的可靠性。例如，对于"定类-定距"或者"定序-定距"变量的关联性分析，使用方差分析或者 K-独立样本的非参数检验更为有效。当然，对于"定类-定距"变量的相关性分析，若先对定距变量做离散化编码，使其值域控制在 10 以内，再做基于交叉表的卡方检验，也是可行的。

6.3 线性回归分析技术

回归分析就是分析变量之间隐藏的内在规律，并建立变量之间函数变化关系的一种分析方法。回归分析的目标是建立由一个结果变量和若干自变量构成的回归模型，并通过这个模型生成方程式并以此描述变量之间的相互控制关系。

6.3.1 回归分析概述

1. 回归分析的概念及用途

（1）什么是回归分析？

相关性分析可以揭示事物之间的关联性，即反映变量之间共同变化的程度，但其结论只能反映一种关联性关系，并没能揭示出变量之间准确的可以运算的控制关系，即尚未发现变量之间隐藏的数学规律，也没有发现变量之间的数值关系（函数关系），尚不能实现对未来个案的分析与预测。

回归分析在相关性分析、方差分析的基础上，探究变量之间的内在逻辑，力图用一个函数式来描述这种内在关系。回归分析的目标是尽力创建一个与观测变量拟合程度很高的回归方程式，使变量之间的相互控制关系能通过这个方程式呈现出来。

回归分析的最终结果是形成有效的回归方程式，回归方程式形成的过程就是回归模型形成的过程，因此也是建模的过程。

（2）回归分析的用途

回归方程式不仅能够揭示现有个案内部隐藏的规律，明确各个自变量对结果变量的作用程度，而且，基于有效的回归方程，还能形成更有意义的数学方面的预测关系。因此，回归分析是一种关联性分析，也是一种分析因素变量对结果变量作用强度的归因分析，还是预测分析的重要基础。

2. 回归分析的类型

在回归分析中,作为输出结果的因变量只有一个,但作为因素的自变量则可以是一个,也可以是多个。根据回归分析中自变量的数目,可以把回归分析分为一元回归分析和多元回归分析。

物理学、生物学的实验数据处理,也常常借助回归分析技术。数学和物理实验中的回归分析,自变量的幂可能是一次的,也可能是高次的,甚至有可能是指数关系、对数关系。如果回归分析中的所有自变量都是一次项,则称为线性回归;反之,如果回归分析中出现了高次项的自变量或者有包含某个自变量的指数项或对数项,则呈现为曲线关系,这种回归分析统称为曲线回归。

另外,在统计分析中,如果结果变量是二分变量,那么在回归分析过程中就难以直接使用均值、方差等处理手段,必须先对结果变量变形,之后才可启用回归分析。这种回归分析被称为二元 Logistic 回归技术,这种回归在生活和科研中的应用也很广泛。

综上所述,人们把只有一个自变量且方程中不存在高次幂项的回归,称为一元线性回归,其基本形式为 $y = kx + b$。如果存在多个自变量且方程中不存在高次幂项的回归,则被称为多元线性回归。多元线性回归的基本形式为 $y = k_1x_1 + k_2x_2 + k_3x_3 \cdots + b$。在线性回归中,常数项 b 通常被称为截距。

3. 线性回归及其原理

（1）基本思路

线性回归,其成果为线性方程,即只有一次项的函数式,用于描述因变量与自变量之间的内在关系。根据其中自变量的个数,可分为一元线性回归方程和多元线性回归方程。

线性回归的过程,就是把各个自变量和因变量的个案值代入回归方程式,通过逐步迭代与拟合,最终找出回归方程中的各个系数,构造出一个能够尽可能体现自变量与因变量之间关系的函数式。在 SPSS 中,系统通常借助最小二乘法逐步迭代,以确定方程中系数项和常数项的最优值。

在一元线性回归中,人们通常先假设 $y = kx + b$ 回归方程的确立就是逐步确定唯一自变量的系数 k 和常数 b,并使方程能够符合绝大多数个案的取值特点。而在多元线性回归中,除了要确定各个自变量的系数和常数项外,还要分析每个自变量是否真正必需,把回归方程中的非必需自变量剔除,以使回归方程尽可能简洁。

> **科研视点：**
> 回归分析与方差分析的关系密切,二者相互交融。在 SPSS 中,回归分析与方差分析处理的数据关系非常相似,它们都是处理因素变量与因变量之间关系的算法,因此,二者互为论证。一般说来,单因素方差分析与一元线性回归相对应、多因素方差分析与多元线性回归相对应。在方差分析（一般线性模型）的结果表格中,除了各分组变量的显著性指标之外,还有修正模型、截距和 R 方等信息。而在回归分析中,我们会发现,回归模型以 ANOVA 表格描述回归值在数据总体中的作用程度,通过其 F 值和 Sig 值反映模型的有效性。

（2）相关术语

① 观测值,指参与回归分析的因变量的实际取值。对参与线性回归分析的多个个案来讲,它们在因变量上的取值,就是观测值。观测值是一个数据序列,就是线性回归分析过程中的因

变量（即结果变量）。

② 回归值，它是把每个个案的自变量取值代入回归方程后，通过计算所获得的数值。在回归分析中，针对每个个案，都能获得一个回归值。因此，回归值也是一个数据序列，回归值的数量与个案数相同。在线性回归分析中，回归值也常常被称为预测值，或者期望值。

③ 残差，残差是观测值与回归值的差。残差反映的是依据回归方程所获得的计算值与实际测量值的差距。在线性回归中，残差应该符合正态分布，而且全体个案的残差之和为0。

4. 线性回归分析质量的评价

（1）线性回归方程质量评价的思路

线性回归的目标是找到与观测值最接近的回归方程式，因此残差的平方和越小越好。在线性回归中，残差应符合正态分布，而且全体个案的残差之和为0。

为了能真正地衡量回归值与观测值的差距，当然不能直接使用残差之和作为衡量指标（因为所有残差之和为0）。在回归分析的评价中，通常使用全部残差的平方和作为残差的量度，而以全体回归值的平方和作为回归的量度。

为了能够比较客观地评价回归方程的质量，人们引入了判定系数（R方，即R^2）的概念，如式6-5所示。

$$判定系数(R^2) = \frac{\sum 回归值_i^2}{\sum 回归值_i^2 + \sum 残差_i^2} \qquad 式6\text{-}5$$

在式6-5中，判定系数（R^2）反映了回归值的平方和在回归分析中所占的比例，因此它能较客观地反映回归方程的质量。判定系数R方的值在0~1，其值越接近1，表示回归方程的拟合程度越高，回归值越能贴近观测值，越能体现观测数据的内在规律。

（2）线性回归分析质量评价的关键指标

① 判定系数R方。判定系数R方是"回归值（即预测值）的平方和"与"回归值平方和+残差平方和"的比值，反映的是回归方程与观测值的拟合程度，能够很好地表示回归方程的质量。

在一般应用中，R方最好能大于0.6，表示回归模型有较好的质量。但在某些特殊研究领域（例如医药效能检验、医疗器材应用等）中，由于研究活动受其他客观因素的影响较大，很难获得高判定系数的回归方程，有些R方较小（0.3以上）的回归方程也被认定为有价值的方程。

② 回归模型的F值。F值是回归分析中反映回归效果的另一个重要指标，用"回归均方和"与"残差均方和"的比值来表示，即 $F = \frac{回归均方和}{残差均方和}$。在一般的线性回归分析中，最终模型的F值应该在3.84以上，否则此回归方程可被认为是不良方程。

③ 回归模型的检验概率（Sig值）。在线性回归分析中，F值被认为是反映回归质量的效应值（与前面方差分析中F值的概念相同），在参考了样本规模之后，SPSS还会输出回归模型的检验概率值（即Sig值），模型的Sig值反映了整个回归方程的影响力。与方差分析和T检验的思路一致，在置信度95%的条件下，当Sig值<0.05时，就可以认为该模型的影响力是显著的，回归模型是有效的。

> **注意：**
> 在线性回归中，回归方程是否有效，主要参考回归模型的 Sig 值，它会被显示在反映回归质量的 ANOVA 表格中。而 R 方反映回归模型的质量，即回归模型能在多大程度上代表观测数据。因此，在某些特殊领域，即便 R 方较小，只要回归模型的 Sig 值 < 0.05，就可以认为该模型是有效的、可用的。

5. 定类变量不能直接成为回归模型的自变量

由于回归模型是以回归方程式的形式来呈现的，因此回归模型中的每个自变量都应该是大小有意义的变量，比如定序变量或定距变量。定类变量即便被数值化编码，若未能转化为定序变量，原则上是不能作为回归模型的自变量的。

若某定类变量是研究中重点关注的变量，必须进入回归模型，但又找不出一种转化成定序变量的可行的规则，可根据研究需要，对此定类变量进行虚拟化处理，转化出若干个值域为 0、1（即"真""假"）的新变量。这些新变量被称为"虚拟变量"。例如在社会调查中常用的变量"民族"，通常很难编码为定序变量。那么可以将其转化为"汉""满""蒙""回""藏"等几个新变量，每个变量的值域都是 0、1，这样，就可以用"汉""满""蒙""回""藏"等新变量作为自变量参与回归分析了。

所有的二分变量，因为只有两个取值，可以被看作"真"与"假"。因此，在回归分析过程中，可被作为定序变量使用。

6.3.2 实战：一元线性回归

1. 案例要求

某高校大二学生在校学习的成绩及生活情况的调查数据，被统一存储在数据文件 Student2022.sav 中，相关数据集如图 6-15 所示。

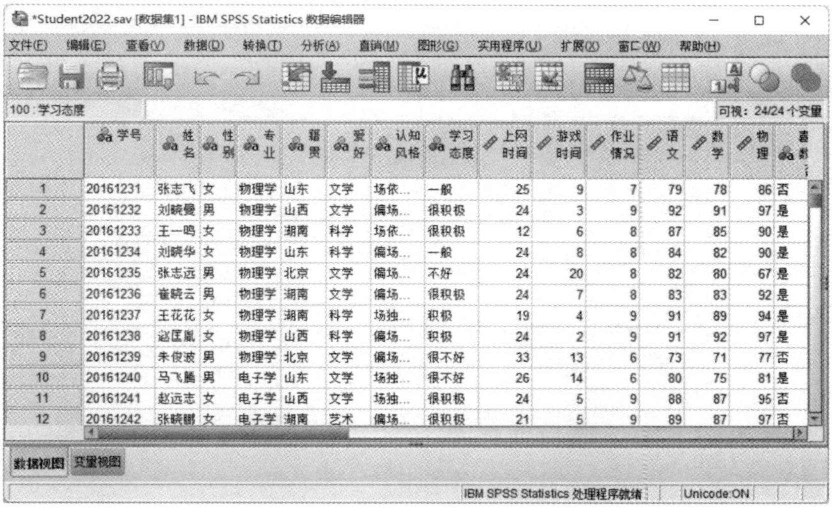

图 6-15 待分析的数据

针对这一数据集，完成以下探索：①探究数学成绩与游戏时间的关系，并形成有效的回归方程；②探索数学成绩与专业之间的关系，并形成有效的回归方程。

2. 解决方案分析

（1）基本思路

本案例有 2 个步骤，分别是探索数学成绩与游戏时间的回归方程、探索数学成绩与专业的回归方程。由于数学成绩、游戏时间均为高测度变量，在回归分析前，不需要任何预处理。但专业是字符型变量，不可以直接充当回归分析的自变量。

（2）数据预处理

采用 SPSS 的"重编码为不同变量"功能对"专业"进行重编码，形成新变量"S 专业"。由于回归分析的自变量应为定序变量，因此"S 专业"必须为定序变量。在本例中，我们可以按照"专业"对数理逻辑水平的要求设置编码顺序：化学—1，遥感—2，电子—3，物理—4。

（3）最终决策

以 SPSS 做一元线性回归，通过两次回归过程，达成案例目标。

3. 操作过程（1）——探究数学成绩与游戏时间的回归方程

（1）操作过程

[1] 在 Student2022.sav 的"数据视图"下，单击【分析】—【回归】—【线性】，打开"线性回归"对话框。

[2] 在"线性回归"对话框中，把"数学"从左侧添加到右侧的"因变量"框中，再把"游戏时间"从左侧添加到右侧的"自变量"列表框中。如图 6-16 所示。

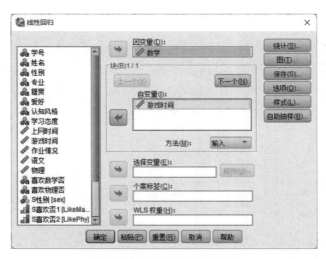

图 6-16 "线性回归"对话框

[3] 单击【确定】按钮，启动回归分析过程。回归完成后，获得如图 6-17 所示的结果表格。

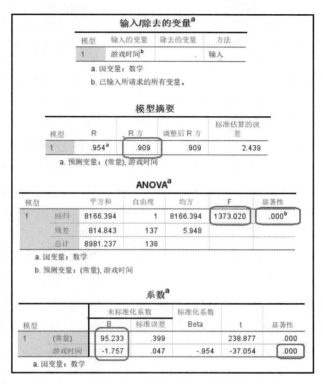

图 6-17 "数学"与"游戏时间"的回归分析结果

(2) 分析结果解读

从图 6-17 可知,在一元线性回归后,得到了 4 个表格,依次为"输入/除去的变量""模型摘要""ANOVA"和"系数"。

① "输入/除去的变量"表格显示了已经纳入回归方程的变量为"游戏时间",即游戏时间已经被纳入回归方程。

② "模型摘要"表格给出了 R 值、R 方值和"调整后 R 方"值。这里的 R 方值为 0.909,即本回归方程的判定系数为 0.909。此值较大,表示此回归方程具有很好的质量。

> **注意:**
> 此处的 R 方是用"ANOVA"表格中的"回归平方和"除以"总计平方和"计算所得的,即 8166.394/8981.237,最终结果为 0.909。
> 另外,此处的 R 值为 0.954,它还代表自变量的多重取值的复相关系数。

③ "ANOVA"表格给出了整个回归模型的 F 值和 Sig 值,也给出了回归值、残差值的平方和、自由度和均方等参数。

本回归分析的整体 Sig 值为 0.000,表示在对回归模型进行方差分析时,每组自变量对应的因变量的取值都会有显著差异,因此回归模型是有效的。另外,表格中的 F 值为 1373.020,远大于 3.84,说明回归影响力远大于残差影响力,因此回归模型有效。这一点与根据 Sig 值得出的结论是一致的。因此，本次回归分析所得到的回归方程是有效的。

> **注意：**
> 在"ANOVA"表格中，数据项之间具有非常密切的计算关系。其中，均方＝平方和/自由度。例如，残差的均方＝残差的平方和/残差的自由度＝814.843/137，即5.948。

根据 ANOVA 的计算规范，模型的总体 F 值＝回归均方和/残差均方和。在本例中，F 值等于表格中的 8166.394/5.948，其最终结果为 1373.020。

④ 回归分析的最后一个表格为"系数"，在此表格中，未标准化系数有两个，分别是 95.233（常数项，即截距）、−1.757（自变量"游戏时间"的系数，即斜率），这两个系数对应的 Sig 值均为 0.000，表示在方程中这两个系数都是显著的。

依据"系数"表格中的未标准化系数，可以得知最终的有效回归方程为

$$y = 95.233 - 1.757 * x$$

这是一个一元线性方程，在此方程中，y 代表数学成绩，x 代表游戏时间。此回归方程的质量较高，能够较准确地描述出"游戏时间"与"数学"成绩之间的控制关系。

利用此回归方程，就能根据学生的游戏时间预测其数学考试成绩了！在这个回归方程中，95.233 是截距，−1.757 为斜率。

4. 操作过程（2）——探究数学成绩与专业的回归方程

（1）操作过程

[1] 在 Student2022.sav 的"数据视图"下，单击【分析】—【回归】—【线性】，打开"线性回归"对话框。

[2] 在"线性回归"对话框中，把"数学"从左侧添加到右侧的"因变量"框中，再把"专业"从左侧添加到右侧的"自变量"列表框中。其他选项均采取默认值。

[3] 单击【确定】按钮，启动回归分析过程。回归完成后，获得图 6-18 所示的结果表格。

图 6-18 "数学"与"游戏时间"的回归分析结果

（2）分析结果解读

① 检查"模型摘要"表格，发现此模型的 R 方值为 0.06，此值非常小，表示回归方程对整个观测数据的拟合能力很差。因此，此模型应该属于不良模型。

② 检查"ANOVA"表格，发现此模型的显著性值为 0.362，大于 0.05，说明此模型不显著。其 F 值为 0.837，小于 3.84，也证实了这一点。因此这是一个无效模型。

综上所述，基于数学成绩和学生所在专业，无法构造出一个结构良好的有效回归模型。因为此模型无效，所以也就没有必要再继续分析其系数表格了。

5. 针对一元线性回归的深化与补充

（1）正确理解线性回归分析的评价指标

根据实践案例及分析可知，R 方值、F 值和 Sig 值都是评价回归方程质量的重要指标。其实这些指标都是基于"回归平方和"和"残差平方和"的不同计算结果。在对回归方程的最终评价上，三者具有逻辑上的一致性。但以 ANOVA 的 Sig 值作为模型有效性评价标准。

（2）正确理解一元线性回归的各项指标

由于一元线性回归中只有一个自变量，因此在执行回归分析的过程中，自变量进入方程的"方法"通常采用默认的【进入】方式。在这种方式下，用户提供的自变量肯定会进入回归方程，而且 SPSS 系统肯定会为用户创建一个线性回归模型。

> **注意：**
> 在图 6-16 所示的"线性回归"对话框中，若对中部的"方法"列表中进行设置，可以改变自变量进入模型的方法，有进入、步进、后退等多种方式可选。
> 在这种情况下，一定要认真审查 R 方值、F 值和 Sig 值，检查回归方程的有效性，避免采纳了无效方程，生成了错误的研究结论。

（3）正确地使用"统计"对话框

在图 6-16 所示的"线性回归"对话框中，单击右上角的【统计】按钮，可以打开图 6-19 所示的"线性回归：统计"对话框。

在图 6-19 所示的对话框中，已经选中了 2 个默认的复选框，分别是"回归系数"区域的【估计值】和【模型拟合】复选框。如果用户觉得需要，还可以选中【协方差矩阵】【R 方变化量】【描述】【共线性诊断】等复选框，以便在输出回归分析结果时同步输出这些统计量，帮助用户更好地评价回归方程。

（4）使用"图"对话框，绘制特殊图形，获取关键指标

在图 6-16 所示的"线性回归"对话框中，单击右上角的【图】按钮，可以打开图 6-20 所示的"线性回归：图"对话框。在"线性回归：图"对话框中，用户可根据自己的需要，配置并生成各种统计图表。

图 6-19 "线性回归：统计量"对话框

图 6-20 "线性回归：图"对话框

① 直接绘制标准化残差图

若选择【直方图】复选框，则直接绘制出标准化残差的直方图。

若选择【正态概率图】复选框，则以图示方式显示出标准化残差的观测积累概率与期望积累概率之间的关系。

② 自主绘制有关变量的散点图

在图 6-20 所示的对话框中，左侧的一系列选项依次为 DEPENDNT（因变量）、*ZPRED（Z 回归值，即标准化回归值）、*ZRESID（Z 残差值，即标准化残差值）、*DRESID（剔除的残差值）、ADJPRED（调整的回归值）、*SRESID（经过 T 值化的残差值）、*SDRESID（经过 T 值化的剔除残差值）。

用户可从图 6-20 的左侧选择一个数据项添加到右侧的"Y"列表框中，然后再从左侧选择另外一个数据项添加到右侧的"X2"列表框中，以便以选定的 X 变量和 Y 变量绘制出相应的散点图。例如，用户可以用"DEPENDNT"作为 Y 轴、"*ZPRED"作为 X 轴绘制散点图。

> **注意：**
> 在线性回归分析过程中，如果需要同时绘制出多张包含不同内容的散点图，则可先选好一组变量（即 X 轴变量和 Y 轴变量）。配置完毕后，直接单击【下一张】按钮，再选择下一张统计图所需的两个变量。以此类推，可以同时设置好多张统计图的参数。

③ 绘制偏回归图

在图 6-20 所示对话框的右下部，选中【产生所有部分图】复选框，可以在执行回归分析之后，自动以所有自变量作为 X 轴，以因变量的残差作为 Y 轴，绘制出残差关系图。

本选项仅在多元线性回归中有效，其目标是产生每个自变量的相关残差图。

（5）使用"保存"对话框，产生新变量

在图 6-16 所示的"线性回归"对话框中，单击右上角的【保存】按钮，可以打开图 6-21

所示的"线性回归：保存"对话框。

在"线性回归：保存"对话框中，有"预测值"（即回归值）、"残差""距离"和"影响统计"等区域，每个区域中都有若干个复选框供用户选择。

若用户选中某个复选框，将会在原始数据表末尾新增一个变量，并在这个变量中计算出每个个案在这个项目上的取值。例如，如果在图 6-21 所示对话框左上角的"预测值"区域中选择【未标准化】复选框，则在执行了线性回归分析之后，就会在原始数据表末尾新增一列"PRE_1"，并在此列中保存每个个案的预测值。

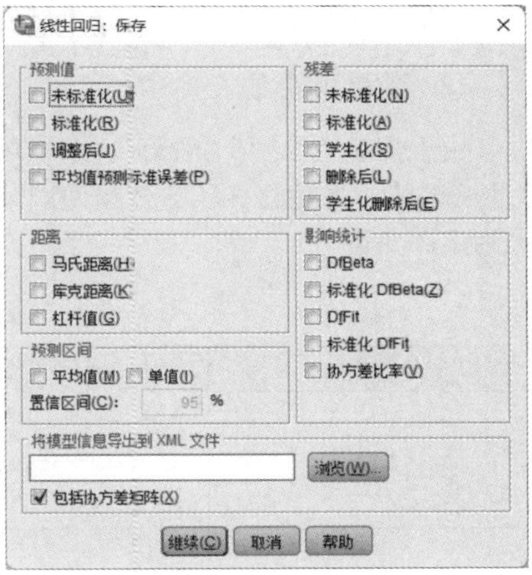

图 6-21 "线性回归：保存"对话框

6.3.3 实战：多元线性回归分析

1. 案例要求

对于图 6-22 所示的数据文件 Student2022.sav，请分析作业情况、上网时间、游戏时间、性别、爱好、认知风格与数学成绩之间的关系。如果可能，请构造回归方程，并评价回归分析的质量。

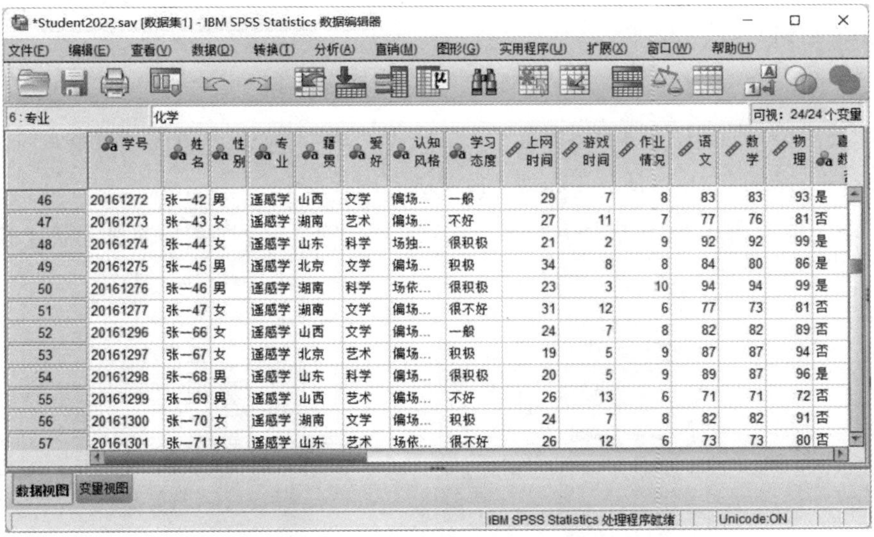

图 6-22 多元线性回归分析原始数据

2. 解决方案分析

（1）基本思路

分析图 6-22 所示的数据，依据案例要求，应以"数学"成绩作为结果变量，以"作业情况""上网时间""游戏时间""性别""爱好""认知风格"作为因素变量，构造多元线性回归方程。

最后，根据回归结果，借助判定系数 R 方、F 值和 Sig 值评价回归方程的质量。

（2）数据预处理

由于变量"性别""爱好""认知风格"为字符型变量，无法直接参与回归分析，必须对这 3 个变量进行数值化编码。依据回归分析的要求，需要依据表 6-2 所示的规则将这 3 个变量转化为定序变量。

表 6-2 数值化编码规则

原变量名	新变量名	变量值	对应的编码
性别	Sex	男	1
		女	2
		其他	9（缺失值）
爱好	S 爱好	艺术	1
		文学	2
		科学	3
认知风格	S 风格	场独立型	1
		偏场独立型	2
		偏场依存型	3
		场依存型	4

3. 操作过程（1）——以"输入"方式选择自变量

（1）基本思路

[1] 单击【分析】—【回归】—【线性】，启动"线性回归"对话框。

[2] 把变量"数学"添加到"因变量"列表框中，把变量"上网时间""游戏时间""作业情况""Sex""S 爱好""S 风格"添加到"自变量"列表框中。

[3] 在对话框右侧中部的"方法"组合框中，选择默认的自变量筛选方式【输入】，如图 6-23 所示。

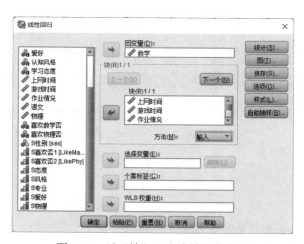

图 6-23 以"输入"方式筛选自变量

[4] 单击底部的【确定】按钮，启动线性回归过程，获得图 6-24 和图 6-25 所示的一组分析结果。

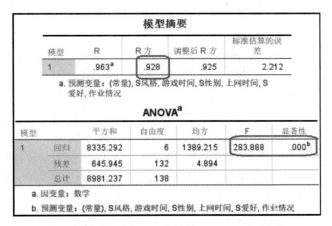

图 6-24 "模型摘要"表格与"ANOVA"表格

（2）输出结果解读

以"输入"方式执行了多元线性回归分析之后，主要得到了以下几个重要表格："模型摘要""ANOVA""系数"。

① "模型摘要"表格与"ANOVA"表格

从回归分析呈现的"ANOVA"表格可知，整个模型的 Sig 值 = 0.00 < 0.05，而且 F = 283.888 > 3.84，因此，此模型中自变量对因变量的作用是显著的。所以，此回归模型有效。

从回归分析生成的"模型摘要"表格可知，本模型的 R 方值为 0.928，即模型的判定系数比较大，本回归模型应为质量非常好的模型。

② "系数"表格

基于回归分析过程，生成了系数表格，如图 6-25 所示。

模型		未标准化系数		标准化系数	t	显著性
		B	标准误差	Beta		
1	（常量）	86.690	2.899		29.901	.000
	上网时间	-.131	.049	-.070	-2.688	.008
	游戏时间	-1.388	.081	-.753	-17.105	.000
	作业情况	1.098	.245	.193	4.489	.000
	S性别	-.590	.392	-.036	-1.508	.134
	S爱好	.344	.294	.032	1.170	.244
	S风格	.218	.217	.024	1.005	.317

a. 因变量：数学

图 6-25 回归分析生成的"系数"表格

由图 6-25 可知，所有的自变量都进入了模型，基于"系数"表格中的"非标准化系数"

栏目，可以形成有效的回归方程式：

$y = 86.690 - 0.131 *$ 上网时间 $- 1.388 *$ 游戏时间 $+ 1.098 *$ 作业情况 $- 0.590 * S$ 性别 $+ 0.344 * S$ 爱好 $+ 0.218 * S$ 风格

然而，仔细观察"系数"表格，我们会发现，变量"S性别""S爱好""S风格"对应的显著性 Sig 值均大于 0.05，说明这 3 个自变量对因变量的作用不显著。从理论上讲，它们是不应该进入回归模型的。然而，若自变量的筛选方式为"输入"，则 SPSS 系统不会对自变量做任何筛选，而是会全部接纳。

> **科研视点：**
> 若回归模型中自变量个数较多，通常会在一定程度上提高 R 方，但这种提升是有限的，而且过于复杂的回归模型也不利于后续的预测和应用。因此，在实际回归中，应适当控制回归模型中自变量的个数——这就是 SPSS 回归分析还在"模型摘要"表格中提供了"调整后 R 方"的原因。调整后 R 方是兼顾了回归值影响力和自变量个数的评价指标，比单纯的 R 方更科学。

4. 操作过程（2）——以"步进"方式选择自变量

（1）基本思路

[1] 单击【分析】—【回归】—【线性】，启动"线性回归"对话框。

[2] 把变量"数学"添加到"因变量"列表框中，把变量"上网时间""游戏时间""作业情况""Sex""S爱好""S风格"添加到"自变量"列表框中。

[3] 在对话框右侧中部的"方法"列表框中，选择自变量的筛选方式为【步进】，如图6-26所示。

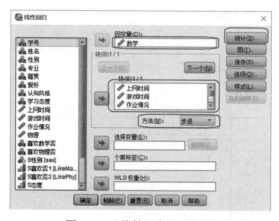

图 6-26 "线性回归"对话框

[4] 单击底部的【确定】按钮，启动线性回归过程。获得图6-27至图6-30所示的一组处理结果。

（2）输出结果解读

执行多元线性回归分析之后，主要得到了以下几个重要表格："输出/除去的变量""模型摘要”“ANOVA”“系数”。

①“输入 / 除去的变量”表格

“输入 / 除去的变量”表格中会显示出已经纳入回归方程的变量“游戏时间”“作业情况”和“上网时间”的情况，它们是通过逐步筛选方式，经过 3 轮筛选过程依次纳入的。而用户提供的其他变量则未能被选进回归模型。其纳入过程如图 6-27 所示。

输入/除去的变量[a]

模型	输入的变量	除去的变量	方法
1	游戏时间	.	步进（条件：要输入的 F 的概率 <= .050，要除去的 F 的概率 >= .100）。
2	作业情况	.	步进（条件：要输入的 F 的概率 <= .050，要除去的 F 的概率 >= .100）。
3	上网时间	.	步进（条件：要输入的 F 的概率 <= .050，要除去的 F 的概率 >= .100）。

a. 因变量：数学

图 6-27　“输入 / 除去的变量”表格

②“ANOVA”表格

ANOVA 表格内容是 SPSS 针对回归分析过程所做的方差分析，用于验证模型的有效性，如图 6-28 所示。

ANOVA[a]

模型		平方和	自由度	均方	F	显著性
1	回归	8166.394	1	8166.394	1373.020	.000[b]
	残差	814.843	137	5.948		
	总计	8981.237	138			
2	回归	8283.787	2	4141.893	807.652	.000[c]
	残差	697.451	136	5.128		
	总计	8981.237	138			
3	回归	8311.817	3	2770.606	558.740	.000[d]
	残差	669.420	135	4.959		
	总计	8981.237	138			

a. 因变量：数学

b. 预测变量：(常量), 游戏时间

c. 预测变量：(常量), 游戏时间, 作业情况

d. 预测变量：(常量), 游戏时间, 作业情况, 上网时间

图 6-28　“ANOVA”表格

"ANOVA"表格分别给出了3个回归模型的回归值、残差值的平方和、自由度、均方等值。同时，也呈现了它们的 Sig 值和 F 值。从表格可知，3个模型的 F 值依次为1373.020、807.652和558.740，都远大于3.84，表示这3个回归模型都具有很强的影响力，能够很好地表达影响数学成绩的因素。另外，3个模型的 Sig 值均为0.000，表示回归模型对观测值的影响是显著的。因此，我们可以得出结论：3个回归模型都是有效的。

另外，从图6-28中3个模型的残差，可以看出从模型1到模型3，平方和与均方和都在逐渐减小，表示回归方程与观测值的拟合程度越来越好。综合看来，模型3的质量最好。

③ "模型摘要"表格

"模型摘要"表格中呈现了3个回归模型的摘要信息，表示这是3个自变量依次进入回归模型之后的结果，如图6-29所示。

在"模型摘要"表格中，每行是对一种回归模型的评价，包括 R 值、R 方值和"调整后 R 方"值等信息。在本例中，3个模型的 R 方值依次为0.909、0.922和0.925，即3个回归方程的判定系数依次为0.909、0.922和0.925。这些值都较大，表示这3个回归方程都具有很好的质量。

模型	R	R 方	调整后 R 方	标准估算的误差
1	.954a	.909	.909	2.439
2	.960b	.922	.921	2.265
3	.962c	.925	.924	2.227

a. 预测变量：(常量), 游戏时间
b. 预测变量：(常量), 游戏时间, 作业情况
c. 预测变量：(常量), 游戏时间, 作业情况, 上网时间

图6-29 "模型摘要"表格

从"模型摘要"表格中的 R 方值可知，"模型3"最好，而且"模型3"吸纳的自变量包括"游戏时间""作业情况"和"上网时间"。

④ "系数"表格

"系数"表格中分别给出了3个模型的自变量系数、T 值和 Sig 值，每组是针对一个模型的描述，如图6-30所示。

模型		未标准化系数		标准化系数	t	显著性
		B	标准误差	Beta		
1	(常量)	95.233	.399		238.877	.000
	游戏时间	-1.757	.047	-.954	-37.054	.000
2	(常量)	83.682	2.442		34.262	.000
	游戏时间	-1.441	.079	-.782	-18.129	.000
	作业情况	1.173	.245	.206	4.784	.000
3	(常量)	86.297	2.642		32.668	.000
	游戏时间	-1.399	.080	-.759	-17.474	.000
	作业情况	1.151	.241	.202	4.769	.000
	上网时间	-.115	.048	-.062	-2.378	.019

a. 因变量：数学

图6-30 "系数"表格

由于第3个模型最佳，因此这里以第3个模型为例讲解。在这个模型中，共有4个数据量，依次为常数、游戏时间、作业情况、上网时间，这组数据量对应的 Sig 值依次为0.000、0.000、0.000、0.019，都小于0.05，说明这组变量都对因变量具有很好的影响力。这些自变量对应的

T 值也均大于 1.96，同样说明了这一点。

在回归分析中，由于各自变量的取值范围并不完全相同，因此通常直接借助非标准化系数构造回归方程式，以便能在回归方程中直接使用原始数据表中的变量值做预测。本案例中，由于这个模型的非标准化系数依次为 86.297、−1.399、1.151 和 −0.115，所以可以构造出回归方程式：

$$y = 86.297 - 1.399 * x_1 + 1.151 * x_2 - 0.115 * x_3。$$

在此模型中，y 代表数学成绩，x_1 代表游戏时间，x_2 代表作业情况，x_3 代表上网时间。

用户可以直接把原始数据表中某个案的属性值（即原始数据表中的变量值）不做任何处理地代入非标准化回归方程，从而计算出该个案的预测值。利用非标准化系数能够构造直接使用观测值进行预测的回归方程式，而标准化系数是对自变量值域进行标准化处理之后的标准化回归方程式的系数，能够直观地反映各个自变量对因变量的重要性程度（影响力水平）。

> **科研视点：**
> 由于在原始数据表中，各个自变量的取值范围并不一定完全相同，因此非标准化系数并不能准确地表示各个自变量在方程中的影响力水平，特别是不适合做对比。在实际应用中，用户通常借助标准化系数来衡量每个自变量的影响力水平。从图 6-30 可知，3 个自变量对数学成绩的影响力水平依次为 −0.759、0.202 和 −0.062，因此游戏时间是对数学成绩影响力最大的因素，而且随着游戏时间的增加，学生的数学成绩呈下降趋势。

5. 回归分析的最终结论

本次多元线性回归采用"步进"筛选方式选择自变量，形成了 3 个回归模型。通过"模型摘要"表格可以看出，"模型 3"的 R 方值最大，涉及的自变量最多，而且方程中的每个自变量对应的 Sig 值均小于 0.05，说明"模型 3"最优。

本次线性回归分析得到的回归方程式如下所示。回归方程的判定系数 R 方为 0.925，调整后 R 方为 0.924，具有很好的回归质量。

$$y = 86.297 - 1.399 * x_1 + 1.151 * x_2 - 0.115 * x_3。$$

在此模型中，y 代表数学成绩，x_1 代表游戏时间，x_2 代表作业情况，x_3 代表上网时间。

6.3.4 多元线性回归原理及反思

在 6.3.3 节，我们通过一个综合性的实战案例，呈现了多元线性回归分析的整体过程。在掌握了其基本流程之后，尚需对其中的关键信息做一个梳理。

1. 多元线性回归概述

（1）多元线性回归的定义

所谓多元线性回归分析，就是针对只有一个因变量但包含多个自变量的回归分析，其目标是找出一个具有多个自变量的多元一次方程式，并力图以此方程式较准确地表达出原始数据中相关变量之间的内在规律。

多元线性回归的任务就是寻找多元回归模型并对模型的质量进行评价，并最终获得有效的回归方程。

（2）多元线性回归的特点

与一元线性回归相比，多元线性回归的最大特点是有多个自变量参与回归分析过程。多个自变量的参与，使多元回归分析比一元回归分析复杂得多。此外，尽管多元线性回归分析在自变量处理方面有很多独特之处，但其绝大多数理论和操作方法仍与一元线性回归分析相同。在 SPSS 中，多元线性回归分析与一元线性回归分析使用同一操作界面。

2. 多元线性回归分析中的自变量筛选

在多元线性回归分析中，对自变量的筛选主要从两个方面考虑。

（1）系统按照什么规则决定自变量的去留？

在多元线性回归中，"自变量能否进入方程""自变量凭什么能留在方程中"是关系着多元线性回归分析成败的关键问题。

在 SPSS 的"线性回归：选项"对话框中，系统提供了 2 种自变量筛选的标准，如图 6-31 所示。

图 6-31 "线性回归：选项"对话框

> 注意：
> 在"线性回归"对话框的右上角单击【选项】按钮，就能启动"线性回归：选项"对话框。

① 基于方差分析的检验概率实施自变量筛选

众所周知，在方差分析中，若检验概率 Sig 值小于 0.05，则表示因素对结果有显著影响。因此，可指定自变量进入方程的标准为其检验概率小于 0.05，而自变量从方程中剔除的标准是其检验概率大于 0.10。即对于待进入方程的自变量，若其方差分析的检验概率小于 0.05，则此变量可进入模型中；对于已经处于方程内的自变量，若其方差分析的检验概率大于 0.10，则此变量应从模型中剔除。

基于检验概率值确定自变量的去留，是 SPSS 默认的回归方式。在此方式下，系统允许自变量进入模型的默认标准是 Sig 值 < 0.05，自变量退出模型的标准是 Sig 值 > 0.10。如果用户有特殊要求，可以修改这两个值。但要注意，这两个值不可重合，进入标准应小于退出标准。

② 基于方差分析的 F 值实施自变量筛选

在方差分析中，F 值是衡量因素对因变量影响力的重要指标。除了使用方差分析的检验概率值确定自变量的去留，还可以借助 F 值确定自变量的去留。

在图 6-31 中，若选中【使用 F 值】单选框，则表示根据方差分析的 F 值决定自变量的去留。F 值越大，自变量对结果的影响力越大。系统默认，F 值大于 3.84，自变量能进入方程；F 值小于 2.71，自变量则应退出方程。如果用户有特殊要求，可以修改这两个值。但要注意，这两个值不可重合，进入标准应远大于退出标准。

> **注意：**
> 尽管 SPSS 提供了 2 种筛选自变量的标准，事实上，这两种标准的结果是统一的，在具体应用中，可根据研究问题的约束条件，选用其中的某一种标准。如果确实不清楚应采用哪种标准，则直接使用默认标准即可。

（2）自变量按照什么样的顺序进入方程？

① 强行全体进入（Enter）

强行全体进入，也叫一次性进入，简称为"进入""输入"。对于用户提供的所有自变量，回归模型全部接纳，不检验进入值和移出值，所有变量一次性全部纳入回归方程。

以这种方式构造出的回归方程包括全部自变量。对于方程的质量和自变量的影响力，需要根据输出表格"ANOVA""模型摘要"和"系数"中的 F 值、T 值和 Sig 值人工进行判定。

② 正向进入（Forward）

正向进入，也叫逐个选用，简称为"向前"。对于用户提供的所有自变量，系统自动计算出所有自变量与因变量的相关系数，每次从尚未进入方程的自变量组中选择与因变量具有最大正或负相关系数的自变量进入方程，然后检验此自变量的影响力，直到外边的自变量都不满足进入标准为止。

以这种方式构造出的回归方程可能只包括部分自变量，对于方程的质量和自变量的影响力，系统已经作出初步判定，影响力较差的自变量没能进入方程。在这种方式下，如果所有自变量的影响力都很差，则有可能无法创建出回归模型。

③ 反向剔除（Backward）

反向剔除，也叫逐个剔除，简称为"向后"。对于用户提供的所有自变量，先让它们全部强行进入模型内，再逐个检查，剔除不合格变量（即影响力最差的、达不到最低进入标准的变量），直到方程中的所有变量都不满足移出条件为止。

以这种方式构造出的回归模型可能只包括部分自变量，对于方程的质量和自变量的影响力，系统已经作出了初步判定，影响力较差的自变量已经从方程中排除。在这种方式下，如果所有自变量的影响力都很差，则全部自变量都会被排除，无法创建出回归模型。

④ 逐步进入（Stepwise）

逐步进入，也叫交替选用，简称为"逐步"或"步进"。它是向前与向后方法的组合。其基本思路是，先检查不在方程中的自变量，把 F 值最大（检验概率 Sig 值最小）且满足进入条件的自变量选入方程中；接着，查找已经进入方程内的自变量中，满足移出条件（F 值最小且检验概率大到满足移出条件）的自变量，将其移出方程。

以这种方式构造出的回归模型也可能只包括部分自变量，对于方程的质量和自变量的影响力，系统已经作出了初步判定，影响力较差的自变量没能进入模型。在这种方式下，如果所有自变量的影响力都很差，则可能无法创建出合格的回归方程。

逐步进入方式是一种比较智能化的方式，工作效率也比较高，是最为常用的方法。

3. 对多元线性回归分析的补充说明

（1）多元线性回归分析效果的判定

多元线性回归分析是归因分析和预测分析中的重要技术，但只有正确地选用多元回归分析的自变量筛选方法并准确配置各个分析参数，才能保证输出结果的正确性。

并不是每个线性回归分析都能得到有效的回归模型。如果待研究问题中的因变量数据与各个自变量数据之间没有关联性关系，就无法创建有效的回归模型。

回归模型的有效性通过输出表格"ANOVA"中的"显著性"值判定，若显著性值小于 0.05，则整个模型有效。回归方程的质量则通过 R 方来体现，R 方值在 0.6 以上的回归模型能较好地拟合观测数据，方程的质量较好。

（2）多元线性回归分析的自变量及要求

在使用多元线性回归分析前，要注意对相关变量的预处理，保证参与回归分析的自变量都是定序或定距数据。定类变量（含已数值化编码但不存在逻辑顺序的变量）不可以作为自变量直接进入回归分析过程。如果必须做包含了定类变量的多元线性回归分析，则需要先把定类变量转化为若干个虚拟变量（即取值仅为 0 和 1 的新变量，1 代表研究者关注的那个类别，0 代表其他类别），以虚拟变量作为回归分析的自变量。

若以"输入"方式筛选自变量，则所有自变量都会进入模型，导致模型中可能存在冗余的自变量。对绝大多数用户来讲，以"步进"方式来筛选自变量比较合适。

（3）多层线性回归分析

在多元线性回归分析中，如果研究者需特别关注某个自变量，研究该自变量在方程中的影响力，则可以使用多层线性回归分析。多层线性回归分析是多元线性回归分析的特殊形式。SPSS 以回归分析中的"块"技术来支持多层线性回归，如图 6-32 所示。

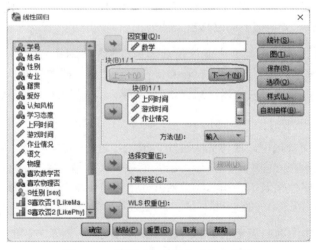

图 6-32　线性回归分析的"块"技术

在研究中，如果自变量 x_1、x_2、x_3、x_4、x_5 是待研究的自变量，其中研究者特别希望掌握自变量 x_3 的影响力，就可以使用多层线性回归分析，具体操作如下：

[1] 在图 6-32 所示的"线性回归"对话框中，直接把待研究的自变量 x_1、x_2、x_4、x_5 添加到右侧的自变量列表中（即"块 (B) 1/1"列表框内）。

[2] 单击右上部的"下一个"按钮，启动新块（即"块 (B) 2/2"），接着把重点关注的自变量 x_3 添加到右侧的自变量列表中。

[3] 单击"线性回归"对话框右上角的【统计】按钮，勾选【R 方变化】复选框，使之生效。

[4] 单击【确定】按钮，执行多层线性回归分析。通过输出表格中"更改统计量"下的"R 方更改"或"F 更改"情况，判断所关注的变量 x_3 所产生的影响力。

> 📎 注意：
> 在多层线性回归分析中，通常把普通自变量放在第一层块的自变量列表中，把所关注的自变量放在末层块的自变量列表中，并且在"线性回归：统计"对话框中勾选"R 方变化"复选框，以便在输出表格中显示被监控自变量所产生的影响力。

6.3.5 理论深化：多重共线性问题

1. 多重共线性概述

（1）多重共线性的定义及原因

多重共线性（Multicollinearity）是指线性回归模型中的多个自变量之间因存在精确相关关系或高度相关关系，使模型估计失真或难以估计准确，在某些情况下甚至导致自变量系数严重偏差，或出现了不符合逻辑的系数（比如，本应为正向影响的变量却出现了值为负数的系数）。

在多元线性回归中，完全共线性的情况并不多见，一般出现的是一定程度上的共线性，即近似共线性。

（2）多重共线性的处理

多重共线性是使用多元线性回归分析时经常要面对的一个问题。其他算法，例如决策树和贝叶斯，前者的建模过程是逐步递进，每次拆分只有一个变量参与，这种建模机制含有抗多重共线性干扰的功能；后者干脆假定变量之间是相互独立的，因此从表面上看，也没有多重共线性的问题。但是回归算法，不论是一般多元线性回归，还是逻辑回归，都要同时考虑多个预测因子，因此多重共线性是不可避免且需要面对的，在很多时候，多重共线性是一个普遍的现象。在构造预测模型时如何处理多重共线性是一个比较微妙的议题，既不能不加控制，又不能"一刀切"，更不能认为凡是多重共线性就应该消除。

> 📎 注意：
> 在多元线性回归中，对自变量的筛选若选用"步进"方法，能大幅度减少共线性问题。

2. 多重共线性诊断

（1）多重共线性程度的评价及依据

多重共线性会使参数估计值的方差增大，人们以"方差膨胀因子"(Variance Inflation Factor，VIF)描述共线性程度，方差膨胀因子值越大，说明共线性越强。方差膨胀因子的计算公式为 $VIF_i = 1/(1-R_i^2)$。为便于理解，人们还经常使用"容许度"来描述人们对回归模型中共线性的容忍程度。容许度是方差膨胀因子的倒数，所以容许度越小，共线性越强，越不可以容忍。容许度代表容许，也就是许可的可能性。

在多元线性回归分析中，人们认为容许度 < 0.2（或 VIF > 5）的项存在较严重的共线性问题，通常需要研究者对共线性问题进行处理。

（2）SPSS 中对多重共线性的测量方法

针对 6.3.3 中的案例，在 SPSS 的"线性回归"对话框（如图 6-26 所示）中，单击右上角的【统计】按钮，启动"线性回归：统计"对话框，如图 6-33 所示。

图 6-33 "线性回归：统计"对话框

在"线性回归：统计"对话框中选择【共线性诊断】【部分相关性和偏相关性】复选框，以便在输出窗口中获得图 6-34 所示的"系数"表格和图 6-35 所示的"共线性诊断"表格。

系数ª

模型		未标准化系数		标准化系数	t	显著性	相关性			共线性统计	
		B	标准误差	Beta			零阶	偏	部分	容差	VIF
1	(常量)	95.233	.399		238.877	.000					
	游戏时间	-1.757	.047	-.954	-37.054	.000	-.954	-.954	-.954	1.000	1.000
2	(常量)	83.682	2.442		34.262	.000					
	游戏时间	-1.441	.079	-.782	-18.129	.000	-.954	-.841	-.433	.307	3.257
	作业情况	1.173	.245	.206	4.784	.000	.857	.380	.114	.307	3.257
3	(常量)	86.297	2.642		32.668	.000					
	游戏时间	-1.399	.080	-.759	-17.474	.000	-.954	-.833	-.411	.292	3.420
	作业情况	1.151	.241	.202	4.769	.000	.857	.380	.112	.307	3.262
	上网时间	-.115	.048	-.062	-2.378	.019	-.455	-.200	-.056	.823	1.215

a. 因变量：数学

图 6-34 "系数"表格

由于在开启分析运算前选中了"共线性诊断"复选框，因此"系数"表格新增了2列——"容差"和"VIF"，分别代表"容忍度"和"方差膨胀因子"。从图 6-34 中的"容差"和"VIF"列可知，3个模型的容差值均大于 0.2，且 VIF 均小于 5，说明本回归模型中不存在严重的共线性问题，此模型的共线性处于可容忍（认可）范围。

SPSS 借助主成分分析法做多元回归分析的共线性诊断，生成如图 6-35 所示的"共线性诊断"表格。表格中的"条件指标"列和"特征值"列也能反映案例中模型的共线性情况。从图 6-35 可知，在模型 3 中，末尾两行的特征值较小，条件指标较大（最后一行的条件指标大于 30），而且在右侧的"方差比例"下，最后一行变量"游戏时间"和"作业情况"的方差比例值均大于 0.50，说明在这个回归模型中，这两个变量还是存在着一定的共线性问题的。

模型	维	特征值	条件指标	方差比例			
				(常量)	游戏时间	作业情况	上网时间
1	1	1.855	1.000	.07	.07		
	2	.145	3.575	.93	.93		
2	1	2.740	1.000	.00	.01	.00	
	2	.257	3.267	.00	.21	.01	
	3	.004	27.431	1.00	.78	.99	
3	1	3.718	1.000	.00	.00	.00	.00
	2	.258	3.796	.00	.21	.01	.00
	3	.021	13.344	.01	.22	.08	.90
	4	.003	33.392	.99	.56	.91	.10

a. 因变量：数学

图 6-35 "共线性诊断"表格

> **注意：**
> 通常认为某个特征值（非最末行）接近于 0，其条件指标大于 30 甚至 100，并且对应行内有多个变量的"方差比例"的值接近于 1，则代表存在着较强的共线性问题。

3. 多重共线性的处理

对于多元线性回归中出现的多重共线性问题，通常有以下 4 种处理方法。

（1）直接剔除导致共线性的变量

在多元线性回归分析完成之后，若发现某些自变量存在着明显的多重共线性问题，可结合研究问题及存在共线性的变量的语义，直接剔除某些共线性严重的自变量。然后重新执行带有共线性诊断的多元线性回归，以期能得到语义明确、科学严谨的多元回归方程式。

在剔除共线性变量并完成回归分析之后，应在研究结论中明确指出被剔除的共线性变量也对结果有影响。

（2）忽略共线性问题

在完成多元回归分析之后，如果发现仅出现了不太严重的共线性问题，而且方程中各自变量的系数比较合理，则可忽略该回归中的共线性现象。前例中的共线性问题就属于可以忽略的情况。

（3）尽量以"步进"方式实现自变量筛选

在多元线性回归中，"步进"是一种常用的消除多重共线性、选取"最优"回归方程的方法。其做法是逐个引入自变量，引入的条件是该自变量经 F 检验是显著的。而且每引入一个自变量，都要逐个复查已入选的变量，如果原来进入的变量由于后面变量的引入而变得不再显著，就将其剔除，以确保每次引入新变量之前回归方程中只包含显著的变量。这个过程反复进行，直到既没有不显著的自变量引入回归方程，也没有显著自变量位于回归模型之外为止。

利用"步进"方式筛选自变量，能够在一定程度上保证回归模型的容忍度（或 VIF），降低严重多重共线性出现的概率。

（4）以“岭回归”（ridge regression）解决多重共线性问题

对于多元线性回归中的多重共线性问题，在 SPSS 中可以借助“岭回归”或“最优标度”（CATREG）算法实施处理。

利用岭回归，可以减小参数估计量的方差。岭回归是一种可用于共线性数据分析的有偏估计回归方法，它是一种改良的最小二乘估计法，通过放弃最小二乘法的无偏性，以损失部分信息、降低精度为代价，获得回归系数更符合实际、更可靠的回归方法，对条件数很大的数据（病态数据）的拟合要优于最小二乘法。

岭回归是一种较特殊的回归分析，在大多数数据情况下不推荐使用，因此，SPSS 并没有把“岭回归”内置为 SPSS 的菜单项，但提供了对应的 SPS 文档（Ridge Regression.sps），以便做岭回归分析。

6.4　曲线回归分析技术

在社会科学的统计分析中，人们常常使用线性回归分析，而在自然科学领域，数据之间的关系并不都是线性的。为了解决这些问题，人们引入了曲线估计技术，也叫曲线回归。曲线回归是为解决含有高次项的函数式而研发的回归分析技术。

6.4.1　实战：以多元线性回归探究高次回归式

1. 案例要求

已知王教授在物理实验中获取了图 6-36 所示的数据，相关数据被存储在名称为 DataRes.sav 的数据文件中。已知 *XX* 为自变量，*SS*、*ZZ*、*YY* 均为因变量。请利用回归分析探究 *XX* 与因变量 *SS* 之间的关系，构造出回归方程来。

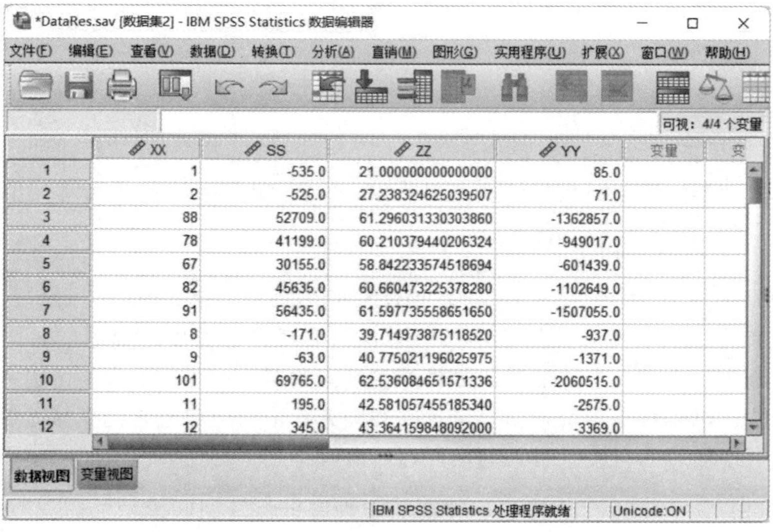

	XX	SS	ZZ	YY	变量
1	1	-535.0	21.000000000000000	85.0	
2	2	-525.0	27.238324625039507	71.0	
3	88	52709.0	61.296031330303860	-1362857.0	
4	78	41199.0	60.210379440206324	-949017.0	
5	67	30155.0	58.842233574518694	-601439.0	
6	82	45635.0	60.660473225378280	-1102649.0	
7	91	56435.0	61.597735558651650	-1507055.0	
8	8	-171.0	39.714973875118520	-937.0	
9	9	-63.0	40.775021196025975	-1371.0	
10	101	69765.0	62.536084651571336	-2060515.0	
11	11	195.0	42.581057455185340	-2575.0	
12	12	345.0	43.364159848092000	-3369.0	

图 6-36　曲线回归分析原始数据

2. 解决方案分析

（1）基本思路

对于来自物理实验室的数据，变量之间的关系有可能是高次方程式，并不局限于线性回归方程式。因此，我们先借助散点图技术，根据散点图大致猜测一下回归方程式的可能形式。

（2）数据预处理

[1] 单击【图形】—【旧对话框】—【散点图/点图】—【简单散点图】，打开绘制散点图的对话框。

[2] 把变量 XX 添加到"X 轴"列表框，把变量 SS 添加到"Y 轴"列表框，如图 6-37 所示。

[3] 单击【确定】后开始绘制散点图，得到图 6-38 所示的图形。

图 6-37 绘制散点图

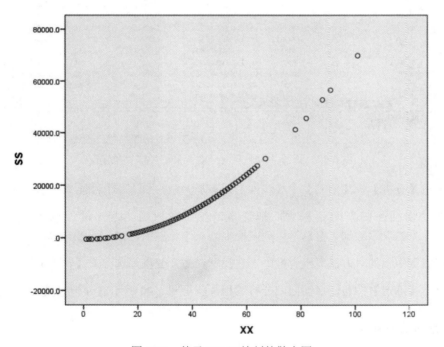

图 6-38 基于 XX-SS 绘制的散点图

分析图 6-38 所呈现的散点图，我们怀疑 SS 与 XX 之间的关系可能是二次函数式或三次函数式，因为图形接近抛物线。另外，观察横坐标和纵坐标的刻度值，感觉 SS 值的范围很大。因此可先假设 SS 与 XX 的关系为三次函数式。

（3）最后决策

根据前述分析，按照三次函数式展开探索与尝试。

3. 操作过程——以多元线性回归技术探索三次函数式的回归

基本思路如下。

[1] 在 DataRes.sav 的"数据视图"下，单击【转换】—【计算变量】，启动"计算变量"对话框。

[2] 在"计算变量"对话框的"目标变量"文本框输入"X2"，在"目标表达式"文本框输入"XX*XX"，然后单击【确定】。此时，原表中将新增一列"X2"，其值为 XX 的平方。同理，在"计算变量"对话框的"目标变量"文本框输入"X3"，"目标表达式"文本框输入"XX*XX*XX"，然后再次单击【确定】。得到数据集的最终效果如图 6-39 所示。

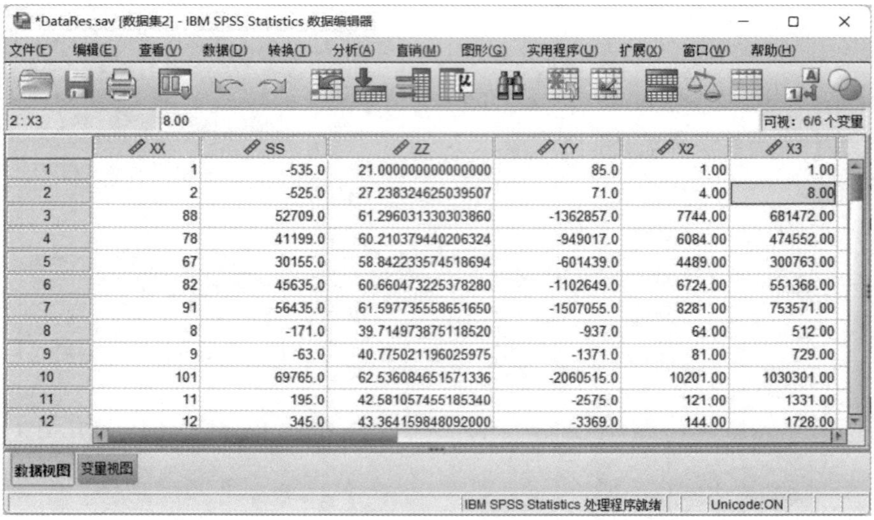

图 6-39 新增了两个变量"X2"和"X3"的数据表

[3] 单击【分析】—【回归】—【线性】，启动"线性回归"对话框。

[4] 在"线性回归"对话框中，把变量"SS"添加到"因变量"列表框中，把变量"XX""X2""X3"添加到"自变量"列表框中。

[5] 在右侧中部的"方法"组合框中，选择默认的自变量筛选方式【输入】。

[6] 单击【确定】按钮，启动回归分析过程，获得图 6-40 所示的分析结果。

4. 输出结果解读

首先，从"ANOVA"表格中可以看到，模型的 Sig 值 = 0.000，而且 $F = 2.988E+11$，说明模型的影响力是显著的，模型有效。

其次，从"模型摘要"表格中可以看到，模型的 R 方 = 1.000，拟合度非常高。因此，模型的质量非常好。

最后，从"系数"表格中可以获得回归模型的自变量和系数，写出回归方程式：

$$SS = -530.955 - 11.006 * XX + 7 * X2 + (-1.014E-6) * X3。$$

模型摘要

模型	R	R方	调整后R方	标准估算的误差
1	1.000[a]	1.000	1.000	.1229

a. 预测变量：(常量), X3, XX, X2

ANOVA[a]

模型		平方和	自由度	均方	F	显著性
1	回归	1.353E+10	3	4510571978	2.988E+11	.000[b]
	残差	.906	60	.015		
	总计	1.353E+10	63			

a. 因变量：SS
b. 预测变量：(常量), X3, XX, X2

系数[a]

模型		未标准化系数		标准化系数	t	显著性
		B	标准误差	Beta		
1	(常量)	-530.955	.060		-8909.392	.000
	XX	-11.006	.005	-.017	-2101.751	.000
	X2	7.000	.000	1.016	54754.826	.000
	X3	-1.014E-6	.000	.000	-1.162	.250

a. 因变量：SS

图 6-40　多元线性回归分析结果

由于 $X3$ 的系数非常小，而且其对应的 Sig 值 = 0.250，表示其作用不显著。因此，方程式可进行简化：

$$SS = -530.955 - 11.006 * X + 7 * X2$$

> **科研视点：**
> 对自变量进行各种变形，以便生成代表自变量各种变形的若干虚变量（如本例中的 $X2$ 就是 XX 的平方项，$X3$ 就是 XX 的立方项），即可借助原始自变量和虚变量做多元线性回归分析，实现非常复杂、灵活多变的高次回归式。我们在讲单因素方差分析时，曾经提到"单因素 ANOVA 检验：对比"，在该对话框中可以看到针对因素变量的各种变形，诸如平方、立方和多项式等，也正是这种理念的体现。

6.4.2　实战：以曲线回归探究高次回归式

1. 案例要求

已知王教授在物理实验中获取了图 6-41 所示的数据，相关数据被存储在名称为 DataRes.sav 的数据文件中。已知 XX 为自变量，SS、ZZ、YY 均为因变量。请利用 SPSS 提供的曲线回归探究 XX 与因变量 ZZ 之间的关系，构造出回归方程来。

2. 解决方案分析

（1）基本思路

对于来自物理实验室的数据，变量之间的关系有可能是高次方程式，并不局限于线性回归模型。因此，我们先借助散点图技术，根据散点图大致猜测一下回归方程的可能形式。

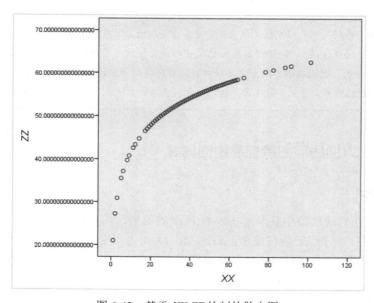

图 6-41 曲线回归分析原始数据

（2）数据预处理

[1] 单击【图形】—【旧对话框】—【散点图/点图】—【简单散点图】，打开绘制散点图的对话框。

[2] 把变量 XX 添加到"X 轴"列表框，把变量 ZZ 添加到"Y 轴"列表框。

[3] 单击【确定】按钮后，开始绘制散点图，得到图 6-42 所示的图形。

图 6-42 基于 XX-ZZ 绘制的散点图

分析图 6-42 所呈现的散点图，我们怀疑 XX 与 ZZ 之间的关系可能是对数关系。另外，观察横坐标和纵坐标的刻度值，感觉 ZZ 值的变化范围不大，更加论证了两者可能是对数关系。

（3）最后决策

根据前述分析，按照对数函数式展开探索与尝试。

3. 操作过程——以 SPSS 的曲线估算探索对数函数式的回归

[1] 单击【分析】—【回归】—【曲线估算】，启动“曲线估算”对话框。

[2] 在“曲线估算”对话框中，把变量“ZZ”添加到“因变量”列表框中，把变量“XX”添加到“变量”列表框中。

[3] 在对话框底部的“模型”区域里，选中【对数】复选框，如图 6-43 所示。

图 6-43　“曲线估算”对话框

[4] 单击【确定】按钮，启动曲线回归分析过程，获得图 6-44 所示的分析结果。

模型描述

模型名称		MOD_2
因变量	1	ZZ
方程	1	对数
自变量		XX
常量		包括
值用于在图中标注观测值的变量		未指定

模型摘要和参数估算值

因变量：ZZ

方程	模型摘要 R 方	F	自由度 1	自由度 2	显著性	参数估算值 常量	b1
对数	1.000	.	1	62	.	21.000	9.000

自变量为 XX。

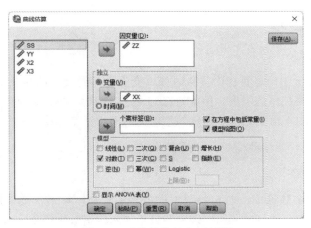

图 6-44　“曲线估算”的运算结果

4. 输出结果解读

首先，从“模型摘要和参数估算值”表格中，可以看到模型的 R 方 = 1.000，达到了极好的拟合度。因此，模型的质量非常好。

> **注意：**
> 此处的显著性值没能显示出来，有可能是因为 R 方值为 1，模型过于完美，导致各个残差都是 0，因此 F 值超过了整数范围，进而导致显著性值无法计算。对于 R 方＝1.000 的情况，可以暂时忽略显著性的值。

其次，从"参数估算值"区域查到了常量为 21.000，系数项为 9.000，由此可知回归方程式如下：

$$ZZ = 21 + 9 * \ln(XX)$$

6.4.3 曲线回归的总结与思考

1. 曲线回归及其应用

（1）曲线回归的定义

在数据的回归分析中，尽管在大多数时候，变量之间的关系都能归结为线性关系，然而，也仍存在着许多非线性关系的情形。例如，在匀变速直线运动中，运动距离与时间之间的关系就是二次函数式，自由下落的距离、抛物轨迹等与时间也都是非线性关系。

所谓曲线回归技术，就是研究因变量与自变量之间的非线性关系，并创建回归方程的一种技术。

（2）曲线回归的应用

在物理、化学的实验课中，对实验数据的处理和分析，常常需要借助曲线回归技术。另外，天文、气象学中也会大量地应用曲线回归分析技术构造数学模型。

2. 曲线回归的工作原理

在 6.4.1 节的实战案例中，我们学习了对自变量变形并创设虚变量，然后结合多元线性回归实现了带有高次项的回归模型。事实上，这就是曲线回归实现的根本原理。

在 SPSS 中，曲线回归也是依托这一原理来实现的。囿于软件设计的局限性，SPSS 的曲线回归通常有以下要求：①通常只处理仅有一个自变量的曲线方程；②只处理本质线性关系的曲线。

所谓本质线性关系，是指变量之间的关系虽然在形式上呈现为非线性关系，但是通过数学变形，仍然可以转化为线性关系。例如，函数式 $y = b_0+b_1*x+b_2*x^2+b_3*x^3$ 虽然是三次曲线，但若假设 x^2 为新变量 u、x^3 为新变量 v，则原式变成 $y = b_0+b_1*x+b_2*u+b_3*v$，即可变形为多元线性方程。同理，对于函数式 $y = b_0*b_1^x$，左右同时取对数，变形后成为 $\ln(y)=\ln(b_0)+x*\ln(b_1)$，这也是一个线性关系。

对于可实施曲线回归的曲线，SPSS 也进行了限制，主要包括二次曲线、三次曲线、复合曲线、增长曲线、指数曲线、对数曲线、S 曲线、幂函数、逆函数和逻辑函数，共 10 种。这些类型已经基本能够满足常规需要。

3. SPSS 实现曲线回归的流程

（1）利用散点图，初步判断曲线类型

由于在具体的回归分析中，可能的曲线类型繁多，为了避免盲目展开曲线估计，通常需先用散点图观察自变量与因变量之间的关系,以判定因变量与自变量是否存在清晰的逻辑关系。

如果散点图中的散点向曲线附近集中,比较接近于一条曲线,则初步判断可以做曲线回归分析,否则无法做曲线估计。

对于可做曲线估计的数据,先认真观察曲线的形状,判定大概属于哪类曲线,是抛物线,还是对数曲线、指数曲线?多数情况下,单凭散点图并不能准确地确定曲线的类型,可大致先确定 2~3 个曲线类型。

(2)执行曲线回归分析(曲线估计)

启动曲线估算功能,在曲线估算的配置界面,正确地设置因变量和自变量,并可同时选择若干个曲线类型。

在完成了曲线回归的计算机处理之后,根据计算机的输出结果,参考判定系数 R 方值和检验概率 Sig 值,选择最恰当的曲线类型。

最后,根据曲线类型和各个系数值,写出最终的函数式。

4. SPSS 中曲线回归分析的函数式及系数

在 SPSS 中,执行曲线估计功能的最终输出结果是一系列的系数,并可基于这组系数构造非线性的回归方程式。各类曲线及其表达式如表 6-3 所示。

表 6-3　各类曲线及其表达式

类型	表达式
线性	$y = b_0 + b_1 * x$
二次式	$y = b_0 + b_1 * x - b_2 * x^2$
三次式	$y = b_0 + b_1 * x + b_2 * x^2 + b_3 * x^3$
增长函数	$y = e^{b_0 + b_1 * x}$
幂函数	$y = b_0 * x^{b_1}$
指数函数	$y = b_0 * e^{b_1 * x}$
对数函数	$y = b_0 + b_1 * \ln(x)$
复合函数	$y = b_0 * b_1^x$
S 曲线	$y = e^{b_0 + \frac{b_1}{x}}$
逆函数	$y = b_0 + \frac{b_1}{x}$
逻辑函数	$y = \dfrac{1}{\dfrac{1}{u} + b_c * b_1^x}$

在以 SPSS 进行曲线估计后,应该选择 R 方值最高、Sig 值最低的估计模型,然后根据模型的类型,从表 6-4 中选择函数式,再把分析结果中的各个系数代入表达式,形成最终的有效函数式。

> **注意：**
> SPSS 内置的曲线估计功能很有限，若想实现更为复杂、自由的曲线估计，请参阅 6.4.1 节的思路，先对自变量做各种变形，然后借助多元线性回归方法实现自由性较高的曲线回归。

6.5 二元逻辑回归技术

二元逻辑回归分析（即二元 Logistic 回归分析）是因变量为二分变量的回归分析。二元逻辑回归在人类社会中具有非常广泛的应用。本节主要学习二元逻辑回归分析的概念、算法、质量评价和回归方程的建立等关键问题。

6.5.1 二元逻辑回归的工作原理

由于二元逻辑回归分析面对的因变量是二分变量，难以直接使用传统的方差分析技术检验各个自变量的影响力，所以需要设计出专门的处理方法和评价技术。

1. 为什么需要二元逻辑回归？

（1）二元逻辑回归分析的含义

实施多元线性回归分析方法的一个基本前提是，被解释变量应该是连续的定距变量，因素变量则可以是定距变量和定序变量。这种研究需要针对因素的不同水平实施方差分析，并借助方差分析结果进行评价和优化。

然而，在实际的应用中，大量的研究都需要对只有"是""否"两种选择的结论进行解释，即研究中的被解释变量并不是常用的定距变量，而是仅有两种取值的二分变量。针对这种变量的回归分析称为二元逻辑回归分析技术。例如，汽车销售商最关心的问题是顾客是否会购买某品牌的小汽车。那么，汽车销售商可以采集近半年来咨询此品牌小汽车的顾客的基本信息，以这些顾客最终是否购买了小汽车作为因变量，以顾客的职业、文化程度、收入情况、民族、宗教、喜好等因素作为自变量，借助二元逻辑回归分析技术，构造顾客购买此品牌小汽车的回归模型。然后，汽车销售商就可以以此回归模型为依据，对前来咨询的顾客做出初步判定。这就是二元逻辑回归分析的主要目的。

> **注意：**
> 前面讲述的一元线性回归或多元线性回归中的"元"，是指回归方程中自变量的个数，这一点与初等代数中的概念一致（一元一次方程式、二元一次方程式）。但二元逻辑回归中的"元"，不是自变量的个数，而是指因变量只有 2 个取值，是个二分变量。
> 如果因变量有多个离散化取值，则称为"多项逻辑回归"或"多元逻辑回归"。

（2）二元逻辑回归分析的特点

在二元逻辑回归分析中，被解释的因变量为二元变量，只有 0 和 1 两个取值。而作为因素的自变量可以是定序变量、定类变量，甚至定距变量。

二元逻辑回归分析的目标是找到能够影响因变量取值的因素，并构造出回归方程。然后可以借助回归方程对新个案进行预测，判定个案的最终选择。

2. 二元逻辑回归的工作思路

（1）二元逻辑回归分析的难点

二元逻辑回归分析的因变量为二元变量，只有两个取值，无法直接计算其残差值。

在二元逻辑回归分析中，由于无法计算因变量的均值，也就不能借用传统的方差分析和 F 值来判断方程的质量。

（2）构造二元逻辑回归模型的关键思路

当因变量的取值仅为 0 或 1 时，虽然从理论上讲无法直接使用普通的多元线性回归模型建模，但是如果借助普通的多元线性回归模型 "$y=b_0+b_1*x_1+b_2*x_2\cdots\cdots$" 来解释该研究问题，则在个案数很大的情况下，所获得的因变量的均值可以是因变量取"真"值时的概率。由此，可以得到初步想法：把因变量取值为 1 的概率作为新的因变量，把二元逻辑回归分析转化为针对新因变量的普通多元线性回归分析。

在二元逻辑回归模型中，因变量取值为 1 的概率 P 的值域为 $0 \sim 1$。在借助普通线性回归模型解释逻辑回归中的概率 P 时，模型中的自变量与因变量概率值 P 之间的关系应该是线性的。然而在实际应用中，二元逻辑回归中的这个概率值与自变量之间往往是一种非线性关系。另外，因变量概率值 P 的值域仅为 $0 \sim 1$，也不符合普通线性回归分析对因变量的要求。统计学家持续研究后发现，在数学上，这种基于二元关系的概率值与著名的"增长函数"吻合。

为此，统计学家认为应该对概率 P 进行必要的转化，使之符合常规的线性模型。如式 6-6 所示。

$$\text{Logit}(P) = \ln\left(\frac{P}{(1-P)}\right) = b_0 + b_i X_i \ldots\ldots \quad \text{式6-6}$$

式 6-6 就是 Logistic 函数，它是在增长函数的基础上，针对二元逻辑回归中的概率 P 所做的专门变形。这种变形符合增长模型，而且拓展了因变量的值域（$-\infty \sim +\infty$）。式 6-6 中的回归模型，就是针对二分变量的多元逻辑回归分析模型，其最右侧的等式为多元线性回归函数式。

借助增长函数的理论，最终形成了式 6-7 所示的面向概率 P 的回归模型。

$$P = \frac{1}{1 + \exp(-(b_0 + b_i * X_i + \ldots))} \quad \text{式6-7}$$

（3）二元逻辑回归模型的参数求解过程

为完成对二元逻辑回归模型的检验，应首先了解回归方程参数估计的原则和方法。逻辑回归方程的参数求解通常采用极大似然估计法。

① 极大似然估计法

极大似然估计是一种在总体分布密度函数和样本信息的基础上，求解模型中未知参数估计值的方法。它基于总体的分布密度函数来构造一个包含未知参数的似然函数，并求解在似然函数值最大情况下的未知参数的估计值。基于这一原则得到的模型，其产生的样本数据的分布与总体分布相近的可能性最大。因此，似然函数的函数值实际上也是一种概率值，它反映了在所确定的拟合模型为真时，该模型能够较好地拟合样本数据的可能性，所以似然函数的取值也为 0 ～ 1。

② 回归系数的显著性检验

逻辑回归系数显著性检验的目的是逐个检验模型中各自变量是否与 Logit(P) 有显著的线性关系，核查各自变量对于解释 Logit(P) 是否贡献显著。

在二元逻辑回归分析中，回归系数的常用判定统计量为 Wald。Wald 的原理与普通线性回归分析中的 T 值相似。其数学定义是 $Wald_i=(B_i/SE_i)^2$。其中 B_i 代表第 i 个有效自变量的回归系数，而 SE_i 是第 i 个自变量的标准误差。Wald 值越大，表示回归系数的影响力越显著。

3. 自变量的筛选策略

从本质上讲，二元逻辑回归分析也是一种多元线性回归分析，在面临多个自变量时，同样存在着自变量的筛选标准和自变量进入方程的顺序问题。

（1）自变量筛选的方法

① 采用极大似然估计法（"LR"方式）

所谓采用极大似然估计法，即基于极大似然估计算法对每个待选自变量进行评价，以便确定该自变量能否进入方程。似然比检验的原理是通过分析模型中自变量的变化对似然比的影响，来检验增加或者减少自变量的值是否对因变量有统计学上的显著意义。

极大似然估计算法是二元逻辑回归分析默认的算法。

② 采用 Wald 检验方法（"Wald"方式）

这是一种类似 T 检验的自变量筛选方式。根据二元数据处理的特点，人们对 T 检验的算法进行了扩展，提出了统计量 $Wald_i=(B_i/SE_i)^2$，通过检查 Wald 统计量的强度，以确定对应的自变量能否进入方程。

③ 采取比分检验方式（"比分"方式）

在已经设计好的回归模型的基础上增加一个变量，并假设新变量的回归系数为 0。此时以似然函数的一阶偏导和信息矩阵的乘积作为比分检验的统计量 S。在样本量较大时，S 服从自由度为参数个数的卡方分布。然后借助卡方检验的原理对自变量实施判定。

（2）自变量进入回归方程的顺序

① 直接进入方式（Enter）

所谓直接进入，就是所有给定自变量都直接进入回归模型。在最终的回归方程中，应该包含全部自变量。

"直接进入"方式的最大缺点是，需要用户根据回归分析的输出表格，人工判定回归方程的质量、各个回归系数的质量、各自变量对因变量的影响力。

② 逐个进入法（Forward）

逐个进入法，也简称为"向前"方法。其基本思路是，对于给定自变量，每一次都按照其检验概率的显著性程度选出"最优"自变量,并把它加入方程中,然后按照选定的筛选技术对它进行判定,以确定它能否成为回归方程内的一员。

在 SPSS 的二元逻辑回归分析中,对于自变量的筛选,在"向前"方式下,分别有"条件""LR"和"Wald"三种模式。

③ 逐个剔除法(向后)

逐个剔除法,也简称为"向后"方法。其基本思路是,对于给定自变量,先让它们全部进入方程,再按照其检验概率的显著性水平依次选择最差的自变量,从方程中剔除。

在 SPSS 的二元逻辑回归分析中,对于自变量的剔除,在"向后"方式下,也有"条件""LR"和"Wald"三种模式。

4. 二元逻辑回归质量的评价

对于二元逻辑回归分析,其回归方程的质量判定可以从两个方面考察。其一,回归方程能在多大程度上解释因变量的变化?其二,由回归方程计算出的预测值与实际值之间的吻合程度有多高?对于二元逻辑回归方程式能否真正地反映出变量之间的内在联系,则需要借助专门的质量评价技术。与多元线性回归分析相似,二元逻辑回归分析也提供了判定系数 R 方、F 值和 Sig 值等专门的数据指标。

(1)逻辑回归分析的判定系数

在逻辑回归分析中,衡量其拟合程度高低的关键指标是逻辑回归分析的判定系数,叫"Cox & Snell R 方"统计量,这是一个与普通线性回归中的判定系数"R 方"作用相似的统计量。但是,由于 Cox & Snell R 方的取值范围不易确定,因此在使用时并不方便。

为了解决 Cox & Snell R 方的取值范围不易确定的问题,SPSS 引入了"内戈尔科 R 方(Nagelkerke R 方)"统计量,它是对 Cox & Snell R 方的修正,其取值范围在 $0 \sim 1$ 之间。

Nagelkerke R 方的值越接近于 1,则表示逻辑回归方程的拟合度越高。

(2)错判矩阵

错判矩阵是一个二维表格,用于直观地显示出逻辑回归中原始观测数据与预测值之间的吻合程度。由于逻辑回归的因变量只有 2 个取值,所以错判矩阵的结构很简单,如表 6-4 所示。在 SPSS 中,错判矩阵也叫"分类表"。

表 6-4 错判矩阵

		预测值		
		0	1	总计百分比
观测值	0	A1	A2	
	1	B1	B2	
	总计百分比			

在表 6-4 所示的错判矩阵中,A1+A2 的值是观测值为 0 的全部个案数。其中 A1 是观测值为 0、预测值也为 0 的个案数,属于正确判定,而 A2 的值是观测值为 0 但预测值却是 1 的个

案数，属于错误判定。同理，B1+B2 的值为观测值为 1 的全部个案数，其中 B1 是观测值为 1 但被预测为 0 值的个案数（错误判定），而 B2 是观测值为 1 且预测值也是 1 的个案数（正确判定）。

在错判矩阵中，A1+B2 的值占的比例越大，说明逻辑回归的吻合度越高，回归方程的质量越高。

（3）逻辑回归分析回归系数的显著性及其检验概率

在逻辑回归分析中，对于纳入方程的每个自变量，都可以计算其 *Wald* 值（相当于线性回归分析中的 *T* 值）。利用 *Wald* 值，可以判定该自变量对回归方程的影响力，通常 *Wald* 值应大于 2。另外，与 *Wald* 值配套的检验概率 *Sig* 值也具有类似的作用，*Sig* 值小于 0.05 仍是回归系数具有显著影响力的标准。

（4）“霍斯默 - 莱梅肖（Hosmer-Lemeshow）拟合度”检验

对于自变量较多且多为定距数据的逻辑回归分析，通常需在执行回归分析时单击【选项】按钮，以便新打开的对话框中勾选【霍斯默 - 莱梅肖拟合优度】复选框，从而使系统自动输出霍斯曼 - 莱梅肖列联表，协助我们判断回归质量。

霍斯默 - 莱梅肖检验根据观测值和预测值情况对个案分组（最多分 10 组），分别统计每个分组中观测值取 0 值的总频数和取 1 值的总频数，并列出对应的预测值（也叫期望值，通常为每组内所有个案的预测概率之和），以便生成列联表。

系统会基于生成的列联表，利用面向期望值的卡方检验，计算出观测值与期望值之间的卡方距离及检验概率，如图 6-45 所示。

霍斯默-莱梅肖检验

步骤	卡方	自由度	显著性
1	.475	1	.491
2	295.346	4	.000
3	25.183	8	.001

图 6-45 “霍斯默 - 莱梅肖检验”表格

在“霍斯默 - 莱梅肖检验”表格中，卡方值越小，检验概率值越大，表示回归方程与观测值之间的差异越小，回归方程的拟合程度越高。若检验概率值小于 0.05，则说明模型与实测数据有较显著差异，不能很好地解释观测数据。

在图 6-45 中，“步骤 1”的卡方值为 0.475，检验概率为 0.491，表示回归方程的预测值与原始的观测值没有显著差异，回归方程的拟合度较高，回归方程应该是有效的。但“步骤 2”的卡方值很大，而且其检验概率为 0，表示回归值与实际观测值有显著差异。因此，霍斯默 - 莱梅肖检验证实：“步骤 1”提供的回归方程的拟合度要高于“步骤 2”和“步骤 3”。

> **注意：**
> 霍斯默 - 莱梅肖检验，仅适合于自变量为高测度变量的二元逻辑回归，其适用范围有限，在实际应用中要慎用。

6.5.2　实战：哪些因素导致学生喜欢数学课？——二元逻辑回归

1. 案例要求

对于图 6-46 所示的数据文件 Student2022.sav，请探究数学成绩、作业情况、上网时间、游戏时间、性别、爱好、认知风格、态度、认知风格与"喜欢数学否"之间的关系，分析是哪些因素导致学生喜欢数学的？如果可能，请构造回归方程，并评价回归分析的效果。

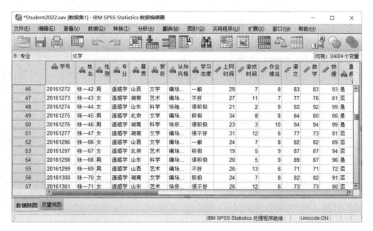

图 6-46　原始数据

2. 解决方案分析

（1）基本思路

基于图 6-46 所示的数据，依据案例要求，以"喜欢数学否"为因变量，以"数学""上网时间""游戏时间""性别""爱好""态度""认知风格"作为自变量，构造回归方程，并根据回归结果评价回归方程的质量。从案例要求看，这是一个典型的二元逻辑回归分析。

（2）数据预处理

由于变量"性别""爱好""认知风格""态度""喜欢数学否"为字符型变量，无法直接参与回归分析，必须对它们进行数值化编码。依据回归分析的要求，需要把这 5 个变量均转化为定序变量。另外，特别需要注意的是，"喜欢数学否"作为因变量，被编码为新变量"LikeMath"，其值域为 1 和 0，1 代表喜欢数学，0 代表不喜欢数学。

> 📎 注意：
>
> 在上述 5 个变量中，变量"爱好""认知风格""态度""喜欢数学否"均可找到合理且符合本例研究目标的顺序规则。可依规则把它们编码为定序变量。"性别"是个二分变量，尽管不方便规定顺序，但所有值域为 2 的二分变量，均可作为定序变量使用。

3. 操作过程——以"向前 LR"方式选择自变量

[1] 单击【分析】—【回归】—【二元 Logistic】，启动"Logistic 回归"对话框。

[2] 把"喜欢数学否"的数值化编码变量"LikeMath"添加到"因变量"列表框中，把变量"数学""上网时间""游戏时间""作业情况"添加到位于"块"下面的自变量列表框中，再把数值化编码变量"sex""S 态度""S 风格""S 专业"添加到位于"块"下面的自变量列表框中。

[3] 在右侧中部的"方法"组合框中，选择默认的自变量的筛选方式"向前：LR"，如图 6-47 所示。

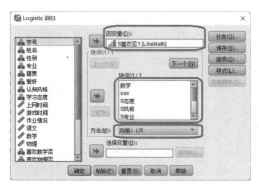

图 6-47　“Logistic 回归”对话框

[4] 单击底部的【确定】按钮，启动逻辑回归过程。获得图 6-48 至图 6-50 所示的一组分析结果。

4. 输出结果解读

以“向前：LR”的自变量筛选方式执行二元逻辑回归分析之后，得到了若干重要表格，内容涵盖模型质量判定、自变量系数与回归方程生成、回归分析过程等几个方面。

（1）模型质量判定表格

反映二元逻辑回归模型质量的表格主要包括以下 3 个，如图 6-48 所示。

模型系数的 Omnibus 检验

		卡方	自由度	显著性
步骤 1	步骤	108.300	1	.000
	块	108.300	1	.000
	模型	108.300	1	.000
步骤 2	步骤	68.215	1	.000
	块	176.515	2	.000
	模型	176.515	2	.000
步骤 3	步骤	11.144	1	.001
	块	187.658	3	.000
	模型	187.658	3	.000

模型摘要

步骤	-2 对数似然	考克斯-斯奈尔 R 方	内戈尔科 R 方
1	83.178[a]	.541	.724
2	14.963[a]	.719	.962
3	3.819[a]	.741	.991

a. 由于已达到最大迭代次数，因此估算在第 20 次迭代时终止。找不到最终解。

分类表[a]

实测			预测 S喜欢否1 不喜欢	预测 S喜欢否1 喜欢	正确百分比
步骤 1	S喜欢否1	不喜欢	63	0	100.0
		喜欢	30	46	60.5
	总体百分比				78.4
步骤 2	S喜欢否1	不喜欢	61	2	96.8
		喜欢	0	76	100.0
	总体百分比				98.6
步骤 3	S喜欢否1	不喜欢	63	0	100.0
		喜欢	1	75	98.7
	总体百分比				99.3

a. 分界值为 .500

图 6-48　逻辑回归模型的质量判定表格

从图 6-48 的第 1 个表格“模型系数的 Omnibus 检验”中可知，系统共进行了 3 个“步骤”，并创建了 3 个模型。所有“步骤”和“模型”对应的 *Sig* 值均为 0.000，此值小于 0.05，则说明整个模型是有效的。此表格相当于多元线性回归中的“ANOVA”表格。

从图 6-48 的第 2 个表格"模型摘要"中可知,"模型 3"的"−2 对数似然"值较低,为 3.819,而且该模型的 NagelKerke R 方的值为 0.991,这两项都表示此回归方程具有很好的拟合优度,应该是一个质量较佳的回归模型。

从图 6-48 的第 3 个表格"分类表"(即错判矩阵)中可知,"步骤 3"的预测值与已观测值很好地吻合了(错误判定仅有 1 个),正确判定率达到了 99.3%,表示此回归模型与观测值具有非常高的吻合度。

综上所述,本次二元逻辑回归应该得到了非常好的回归模型。

(2)系数与回归方程生成表格

反映回归模型系数的表格如图 6-49 所示。

		B	标准误差	瓦尔德	自由度	显著性	Exp(B)
步骤 1[a]	S爱好	21.203	4522.067	.000	1	.996	1615476366
	常量	−42.406	9044.133	.000	1	.996	.000
步骤 2[b]	S性别	−22.186	3206.790	.000	1	.994	.000
	S爱好	39.337	4842.368	.000	1	.994	1.213E+17
	常量	−53.780	7933.701	.000	1	.995	.000
步骤 3[c]	S性别	−82.173	8574.188	.000	1	.992	.000
	S态度	15.740	1068.418	.000	1	.988	6849280.343
	S爱好	79.246	5114.780	.000	1	.988	2.607E+34
	常量	−92.753	10740.392	.000	1	.993	.000

a. 在步骤 1 输入的变量:S爱好。
b. 在步骤 2 输入的变量:S性别。
c. 在步骤 3 输入的变量:S态度。

图 6-49 反映二元逻辑回归系数的表格

从图 6-49 的"方程中的变量"表格可知,所有纳入方程的自变量的"瓦尔德"值(即 *Wald* 值)都为 0,而且对应的 *Sig* 值也远远大于 0.05,这表示纳入方程中的全体自变量的影响力均不显著,自变量取值的变化难以引起观测值的显著变化。因此,在此回归方程中,自变量回归系数的质量明显不高。

不过,鉴于二元逻辑回归中因变量的特殊性,在二元逻辑回归中,人们对自变量系数"显著性"的要求并不高,即便 *Sig* 值大于 0.05,只要模型整体质量优秀,此系数仍是可以接受的。

从图 6-49 左下角"步骤 3"的"B"指标可知,仅有性别、态度、爱好 3 个变量被纳入了方程,其他变量均未能被方程接纳。

根据在"方程中的变量"表格的 B 列数值,仍可得到完整的回归方程式:

$$Y = -82.173 * S性别 + 15.740 * S态度 + 79.246 * S爱好 - 92.753$$

> 📎 注意:
> 在二元逻辑回归中,务必注意方程式 Y 的真正含义:$\log(P/(1-P))=Y$。因此,完整的函数式应为:$\log(P/(1-P)) = -82.173 * S 性别 + 15.740 * S 态度 + 79.246 * S 爱好 - 92.753$。

(3)对回归模型数据的整体性描述

对执行回归模型结果数据的整体性描述如图 6-50 所示。

个案处理摘要

未加权个案数[a]		个案数	百分比
选定的个案	包括在分析中的个案数	139	100.0
	缺失个案数	0	.0
	总计	139	100.0
未选定的个案		0	.0
总计		139	100.0

a. 如果权重处于生效状态，请参阅分类表以了解个案总数。

因变量编码

原值	内部值
不喜欢	0
喜欢	1

图 6-50　对回归分析原始数据的整体性描述

5. 总结与补充说明

（1）二元逻辑回归中的自变量

在二元逻辑回归中，因变量为二元变量，而自变量可为定序、定类，甚至某些测度不高的定距变量。在执行二元逻辑回归分析的过程中，要密切注意自变量筛选方法的设置，从而更好地评价回归效果。

对于进入回归方程的自变量，其对应的 *Sig* 值应该在 0.05 以下。如果某个自变量的 *Sig* 值远大于 0.05，则说明该自变量不应该进入回归方程。但鉴于二元逻辑回归中因变量的特殊性，在科研实践中，人们并未严格要求自变量的 *Sig* 值小于 0.05。

（2）定类变量可以直接充当二元逻辑回归的自变量

与传统的多元线性回归不同，二元逻辑回归允许定类变量作为其自变量直接进入回归分析过程。对于值域为 2 的二分变量，在数值化编码后可直接使用，不需做任何调整，因为所有的二分变量在作为自变量时，都可以被当作定序变量直接使用。若是值域大于 2 的定类变量参与二元逻辑回归，请在执行回归前把它标记为分类协变量。具体做法：在“Logistic 回归”对话框中，单击右上角的【分类】按钮，在新打开的对话框中，直接把某定类变量添加到“分类协变量”列表框中，如图 6-51 所示。

（3）如何评判二元逻辑回归方程的质量

在对二元逻辑回归方程质量的评判中，应该依据原始数据的特点和研究目的选择恰当的分析参数。对于大多数回归分析来讲，应借助 NagelKerke *R* 方值、*Wald* 值、模型的 *Sig* 值和错判矩阵等统计量正确地评价回归方程的质量。但若是自变量数量较多且带有多个定距型自变量的回归分析，还需要借助霍斯默 - 莱梅肖拟合优度分析回归模型的拟合优度。

例如，本案例中，因自变量中包含了较多的定距变量，所以通常会在回归分析时启用霍斯默 - 莱梅肖检验，以便通过检验观测值及预测值之间的拟合优度，判断回归方程的质量。结果表明，各方程的霍斯默 - 莱梅肖检验 *Sig* 值均为 1.000，表示预测值能够很好地拟合观测值，方程质量非常好，如图 6-52 所示。

注意：

若需启用霍斯默 - 莱梅肖检验，只需在“Logistic 回归”对话框中，单击右上角的【选项】按钮，在新打开的对话框中勾选【霍斯默 - 莱梅肖拟合优度】复选框。

图 6-51　二元逻辑回归中分类协变量的设置　　图 6-52　霍斯默-莱梅肖检验的结果

（4）并不是所有的回归分析都能得到有效的回归方程

对于某些回归分析，有可能直到迭代过程已经终止了，也没能获得带有显著系数的回归方程；或者虽强制获得了一个回归方程，但所有自变量对应的 Sig 值都远大于 0.05，而且错判矩阵中显示的误判率很高，也说明该回归方程是没有价值的。

思考题

（1）皮尔逊相关的工作原理是什么？它能够解决哪种数据的相关性判断问题？

（2）斯皮尔曼相关的工作原理是什么？它能够解决哪种数据的相关性判断问题？

（3）肯德尔相关的工作原理是什么？它能够解决哪种数据的相关性判断问题？

（4）判断低测度数据相关性水平的主要方法是什么？

（5）什么是回归分析？回归分析获得的回归方程有什么价值？

（6）什么是 R 方值？有什么价值？

（7）如何判断一个回归方程的质量？T 值、F 值和 Sig 值在评价回归方程质量时起什么作用？

（8）在多元线性回归中，对自变量的筛选有哪些方式？借助什么标准判断自变量的去留？

（9）在曲线回归分析中，幂函数回归方程的一般形式是什么？如何基于回归系数写出回归方程式？

（10）在曲线回归分析中，为什么主张先做散点图？散点图有什么价值？

（11）与多元线性回归分析相比，二元逻辑回归分析有哪些特点？

（12）在多元线性回归分析中，F 值、R 方值、回归平方和、回归均方和及自由度之间是什么关系？

综合实践题

已知：MydataX.sav 是面向大学生学习状态的调查收集到的数据，涉及学生的籍贯、专业、性别、爱好、认知风格、学习态度、学习成绩、上网时间、游戏时间等信息。而 MydataY.sav 是来自物理实验室的实验数据，其中 X 为自变量，Y、Z、W、V 均为因变量。

请从"作业素材"文件夹中找到这两个素材文件 MydataX.sav 和 MydataY.sav，完成以下操作，然后在 Ans.docx 文档中记录统计分析结果，并解读这些结果，写出研究结论。

（1）对 MydataX 中的字符型字段"籍贯""专业""性别""爱好""认知风格""学习态度"等进行数值化编码，新建以字母为变量名的字段；然后通过"变量视图"为新字段添加中文说明信息，数码值的含义也一并给予说明；最后，分析 MydataX 中的各科成绩和各个定序变量的分布形态。

（2）检验 MydataX 中"语文 1""语文 2""历史"成绩之间是否存在相关性，说明所采取的检验方法并解释输出结果。

（3）检验 MydataX 中"数学""物理"成绩对、"数学""语文 2"成绩对之间是否显著相关，说明所采取的检验方法并解释其相关性水平。

（4）基于 MydataX，检验上网时间与游戏时间、上网时间与数学成绩、游戏时间与物理成绩、爱好与物理成绩、作业情况与数学成绩、作业情况与物理成绩等变量对内的两变量之间是否显著相关。分别说明所采取的检验方法，并解释系统的输出结果。

（5）基于 MydataX，检验认知风格与爱好、籍贯与爱好、专业与爱好、性别与爱好、性别与游戏时间等变量对内的两变量之间是否显著相关，分别说明所采取的检验方法，并解释系统的输出结果。

（6）基于 MydataX，分析上网时间、游戏时间与作业情况、数学成绩、物理成绩之间的相关性。根据分析结果，说明在上网时间与游戏时间这两个因素中，哪个因素是真正影响作业情况和两科成绩的关键因素。

（7）基于 MydataX，制作作业情况与物理成绩的散点图、数学成绩与物理成绩的散点图、语文 1 成绩与数学成绩的散点图、上网时间与数学成绩的散点图、游戏时间与物理成绩的散点图，然后分别说明这些散点图能够证明什么信息。

（8）基于 MydataX，以物理成绩分别与数学成绩、语文成绩、作业情况、上网时间、游戏时间、认知风格进行一元线性回归分析。然后，分别解释其输出结果，并说明哪些回归方程是有效的，哪些是不良的。

（9）基于 MydataX，以数学成绩为因变量，以作业情况、游戏时间、认知风格、爱好、性别为自变量，进行多元线性回归分析，得出有效的多元线性回归方程，并对系统的输出结果给予详细解释。

（10）基于 MydataX，以物理成绩为因变量，以数学成绩、语文成绩、作业情况、游戏时间、认知风格、爱好、籍贯、专业、性别为自变量，进行多元线性回归分析，得出有效的多元线性回归方程，并对系统的输出结果给予详细解释。

（11）基于 MydataX，以"喜欢物理否"为因变量，以性别、专业、认知风格、爱好为自变量，进行二元逻辑回归分析，并解释系统的输出结果。

（12）针对 MydataY 提供的数据，以 X 为自变量，分别以 Y、Z、W、V 为因变量，利用 SPSS 求出原始的函数式 $Y(X)$、$Z(X)$、$W(X)$、$V(X)$。请思考曲线估计和多元线性回归两种回归技巧。

第 7 章 聚类分析技术

关键知识点

本章主要阐述统计分析中非常重要的归纳技术，从聚类（或分类）和降维两个视角对归纳的概念和操作进行了阐述。学习内容主要包含：①系统聚类技术；②快速聚类技术；③判别分析技术。另外，针对科研活动中应用较广的系统聚类（层次聚类），重点讲解了面向个案和面向变量的两种应用。

知识结构图

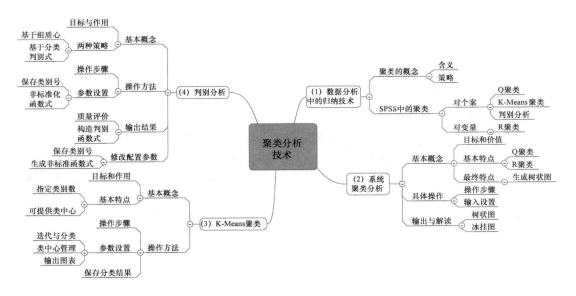

学前深思

（1）聚类技术在科研活动中有哪些应用？为什么说聚类或分类技术及相关理念对大数据、人工智能的影响广泛？

（2）什么是判别分析？为什么判别分析在人工智能、大数据领域有非常广泛的应用？

（3）系统聚类与快速聚类有什么区别？系统聚类中的R聚类在科研活动中为什么非常重要？

科研视点：研究报告品读

聚类，分为面向个案的聚类和面向变量的聚类两种。面向变量的聚类可把变量分为若干类，研究者针对已分类变量的归类情况，可以归纳出各类别所呈现出的共性，从而实现针对调查评价指标的降维。而面向个案的聚类可把研究对象分为若干类，并基于类中心探索各类别的特征，以便研究者针对各类别所表现出的特质及不足，为研究对象的发展提供合理建议。

本案例是一次针对在校生大学生活满意度的调查。目前调查指标已经明确，且经专家评审通过，形成了较权威的量表，调查数据已经采集完毕。请基于聚类技术，实现面向在校生大学生活满意度调查数据的聚类分析。

C大学在校生对大学生活满意度的调查与分析

一、选题及背景

1. 背景简介

C大学是一所知名全日制大学，目前每年招收本科生8000余人。然而，在近几年开展人才培养工作的过程中，校领导发现有部分同学存在不同层次的心理问题，影响了他们的健康发展。经初步调查发现，出现心理问题的学生或多或少地都对学校生活不太满意。鉴于此，校领导希望针对学校二年级学生做一次全面的满意度调查，并针对学生的满意度情况展开分析，形成对学生思想具有干预和引导价值的研究结论。

为了更好地调查学生的满意度情况，我们选用北京师范大学马秀麟团队提供的《大学生生活满意度调查问卷》（具体内容见附录）。该问卷已经经过该团队论证，具有较好的信度和效度。另外，为更全面地掌握学生的满意度水平与学生的人口学指标之间的关系，调查前，笔者还在调查问卷中增加了有关性别、生源、父学历、所在专业、籍贯等必要题项，以便采集这些信息。

目前，根据学校安排，已经采集到有效问卷6800余份，从中随机抽取了156个个案作为前期研究对象，以分析学生的满意度情况及其与各项人口学指标之间的关系。

2. 研究问题

（1）被调查学生的满意度水平及其分布情况。

（2）分析学生的总体满意度与性别、籍贯、专业、生源、父学历之间的关联性，探索学生的性别、籍贯、专业、生源、父学历等指标对学生总体满意度的影响。

（3）分析学生的总体满意度与在校适应性之间的关联性，以及学生的总体满意度与家庭生活满意度之间的关联性。

（4）基于现有数据集，针对调查指标项做分类，探索被调查变量的聚类情况，以便形成较为精练的研究结论。

（5）基于现有数据集，针对个案进行聚类，以便形成每个个案的类归属和类中心，并针对不同类型的个案提出合理化建议。

二、数据规范化与预处理

1. 数据的数值化编码

由于多数统计分析算法都面向数值型变量，而且应是大小有意义的定序变量和定距变量，因此，需要先对性别、专业、生源、籍贯、父学历等字段进行数值化编码。在数值化编码时，应尽最大可能探究各个变量的特点，寻求有效的编码规则，以便把各变量转化为大小有意义的定序变量。

2．正确地标记缺失值

在开展正式的统计分析之前，应把数据表中的不规范数据标记为缺失值，以使这些数据不参与相关统计分析操作，以免不规范数据影响分析结果。

三、数据分析及论证

1．针对学生满意度情况的统计描述

（略）

2．总体满意度与家庭生活满意度、在校适应性之间的关系

（略）

3．满意度水平与人口学指标之间的关系

（略）

4．针对满意度调查指标的变量聚类

本课题希望针对与满意度相关的 12 个变量做聚类分析，此处可认为每个变量为一个元素。由于本案例尚没有类中心，对分类数目也没有要求，因此，应采用系统聚类（也叫层次聚类）完成。这里，笔者把学校生活、适应学校否、教师教学、教材、多媒体教室、图书馆、伙食情况、网络环境、住宿条件、交流满意度、师生满意度、朋友数量作为待检验变量，以变量聚类的方式对这些变量进行聚类。

通过变量聚类获得的"冰挂图"如图 1 所示。基于这个冰挂图中分割条的分布，可把变量划分为 4 类。其中第一类包含的变量为住宿条件、网络环境和伙食情况；第二类包含的变量为朋友数量、交流满意度；第三类包含的变量为图书馆和多媒体教室；第四类包含的变量为师生满意度、教材、教师教学、适应否、学校生活。根据各个类别中包含变量的情况，可把第一类变量归纳为"生活环境"，把第二类变量归纳为"人际关系"，把第三类变量归纳为"学习环境"，而把第四类变量归纳为"教学质量"。

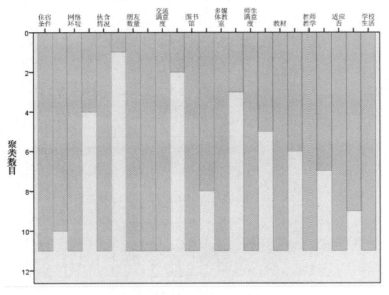

图 1　通过变量聚类获得的冰挂图

分别计算每个类别的均值，结果显示：①"生活环境"类别的均值最低，仅为 2.49，"教学质量"类别的均值较高，为 3.92。这说明学生们对学校的总体满意度并不高，即便是得分最高的"教学质量"类别，也尚未达到 4 分。另外，学生们对"生活环境"维度的满意度最低，只有 2.49 分，尚未达到及格水平。②仔细观察"生活环境"类别的具体变量，笔者发现得分最低的是"住宿条件"，其

满意度得分只有 2.23 分。这一问题是影响学生满意度的核心问题，需要得到校领导的高度重视。

鉴于上述情况，学校应该在改善学生住宿环境，提升后勤服务质量方面下大力气，分别从软件、硬件两个方面为学生提供更优质的住宿环境，从而提升学生的满意度。

5. 针对学生个案的聚类

本课题将仅从满意度视角对个案进行聚类。因此，笔者将以反映满意度的 12 个变量作为检验变量，从个案视角进行聚类。由于本案例尚没有类中心，对分类数目也没有要求，因此，应采用系统聚类完成。这里笔者选用了系统聚类算法，把学校生活、适应学校否、教师教学、教材、多媒体教室、图书馆、伙食情况、网络环境、住宿条件、交流满意度、师生满意度、朋友数量作为待检验变量，以个案聚类的方式基于这些变量进行聚类。

（1）基于聚类算法使个案被归类

从生成的冰挂图可知，将所有个案分为 5 类为佳。因此，笔者决定设置分类数为 5。因当前数据集中的个案数并不是很大，所以可借助 K-Means 算法生成类中心，并把每个个案对应的类别号直接存储到原数据集里，放在原数据集最右侧，如图 2 所示。

被试编号	性别	生源	父学历	QZ1	QZ2	Q1	Q2	Q3	Q4	Q5	Q6	Q7	Q8	Q9	QA	QB	QC	Sex	From	DadM	CLU5_1
W050	男	大都市	本科	3	1	2	1	3	1	2	1	1	1	3	4	3	5	1	3	3	1
W079	女	大都市	本科	3	1	2	1	3	1	2	2	1	1	3	4	3	5	2	3	3	1
W074	男	城镇	本科	3	2	2	2	3	2	3	1	1	1	3	4	2	5	1	2	3	1
W046	女	大都市	无学历	3	1	2	2	3	2	2	1	1	1	3	4	2	5	2	3	1	1
W108	女	城镇	本科	3	2	3	3	3	2	4	1	2	1	3	4	4	4	2	2	3	1
W128	女	城镇	本科	3	3	3	3	3	2	4	2	2	2	3	4	2	4	2	2	3	1
W077	男	大都市	本科	3	2	3	3	3	2	3	1	2	1	3	4	2	4	1	3	3	1
W081	女	农村	专科	3	3	3	4	3	5	5	1	2	1	3	5	2	5	2	1	2	1
W076	男	城镇	本科	3	4	4	5	4	5	5	2	2	1	4	4	4	4	1	2	3	2
W023	女	城镇	本科	4	2	3	2	3	1	3	3	2	1	3	4	3	5	2	2	3	1
W035	女	城镇	本科	4	2	3	2	2	1	2	2	2	1	2	4	3	5	2	2	3	1

图 2　生成了分类号的原始数据集

（2）生成类中心并分析其特征

基于 K-Means 算法，系统自动创建了类中心，各个类别及其类中心如图 3 所示。

每个聚类中的个案数目

聚类	1	31.000
	2	28.000
	3	34.000
	4	28.000
	5	35.000
有效		156.000
缺失		.000

最终聚类中心

	聚类				
	1	2	3	4	5
学校生活	5	4	4	4	5
适应否	4	3	3	4	4
多媒体教室	4	4	2	4	4
教师教学	5	4	3	4	4
图书馆	4	4	2	4	4
教材	4	4	3	4	4
伙食情况	3	1	2	3	3
网络环境	3	2	2	4	3
住宿条件	2	1	1	4	3
交流满意度	5	5	3	4	2
师生满意度	5	4	3	5	3
朋友数量	5	5	4	4	2

图 3　各个类别及其类中心

从图 3 所示的数据表可知，各个类别及其类中心各有特色。第一类学生是仅对“生活环境”不满意的学生。除此之外，他们在其他方面的满意度均在整体均值之上。这类学生诉求的焦点是“住宿条件”。第二类学生是对伙食情况和住宿条件均极度不满的学生，相关部门应考察并核实他们的伙食情况和住宿条件，若确实比较差，则应尽力解决，以免导致较为严重的后果。第三类学生是对“教学质量"和"生活环境"均有不满,但并非强烈不满的学生。第四类学生是对各方面均较满意的学生,目前尚无亟待解决的困难。第五类学生是对在校交流和人际关系不太满意的学生。对于这类学生,学校可适度提供一些文体活动、集体性社团项目,为其开展人际交流、锻炼沟通能力提供支持。

基于面向个案的分类,把个案分为了若干类,从而可为不同的学生提供有特色的、针对性强的干预策略,并分别从学校基础设施建设、校园文化活动举办、教学质量提升等视角为学生的良性发展提供有力且有效的支持。

四、研究结果及讨论

> ⚠ **提示:**
> 此处应基于统计描述的结果总结学生满意度的整体状况,详细地总结学生满意度的各指标与人口学变量之间的逻辑关系,分析各变量之间的亲疏关系,充分讨论当前研究与同行学者的相关研究之间的异同。具体讨论与分析内容暂略,请读者思考、完善。另外,在讨论过程中要注意对相关文献的引用,并与当前研究结论进行对比。

五、结束语

(略)

7.1 聚类的概念及原理

分类,是基于元素的内在维度及取值,判断元素的归属,从而形成具有代表性的若干类别的过程。专业化的分类,可以看作是多维坐标系中的坐标点依据距离关系形成若干不同类别的过程。分类在统计分析中具有重要地位。

7.1.1 科研中的分类分析

1. 分类分析的概念

(1) 什么是分类分析?

在人们的学习、工作,特别是科研活动中,常常需要把成千上万的个案分成若干类,以便有针对性地操作。例如,可以把学生分为男生、女生,还可以把学生按照综合表现分为优等生、良好生、普通生和差生。依据某些因素对个案归类的过程就是分类。

当然,在专业的统计分析中,对个案的分类不是依据单一指标的归类,往往是需要综合考虑多个因素的个案归类。例如,"三好学生"就是综合了学生多方面指标而形成的特殊分类。

(2) 数据分类的基本条件

在 SPSS 中,要实现个案的归类,其各个属性的取值应该满足以下两个条件:①不同个案的属性取值离散化程度较高,存在着比较明显的差别;②具备依据某几个属性,把个案分成几个类别的可能性。也就是说,依据某些属性,个案之间存在比较明显的亲疏关系。

2. 聚类分析的原理

SPSS 中的统计分析,其实质是针对二维数据表的操作。根据二维数据表的定义,在二维表中,每一行是针对一个个案的描述,而每一列是对所有个案某一属性的描述。因此,SPSS 中的分类分析,就是针对二维表行或列的抽象与归纳。

在 SPSS 中,对个案的常见分类处理是个案聚类,它以行作为操作元素,实现相似元素的归类,其目标是根据个案自身的特点把个案划分为若干类别。对变量的分类处理则称为列聚类、变量聚类,它以列作为操作元素,其目标是根据变量的取值序列把变量分为几个较大的类别,从而把描述个案的众多属性压缩成非常少的若干个变量集,以更加清晰地呈现出原始数据的本质特点。借助变量聚类,能在信息表达时减少属性的数量,因此它常被用于"降维"。在 SPSS 中,降维可以通过变量聚类和因子分析来实现。有关因子分析的内容,请参阅本书 8.2 节。

> **注意:**
> (1) 在聚类分析过程中,算法仅从数据视角做元素的聚合,针对个案做聚类与针对变量做聚类从统计分析的视角看是没有差别的。面向个案的聚类是把一行数据作为单个元素,而面向变量聚类则把一列数据作为单个元素。
> (2) 在聚类分析中,每个元素中均包含多个数据项,可看作多维坐标系中的一个坐标点。元素内包含的数据项则是该坐标点在多个维度上的取值。聚类的过程就是衡量各个元素间的距离,找出亲疏关系,形成不同类别集的过程。

SPSS 的聚类功能可分为两种形式:其一,不指定类中心的聚类。这种聚类不事先指定类中心,由 SPSS 系统根据元素的特点,通过多次迭代产生类中心,再以类中心为核心,实现元素聚类。其二,先指定类中心的聚类。这种聚类要求事先指定几个类中心,然后 SPSS 系统根据各个元素与类中心的距离,把元素归附到各个类中心之上。面向变量的降维分析,通常没有中心点,需要由 SPSS 系统根据元素的特点,自行迭代,生成类中心或者主成分。

7.1.2 核心知识:距离的计算与判定

由于聚类分析是以元素之间的距离为是否聚合的判定依据的,所以在聚类分析中,对元素间距离的计算就显得非常重要。对元素间距离的计算,主要需要考虑以下两个方面:其一,用什么方法计算两个多维数组之间的距离;其二,如果元素中包含多个个案,按照什么规则确定该元素的位置。

1. 多维数组之间距离的测量方法

由于聚类分析中的每个个案(或变量)都是包含着多个属性(或取值)的多维结构体(可通俗地称为多维数组),可以看作多维空间中的一个结点。对于已经明确了多维坐标值的两个结点,如何衡量它们之间的距离呢?

(1) 对定距变量之间距离的度量

① 欧式距离

欧式距离(Euclidean Distance)以坐标点之间的直线距离作为其结果。在三维坐标系下,其计算公式：欧式距离 = $\sqrt{\Delta X^2 + \Delta Y^2 + \Delta Z^2}$。

其中，ΔX、ΔY、ΔZ……是两个多维数组中对应数据的差值。

② 平方欧式距离

平方欧式距离，即欧式距离的平方，其英文表述是"Square Euclidean Distance"。在三维坐标系中，其计算公式：平方欧式距离 = $\Delta X^2 + \Delta Y^2 + \Delta Z^2$。

③ 余弦距离

余弦距离（Cosine Distance）利用两个元素夹角的余弦值来代表元素之间的距离。其计算公式：余弦距离 = $\cos(\theta_{ij})$。

④ 皮尔逊相关系数

皮尔逊相关系数，即利用两个元素的皮尔逊相关系数来表示两个元素之间的距离。

⑤ 切比雪夫距离

切比雪夫距离（Chebyhev Distance），是用多维数组中的最大差值的绝对值作为两元素之间的距离。计算公式：切比雪夫距离 = $\text{Max}(\Delta X、\Delta Y、\Delta Z\cdots\cdots)$。

⑥ 块距离

块距离（Block Distance）以两个多维数组中所有对应数据的差值的绝对值之和，来表示两个元素之间的距离。计算公式：块距离 = $|\Delta X|+|\Delta Y|+|\Delta Z|\cdots\cdots$。

⑦ 闵可夫斯基距离

闵可夫斯基距离（Mincowski Distance）是对欧式距离的改进，其公式如下：

$$闵可夫斯基距离 = \sqrt[p]{|\Delta X|^p + |\Delta Y|^p + |\Delta Z|^p}$$

当 $p=1$ 时，此公式退化为块距离公式；当 $p=2$ 时，此公式退化为欧式距离公式。

⑧ 自定义"设定距离"公式

自定义"设定距离"公式是对闵可夫斯基距离的复杂化。其距离计算公式：

$$距离 = \sqrt[r]{|\Delta X|^p + |\Delta Y|^p + |\Delta Z|^p}。$$

对于此公式，若 $r=p$，此公式退化为闵可夫斯基距离；在 $r=2$ 且 $p=2$ 时，此公式就是欧式距离公式。

（2）对计数型变量之间距离的度量

① 卡方距离

卡方距离指用卡方计算公式测量某个个案或变量在分布频数上与期望值之间的差距程度，它以卡方值充当距离值，是一种基于分布频数的距离计算方法。

② ϕ 方测量

ϕ 方测量（Phi-Square Measure）指用 ϕ 方测量两个个案或变量在总频数分布与期望值之间

的独立性程度，它以 ϕ 统计量的平方根充当元素间的距离，其实质是以卡方值的平方根除以合并频率的平方根，是对卡方距离的改进。

（3）对二分变量之间距离的度量

对于只有两个取值的二分元素（变量或个案），要计算它们之间的距离，往往会选用欧式距离或平方欧式距离。

从上面提供的算法可以看出，距离计算方法主要有 3 类：其一，把每个元素看成多维坐标系中的结点，直接基于欧式距离算法评价其亲疏关系；其二，把每个元素看成向量，基于相关性或夹角度数评价其亲疏水平；其三，对于低测度变量，采用卡方距离或 ϕ 方测量算法评价元素间的距离。在具体研究中，应根据研究问题的需要，选择适宜的距离计算方法。

2. 确定元素团之间的距离

在分层聚类过程中，随着聚类进程的进展，逐渐形成了若干已包含了多个元素的元素团，即每个元素团内都已经包含了多个个案（或变量）。那么应如何确定它们之间的距离呢？

（1）组间联接

组间联接（Between-groups Linkage），也叫类间平均法，其含义是计算出两个元素团内所有元素之间的距离，以所有距离的均值作为元素团之间的距离。

在聚类过程中，从所有尚待聚类的元素团中，取间距离最小的两个元素团优先进行合并。

（2）组内联接

组内联接（Within-groups Linkage），也叫类内平均法，其含义是先假设待合并的两个元素团已经合并起来，然后计算新元素团内每对元素之间的距离，以所有元素对的距离的均值作为这两个元素团之间的距离。

（3）最近邻元素

最近邻元素（Nearest Neighbor），也叫最短距离法，其含义是以两个元素团内部相距最近的两元素之间的距离作为两元素团的距离。

（4）最远邻元素

最远邻元素（Furthest Neighbor），也叫最长距离法，其含义是以两个元素团内部相距最远的两元素之间的距离作为两元素团的距离。

（5）质心聚类法

质心聚类法（Centroid Clustering），也叫重心法，其含义是先确定每个元素团的重心位置，以重心之间的距离作为两元素团的距离。

（6）中位数聚类法

中位数聚类法（Median Clustering），也叫中心法，其含义是先确定每个元素团的中位数，以中位数之间的距离作为两元素团的距离。

（7）Wald 方法

Wald 方法，即离差平方和法，若某两个元素团合并后，其内部所有元素之距离的离差平方和最小，则这两个元素团可以被优先合并。

7.1.3 聚类分析的常见类型

1. 面向个案的系统聚类

系统化的自动聚类，即系统聚类，是聚类分析中常见的技术，这是一种逐步聚合，最终实现全部聚合的聚类技术。因此，这种聚类也叫分层聚类。在这种聚类分析中，首先扫描元素集，把两个距离最近的元素归结为一类，形成新的元素；然后，基于新元素集，重复这个过程，直到所有的元素都被归结为一个大类。分层聚类的最终结果是获得一个只有唯一大类的元素集。

可把分层聚类看作一棵大树，最初的未聚类元素就像散落的树叶。当聚类完成后，所有的树叶都被大树有机地组织起来，处于不同层次上的树杈体现了树叶之间的距离关系。

从具体应用的视角看，如果自动分层聚类是以个案作为元素的，那么这种聚类就是个案聚类分析；如果自动分层聚类是以变量作为元素的，那么这种聚类就是变量聚类分析。

面向个案的分层聚类被称为"Q 聚类"，是聚类分析中非常重要的操作。

> **注意：**
> 除了 Q 聚类外，若把变量看作元素，则可以针对变量聚类，从而实现针对多变量的降维。针对变量的聚类被称为"R 聚类"。

2. 快速聚类

系统聚类以迭代方式确定类中心，而且是逐层汇聚并最终形成一个大类。因此，其执行效率较低，对大数据集的处理时间较长。另外，基于这种分类，如果研究者需要做指定类别数的分类，则需要仔细查看分类结果图，人工找到分隔点。更重要的问题是，分类过程不能自动标注出每个个案所属的类别。因此，系统聚类存在着执行效率不高、类别数目不清、没有清晰地标记出个案所属类别等不足。于是人们提出了基于指定类别数和各个类中心，且能够标记个案所属类别号的快速聚类。

快速聚类，也叫 K-Means 聚类，是在已经明确类别数、类中心的情况下，使元素快速向各个类中心聚集，并最终完成分类的技术。由于在元素聚类过程中，类中心不需要迭代，只需直接判断元素距离哪个类中心最近，即可快速实现归类，因此，K-Means 聚类的计算量不大，聚类效率很高。

当然，如果尚没有类别中心点，可基于小规模数据集，提前借助"迭代"算法自主创设出类中心。

> **📎 注意：**
> 随着 SPSS 版本的升级，对于面向个案的系统聚类，如果在启动分类操作前，已经预先做了必要的参数配置（在"系统聚类分析"对话框中单击【保存】按钮进行了必要的设置），声明了类别数量，也可以在输出聚类结果时顺便生成每个个案的所属类别号。

3. 判别分析

判别分析是基于已有数据集探究分类规则的过程。其基本思路：用户已经有若干已完成分类且类别号清晰的个案，由 SPSS 系统借助某些因素变量和已有类别号创建判别规则，构造判别函数。然后，SPSS 系统就能基于判别函数，对未来的个案实现自动分类。

判别分析过程实际上是系统主动探索与学习的过程（类似于多元回归分析），然后依据已经习得的规则，判定其他个案的归属类别。创建判别函数并分析判别函数的质量，是判别分析的重要任务。

本书将讲解两种判别分析技术：其一，是基于组质心的判别分析，其二，是基于分类判别式的判别分析。其中，在基于组质心的判别分析中，需要先确定每个组的质心坐标，然后计算每个元素与各个组质心的距离，把该元素附加到相距最近的组质心上。而在基于分类判别式的判别中，会为每一个类别生成一个典型判别函数式。新元素会被代入各个判别函数式，它在哪个判别函数式上的取值最大，它就属于哪个类别。

7.2 个案的聚类分析

聚类分析技术被广泛地应用在面向个案的聚类中。面向个案的聚类主要有系统聚类（即 Q 聚类）和 K-Means 聚类两大类。

7.2.1 实战：面向个案的系统聚类

系统聚类，即无类中心、无指定类别数的自动聚类方式，它首先把距离最近的元素聚合，并逐步扩展，直至完成所有元素的聚合。面向个案的系统聚类也叫 Q 聚类。

1. 案例要求

已知 8 位专家对 12 项参评项目进行了评审，相关数据存储在数据文件"项目评审.sav"中，如图 7-1 所示。经专家论证和元评价，认为本轮项目评审科学、客观。现在希望对 12 个项目展开聚类分析，探索项目之间的内在联系。

2. 解决方案分析

（1）基本思路

本题基于 12 个已经评审的项目展开，可认为每个项目为一个元素。由于尚没有类中心，对类别数目也没有具体要求，因此，可采用系统聚类完成。

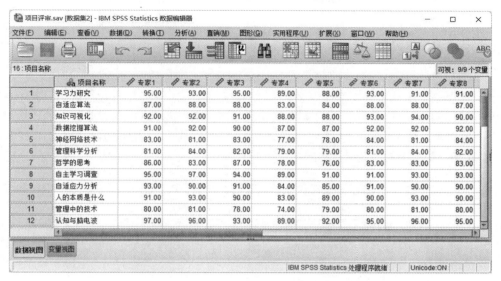

图 7-1 待参与系统聚类的项目评审数据

（2）最终决策

本例采用系统聚类算法完成，每一行数据（除项目名称外）可看作一个元素，其中的 8 个数据是该元素在 8 个维度上的取值。

3. 操作过程

[1] 单击【分析】—【分类】—【系统聚类】，启动"系统聚类分析"对话框。

[2] 从对话框内左侧的列表中，把变量"专家 1"～"专家 8"添加到"变量"列表框中，把变量"项目名称"添加到"个案标注依据"列表框中。

[3] 在右侧中部选中【个案】单选框作为"聚类"方法，并勾选下面的【统计】和【图】复选框，如图 7-2 所示。

图 7-2 "系统聚类分析"对话框

[4] 单击【确定】按钮，开始执行聚类分析过程。

4. 输出结果解读

在完成了系统聚类之后，可以获得图 7-3 和图 7-4 所示的输出结果。

（1）聚类表

在"聚类表"中列出了变量逐步聚类的过程。从图 7-3 中的第 1 行数据可知，首先是 3 号和 4 号变量（即"项目 3"和"项目 4"）被聚合，其距离系数为 13.000，是最小的。然后，第 2 行中的数据表示把 3 号元素团和 10 号变量（即"项目 3"和"项目 10"）聚合起来，其距离系数为 34.50，是次小的。其他行的解释依次类推。

集中计划

阶段	组合聚类		系数	首次出现聚类的阶段		下一个阶段
	聚类 1	聚类 2		聚类 1	聚类 2	
1	3	4	13.000	0	0	2
2	3	10	34.500	1	0	5
3	8	12	36.000	0	0	7
4	5	7	40.000	0	0	6
5	3	9	40.667	2	0	8
6	5	6	54.000	4	0	9
7	1	8	58.000	0	3	8
8	1	3	101.500	7	5	10
9	5	11	103.000	6	0	11
10	1	2	214.571	8	0	11
11	1	5	824.750	10	9	0

图 7-3　评审项目得分的"聚类表"

（2）冰挂图

在聚类完成后，系统会自动生成冰挂图，如图 7-4 所示。在冰挂图中，每个待分类元素占据一列，列与列之间预留了分隔列，系统借助分隔列的填充长度说明相邻两列之间的聚类关系。

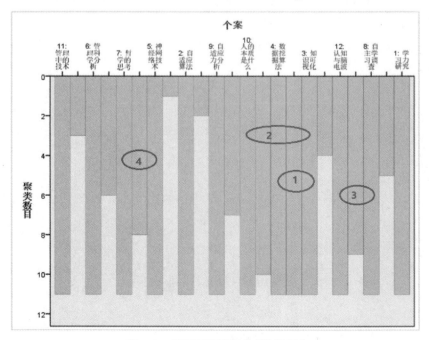

图 7-4　项目评审情况的"冰挂图"

在图 7-4 中，"3：知识可视化"与"4：数据挖掘算法"之间的分隔列基本被填满了，说明这两列的关系非常密切，属于最早被聚合的列。而"2：自适应算法"与"5：神经网络技术"之间的分隔列几乎为空白，则说明这两列的距离较远，是最后才聚合的。另外，从图中可知，第 2 个聚合不是"4：数据挖掘算法"和"10：人的本质是什么"的聚合，而是"10：人的本质是什么"与 3 号和 4 号构成的元素团（即第一次聚合的结果）的聚合。

5. 研究结论

系统聚类是元素（本例中为项目）被逐步聚合的过程，所有元素被逐步地聚合起来，最终变成包含全部元素的一个巨大类别。

从图 7-4 所示的冰挂图可以看出，若以填充长度最短的分隔列为界进行分隔，被评审的项目就会被分为两大类，第一类是左边的 4 个项目，第二类则是右侧的 8 个项目。同理，也可以依据填充长度最短和第二短的分隔列为界进行分隔，把 12 个项目分为三大类：第一类是左边的 4 个项目，第二类则只有一个项目，即"2：自适应算法"，第三类是右侧的 7 个项目。

6. 补充说明

除了基于默认的参数实施系统聚类之外，还可基于自己的要求配置一些聚类参数，从而实现特殊的功能。

（1）生成树状图

在图 7-2 所示的"系统聚类分析"界面中，单击右上角的【图】按钮，可以启动图 7-5 所示的"系统聚类分析：图"对话框。

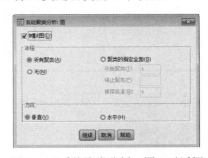

图 7-5 "系统聚类分析：图"对话框

在"系统聚类分析：图"对话框中，选中【树状图】复选框，表示要同时生成树状图。那么在执行系统聚类分析后，将会生成图 7-6 所示的树状图。

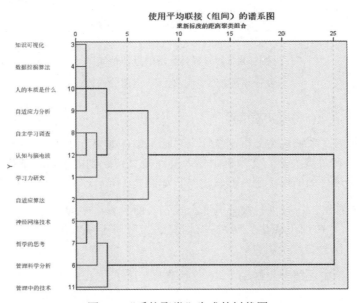

图 7-6 "系统聚类"生成的树状图

从图 7-6 可以看出多个个案被逐层聚类的过程。首先是"知识可视化"和"数据挖掘算法"聚合，然后是"人的本质是什么"和前面新生成的元素团的聚合，……最终所有的变量被聚合为 1 类。

（2）输出"近似值矩阵"

在图 7-2 所示的"系统聚类分析"界面中，单击右上角的【统计】按钮，可以启动图 7-7 所示的"系统聚类分析：统计"对话框。

在"系统聚类分析：统计"对话框中，选中【近似值矩阵】复选框，表示要同时生成"近似值矩阵"。那么，在执行系统聚类分析后，将会生成图 7-8 所示的"近似值矩阵"。

图 7-7 "系统聚类分析：统计"对话框

近似值矩阵中会呈现出各个变量之间的距离。从图 7-8 所示的近似值矩阵中，"学习力研究"与"自适应算法"之间的距离为 240.000，而"学习力研究"和"知识可视化"之间的距离为 37.000。近似值矩阵清晰地呈现出了各个元素之间距离，为元素间的逐级聚合打下良好基础。

近似值矩阵

平方欧氏距离

个案	1:学习力研究	2:自适应算法	3:知识可视化	4:数据挖掘算法	5:神经网络技术	6:管理科学分析	7:哲学的思考	8:自主学习调查
1:学习力研究	.000	240.000	37.000	50.000	906.000	901.000	738.000	38.000
2:自适应算法	240.000	.000	161.000	118.000	236.000	219.000	182.000	336.000
3:知识可视化	37.000	161.000	.000	13.000	773.000	736.000	647.000	67.000
4:数据挖掘算法	50.000	118.000	13.000	.000	664.000	641.000	560.000	80.000
5:神经网络技术	906.000	236.000	773.000	664.000	.000	41.000	40.000	1108.000
6:管理科学分析	901.000	219.000	736.000	641.000	41.000	.000	67.000	1055.000
7:哲学的思考	738.000	182.000	647.000	560.000	40.000	67.000	.000	936.000
8:自主学习调查	38.000	336.000	67.000	80.000	1108.000	1055.000	936.000	.000
9:自适应力分析	69.000	73.000	50.000	31.000	509.000	522.000	393.000	141.000
10:人的本质是什么	92.000	108.000	39.000	30.000	630.000	587.000	526.000	98.000
11:管理中的技术	1354.000	466.000	1149.000	1028.000	76.000	65.000	168.000	1540.000
12:认知与脑电波	78.000	466.000	95.000	124.000	1328.000	1299.000	1160.000	36.000

这是非相似性矩阵

图 7-8 系统聚类分析的近似值矩阵

注：原图过大，此处仅节选部分内容。

（3）预设分类计划，输出分类结论

在图 7-7 所示的"系统聚类分析：统计"对话框中，如果选中"聚类成员"区域中的【单个解】单选框，并在"聚类数"文本框中输入类别数"3"，则能够自动把所有项目分为 3 类，并直接标记出每个项目的所属类别。其输出结果如图 7-9 所示。

从图 7-9 可以看出，所有项目被分为 3 个类别，而且表格中列出了每个项目的类别号。例如，"学习力研究""知识可视化""数据挖掘算法"等属于第 1 类，而"自适应算法"属于第 2 类，第 2 类中仅有这一个项目。

（4）在原始表格中保留分类结果

若需在原始表格中保留预设的分类结果，则可预先在"系统聚类分析：保存"对话框中进行设置。

在"系统聚类分析"界面中，单击右上角的【保存】按钮，可以启动图 7-10 所示的"系统聚类分析：保存"对话框。

图 7-9　系统聚类分析得到的类别归属　　　图 7-10　"系统聚类分析：保存"对话框

在"系统聚类分析：保存"对话框中，选中"聚类成员"区域中的【单个解】单选框，表示要按照"单个解"对个案进行聚类。此时可在"聚类数"文本框中输入想要的类别数。在图 7-10 中，我们输入了数值 3，表示希望把原个案划分为 3 类。

如果执行了上述设置，在系统完成系统聚类分析后，则会在原始数据表的最右边新增一列"CLU5_1"，在此列中会标记出每个个案的所属类别号。

7.2.2　实战：快速聚类及其应用

快速聚类，也叫 K-Means 聚类，它是基于指定的类别数和类中心，要求新元素快速向最近的类中心靠拢的一种聚类方式。其特点是算法运算量小，执行速度比较快。

1. 案例要求

有关大学生学习状态的数据文件 Student2022.sav 如图 7-11 所示，目前表格中已有数百名学生的信息。在类中心数据已经明确，且指定分为 5 类的情况下，请采用快速聚类技术对现有数据进行分类。

已知类中心已经被存储在名为 mmmm 的数据集内，可直接使用。类中心数据如图 7-12 所示。

2. 解决方案分析

在待归类数据集明确，且类中心已经清晰的情况，要实现对大规模数据的归类，最好的算法就是快速聚类，即 K-Means 聚类。

从图 7-12 的类中心可知，参与 K-Means 聚类的变量有上网时间、游戏时间、作业情况、语文、数学、物理、S 态度、S 风格、S 专业和 S 爱好。这些变量是支持 K-Means 聚类的必要数据。

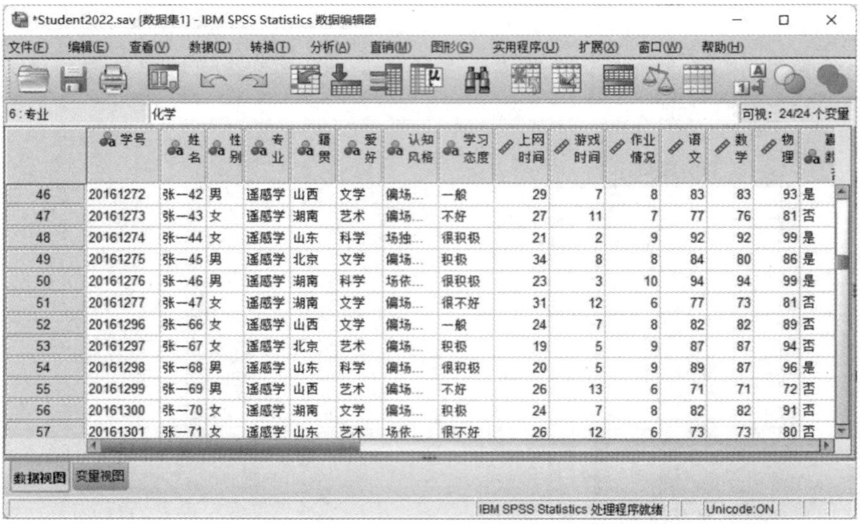

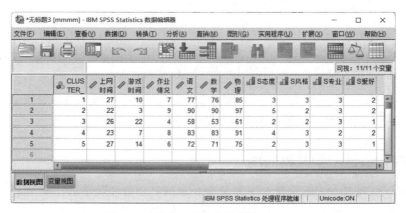

图 7-11　待执行快速聚类的原始数据

图 7-12　类中心所在的数据集 mmmm

3. 操作过程

[1] 保证 School2022.sav 和 mmmm 数据集均处于 SPSS 环境中，且处于不同窗口。先切换到 School2022.sav。

[2] 单击【分析】—【分类】—【K- 均值聚类】，启动 "K- 均值聚类分析" 对话框。

[3] 在 "K- 均值聚类分析" 对话框中，从左侧把前面提到过的所有要参与 K-Means 聚类分析的变量（即上网时间、游戏时间、作业情况、语文、数学、物理、S 态度、S 风格、S 专业和 S 爱好）添加到右侧的 "变量" 列表框中。然后，把个案的标记字段 "姓名" 添加到右侧的 "个案标注依据" 列表框中。

[4] 把 "聚类数" 设置为 5，表示要分为 5 类。在 "方法" 区域，选择【仅分类】单选框。

[5] 在左下部的 "聚类中心" 区域，选中【读取初始聚类中心】复选框，并在其后选择 mmmm 数据集。最终配置效果如图 7-13 所示。

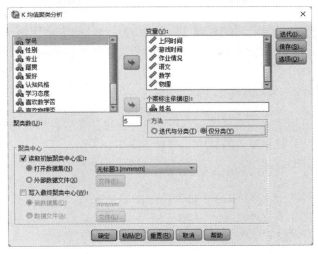

图 7-13 "K-均值聚类分析"对话框

[6] 在"K-均值聚类分析"对话框中，单击【保存】按钮，启动"K-均值聚类：保存新变量"对话框。勾选【聚类成员】和【与聚类中心的距离】两个复选框，如图 7-14 所示。然后，单击【继续】按钮，返回"K-均值聚类分析"对话框。

[7] 单击【确定】按钮，启动快速聚类分析。

4．输出结果解读

在完成了快速聚类过程之后，可以获得图 7-15 至图 7-17 所示的输出结果。

图 7-14 "K-均值聚类：保存新变量"对话框

（1）在原始数据表中出现了两个新变量

由于在聚类配置时，我们勾选了【聚类成员】和【与聚类中心的距离】两个复选框，所以在聚类完成后，原数据集末尾新增了 2 个变量，分别为 QCL_1 和 QCL_2，如图 7-15 所示。

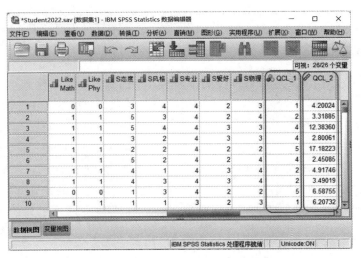

图 7-15 带有分类信息的新数据集

其中，QCL_1 中的数据为每个个案的所属类别号。这里第一行的值为 1，表示第一行数据对应的个案被划分到第 1 类中；第 3 行和第 4 行的值为 4，则表示这两个个案应归于第 4 类。而 QLC_2 列中的数据声明了每个个案与类中心的距离，该值越小，代表该个案在该类别中越接近中心位置。

（2）系统输出了类中心信息

由于在本案例中采用了"仅分类"，没有允许"迭代"发生，所以最初类中心和最终类中心应该是完全相同的。最初和最终的类中心信息如图 7-16 所示。

（3）系统输出了每个类别内的个案数

系统在图 7-17 所示的表格中输出了每个类别中的个案数，说明了按照预先提供的类中心展开聚类后，每个类别中有多少个案。从图 7-17 可知，归类到第 4 类中的个案最多，共有 49 个，归类到第 3 类的个案仅有 3 个，各类别中的个案数目并不均衡。

最终聚类中心

	聚类				
	1	2	3	4	5
上网时间	27	22	26	23	27
游戏时间	10	3	22	7	14
作业情况	7	9	4	8	6
语文	77	90	58	83	72
数学	76	90	53	83	71
物理	85	97	61	91	75
S态度	3	5	2	4	2
S风格	3	2	2	3	3
S专业	3	3	3	3	3
S爱好	2	2	1	2	1

每个聚类中的个案数

聚类		
	1	27.000
	2	48.000
	3	3.000
	4	49.000
	5	12.000
有效		139.000
缺失		.000

图 7-16　最初和最终的类中心信息　　　　图 7-17　每个聚类中的个案数

5. 思维拓展：把构建类中心与快速聚类有机结合起来

（1）案例要求

对于图 7-11 所示的数据文件 Student2022.sav，目前表格中已有数万名学生的信息。在尚无类中心，但希望将个案分为 5 类的情况下，请采用快速聚类技术对现有数据进行分类。

（2）解决方案分析

① 针对无类中心的海量数据，肯定无法直接使用快速聚类技术。不过，可以采取随机抽样的方式对原始数据集进行"个案筛选"，从中提取 10% 的数据。然后，针对这 10% 的个案进行带有"迭代"功能且可保存类中心的快速聚类操作。完成这一操作后，即可生成有效的类中心。

② 取消针对原始数据的"个案筛选"，使之恢复到全员状态。此时，针对全员数据，再次启用快速聚类操作，借助已有的类中心和"仅分类"功能，快速地对全员数据做聚类。此次设置时，请务必在"K-均值聚类：保存新变量"对话框中，勾选【聚类成员】和【与聚类中心的距离】两个复选框。

（3）关键步骤

[1] 在原始数据集中，单击【数据】—【选择个案】，选择【随机个案样本】，并设置大约

10% 的个案。操作完成后，只有 10% 的个案会被随机抽取并保留下来。

[2] 针对筛选后的个案，单击【分析】—【分类】—【K-均值聚类】，启动"K-均值聚类分析"对话框。然后务必清晰填写"聚类数"，比如 5。在"方法"区域选择【迭代与分类】单选框，且务必勾选【写入最终聚类中心】，选择数据集并输入名称 nnnn。

[3] 设置完成后，执行快速聚类，SPSS 系统将以现有的小规模数据集做"迭代"，逐步生成类中心的数据，并写入预设的数据集 nnnn 里。

[4] 回到原始数据集，单击【数据】—【选择个案】，选择【全部样本】，以便取消对原始数据的筛选。

[5] 针对原始数据，单击【分析】—【分类】—【K-均值聚类】，启动"K-均值聚类分析"对话框。此时可借用已有的类中心 nnnn，采用【仅分类】的方式对大规模数据执行快速聚类。在执行此过程前，请务必在"K-均值聚类：保存新变量"对话框中，勾选【聚类成员】和【与聚类中心的距离】两个复选框。

7.3 变量的聚类分析

面向变量的聚类，以变量作为元素执行聚类操作，可以探索变量之间的亲疏关系，形成若干个元素团（即变量组）。基于变量的聚类，能够探索哪些变量为亲密变量，并进而归纳出变量组内部隐含的语义，把由若干个变量表达的信息由更少的潜变量表达出来，实现变量的降维。

7.3.1 实战：面向变量的系统聚类

面向变量的系统聚类被称为 R 聚类，它用于分析变量之间的亲疏关系，从而帮助研究者更好地理解调查指标的结构，进而优化调查指标体系。

1. 案例要求

已知，马老师的研究团队希望对大学生的生活满意度进行调查，项目设计及内容可参阅本章开头"科研视点：研究报告品读"中的研究报告。此调查涉及了面向教学情况、生活情况、个人交流情况共 3 个维度的 11 个问题项，还有一些综合测量项和人口学指标。相关问题及语义请参阅本书附录。

目前，采集到的所有数据均被存储在"大学生活满意度数据.sav"中，如图 7-18 所示。请把与调研问题相关的变量进行聚类。

2. 解决方案分析

（1）基本思路

本案例希望针对 11 个变量做聚类分析，此处可认为每个变量为一个元素。由于本案例尚没有类中心，对类别数也没有要求，因此，应采用系统聚类完成。

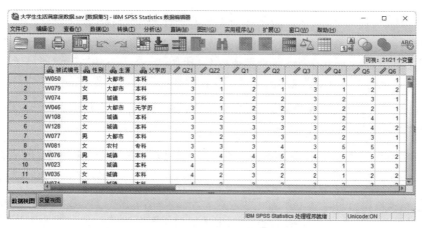

图 7-18　大学生生活满意度数据

（2）最终决策

本案例采用系统聚类算法完成，每一列数据可看作一个元素，被研究的所有数据是这 11 个元素在各个学生上的取值。

3. 操作过程——面向变量的系统聚类初探

[1] 单击【分析】—【分类】—【系统聚类】，启动"系统聚类分析"对话框。

[2] 从对话框内左侧的列表中，把变量"多媒体教室""教师教学""图书馆""教材""朋友数量"等 11 个变量添加到变量列表框中，如图 7-19 所示。

> **注意：**
> 原数据集里的"性别""父学历""学生生活""家庭生活""适应否"属于总体描述性变量，不应添加到待检验的变量集。变量聚类的目的是观察各分项变量的语义覆盖，不应该包含总体描述性变量。

[3] 在右侧中部的"聚类"区域选择【变量】单选框，在"显示"区域勾选【统计】和【图】复选框，如图 7-19 所示。

[4] 单击【确定】按钮，开始执行聚类分析过程。

4. 输出结果解读

在完成了系统聚类过程之后，可以获得图 7-20 和图 7-21 所示的输出结果。

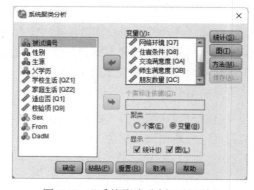

图 7-19　"系统聚类分析"对话框

（1）聚类表

在聚类表中列出了变量逐步聚类的过程。在系统聚类的输出结果中，聚类表被称为"集中计划"表，如图 7-20 所示。

7.3 变量的聚类分析

	组合聚类			首次出现聚类的阶段		
阶段	聚类1	聚类2	系数	聚类1	聚类2	下一个阶段
1	8	10	12.000	0	0	8
2	6	7	87.000	0	0	5
3	1	3	124.000	0	0	6
4	2	4	191.000	0	0	6
5	5	6	234.500	0	2	9
6	1	2	242.000	3	4	7
7	1	9	268.750	6	0	8
8	1	8	454.400	7	1	9
9	1	5	648.190	8	5	0

集中计划

图 7-20 "集中计划" 表

（2）冰挂图

聚类完成后，系统会自动生成冰挂图，如图 7-21 所示。在冰挂图中，每个待分类元素占据一列，在列与列之间预留了分隔列，系统借助分隔列的填充长度说明相邻两列之间的聚类关系。

在图 7-21 中，"交流满意度" 与 "朋友数量" 之间的分隔列基本被填满了，说明这两列的关系非常密切，属于最早被聚合的列。而 "伙食情况" 与 "朋友数量" 之间的分隔列几乎空白，则说明这两列的距离较远，是最后才聚合的。

在图 7-21 中，红色圆圈及其中的数字，标记出了变量被逐级聚合的过程，内部的数字呈现出了变量被聚合的先后关系，也反映了变量之间的亲疏关系。

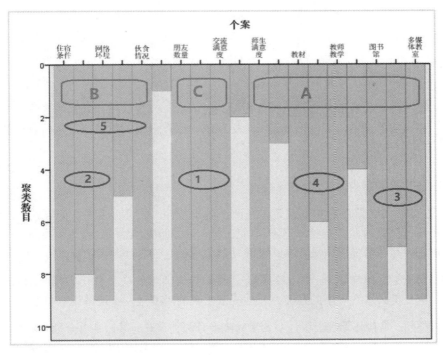

图 7-21 冰挂图

5. 研究结论

系统聚类是变量被逐步聚合的过程，所有元素被逐步地聚合起来，最终变成包含全部元素的一个巨大类别。

从图 7-21 所示的冰挂图可以看出，若以填充长度最短的分隔列为界进行分隔，则调查指标项会被分为两大类，第一类是左边的 3 个问题项，第二类则是右侧的 7 个问题项。同理，也可以依据填充长度最短和第二短的分隔列为界进行分隔，可把 10 个测量项分为三大类：其一是左边的 3 个测量项（即住宿条件、网络环境、伙食情况），其二则是中间的两个测量项（即朋友数量、交流满意度），其三则是剩下的 5 个测量项。

从分成 3 类的变量及其潜在含义看，第 1 类集中于生活条件和生活环境，第 2 类集中于交流与交友情况，第 3 类则是学习环境和教学满意度。这 3 个维度与最初的设计基本是一致的。

7.3.2 对R聚类的反思与总结

R 聚类是系统聚类中的一种，它是面向变量的聚类。R 聚类可以帮助研究者从结合紧密的变量团中挖掘出潜变量，与第 8 章即将讲授的探索性因子分析和验证性因子分析相互印证，也是提升测量指标体系的有效工具。

1. 降维的概念

在数据统计分析过程中，常常要从多个视角制作调查或评价指标，从而全面地反映调查对象的属性和特点。然而，在调查完成后，研究者往往会发现以下问题：①多个指标项的语义有重叠，调查指标的设计不一定合理，多个指标项内部可能蕴含着较强的共性；②调查指标中包含过多的变量，需要精炼变量，需从中抽取出公共的、更有价值的语义项。

为此，需要精炼调查指标，减少指标的维数，使结论变得更加易于表述和理解。因此，在 SPSS 中，降维分析是面向变量的归纳，其目的是把数据表中的若干相关列集合在一起，形成归一化的结论，从而减少数据表中列的数量。

具体来说，降维分析要从变量里抽象出公共的因素，或者从结合紧密的变量团（由变量聚类后获得）中提取潜变量，以便形成若干更凝练、更有价值的数据项，从而获得更有价值的研究结论。

2. 降维的前提条件

在 SPSS 中，实施降维分析要满足以下两个基本条件：①部分变量之间存在着高度的相关性，这些变量可以称为同质变量，基于同质变量，可以抽取出比较凝练的公共因子信息；②不同质的变量之间存在着显著差异，从语义和功能上看，它们之间距离较远。

正是由于变量的内在本质有不同的特点、有差异的亲疏关系，才可以把同质的变量归结在一起，把大量变量归结为有限的几类，从中提取内在的潜变量，实现降维的目的。

与分类不同，从操作原理上看，对变量的降维有两种方式：其一是对变量的归类，即借助变量聚类的技术实现降维；其二是抽取公共因子，即通过抽取公共因子的方式实现同质变量的降维。

3. R 聚类是实现降维分析的重要手段

针对具有众多变量的调研数据，可以借助自动分层聚类的技术，对变量进行聚类，把众多变量划分为若干小组，形成几个聚结的变量集；然后分析每个变量集的语义，形成更为凝练的维度。

面向变量的层次聚类分析，即 R 聚类，是针对研究问题实现降维的重要手段之一。另外，从若干变量中抽取公因子以实现降维，是降维分析的另一重要策略，将在第 8 章详细阐述。

7.4 判别分析

判别分析是为了解决未来个案归类问题而提出的一种统计分析技术，它基于已做好分类的个案集，寻求有效的判别规则，并借助判别规则对未来个案的归属进行判定。判别分析的核心问题是创建有效的判别函数式。判别分析为人工智能领域的机器学习提供了重要支撑。

7.4.1 判别分析的概念与类型

1. 判别分析的概念

（1）什么是判别分析（Discriminant Analysis）？

在数据处理中，我们常常会面临这样一种情况：现在已经有若干样本被正确地分类了，但不清楚分类的依据是什么。同时，未来还会出现大量未被分类的样本，需要按照上述规则判定这些样本的归属类别。

为此，需要根据已被正确分类的样本及其属性进行分析，找出影响样本归类的关键因素，甚至获得一个判定函数；然后依据判定函数，就能对未来样本进行判别。这种解决问题的方法就是判别分析。

（2）判别分析的价值

判别分析的价值主要体现在两个方面：①对未来个案进行自动归类或预测；②修正当前已归类个案中的不严谨结论。

基于已分类的部分个案开展分析并最终生成判别函数式，再依据判别函数式重新对已分类个案进行判断，可以检查判别函数式的质量。如果判定值与原始类别号的吻合度较高（85% 以上），则表示判别函数式有效，那么可以借助这个判别函数式对未来个案进行归类。与此同时，还可进一步追踪检查判定值与原始类别号不能吻合的那些个案，看看这些个案的归类是否存在问题。

2. 判别分析的两种思路

在 SPSS 中，判别分析的实现共有 2 种思路，分别是基于组质心的判别和基于分类判别式的判别。其中，基于组质心的判别被称为贝叶斯（Bayes）判别，基于分类判别式的判别又称为费希尔（Fisher）判别。不论是贝叶斯判别还是费希尔判别，都需要基于一组线性判别函数式完成对新个案的判定。

(1) 基于组质心的判别

所谓基于组质心的判别，就是为每个类别创建一个组质心，其他待归类个案距离哪个组质心较近，就被认为属于哪一个类别。这种判别方法首先根据个案的类别数创建多维坐标系，如果待研究个案被分为 K 类，那么系统会创建一个 $K-1$ 维的坐标系，组质心的坐标和判别函数式均被表示为 $K-1$ 维的坐标形式。

由于多维坐标系中每一个维度均需要用一个判别函数式来表示，因此，基于组质心的判别分析的目标就是创建出 $K-1$ 个判别函数式。然后把待归类个案的各属性取值代入 $K-1$ 个判别函数式中，最终得到一个由 $K-1$ 个数值构成的坐标点。这个坐标点距离哪个组质心更近，就归类到哪个类别之中。

例如，假设某个数据集的个案被分为 3 类，如果采用基于组质心的判别，就需要构建二维的平面直角坐标系，在这个坐标系中有 3 个组质心点。在执行基于组质心的判别分析后，系统应该生成两个函数式，分别可以计算出每个个案对应结点的 X 坐标和 Y 坐标。然后，通过计算这个新坐标点与各个质心的距离，找到当前结点的归属，从而确定当前个案的归类。

> **注意：**
> 采用基于组质心的判别，如果某个函数式的影响力很强，而其他函数式的影响力很弱，则产生的函数式有可能产生少于 $K-1$ 个。例如，若某个个案集被分为 3 类，而且其 3 个组质心点水平排列在平面坐标系中，那么就只有与水平坐标相关的函数式才具有决定性作用，另外的函数式则没有多大的影响力。

(2) 基于分类判别式的判别

基于分类判别式的判别，也叫分类判别法。它的基本思路是，根据已有的分类数据，直接为每个类别产生一个代表性的判别函数式，即根据最终的类别数直接产生相应数目的判别函数式。如果原始个案被分为 K 类，则会创建 K 个函数式。

在完成了分类判别式的创建后，对于待判定类别的个案，直接把该个案各属性的取值代入每个判别函数式中，哪个函数式的值最大，该个案就被划归到哪个类别中。

例如，某原始个案集被分为 4 类，则分别产生了 $Y1$、$Y2$、$Y3$ 和 $Y4$ 共 4 个函数式。对于待分类的个案 H，可以把 H 的各个属性值分别代入函数式 $Y1$、$Y2$、$Y3$ 和 $Y4$ 中，然后比较 4 个数值的大小。假设最终结果是 $Y3$ 最大，那么这个个案就属于第 3 类。

3. 判别函数式生成过程中自变量的筛选

与多元线性回归分析相似，判别函数式也是包含多个自变量的多元线性方程。因此在设计判别函数式时，同样存在着多个自变量的进入及筛选问题。

(1) 全部自变量法

全部自变量法是把用户提供的所有自变量都直接纳入判定函数式中，无论这些变量对函数式的作用力到底有多大。这个方法是系统默认的方法。

（2）步进法

步进法，即让自变量逐个尝试，看看能否进入函数式。如果进入函数式的自变量符合条件，则保留在函数式中；否则，将从函数式中剔除。

在步进法下，自变量的筛选技术又包括以下几种。

① 威尔克斯 λ 值法

在威尔克斯 λ 值（Wilks' Lambda）法中，威尔克斯 λ 值是组内平方和与总平方和之比，用于描述各组的均值是否存在显著差别。当所有观测组的均值都相等时，威尔克斯 λ 值为 1；当组内变异与总变异相比很小时，表示组间变异较大，威尔克斯 λ 值接近于 0。

在判别分析中，我们希望自变量的不同取值能够引起组间变异，所以要选择威尔克斯 λ 值最小的自变量优先进入判别函数式。这是选择步进法后 SPSS 默认使用的技术。

② 未解释方差法

未解释方差（Unexplained Variance）法，指把计算残差最小的自变量优先纳入判别函数式中。

③ 马氏距离法

马氏距离（Mahalanobis Distance）法，指把马氏距离最大的自变量优先纳入判别函数式中。

④ 最小 F 比率法

最小 F 比率（Smallest F Ratio）法，指把方差差异最大（即方差比率最小）的自变量优先纳入判别函数中。

⑤ 劳氏增值法

劳氏增值（Rao's V）法，指把劳氏统计量 V 产生最大增值的自变量优先纳入判别函数式中。

7.4.2 实战：基于组质心的分类判别

1. 案例要求

中职院校门户网站评价是教育部主导的项目，要求对全国所有中职院校的门户网站进行评审并分类。已知数据文件"专家对网站评价 .sav"收录了对 151 所学校网站的评分情况，一位专家对这些网站进行了总体评分，8 位教师进行了分项评分，而最后的"网站等级"变量则是各网站最终获得的评级。如图 7-22 所示。

请以"网站等级"为结果变量，以"专家评分"和 8 个分项得分为自变量，求基于组质心做判别分析的有效判别函数式。

2. 解决方案分析

已知网站等级情况（结果变量），以及专家评分和分项得分情况（自变量），要构建判别函数式。根据案例要求，应以基于组质心的判别方法构建判别函数式，并求出每个类别的组质心坐标。

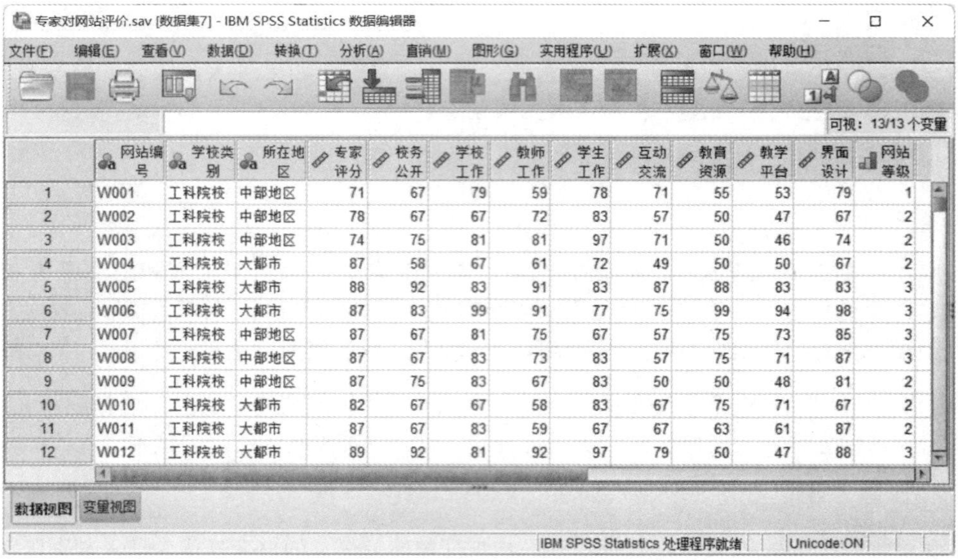

图 7-22 待执行判别分析的原始数据

分析原始数据，可以发现，网站等级的值域为 3，因此，分类类别数为 3，应以 2 维坐标系表示组质心和判别式。

3. 操作过程

[1] 单击【分析】—【分类】—【判别分析】，启动"判别分析"对话框。

[2] 从左侧列表中，把变量"网站等级"添加到右侧的"分组变量"列表框中，并单击其下方的【定义范围】按钮，把分组变量的范围设定为 1～3。

[3] 从左侧列表中，把"专家评分"到"界面设计"这 9 个变量添加到右侧的"自变量"列表框中。在对话框中部，选择【使用步进法】进行自变量的筛选。如图 7-23 所示。

[4] 单击右上角的【统计】按钮，启动"判别分析：统计"对话框。把其中的【非标准化】复选框选中，如图 7-24 所示。然后，单击【继续】按钮，返回主界面。

图 7-23 "判别分析"对话框

图 7-24 "判别分析：统计"对话框

[5] 单击【确定】按钮，启动判别分析过程。

4. 输出结果解读

在完成了判别分析过程之后，可以获得图 7-25 至图 7-29 所示的输出结果。

(1) 判别分析的质量评价

从 SPSS 输出的"威尔克 Lambda"表格可知，判别分析共经历了 5 个步骤（有 5 个变量被依次吸纳到模型中），这 5 个步骤的显著值均为 0.000，表示其作用是显著的。另外，其 Lambda 值均小于 0.5，而且步骤 5 的 Lambda 值仅有 0.204。如图 7-25 所示。

因此，从总体上讲，这 5 个模型都是有效的，而且应以第 5 个模型为最终结果（Lambda 值最小）。

威尔克 Lambda

步骤	变量数	Lambda	自由度 1	自由度 2	自由度 3	精确 F 统计	自由度 1	自由度 2	显著性
1	1	.462	1	2	148	86.216	2	148.000	.000
2	2	.329	2	2	148	54.715	4	294.000	.000
3	3	.249	3	2	148	48.871	6	292.000	.000
4	4	.219	4	2	148	41.298	8	290.000	.000
5	5	.204	5	2	148	34.996	10	288.000	.000

图 7-25 "威尔克 Lambda"表格

(2) "典则判别函数摘要"表格

由于个案最终被分为 3 个类别，因此 SPSS 会自动生成 2 个函数式。针对这两个函数式的评价，会显示在"典则判别函数摘要"表格内，如图 7-26 所示。

在"特征值"表格中可以看出，本次判别分析共生成了 2 个判别函数式，其中函数式 1 的特征值大于 1，而且解释了 99.4% 的方差，而函数式 2 的特征值远小于 1，只解释了 0.6% 的方差。因此，在这两个判别函数式中，第 1 个函数式的作用很强，第 2 个函数式的作用非常微弱。

典则判别函数摘要

特征值

函数	特征值	方差百分比	累计百分比	典型相关性
1	3.794ª	99.4	99.4	.890
2	.024ª	.6	100.0	.152

a. 在分析中使用了前 2 个典则判别函数。

威尔克 Lambda

函数检验	威尔克 Lambda	卡方	自由度	显著性
1 直至 2	.204	232.233	10	.000
2	.977	3.407	4	.492

图 7-26 "典则判别函数摘要"表格

从"典则判别函数摘要"的第 2 个表格"威尔克 Lambda"中也能看出，函数式 1 的威尔克 Lambda 值很小，达到了 0.204，而其卡方检验值为 232.233，是个比较大的数值，其检验概率值为 0.000，这些数据都说明函数式 1 的作用是非常显著的。而函数式 2 的影响力则明显不足。

因此，图 7-26 中两个表格的结论是一致的：在两个判别函数式中，函数式 1 的作用力很强。

(3) "组质心处的函数"表格

"组质心处的函数"表格中给出了每个组质心的坐标位置，如图 7-27 所示。

通过图 7-27，可以获得 3 个组质心坐标，第 1 个组质心的坐标为（−2.437，−0.084），第 2 个组质心的坐标为（0.725，0.144），第 3 个组质心的坐标为（2.923，−0.252）。

在基于组质心的判别分析中，每个新个案在代入两个判别函数后的计算值构成了新坐标点，通过计算新坐标点与组质心坐标的距离即可实现归类判断。

（4）非标准化的判别函数的系数

若执行判别分析时，在“判别分析：统计”对话框中勾选了【非标准化】复选框，系统就会输出反映自变量系数的表格，如图 7-28 所示。

组质心处的函数

网站等级	函数 1	函数 2
1	-2.437	-.084
2	.725	.144
3	2.923	-.252

按组平均值进行求值的未标准化典则判别函数

图 7-27　“组质心处的函数”表格

典则判别函数系数

	函数 1	函数 2
专家评分	.164	-.031
学校工作	.036	.112
教师工作	.046	-.066
互动交流	.043	.027
教育资源	.039	-.001
(常量)	-23.583	-2.985

未标准化系数

图 7-28　非标准化系数

基于图 7-28 所示的非标准化系数，可以生成 2 个判别函数式：

$Y1$ = 0.164 * 专家评分 + 0.036 * 学校工作 + 0.046 * 教师工作 + 0.043 * 互动交流 + 0.039 * 教育资源 − 23.583

$Y2$ = − 0.031 * 专家评分 + 0.112 * 学校工作 − 0.066 * 教师工作 + 0.027 * 互动交流 − 0.001 * 教育资源 − 2.985

利用这两个判别函数式，可把任意个案的属性值直接代入，从而计算出该个案与各个组质心的距离，判断出该个案应该属于哪个类别。在本例中，由于函数式 1 的影响力有 99.6%，所以只计算 $Y1$ 的值即可，与组质心的横坐标做对比，基本就能确定该个案属于哪一个类别。

（5）“标准化典则判别函数系数”表格

SPSS 的判别分析最终输出了“标准化典则判别函数系数”表格，如图 7-29 所示。

对于标准化的判别函数式，其自变量的系数可以直观地反映该自变量对最终判定的影响力水平。但需要注意的是，在具体应用中，不能直接把个案各个属性的原始值代入标准化的判别函数式使用。只有已经标准化的自变量属性值才可应用于标准化的判别函数式。

（6）其他输出项

除了上述核心输出信息之外，判别分析还输出了“分析个案处理摘要”表格、以“步进”方式筛选自变量时变量的选用及变化过程。这些表格对于全面理解判别分析的过程和质量，也是很有价值的。

5. 判别分析的附加功能

（1）生成并保存判别分析结果

若想在原始表格尾部保存判别分析的结果，可在“判别分析：保存”对话框中进行设置。

[1] 在“判别分析”对话框中，单击右上角的【保存】按钮，打开“判别分析：保存”对话框。

[2] 在此对话框中，勾选左上角的【预测组成员】和【判别得分】复选框，如图 7-30 所示。

标准化典则判别函数系数

	函数	
	1	2
专家评分	.661	-.126
学校工作	.271	.833
教师工作	.492	-.711
互动交流	.390	.245
教育资源	.449	-.010

图 7-29 “标准化典则判别函数系数”表格

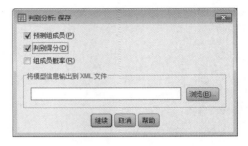

图 7-30 “判别分析：保存”对话框

在判别分析完成后，原始数据集末尾将新增两列，分别是每个个案的预测组号及判别得分，如图 7-31 所示。

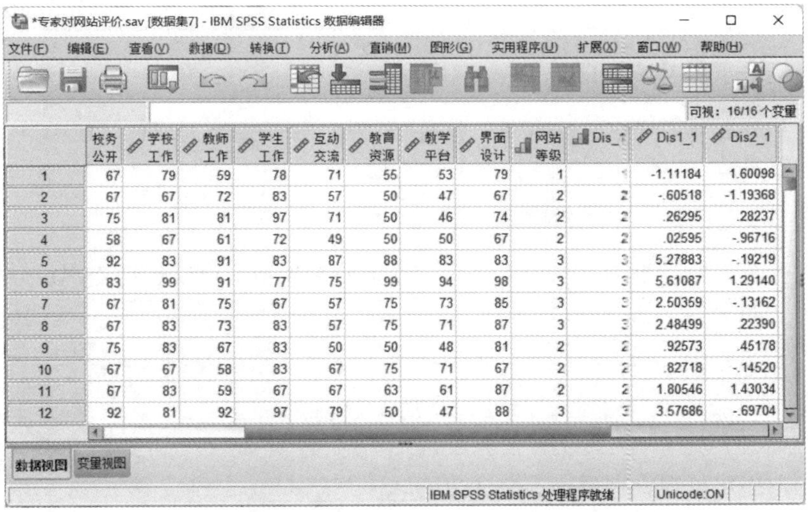

	校务公开	学校工作	教师工作	学生工作	互动交流	教育资源	教学平台	界面设计	网站等级	Dis_1	Dis1_1	Dis2_1
1	67	79	59	78	71	55	53	79	1	1	-1.11184	1.60098
2	67	67	72	83	57	50	47	67	2	2	-.60518	-1.19368
3	75	81	81	97	71	50	46	74	2	2	.26295	.28237
4	58	67	61	72	49	50	50	67	2	2	.02595	-.96716
5	92	83	91	83	87	88	83	83	3	3	5.27883	-.19219
6	83	99	91	77	75	99	94	98	3	3	5.61087	1.29140
7	67	81	75	67	57	75	73	85	3	3	2.50359	-.13162
8	67	83	73	83	57	75	71	87	3	3	2.48499	.22390
9	75	83	67	83	50	50	48	81	2	2	.92573	.45178
10	67	67	58	83	67	75	71	67	2	2	.82718	-.14520
11	67	83	59	67	67	63	61	87	2	2	1.80546	1.43034
12	92	81	92	97	79	50	47	88	3	3	3.57686	-.69704

图 7-31 预测组号与判别得分

从图 7-31 可知，在新增的变量 Dis_1 中，是每个个案的预测组号，其值与前边的网站等级基本一致。而 Dis1_1 是每个个案在函数式 1 上的计算结果，Dis2_1 是每个个案在函数式 2 上的计算结果。这两个值与组质心的距离，决定了个案的归属。

（2）输出统计分析的摘要结果

若想在判别分析结束后能输出统计分析的摘要结果，则可在“判别分析：分类”对话框中勾选【摘要表】和【合并组】复选框。

[1] 在“判别分析”对话框中，单击右上角的【分类】按钮，打开“判别分析：分类”对话框。

[2] 在“判别分析：分类”对话框里，勾选【摘要表】【合并组】复选框，如图 7-32 所示。

如果在图 7-32 所示的对话框中选中了【摘要表】复选框，在判别分析完成后，将会在输出窗口中输出“分类结果”表，如图 7-33 所示。

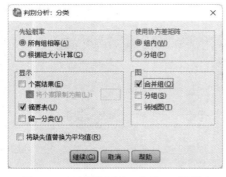

图 7-32 “判别分析：分类”对话框

分类结果[a]

		网站等级	预测组成员信息 1	2	3	总计
原始	计数	1	49	3	0	52
		2	1	67	6	74
		3	0	0	25	25
	%	1	94.2	5.8	.0	100.0
		2	1.4	90.5	8.1	100.0
		3	.0	.0	100.0	100.0

a. 正确地对 93.4% 个原始已分组个案进行了分类。

图 7-33 “分类结果”表

图 7-33 所示的表格显示出了对各类别个案情况的判断。通过此表格底部的文字，可以得知本次判别分析的正确判定率。由图可知，本案例对 93.4% 个案的判定是正确的，说明本例判别分析的效果还是相当不错的。

6. 对判别分析的补充说明

尽管用默认方式就能够比较圆满地完成判别分析过程，但在一些特殊情况下，还需要修改判别分析的配置参数，以便实现一些特殊的功能。

（1）改变自变量的筛选方法和筛选标准

在“判别分析”对话框中，单击右上角的【方法】按钮，可以启动“判别分析：步进法”对话框，如图 7-34 所示。

图 7-34 “判别分析：步进法”对话框

在图 7-34 所示的对话框中，利用左上角的“方法”区域，可以自主选择对自变量影响力的评价方式，默认使用威尔克 Lambda 值判断自变量的影响力，用户可根据自己的需要变更为其他模式。例如，选中【未解释方差】单选框。

在图 7-34 所示的对话框中，利用右上角的“条件”区域，可以设置自变量进入方程式或者从方程式中剔除的条件。系统默认为以方差分析的 F 值作为标准，F 值大于 3.84 的自变量可以进入方程式，而方程式内部 F 值小于 2.71 的自变量就应从方程式中剔除。用户可以修改这两个标准值，但一定要注意，进入的标准值要大于剔除的标准值。

另外，用户也可以把自变量进入或离开方程式的标准修改为“依据自变量的检验概率”。即在右上角的“条件”区域中，选中【使用 F 的概率】单选框。

（2）输出体现组质心位置的判别函数图

如果在“判别分析：分类”对话框（见图 7-32）中选中了【合并组】复选框，在判别分析

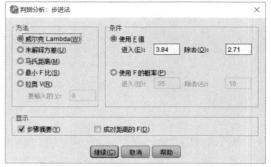

完成后,输出窗口将输出"典则判别函数"图形,如图 7-35 所示。

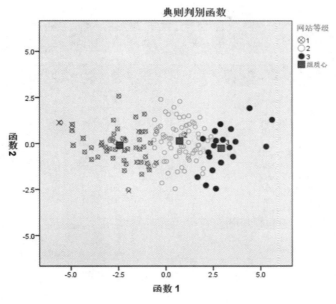

图 7-35 "典则判别函数"图形

在图 7-35 中,3 个蓝色的矩形块显示出了 3 个组质心的位置,周边的小圆圈显示出了各个个案的判别情况。另外,3 个组质心基本位于同一水平线上,因此水平方向的函数式 1 的影响力是比较大的,而垂直方向的函数式 2 的影响力则会比较小。

7.4.3 实战:基于分类判别式的分类判别

1. 案例要求

中职院校门户网站评价是教育部主导的项目,要求对全国所有中职院校的门户网站进行评审并分类。已知数据文件"专家对网站评价.sav"收录了对 151 所学校网站的评分情况,一位专家进行了总体评分,8 位教师进行了分项评分,而最后的"网站等级"变量则是各网站最终获得的评级。如图 7-36 所示。

请以"网站等级"为结果变量,以"专家评分"和 8 个分项得分为自变量,求基于"分类判别式"做判别分析的有效判别函数式。

2. 解决方案分析

已知网站等级情况(结果变量),以及专家评分和分项得分情况(自变量),要构建分类判别函数式。根据案例要求,应以基于分类判别式的方法构建判别函数式。

分析原始数据,可以发现,网站等级的值域为 3,因此,分类类别数为 3,因此分类判别式应该有 3 个,分别代表 3 个类别。

另外,由于基于分类判别式的判别分析过程与基于组质心的判别分析过程基本相同,此处将略写重复部分，重点阐述分析判别式的形态和用法。

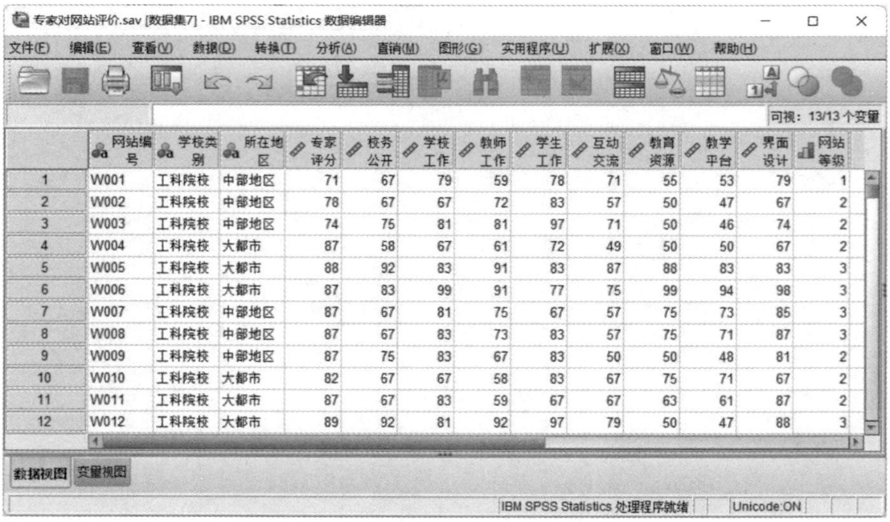

	网站编号	学校类别	所在地区	专家评分	校务公开	学校工作	教师工作	学生工作	互动交流	教育资源	教学平台	界面设计	网站等级
1	W001	工科院校	中部地区	71	67	79	59	78	71	55	53	79	1
2	W002	工科院校	中部地区	78	67	67	72	83	57	50	47	67	2
3	W003	工科院校	中部地区	74	75	81	81	97	71	50	46	74	2
4	W004	工科院校	大都市	87	58	67	61	72	49	50	50	67	2
5	W005	工科院校	大都市	88	92	83	91	83	87	88	83	83	3
6	W006	工科院校	大都市	87	83	99	91	77	75	99	94	98	3
7	W007	工科院校	中部地区	87	67	81	75	67	57	75	73	85	3
8	W008	工科院校	中部地区	87	67	83	73	83	57	75	71	87	3
9	W009	工科院校	中部地区	87	75	83	67	83	50	50	48	81	2
10	W010	工科院校	大都市	82	67	67	58	83	67	75	71	67	2
11	W011	工科院校	大都市	87	67	83	59	67	67	63	61	87	2
12	W012	工科院校	大都市	89	92	81	92	97	79	50	47	88	3

图 7-36　待执行判别分析的原始数据

3. 操作过程

[1] 单击【分析】—【分类】—【判别分析】，启动“判别分析”对话框。

[2] 从左侧列表中，把变量“网站等级”添加到右侧的“分组变量”列表框中，并单击其下方的【定义范围】按钮，把分组变量的范围设定为 1 ～ 3。

[3] 从左侧列表中，把“专家评分”到“界面设计”这 9 个变量添加到右侧的“自变量”列表框中。在对话框中部，选择【使用步进法】进行自变量的筛选。

[4] 单击右上角的【统计】按钮，启动“判别分析：统计”对话框。勾选【费希尔】和【非标准化】复选框，如图 7-37 所示。然后，单击【继续】按钮，返回主界面。

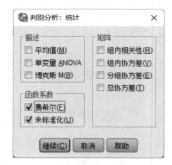

图 7-37　“判别分析：统计”对话框

> **注意：**
> 此处勾选【费希尔】复选框的作用就是要求 SPSS 提供分类判别式，支持基于分类判别式的判别分析。

[5] 单击【确定】按钮，启动判别分析过程。

4. 输出结果解读

在完成了判别分析过程之后，会获得类似图 7-25 至图 7-29 所示的输出结果，输出结果解读如前例所示，此处不再赘述。除上述结果外，本例还输出了"分类函数系数"表格，如图 7-38 所示。

分类函数系数

	网站等级		
	1	2	3
专家评分	4.894	5.407	5.780
学校工作	1.172	1.313	1.349
教师工作	.507	.636	.763
互动交流	.565	.708	.792
教育资源	.663	.787	.873
(常量)	-264.742	-337.301	-391.997

费希尔线性判别函数

图 7-38 "分类函数系数"表格

"分类函数系数"表格，也就是费希尔函数式系数表。根据图 7-38 所示的"分类函数系数"表格，可以得到 3 个分类判别式。

$Y1 = 4.894 *$ 专家评分 $+ 1.172 *$ 学校工作 $+ 0.507 *$ 教师工作 $+ 0.565 *$ 互动交流 $+ 0.663 *$ 教育资源 $- 264.742$

$Y2 = 5.407 *$ 专家评分 $+ 1.313 *$ 学校工作 $+ 0.636 *$ 教师工作 $+ 0.708 *$ 互动交流 $+ 0.787 *$ 教育资源 $- 337.301$

$Y3 = 5.780 *$ 专家评分 $+ 1.349 *$ 学校工作 $+ 0.763 *$ 教师工作 $+ 0.792 *$ 互动交流 $+ 0.873 *$ 教育资源 $- 391.997$

利用这 3 个分类判别式，可在把任意个案的属性值直接代入后，立即计算出 3 个数值。此时，哪一个函数式的结果值最大，该个案就属于哪个类别。例如对于某个案 A，若计算出的相应的 3 个值依次为 3.256、5.129 和 -2.317，由于 $Y2$ 最大，所以该个案就应该属于第 2 类。

思考题

（1）什么是系统聚类分析？它在当今社会的科学研究中有什么价值和重要应用？

（2）什么是 Q 聚类？它有什么特点？

（3）有人说利用系统聚类分析，也可以实现变量的降维，这种说法正确吗？

（4）在 K-Means 聚类中，如何使用已经提供的类中心？

（5）面对规模巨大的数据集，若尚没有类中心但需要进行聚类操作，在时间要求较紧的情况下应该如何做？

（6）在 K-Means 聚类中，如何才能把每个个案新生成的类别号标记在个案的后边？

（7）什么是判别分析？判别分析主要解决哪种问题？

(8) 在判别分析中,有两种不同的判别函数式,分别是什么?它们各有什么特点?

(9) 在基于组质心的分类判别中,如何利用非标准化判别函数式判定个案的类别归属?

(10) 在基于分类判别式的分类判别中,如何利用分类判别式判定某个个案的类别归属?

综合实践题

已知:MydataW 中的数据是对全国 151 个中职院校门户网站的评价数据,评价指标的含义可参阅表格内的变量名和标签信息。MydataZ 是某高校对大二学生的一次满意度调查的结果,各变量含义及调查问卷请参阅本书附录。

请从"作业素材"文件夹中找到素材文件 MydataW.sav 和 MydataZ.sav,然后基于这些数据文件,完成以下操作,并在 Ans.docx 文档中记录统计分析结果,解读结果,写出研究结论。

(1) 对 MydataW 和 MydataZ 中的某些字符型变量进行数值化编码,要求新编码变量以字母为变量名,然后通过"变量视图"为新字段添加中文说明信息,对数码值的含义也一并给予说明,以便后续操作。

(2) 请按照子变量项对 MydataZ 中的变量进行聚类分析,绘制出聚类树状图,并对输出结果进行说明。在执行聚类分析过程中,要注意子变量的选择,不要把整体描述性变量选入。

(3) 请对 mydataW 按照子变量项进行聚类分析,绘制出聚类树状图,并对输出结果进行说明。在执行聚类分析的过程中,要注意子变量的选择,不要把整体描述性变量选入。

(4) 按照个案对 MydataW 进行层次聚类分析,绘制出聚类树状图,并解释系统的输出结果。

(5) 按照个案对 MydataZ 进行层次聚类分析,绘制出聚类树状图,并解释系统的输出结果。若希望把个案分为 4 类,请在原始表格的最右侧附加类别号,思考应如何操作?

(6) 利用 K-means 聚类技术,把 MydataW 中的 151 个案划分为 5 类,输出每个个案所在的类别,并把个案的类别号附加在原始数据集末尾列。最后,对输出结果进行解释。

(7) 对于 MyDataZ 数据表,以第(5)题生成的类别号作为分类结果,请利用判别分析的思路求每个类别的组质心,并写出判别函数式,然后分析判别分析的质量。

(8) 对于 MydataW 数据表,请以网站等级作为判别分析的依据,以学校工作、教师工作等变量作为判别依据的自变量进行判别分析,求出判别函数式,并解释输出结果。

第8章

因子分析与降维

关键知识点

因子分析是针对变量进行归纳、分析其内在逻辑的重要研究方法,在科研活动中占据着非常重要的地位,主要有探索性因子分析和验证性因子分析两种形式。本章重点讲解下述内容:①因子分析的原理、抽取公因子的概念;②探索性因子分析及验证性因子分析;③以主成分分析实现探索性因子分析及结构效度检验;④结构方程模型的概念;⑤以 AMOS 绘制 SEM 模型图的方法,SEM 模型图质量的评价指标;⑥ SEM 模型的 Modification Indices(修正导引)及其应用;⑦创设优质 SEM 模型的关键步骤。

知识结构图

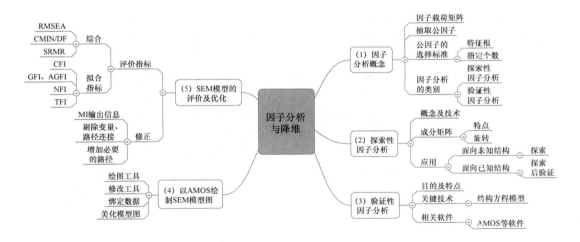

学前深思

(1) 什么是因子分析?探索性因子分析与 R 聚类有哪些异同?
(2) 在使用主成分分析时,为什么需要对成分矩阵进行旋转?
(3) 什么是 AMOS?什么是结构方程模型?与回归分析相比,结构方程模型有哪些优势?

科研视点：研究报告品读

随着大数据和计算科学的普及，人们以因子分析为工具开展了大量的实证研究，以探索性因子分析探究现有数据内部隐藏的规律，以验证性因子分析论证自己的猜想或设计是否正确。近 10 年来，在社会学、管理学、心理学、教育学、物理学、生物学等领域，基于主成分分析和结构方程模型（Structural Equation Model，SEM）的研究成果也相当丰富，仅在中国知网中就有数万篇学术论文。

本章我们节选了学者王才康等在 2001 年发表于《应用心理学》上的论文《一般自我效能感量表的信度和效度的研究》，囿于图书的容量限制，内容有所删改，特此说明。同时，也邀请大家阅读学者邓爱民等发表于《中国管理科学》上的论文《网络购物顾客忠诚度影响因素的实证研究》，该文也已被知网收录。希望同学们阅读后，能充分理解主成分分析、结构方程模型在科研活动中的应用及其在学术论文行文上的常用范式。

另外，笔者之所以推荐这两篇学术论文，主要是由于它们结构清晰，逻辑性较强，而且内容也比较简单，符合大家的知识水平和学习需要。在此，对两位学者的贡献表示衷心的感谢！

一般自我效能感量表的信度和效度研究

1. 引言

自我效能感是目前教育心理学、人格心理学和临床心理学中的重要概念。它最早由美国心理学家班杜拉（Bandura）提出，是班杜拉社会认知理论中的核心概念。自我效能感是指个体对自己面对环境中的挑战时能否采取适应性的行为的知觉或信念。一个相信自己能处理好各种事情的人，在生活中会更积极、更主动。这种"能做什么"的认知反映了一种个体对环境的控制感。因此自我效能感是以自信的理论看待个体处理生活中各种压力的能力的。

按照班杜拉的理论，不同自我效能感的人，其感觉、思维和行动都不同。就感觉方面而言，自我效能感往往和抑郁、焦虑及无助相联系。在思维方面，自我效能感能在各种场合促进人们的认知过程和成绩，这包括决策质量和学业成就等。自我效能感能加强或削弱个体的动机水平。自我效能高的人会选择更有挑战性的任务，为自己确立较高的目标。一旦开始行动，自我效能感高的人会付出较多的努力，坚持更长的时间，遇到挫折时又能很快恢复过来。

自我效能感通常被认为是一个特定领域的概念，即认为一个人在某一方面有较强的自信心，在另一方面可能并不一定是这样。但德国临床和健康心理学家拉尔夫·施瓦泽（Ralf Schwarzer）认为有一种一般性的自我效能感存在，它指的是个体应付各种不同环境的挑战或面对新事物时的一种总体性的自信心。

施瓦泽和他的同事于 1981 年开始编制一般自我效能感量表（General Self Efficacy Scale，GSES）。GSES 开始时共有 20 个项目，后来被改进为 10 个项目。目前 GSES 已被翻译成至少 25 种语言，在国际上广泛使用。本研究拟通过探讨中文版 GSES 的心理测量学特征，以便把 GSES 介绍给国内同行。

2. 方法

2.1 样本

在广州一所大学和一所专科学校共调查了 412 人，收回有效问卷 401 份，其中男性 127 人，女性 273 人；大学生 303 人，研究生 71 人，专科生 27 人。调查对象的年龄在 16~28 岁。

2.2 工具

一般自我效能感量表（GSES），整个量表有 10 个问题，均为李克特四点量表。

2.3 程序

本研究在大约一年内分两次实施。问卷的填写均采用无记名方式,但其中一部分调查对象要求填写学号。

3. 结果

3.1 大学生在 GSES 上的得分

数据分析表明,男大学生在 GSES 上的得分为 2.69±0.57,女大学生为 2.55±0.53。T 检验表明,男大学生的得分显著高于女大学生 [$t(389)=2.304, p=0.02<0.05$]。和施瓦泽研究报告的数据相比较,笔者发现,我国男女大学生的 GSES 数据和东南亚的国家和地区比较接近,但比西方国家低。

3.2 项目特征和信度

表 1 列出了 GSES 10 个项目的平均得分和项目与总分相关。GSES 每个项目的得分范围为 1 到 4。从表 1 的项目平均数来看,没有出现"天花板效应"或"地板效应"。而项目与总分相关的相关系数在 0.60 到 0.77 之间。这些结果表明,所有项目的数据都不错,无须作增删。

对 GSES 做信度分析,可知 GSES 具有良好的信度。首先,GSES 的内部一致性系数 Cronbachα=0.87。其次,对 51 名研究对象间隔 10 天左右进行重测,得到 GSES 的重测信度 $r=0.83$($p<0.001$)。再次,计算得到 GSES 的折半信度 $r=0.82$($n=401, p<0.001$)。经斯皮尔曼-布朗公式校正后,$r=0.90$。

表 1 GSES 项目平均得分、项目与总分相关及项目的因素荷重

项目	项目得分	与总分相关(r)	因素荷重
1	3.06±0.80	0.63	0.62
2	2.56±0.79	0.68	0.60
3	2.01±0.79	0.62	0.58
4	2.48±0.82	0.60	0.73
5	2.48±0.78	0.73	0.76
6	3.06±0.81	0.75	0.69
7	2.79±0.82	0.69	0.78
8	2.46±0.78	0.77	0.69
9	2.83±0.78	0.68	0.71
10	2.25±0.83	0.70	0.69

3.3 效度

3.3.1 GSES 的结构效度

在以前的很多研究中,已发现 GSES 具有单维性(unidimensionality)。即 GSES 只包含一个主要的因素,且发现这种单维性在不同语言版本的 GSES 中具有普遍性。那么中文版 GSES 是否也具有单维性呢?对全部数据用极大似然估计法(Maximum Likelihood Estimate,MLE)做因子分析,结果只有一个公因子的特征根值大于 1,且远大于第二个因素。另外,碎石图测验也表明:GSES 取一个公因子是合适的。这些结果跟表 1 中 GSES 具有很好的内在一致性、项目与总分具有较高的相关性的有关的结果是一致的。

根据心理测量学的有关理论,一个测验或量表是否具有单维性,应该由它的第一公因子的特征根值与第二公因子的特征根值的比值来决定。如果第一公因子的特征值大于测验总特征值的 20%,或者第一特征根值与第二特征根值之比接近或超过 5,就可以认为该测验或量表是具有单维性的。

表2列出了因子分析的有关结果。从表2可以看出，第一特征根的值为5.226，占总方差的52.256%，其值远大于20%。此外，根据表2可以得知，第一特征根与第二特征根之比为5.63，大于5。这些数字都表明第二特征根应该舍去。因此，GSES具有单维性。

表2　GSES的因子分析结果

项目	特征值	贡献率	累积贡献率
1	5.226	52.256	52.256
2	0.928	9.280	61.535
3	0.781	7.811	69.346
4	0.610	6.103	75.450
5	0.532	5.320	80.770
6	0.455	4.552	85.321
7	0.422	4.218	89.540
8	0.373	3.734	93.273
9	0.346	3.462	96.735
10	0.326	3.265	100.000

3.3.2　预测效度

班杜拉认为，自我效能感往往和抑郁、焦虑及无助相联系。因此我们可以以焦虑为效标来检验GSES的预测效度。在另一研究中笔者发现，GSES与状态-特质焦虑量表（State-Trait Anxiety Inventory，STAI）之特质焦虑、状态焦虑和考试焦虑量（Test Anxiety Scale，TAS[1]）之间存在着显著的负相关关系，相关系数分别为 −0.301、−0.422、−0.253。此外，在一个以高中生为对象的研究中，笔者发现GSES和考试焦虑量表（Test Anxiety Inventory，TAI）之间也存在着显著的负相关关系（$r = -0.294$）。这些发现表明，GSES有很好的预测效度。

4. 讨论

本研究的主要目的是探讨GSES的心理测量学特征及GSES是否适用于中国人的有关研究。从本研究的结果看，GSES各方面的心理测量学特征还是比较理想的。

首先，是信度或可靠性。本研究得到的GSES的内部一致性系数为0.87，间隔10天左右的重测信度为0.83，折半信度为0.90。这些数据表明：GSES是一个十分可靠的量表。

其次，是GSES的单维性或结构效度。本研究发现GSES的10个项目和总量表分的相关都在0.60以上。探索性因子分析的有关结果也证明：GSES只包含一个主要的因素。这一结果表明中文版GSES同样具有单维性。同时，这一结果也印证了施瓦泽及其同事的有关发现，他们认为一般自我效能感这个概念在不同文化中具有普遍性。

最后，是GSES的预测效度。笔者发现：GSES和状态焦虑、特质焦虑和考试焦虑呈负相关关系，这不仅印证了班杜拉的有关理论推测，还证明了中文版的GSES有很好的预测效度。到目前为止，有关GSES在预测效度方面的研究并不多见。施瓦泽、米勒（Mueller）和格林格拉斯（Greenglass）最近一项在因特网上进行的研究发现，GSES和考试焦虑量表（TAI）的相关系数为 −0.40，和内向性的相关系数为 −0.16，和平均学分绩点（Grade Point Average，GPA）的相关系数为0.19，和收入的相关系数为0.18。不难看出，笔者的发现和施瓦泽等人的结果有相似之处。

---

1. TAS和TAI都是测量考试焦虑的量表。

5. 结论

（1）和其他文字版本的 GSES 一样，中文版 GSES 也具有较高的信度，达到了心理测量学上的要求。

（2）中文版 GSES 的单维度性得到了证实，印证了施瓦泽等人的有关发现。

（3）中文版 GSES 具有很好的预测效度。

8.1 因子分析与降维简述

因子分析是从众多的观测变量中抽取本质的公共属性，从而更加凝练地描述事物本质属性的技术。因子分析在降维分析和结构效度检验中都有重要应用。目前，比较重要的因子分析技术主要有探索性因子分析和验证性因子分析。

8.1.1 探索性因子分析与验证性因子分析

探索性因子分析（Exploratory Factor Analysis，EFA）和验证性因子分析（Confirmative Factor Analysis，CFA）是因子分析的两大领域和重要应用，在科研活动和统计思维中具有非常重要的地位。

1. EFA

（1）EFA 的概念

探索性因子分析（EFA）是在事先不知道影响因子结构的基础上，完全依据样本数据，利用统计软件以一定的原则进行数据挖掘，最后得出主因子的过程。EFA 是一项用来找出多元观测变量的本质结构，并进行降维的技术。因而，EFA 能够将具有错综复杂关系的变量综合为少数几个核心因子。

EFA 主要是为了找出影响观测变量的主因子个数，以及各个因子和各个观测变量之间的相关程度，试图揭示一个包含很多变量的数据集的内在结构，使其以较少主因子来描述。研究者的假定是每个观测变量都主要附着于某个因子上，而且只能通过因子载荷直接推断数据的主因子结构。

SPSS 中的因子分析（主成分分析）在本质上属于 EFA 算法。但在应用中，有时服务于 EFA，偶尔也可服务于 CFA。在 SPSS 中，EFA 也简称为"因子分析""主成分分析"。

（2）EFA 的工作流程

EFA 主要包含以下 7 个步骤。

① 收集观测变量：通常采用抽样的方法，按照实际情况收集观测变量数据。

② 构造相关矩阵：根据相关矩阵可以确定是否适合进行因子分析。

③ 确定因子个数：可根据实际情况事先假定因子个数，也可以按照特征根大于 1 的准则或碎石准则来确定因子个数。

④ 提取主因子：可以根据需要选择合适的因子提取方法，如主成分分析方法、加权最小

平方法、极大似然估计法等。

⑤ 因子旋转：如果初始因子综合性太强，难以找出实际意义，那么一般需要对因子进行旋转（常用的旋转方法有最大方差法正交旋转、斜交旋转等），以便对因子结构进行合理解释。

⑥ 解释因子结构：可以根据实际情况及负载大小对因子进行具体解释。

⑦ 计算因子得分：可以利用公共因子来做进一步的研究，如聚类分析、评价等。

2. CFA

（1）CFA 的概念

CFA 是用于检验因子与测量项（量表题项）之间的对应关系是否与研究者的预测结构保持一致的研究方法。CFA 的核心是预先确立模型，然后借助数据分析的方法检验模型与实际观测数据是否能很好地拟合，达到被认可的标准。

CFA 的主要目的是检验事前定义好的因子模型拟合实际数据的能力，并力图检验观测变量的因子个数和因子载荷是否与预期模型一致。由于验证性因子分析的模型及其内部的各个指标变量是基于先验理论选出的，因子分析的过程就是在验证它们是否如预期一样，由此被称为验证性因子分析。

CFA 要求事先假设因子结构，并绘制出假设结构图，其先验假设是每个因子都与一个具体的指标变量集相对应，然后检验这种结构是否与观测数据一致。在上述 CFA 模型中，首先要根据先验信息判定公共因子数 m，同时还要根据实际情况将模型中某些参数设定为某一定值，以便软件启动验证过程。CFA 是一个验证预设模型，并根据检验结果不断调整、优化模型的过程。常见的技术为结构方程模型。

SPSS 下的 AMOS 主要用于结构方程模型设计，在科学研究中被经常用于 CFA 领域。

（2）CFA 的工作流程

CFA 主要包括以下 6 个步骤。

① 定义因子模型：包括选择因子个数和预定义因子载荷。因子载荷可以事先定为 0 或其他自由变化的常数，或者在一定的约束条件下变化的数（比如与另一载荷相等）。最终绘制出 SEM 图。

② 收集观测数据：根据研究目的收集观测值。

③ 获得相关系数矩阵：根据原始数据获得变量协方差阵。

④ 拟合模型：选择一种方法（如极大似然估计、渐进分布、自由估计等），来估计自由变化的因子载荷，检验数据与模型的拟合水平。

⑤ 评价模型：当因子模型能够拟合数据时，因子载荷的选择要使模型暗含的相关矩阵与实际观测矩阵之间的差异最小。常用的统计参数有：卡方拟合指数（x）、比较拟合指数（Compare Fit Index，CFI）、拟合优度指数（Goodness of Fit，GFI）和近似误差均方根（Root Mean Square Error of Approximation，RMSEA）。根据本特勒（Bentler，1990）的建议标准，$x/df \leqslant 3.0$、$CFI \geqslant 0.90$、$GFI \geqslant 0.85$、$RMSE \leqslant 0.05$，则表明该模型的拟合程度是可接受的。

⑥ 修正模型：如果模型拟合效果不佳，应根据理论分析修正或重新限定约束关系，对模型进行修正，以得到最优模型。

3. EFA 和 CFA 的应用

EFA 主要应用于 3 个方面：①寻求数据内部隐藏的基本结构，探索多元统计分析中变量之间的强相关问题；②针对多变量数据的化简，使之可用较少的潜变量进行描述；③基于数据，探索量表的内在结构，优化并进一步发展量表。

CFA 允许研究者将观测变量依据理论或先前假设构成测量模型，然后评价此因子结构和该理论界定的样本资料间拟合的程度。它主要应用于以下 3 个方面：①验证量表的维度或面向性，确定最有效因子结构；②验证量表中各因子之间的阶层关系；③评估量表的效度，提升量表的质量。

> **科研视点：**
> 因子分析在社会学、教育学和心理学中主要有两种应用思路。
> 其一，以因子分析技术探究变量中蕴含的关键因素，从现有研究对象的状况中总结出精练且有价值的规律来。这种研究通常基于较权威的量表或调查指标体系，测量工具的权威性已不需要再做论证，但研究者想知道当前的这组研究对象到底具有哪些特色，表现为哪些特征。例如，我们用较权威的 LASSI 量表测量学生的自主学习策略，然后以因子分析探索当前数据集能够形成哪几个主成分，从而总结出当前研究对象的特色，以便于针对这批研究对象采取有效的干预策略。
> 其二，针对自设调查指标体系，以因子分析验证其结构效度。即针对调查指标中的多个分项变量，探究其中的内在逻辑，分析其公共因子与观测变量的贴合度，进而检验当前的自设调查指标是否与研究问题、预期的研究维度相吻合，从而论证自设调查指标体系是否具有较好的结构效度。这种检验，既可以借助 EFA 算法中的主成分分析法实施，也可借助专门的 CFA 工具（例如结构方程模型）来论证。

EFA 和 CFA 是因子分析中两个不可分割的重要组成部分。在量化研究的实际应用中，两者不能截然分开，只有结合运用，才能相得益彰，使研究更有深度。J.C. 安德森（J.C. Anderson）和 D.W. 热尔班（D.W.Gerbin）建议，在量化研究过程中，首先应通过 EFA 寻求公共因子，以便以公共因子为潜变量分析其内在逻辑，从而建立起结构方程模型；然后利用 CFA 检验模型及其假设的正确性。在这个过程中，EFA 提供的主因子为 CFA 建立假设提供了重要的基础和保证。因此，两种因子分析技术缺少任何一个，因子分析都将是不完整的。

> **科研视点：**
> 对于 EFA 和 CFA 的划分，需从算法本身和应用两个视角来思考。①从算法本身来看，传统的因子分析（主要包含主成分分析和主轴因式分解）是属于 EFA 的，它针对未知结构的数据集，主动探究其内在公共因子，以形成其结构模型；结构方程模型则是属于 CFA 的，因为它通过检验当前数据与研究者预置的结构方程模型之间的匹配度，来验证研究者的预置模型是否正确。②从应用的视角来看，传统的因子分析又并不局限于 EFA，结构方程模型也不局限于 CFA。例如，如果研究者以主成分分析探索当前调查指标的结构，但其目标是检验数据所反映出的结构是否与原设计目标吻合，这种应用就是 CFA 的；同理，若研究者在面对不明结构的数据集时，没有直接使用传统的主成分分析，而是先基于研究问题和自己的学术背景，提出了一个假设模型，然后利用结构方程模型技术验证这个假设是否正确，那么这种应用就是借用 CFA 的技术实现了 EFA 的应用。另外，在结构方程模型的形成过程中，模型中各路径的增删过程，又是尝试性、探究性的。

8.1.2 降维与探索性因子分析

降维是一种面向问题项和调查结论的归纳方法,以减少问题项、凝练核心因素为目标。借助探索性因子分析的方法,基于变量抽取公因子,以更少的变量反映研究问题,是统计分析中实现降维的主要方法。所谓归纳,就是从个别性知识推出一般性结论的推理。其主要方法是根据一类事物的部分对象具有某种性质,推出这类事物的所有对象都具有这种性质。归纳是从特殊到一般的过程,它属于合情推理。

1. 降维分析的主要手段

(1) 主成分分析

主成分分析是探索性因子分析中的一种。其基本思路是,假设在若干变量内部隐藏着能够表达这些变量语义的若干个公共因子,主成分分析的目标就是找到这些公共因子,然后利用远比变量个数少的公共因子来表达原来变量所描述的语义。

主成分分析的目标是找到能影响全体指标项的一个或多个主成分,这些主成分的特征根应在 1 以上,能够描述全体变量 60% 以上的语义。

(2) 面向变量的聚类分析

针对具有众多变量的调研数据,可以借助自动分层聚类的技术,对变量进行聚类,把众多变量划分为若干小组,形成几个聚结的变量集;然后分析每个变量集的语义,形成更加凝练的维度。

面向变量的分层聚类分析,也叫 R 聚类,也能解决研究中的降维问题。

(3) 对应分析

对于调研数据来讲,最终结果通常与全体变量的取值有关系。但是,某些情况下,某一特定变量的取值在一定程度上直接影响着最终结果。

对应分析就是找出相关的两个变量之间取值的对应关系,以便能够借助一个比较简单的因素变量,快速对最终结果做出判定。

2. 因子分析的概念和特点

(1) 因子分析的定义及其必要性

在以多维变量测量事物性质的过程中,经常出现多个变量的描述信息有所交叉与重叠的情况。由于研究者设置的多个指标项所获得的数据可能指向同一个潜属性(即公共因子),这些属性可由一个潜属性描述出来,所以事物的全体性质可由少量的潜属性反映出来。在这种情况下,潜属性并不来自观测变量的语义,而是由变量的众多取值及其相关联系体现出来的。

基于对样本的观测数据,从中抽取出潜属性的技术就是因子分析。在因子分析过程中,需要从多个变量描述中抽取出能够更准确地反映事物性质的若干个潜属性,而且要注意潜属性应该是相对独立的,尽可能互不相交。

(2) 因子分析的特点

因子分析通常具有以下几个特点。第一，因子分析后的主因子个数应远远少于原始的观测变量，是对原有观测变量的更加凝练的描述；第二，因子分析后获得的结果（若干个主因子）应该能够反映原有变量的绝大多数信息；第三，因子分析的输出结果（若干主因子）应该具有相对独立性，各主因子之间应该没有强烈的相关性；第四，因子分析后获得的各个主因子都应该是能够清晰解释的，每个主因子都应能够单独命名。

从本质上看，因子分析体现了降维的思想，尽可能使用较少的独立因子表示原有变量中的绝大多数信息。而从其实际应用的视角看，因子分析产生的结果是以较少的主因子变量实现对全体变量的描述，从而体现出原始数据中蕴含的维度——每个主因子代表一个维度。因此，因子分析还具有反映当前数据集内部"结构"的功能。事实上，若数据集的内部结构与设计者的期望一致，就可以认为当前数据集具有较好的"结构效度"。

8.2 主成分分析：EFA应用

SPSS 内置的因子分析在本质上是一种探索性因子分析技术。一方面，在应用中可帮助研究者从已有数据中探究数据内部蕴含的规律，从而形成有价值的研究结论；另一方面，还可用于帮助研究者检验数据的内部逻辑结构是否与研究目标吻合，从而实现结构效度验证。

8.2.1 原理：探索性因子分析原理

基于众多变量及其取值，从中提取出能够比较全面地反映事物性质的若干个公共因素（也叫公共因子），是探索性因子分析的目标。通常，以主成分分析为代表的因子分析，就是把原始的 n 个变量用较少的 m 个公共因子（或主成分）来完美表示的过程（$m<n$）。

1. 因子分析的数学模型

对于一个包含 n 个观测变量的数据集，假设能够抽象化出可充分反映这 n 个观测变量的 m 个公共因子，则可以进行以下假设：

假设 n 个变量依次为 X_1、X_2、X_3……X_n，其最终的公共因子为 C_1、C_2、C_3……C_m，那么对于数据集内的第 i 个观测变量 X_i，可以表示为全体预设公共因子 C_j 共同作用的结果，即式 8-1 所示的方程。

$$X_i = n_{i1} * C_1 + n_{i2} * C_2 + \cdots\cdots + n_{ij} * C_j + E_i$$

式8-1

在这个方程中，X_i 是指数据集中的第 i 个变量的取值（观测值），E_i 则是观测值与计算值（即期望值）的残差。C_j 是未知的公共属性，即公因子，而 n_{ij} 是观测变量 X_i 在第 j 个公共因子 C_j 上的系数。这个公共因子的系数 n_{ij} 反映了此公共属性对观测变量 X_i 的影响力，称为因子载荷。

在因子分析的初始阶段，通常会预设个数与变量个数相同的公共因子。由于对数据集中的每个待分析变量 X_i，都能获得一个形如式 8-1 的方程式，因此，对于整个变量集，就能获得一个关于公共因子系数的矩阵，也就是"载荷矩阵"，如图 8-1 所示。

$$\text{载荷矩阵} = \begin{bmatrix} n_{11} & n_{12} & n_{13} & n_{14} & n_{15} \\ n_{21} & n_{22} & n_{23} & n_{24} & n_{25} \\ n_{31} & n_{32} & n_{33} & n_{34} & n_{35} \\ n_{41} & n_{42} & n_{43} & n_{44} & n_{45} \\ n_{51} & n_{52} & n_{53} & n_{54} & n_{55} \end{bmatrix}$$

图 8-1　载荷矩阵

通过对公共因子矩阵的复杂变形，可以把若干观测变量内共性较强的部分抽取为贡献量比较大的公共因子。利用公共因子矩阵，可以分析各个公共因子对所有观测变量的总贡献。最终把对总贡献量较大，且达到了特定标准的若干个公共因子提取出来，就可以使用较少的几个公共因子来涵盖原始变量的全部语义。

因子分析的最终目的就是利用较少的因子变量 C 来取代数量较多的因素变量 X，从而发现数据集内全体变量的本质特征。

> **注意：**
> 面向变量的探索性因子分析与 R 聚类（面向变量的聚类）经常能得到殊途同归的结论。它们是基于不同的算法，从不同视角开展的针对变量内在逻辑关系的探索。

2. 因子分析的常见流程

第一，假设被调查事物的性质中隐含了若干公共因子。

第二，针对现有变量，列出因子方程式；利用众多个案构成因子方程组，形成因子矩阵。

第三，基于原始数据计算出每个因子对全体变量的贡献，找到贡献比较大的那几个公共因子。

第四，标记出特征根比较大（通常以大于 1 作为标准）的公共因子，称为主因子。

第五，分析各个变量对每个主因子的贡献率，基于贡献率总结出每个主因子的语义。

理想的情况：某一主因子仅在某几个因素变量上有较强的载荷，而在其他变量上的载荷很低，说明这个主因子与这几个因素的关系比较密切。在这种情况下，这个主因子的语义就可以通过与其相关的因素变量抽象出来。

在因子分析中，如果难以利用变量贡献率抽象出主因子的含义，则表示以现有变量的语义，不能直观地反映主因子，需要对因子分析矩阵进行各种旋转，以便使主因子的语义得到更好的解释。

3. 因子分析的相关术语

（1）因素载荷

在因子分析方程组中，某一公共因子 C_j 前的系数 n_{ij} 能够反映它对某个变量 X_i 的贡献，这个数值就叫作 C_j 对 X_i 的因子载荷。

（2）特征根

公共因子 C_j 对所有变量的总贡献量，称为公共因子 C_j 的特征根，也叫特征值。

通常情况下，特征根大于 1 的公共因子属于影响力较大的公因子，应该是受关注因素，会在因子分析的结果中被保留下来，称为因子分析的主因子。

4. 实施因子分析的前提条件——对变量的要求

在因子分析中，理想的情况是，待分析的变量集能够被划分为几个变量组，每个变量组内部具有较强的相关性，而变量组之间则关联性较弱。这种情况比较适合进行因子分析，能够达到"某一主因子仅在某几个观测变量上有较强的载荷，而在其他观测变量上的载荷值很低"的基本要求。因此，并不是所有的变量集都适合进行因子分析。

一般说来，人们认为结构比较好的非单位矩阵比较适合做因子分析。SPSS 的因子分析模块提供了"KMO 和 Bartlett 球形度"检验功能，该功能会对待处理变量集进行 KMO 和 Bartlett 球形度检验，以便获得 KMO 度量值和多维数据的显著性指标，用于判别变量集是否适合做因子分析。KMO 度量值与因子分析的对应关系如表 8-1 所示。

表 8-1　KMO 度量值与因子分析的对应关系

KMO 度量值 K	是否适合进行因子分析
$K<0.6$	不适合
$0.6 \leqslant K<0.7$	勉强适合
$0.7 \leqslant K<0.8$	一般
$0.8 \leqslant K<0.9$	比较适合
$0.9 \leqslant K$	非常适合

8.2.2　实战：以主成分分析探究变量蕴含的关键因素

主成分分析可以探究当前数据集聚焦的维度（主成分）。在完成了主成分分析后，回看原始数据集。若它们来自权威的量表或经过认证的调查指标，就可以分析当前被试蕴含的特色，以及被试在哪些方面与常模表现有差异，即以主成分分析探究当前被试的特色和关键信息。

1. 案例要求

面向高职院校门户网站的评价是由教育部主导的一项重要研究项目，针对网站的评价指标已经经过多轮专家论证，形成了权威且严谨的评价指标。在教育部主导下，目前已经组织学者对全国的 1000 多所高职院校的门户网站进行了评价。

目前，我们获得了 151 所高职院校门户网站的评价数据，相关数据如图 8-2 所示。我们希望基于已有的数据，探究其中蕴含的规律，分析当前门户网站的特点，从而为高职院校门户网站的发展提供合理建议。

2. 解决方案分析

对于图 8-2 所示的原始数据，除了前 3 个基本的描述性信息和 1 项专家综合评价数据之外，还有 11 个面向分项的评价数据。本例的研究目标是，基于这些评价数据，探索性地分析变量间的内在逻辑，发现其中的公共因子，使变量的维度更加精练，从而形成有价值的研究结论，为高职院校门户网站的发展提供合理建议。

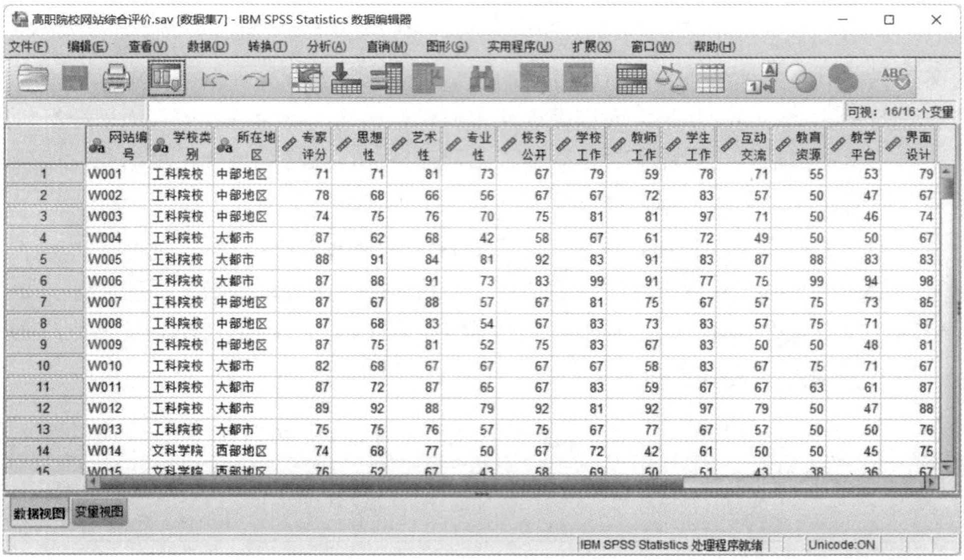

图 8-2　高职院校门户网站评价数据

因此，本题应该首先借助"KMO 和 Bartlett 的球形度检验"技术论证相关数据是否适合做因子分析，然后借助因子分析技术（主要是主成分分析或主轴因式分解等技术），从 11 个分项变量分析出其公共因子和结构，从而探索其内部蕴含的规律。

3. 操作过程——初探

（1）基本思路

在数据文件"高职院校网站综合评价.sav"的"数据视图"下，依次执行以下操作。

[1] 单击【分析】—【降维】—【因子分析】，启动"因子分析"对话框。

[2] 在"因子分析"对话框中，从左侧选择各个分项变量（即"思想性""艺术性""专业性""校务公开""学校工作"等 11 个变量）添加到右侧的"变量"列表框中，如图 8-3 所示。

图 8-3　"因子分析"对话框

> **注意：**
> 在做探索性因子分析时，务必注意针对检验变量的选择。此处所选的变量应只包含聚焦到研究问题的各个具体指标项，不应该包含针对网站的一般描述性变量，也不应该包含综述性变量"专家评分"。因此，在本例中仅有 11 个变量被加入"变量"列表框。

[3] 在“因子分析”对话框中，单击右上角的【描述】按钮，启动“因子分析：描述统计”对话框。然后，在底部的“相关矩阵”区域选中【KMO 和 Bartlett 的球形度检验】，如图 8-4 所示。接着，单击【继续】按钮，返回“因子分析”对话框中。

[4] 在“因子分析”对话框中，单击右上角的【提取】按钮，打开“因子分析：提取”对话框。先在“方法”下拉列表中选择【主成分】，再选中“输出”区域中的【碎石图】复选框，如图 8-5 所示。接着，单击【继续】按钮，返回“因子分析”对话框。

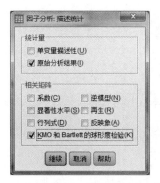

图 8-4　“因子分析：描述统计”对话框

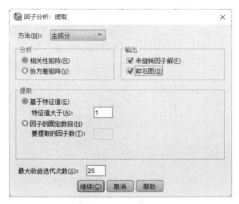

图 8-5　“因子分析：提取”对话框

[5] 在“因子分析”对话框中，单击【确定】按钮，启动因子分析过程。

注意：

在图 8-5 所示的对话框中，除了可以指定因子分析的算法之外，还可指定以什么样的标准提取公共因子。默认方式是只提取出特征根大于 1 的公共因子，有几个就提取几个。但是，在特殊情况下，研究者可以根据研究需要，改变特征根的提取标准，比如把特征根的提取标准修改为 0.8 或 0.9。另外，也可根据研究需要，直接规定要提取出几个公共因子。即在该对话框中，选择【因子固定数目】单选框，并直接写明要提取的公因子个数。

（2）输出结果及解读

因子分析的输出结果如图 8-6 至图 8-8 所示。

①“KMO 和 Bartlett 的球形度检验”结果

对于高职院校网站的评价数据，其 11 个子指标的“KMO 和 Bartlett 的球形度检验”的结果如图 8-6 所示。从图 8-6 可知，其 KMO 度量值为 0.742，表示这 11 个子指标项具有一定相关性（具备较强的共性）。而巴特利特球形度检验的近似卡方值为 3292.376，且检验概率值为 0.000，说明这份数据一定不是描述单一语义的单位矩阵，是多维度的，应该具有较好的结构。所以，这份数据是适合做因子分析的。

KMO 和巴特利特检验

KMO 取样适切性量数。		.742
巴特利特球形度检验	近似卡方	3292.376
	自由度	55
	显著性	.000

图 8-6　“KMO 和 Bartlett 的球形度检验”结果

②“总方差解释”的表格

针对 11 个子指标项，其“总方差解释”如图 8-7 所示。从图 8-7 可知，有 3 个公共因子的特征值大于 1。因此，SPSS 自动选择了 3 个主因子，共能够解释 81.142% 的方差。

总方差解释

成分	初始特征值			提取载荷平方和		
	总计	方差百分比	累积 %	总计	方差百分比	累积 %
1	5.363	48.758	48.758	5.363	48.758	48.758
2	2.393	21.754	70.512	2.393	21.754	70.512
3	1.169	10.629	81.142	1.169	10.629	81.142
4	.809	7.355	88.496			
5	.532	4.837	93.334			
6	.479	4.356	97.690			
7	.238	2.166	99.856			
8	.006	.051	99.906			
9	.005	.042	99.949			
10	.003	.030	99.979			
11	.002	.021	100.000			

提取方法：主成分分析法。

图 8-7 "总方差解释"表格

③ "成分矩阵"表格

根据图 8-7 "总方差解释"表格的内容，可知本次因子分析生成了 3 个影响力比较大的主成分。原始数据共有 11 个变量，这 11 个变量在 3 个主成分上的表现力如图 8-8 的 "成分矩阵"表格所示，或者说成分矩阵显示出了这 3 个主成分对各个原始变量的影响力。仔细分析成分矩阵，我们发现：表格中的数据非常均衡，几乎所有变量在成分 1 上表现力都很强，变量没能在各主成分上形成较好的区分，因此很难说哪些变量主要表现在哪些主成分上。更重要的是，表格中的数据大小是随机的，其排列没有什么规律。

成分矩阵[a]

	成分		
	1	2	3
思想性	.837	-.363	-.249
艺术性	.709	-.385	.525
专业性	.590	.677	-.164
校务公开	.827	-.376	-.253
学校工作	.662	-.175	-.210
教师工作	.818	-.289	-.026
学生工作	.629	-.102	-.499
互动交流	.597	.679	-.153
教育资源	.619	.619	.279
教学平台	.611	.633	.259
界面设计	.715	-.379	.528

提取方法：主成分分析法。
a. 提取了 3 个成分。

图 8-8 "成分矩阵"表格

4. 操作过程——优化及再探

（1）初次优化——成分矩阵元素的排序与隐藏

为使成分矩阵的因子载荷按序输出并隐藏数值较小的系数，从而更易于解读。我们可以在"因子分析：选项"对话框中做相应的设置。

[1] 在"因子分析"对话框中，单击右上角的【选项】按钮，打开"因子分析：选项"对话框，如图 8-9 所示。

[2] 选中【按大小排序】和【排除小系数】这两个复选框，并在"绝对值如下"文本框中输入".30"，这样小于 0.30 的系数会被排除，如图 8-9 所示。

（2）初次优化的输出结果与解读

重新启动因子分析过程后，得到优化后的成分矩阵，如图 8-10 所示。

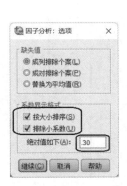

图 8-9 "因子分析：选项"对话框

图 8-10 对成分矩阵的数据进行排序及筛选之后的结果

从图 8-10 可知，尽管部分绝对值较小的因子载荷被隐藏了，而且也按照因子载荷的表现力对变量进行了排序，但仍不易看出清晰的内在规律。

（3）再次优化——旋转成分矩阵

对于成分矩阵中正值、负值都存在，且表格内数据分块出现且无规律的现象，通常只需旋转一下成分矩阵，就能从中找出规律来。

[1] 在"因子分析"对话框中，单击右上角的【旋转】按钮，打开"因子分析：旋转"对话框。

[2] 在此对话框中，先选择因子旋转方法为【最大方差法】，再选中"输出"区域中的【旋转后的解】复选框，如图 8-11 所示。接着，单击【继续】按钮，返回"因子分析"对话框。

（4）旋转之后的输出结果与解读

对原始的成分矩阵进行了基于最大方差法的旋转，最终获得了图 8-12 所示的"旋转后的成分矩阵"表格。

图 8-11 "因子分析：旋转"对话框

图 8-12 "旋转后的成分矩阵"表格

基于最大方差法对成分矩阵进行旋转，发现得到的成分矩阵仍不理想，有 5 个变量在成分 1 和成分 3 上的表现力都较强，仍不是很易于解读。针对这一现象，我们改用“最优斜交法”做旋转，旋转之后的新成分矩阵如图 8-13 所示。

根据图 8-13 所示的结果，“学生工作”“校务公开”“思想性”“学校工作”“教师工作”共 5 个变量附着于主成分 1 上，而“教学平台”“教育资源”“互动交流”“专业性”共 4 个变量附着于主成分 2 上，只有 2 个变量（“界面设计”“艺术性”）附着于主成分 3 上，另外变量“教师工作”也在主成分 3 上有一定的表现。

模式矩阵[a]

	成分		
	1	2	3
学生工作	.879		
校务公开	.870		
思想性	.866		
学校工作	.650		
教师工作	.610		.367
教学平台		.904	
教育资源		.897	
互动交流		.871	
专业性		.865	
界面设计			.934
艺术性			.931

提取方法：主成分分析法。
旋转方法：凯撒正态化最优斜交法。
a. 旋转在 5 次迭代后已收敛。

图 8-13　用最优斜交法旋转之后的新成分矩阵

综上所述，我们可以认为，能体现高职院校门户网站水平的因素可归结为 3 个方面：其一，学校的综合管理水平和思想性；其二，学校教育信息化发展水平，主要体现在数字化教育资源建设、数字化教学平台的水平、在线互动交流的频率及质量等指标；其三，网站研发者的艺术水平和界面设计能力，同时它也与学校教师的工作水平有一定的关系。

5. 其他的常用输出

（1）输出反映主成分提取情况的碎石图

在前述的因子分析过程中，若在“因子分析：提取”对话框中选中了【碎石图】复选框，则可在因子分析的输出结果中显示出碎石图。通过碎石图可以看到各个公共因子的生成情况，如图 8-14 所示。

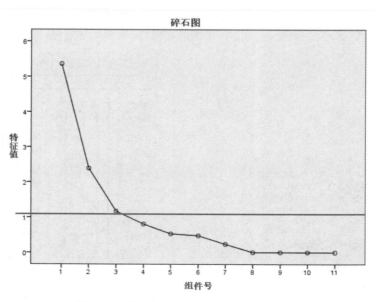

图 8-14　反映公共因子生成情况的碎石图

（2）输出因子分析的载荷图

在因子分析的过程中，如果希望输出反映各变量在公共因子上聚合情况的图像，则可输出此因子分析的载荷图。在图 8-11 所示的"因子分析：旋转"对话框中，只需把右侧的【载荷图】复选框选中，即可在执行因子分析之后，输出其载荷图。

针对本例所示的 11 个变量实施因子分析后，将获得图 8-15 所示的载荷图。

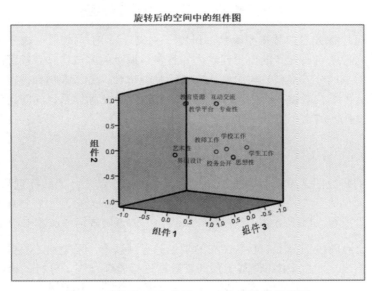

图 8-15　基于 11 个变量、3 个主成分的载荷图

根据图 8-15 所示的显示结果，11 个变量已经被聚合为 3 个区块，分别体现在 3 个不同的维度上。

> **科研视点：**
> 在以因子分析技术做探索性分析时，为达成较理想的成分矩阵，应注意以下两点。其一，探索性因子分析的过程是一个对数据内在逻辑进行挖掘并发现规律的过程，要求研究者具备探究、尝试和挖掘的精神，不断用多种因子抽取算法做尝试，除了主成分分析之外，还可尝试主轴因式分解、极大似然估计等方法。其二，对于生成的成分矩阵，若已有区块性但规律并不明显，则可从多个视角展开旋转，通过选用最大方差法、直接斜交法、最优斜交法等旋转算法，使成分矩阵达到较好的可解释性。

6. 对高职院校门户网站评价数据进行挖掘的结论

通过"KMO 和 Bartlett 的球形度检验"，可以得知高职院校门户网站的评价数据是多维的，适宜做探索性因子分析。基于针对高职院校门户网站评价数据的探索性因子分析，可以发现从所有变量（不含总体描述性变量）中抽取出了 3 个公共因子，分别代表了 3 个维度的信息。

由此，可以得出结论，在高职院校门户网站的发展中，其关键影响要素主要体现在 3 个方面：其一，学校的综合管理水平和思想性；其二，学校教育信息化发展水平，主要体现在数字化教育资源建设、数字化教学平台的水平、在线互动交流的频率及质量等指标；其三，网站研发者的艺术水平和界面设计能力，同时它也与学校的教师工作水平有一定的关系。因此，高职院校要想提升门户网站的质量，需要从加强学校日常管理，提升学校的教育信息化水平，提升网站建设人员的艺术素养和设计能力 3 个方面入手。

8.2.3　实战：以主成分分析检验测量指标的结构效度

主成分分析可以探究当前数据集聚焦的维度（主成分）。在完成了主成分分析之后，回看原始数据集。若它们来自研究者的自设问卷，并且参与调查的被试均具有较好的代表性，就可以再探究数据集的主成分（维度）与原始研究设计是否吻合。若二者吻合得很好，就可以认为测量指标具有较好的结构效度；否则，就需要重新修改调查指标体系。面向自设调查指标检验其主成分，是效度检验的常用方法[1]。

1. 案例要求

已知马老师的研究团队希望对大学生的生活满意度进行调查。团队计划从面向教学情况、面向生活情况、面向人际交流情况共 3 个维度开展调查，为此组织了 11 个调查问题项。另外还有一些综合测量项和人口学指标。整体设计及具体的调查问题请参阅本书附录。

目前，团队已经随机选择了 100 名左右的学生进行预调查，采集到的数据被存储到“大学生生活满意度数据.sav”文档中。请基于预调查数据进行验证性因子分析，论证现有的调查指标是否达到了预期目标，是否具有较好的效度。相关数据如图 8-16 所示。

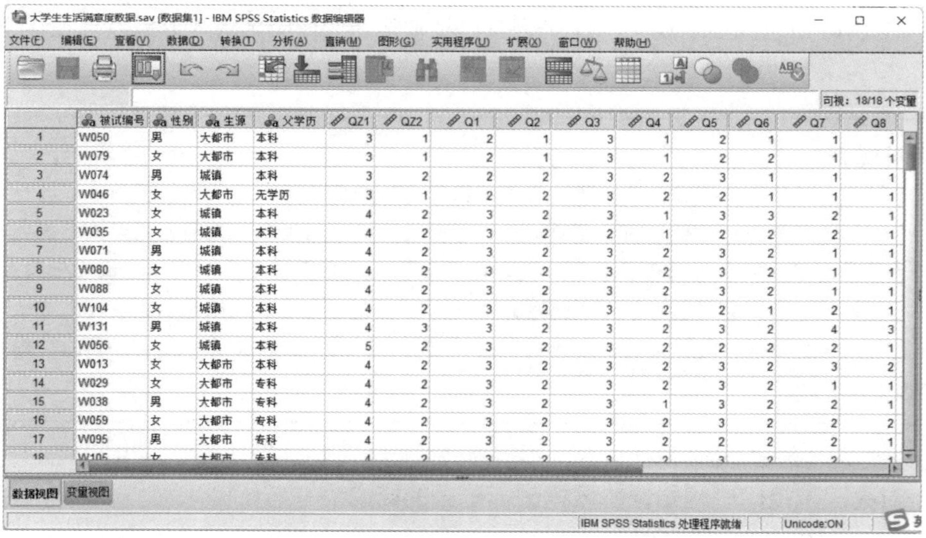

	被试编号	性别	生源	父学历	QZ1	QZ2	Q1	Q2	Q3	Q4	Q5	Q6	Q7	Q8
1	W050	男	大都市	本科	3	1	2	1	3	1	2	1	1	1
2	W079	女	大都市	本科	3	1	2	1	3	1	2	2	1	1
3	W074	男	城镇	本科	3	2	2	2	3	2	3	1	1	1
4	W046	女	大都市	无学历	3	1	2	2	3	2	2	1	1	1
5	W023	女	城镇	本科	4	2	3	2	3	1	3	3	2	1
6	W035	女	城镇	本科	4	2	3	2	2	1	2	2	2	1
7	W071	男	城镇	本科	4	2	3	2	3	2	3	2	1	1
8	W080	女	城镇	本科	4	2	3	2	3	2	3	2	1	1
9	W088	女	城镇	本科	4	2	3	2	3	2	3	2	1	1
10	W104	女	城镇	本科	4	2	3	2	3	2	2	1	2	1
11	W131	男	城镇	本科	4	3	3	2	3	2	3	2	4	3
12	W056	女	城镇	本科	5	2	3	2	3	2	2	2	2	1
13	W013	女	大都市	本科	4	2	3	2	3	2	3	2	3	2
14	W029	女	大都市	专科	4	2	3	2	3	2	3	2	1	1
15	W038	男	大都市	专科	4	2	3	2	3	1	3	2	2	1
16	W059	女	大都市	专科	4	2	3	2	3	2	3	2	2	2
17	W095	男	大都市	专科	4	2	3	2	3	2	2	2	2	1

图 8-16　大学生生活满意度预调查数据

1. 在科研统计中，效度反映调查指标的科学性和有效性。在一定程度上保证效度的方法有3种：①参考权威的已有近似量表，在权威量表的基础上修补、建构；②请行业权威专家评审，对调查指标把关；③借助因子分析等技术分析数据中蕴含的维度，检查该维度是否与研究设计（预期调查目标）相符。

2. 解决方案分析

图 8-16 所示的原始数据，主要包括 10 个分项变量、1 个校验项和 3 个总体型变量。本例的研究目标是，基于预调查数据，论证现有的调查指标是否达到了预期目标，是否具有较好的效度。

因此，本题应该首先借助"KMO 和 Bartlett 的球形度检验"技术论证相关数据是否适合做因子分析，然后借助因子分析技术（主要是主成分分析技术），从 10 个分项数据中分析出其公共因子和结构，从而检验调研结果是否与预期研究目标一致。

3. 操作过程——初探

（1）基本思路

在数据文件"大学生活满意度数据 .sav"的"数据视图"状态下，依次执行以下操作。

[1] 单击【分析】—【降维】—【因子分析】，启动"因子分析"对话框。

[2] 在"因子分析"对话框中，从左侧选择各个分项变量（即"多媒体教室""教师教学""图书馆""教材""伙食情况"等 10 个变量）添加到右侧的"变量"列表框中，如图 8-17 所示。

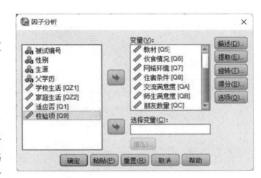

图 8-17 "因子分析"对话框

> **注意：**
> 在做探索性因子分析时，务必注意对检验变量的选择。此处检验变量应只包含聚焦到研究问题的各个具体指标项，不应该包含人口学指标和综合测量项（比如反映总体适应性的"学校生活""家庭生活"等），校验项也不要加入。因此，在本例中，仅有 10 个子变量被加入。

[3] 在"因子分析"对话框中，单击右上角的【描述】按钮，启动"因子分析：描述统计"对话框。然后，在底部的"相关矩阵"区域选中【KMO 和 Bartlett 的球形度检验】。接着，单击【继续】按钮，返回"因子分析"对话框。

[4] 在"因子分析"对话框中，单击右上角的【提取】按钮，打开"因子分析：提取"对话框。先在"方法"下拉列表中选择【主成分】，然后返回"因子分析"对话框。

[5] 在"因子分析"对话框中，单击右上角的【选项】按钮，打开"因子分析：选项"对话框。在此，选中【按大小排序】和【排除小系数】这两个复选框，并在"绝对值如下"文本框中输入".30"，这样小于 0.30 的系数会被排除、不会显示。然后返回"因子分析"对话框。

[6] 在"因子分析"对话框中，单击【确定】按钮，启动因子分析过程。

（2）输出结果及解读

因子分析的输出结果如图 8-18 至图 8-20 所示。

① "KMO 和 Bartlett 的球形度检验"结果

10 个变量的"KMO 和 Bartlett 的球形度检验"结果如图 8-18 所示。从图 8-18 可知,其 KMO 度量值为 0.692,表示这 10 个变量具有一定相关性(具备共性)。而且其巴特利特球形度检验的近似卡方值为 1279.940,且检验概率值为 0.000,说明这份数据一定不是描述单一语义的单位矩阵,应该具有较好的结构,是多维度的。所以,这份数据是适合做因子分析的。

KMO 和巴特利特检验		
KMO 取样适切性量数。		.692
巴特利特球形度检验	近似卡方	1279.940
	自由度	45
	显著性	.000

图 8-18 "KMO 和 Bartlett 的球形度检验"结果

② "总方差解释"表格

针对满意度调查数据的 10 个分项变量,其"总方差解释"如图 8-19 所示。从图 8-19 可以看出,有 3 个公共因子的特征值大于 1。因此,SPSS 自动选择了 3 个主因子,共能解释 76.677% 的方差。

总方差解释

成分	初始特征值			提取载荷平方和			旋转载荷平方和		
	总计	方差百分比	累积 %	总计	方差百分比	累积 %	总计	方差百分比	累积 %
1	3.260	32.596	32.596	3.260	32.596	32.596	2.671	26.706	26.706
2	2.729	27.293	59.888	2.729	27.293	59.888	2.669	26.691	53.397
3	1.679	16.789	76.677	1.679	16.789	76.677	2.328	23.280	76.677
4	.733	7.333	84.010						
5	.582	5.822	89.833						
6	.435	4.346	94.179						
7	.292	2.925	97.103						
8	.212	2.122	99.226						
9	.056	.560	99.786						
10	.021	.214	100.000						

提取方法:主成分分析法。

图 8-19 "总方差解释"表格

③ "成分矩阵"表格

根据图 8-19"总方差解释"表格的内容,可知本次因子分析生成了 3 个影响力比较大的主成分。原始数据共有 10 个变量,这 10 个变量在 3 个主成分上的表现力如图 8-20 的"成分矩阵"表格所示,或者说"成分矩阵"显示出了这 3 个主成分对各个原始变量的影响力。仔细分析成分矩阵,我们发现:表格中的数据非常均衡,各个变量在主成分 1 上的表现力都很强,很难说哪些变量主要表现在哪些主成分上。

4. 操作过程——优化及再探

(1) 初次优化——旋转成分矩阵

对于成分矩阵中正值、负值都存在,且表格内数据分块出现且无规律的现象,通常只需对成分矩阵进行旋转,就能从中找出规律来。

[1] 在"因子分析"对话框中,单击右上角的【旋转】按钮,打开"因子分析:旋转"对话框。

[2] 在此对话框中,先选择因子旋转方法为【最大方差法】,再选中"输出"区域中的【旋转后的解】复选框,如图 8-21 所示。接着,单击【继续】按钮,返回"因子分析"对话框。

成分矩阵[a]

	成分		
	1	2	3
多媒体教室	.741	.315	-.387
图书馆	.706		-.335
网络环境	.704		.642
教材	.623		-.305
伙食情况	.616		.341
教师教学	.596		-.429
交流满意度		.906	
师生满意度		.893	
朋友数量	-.301	.891	
住宿条件	.663		.685

提取方法：主成分分析法。
a. 提取了 3 个成分。

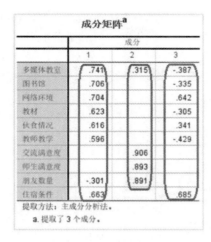

图 8-20 “成分矩阵”表格

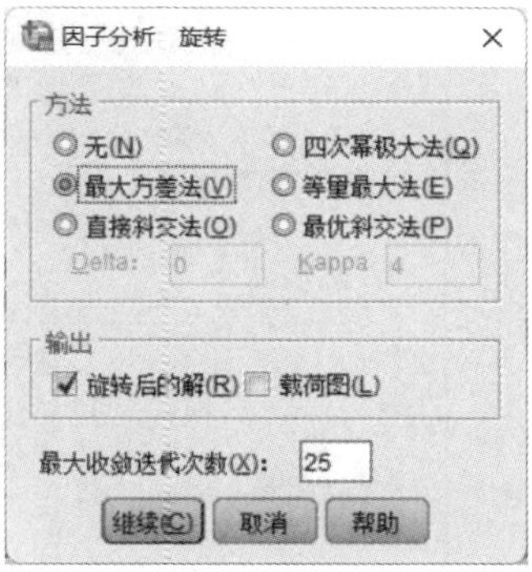

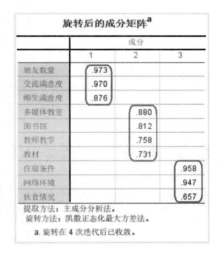

图 8-21 “因子分析：旋转”对话框

（2）初次优化的输出结果与解读

对原始的成分矩阵进行了基于“最大方差法”的旋转，最终获得了如图 8-22 所示的“旋转后的成分矩阵”表格。

根据图 8-22 所示的结果，3 个主成分的含义可以被解释如下：其一，学生们对在校交流和交友情况的满意度；其二，学校的教学情况及满意度；其三，学生的日常生活环境及满意度。

（3）补充输出载荷图

对于前述因子分析，如果希望能输出反映变量在公共因子上聚合情况的图像，还可输出此因子分析的载荷图。在图 8-21 所示的“因子分析：旋转”对话框中，只需勾选【载荷图】复选框，即可在执行因子分析之后，输出其载荷图，如图 8-23 所示。

旋转后的成分矩阵[a]

	成分		
	1	2	3
朋友数量	.973		
交流满意度	.970		
师生满意度	.876		
多媒体教室		.880	
图书馆		.812	
教师教学		.758	
教材		.731	
住宿条件			.958
网络环境			.947
伙食情况			.657

提取方法：主成分分析法。
旋转方法：凯撒正态化最大方差法。
a. 旋转在 4 次迭代后已收敛。

图 8-22 “旋转后的成分矩阵”表格

图 8-23 显示，10 个分项变量已经被聚合为 3 个区块，其中 QA、QB 和 QC 被聚合为一类，附着于主成分 1 其根本语义是学生的在校交流和交友情况；Q2、Q3、Q4、Q5 共 4 个子变量附着于主成分 2 上，代表了学校的教学情况及学生的满意度；Q6、Q7 和 Q8 被聚合在一起，附着于主成分 3 上，代表了学校的生活服务情况及学生的满意度。仔细分析通过图 8-23 总结出的规律，我们发现它与图 8-22 反映的结论是完全一致的。

5. 对大学生生活满意度调查指标结构效度的终评

通过“KMO 和 BartLett 的球形度检验”，可以得知，大学生生活满意度评价数据是多维的，适宜做探索性因子分析。基于针对大学生生活满意度的探索性因子分析，可以发现从所有变量（不含总体型变量）中抽取出了 3 个公共因子，分别代表了 3 个维度的信息。

探索性因子分析证实，大学生的满意度体现为“教学环境满意度”“生活环境满意度”和“交流交友满意度”3 个维度，这一点与调查问卷的初始设计目标一致，说明本调查问卷（指标）

达到了预期，其内容结构可被信任。因此，基于此调查问卷所获得的数据，会具备较好的结构效度，基于此指标体系展开的调查，将能较好地反映学生们的大学生活满意度水平。

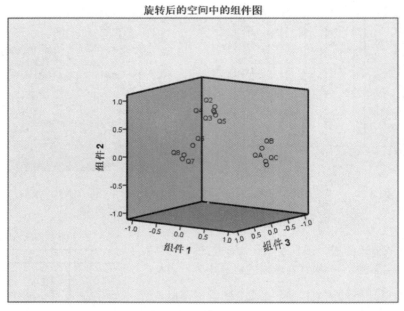

图 8-23　基于 10 个分项变量、3 个主成分的载荷图

8.3　结构方程模型入门——CFA应用

结构方程模型（SEM）是把多个因变量结构化地组织起来，并统筹考虑与之相关的自变量，进而分析复杂变量之间的关系的统计分析方法。结构方程模型关注统计分析中不易直接测量的若干数据量之间的相互关系，以探索其中复杂的层级关系、递进关系为目标。

8.3.1　结构方程模型概述

1. 概念与必要性

在 6.3 节，我们曾经讨论了线性回归分析。许多同学在应用线性回归分析的过程中，曾产生过若干疑问：①线性回归讨论的是每一个自变量与唯一因变量的关系，分析每一个自变量对因变量的影响是否显著，然而，自变量一定是相互独立的吗？如何看待自变量的共线性问题？②有无这样的情形：变量 A 是某个回归方程中的因变量，但它同时是因变量 B 的自变量，或者说某两个变量之间互相影响？甚至在某个数据集里，除了自变量之外，若干因变量之间还存在着相互影响的关系，应该能用一种更复杂的逻辑结构描述出来。③在科学研究中，某些指标无法直接测量，但可以借助另外的若干测量指标间接地反映出来。例如，教育学研究中的学习动机通常无法直接测量，而是需要通过学习态度、学习行为、学习积极性等指标间接反映出来。这里的学习态度、学习行为、学习积极性是显变量，而学习动机则是潜变量。

对于上述问题，回归分析模型和相关性分析均无法解决。正是基于这种需要，统计学界提出结构方程模型的设想。

在复杂的结构方程模型中，无法直接测量的指标项被称为潜变量，而能够间接反映潜变量且可直接测量的指标项被称为显变量，也就是测量变量，它们是数据集内真实存在的变量。潜变量可以被看作某些观测变量的因变量。

2. 结构方程模型的原理

结构方程模型（SEM）用于探究与分析多个潜变量（或因变量）之间复杂的逻辑关系，它在图示化的预设模型下，基于数据验证模型的可靠性来检验模型的质量，从而形成有价值的研究结论。

极大似然估计法是 SEM 分析最常用的方法，其前提条件是变量是多元且接近正态分布的，尽量避免极端值和双峰分布。SEM 常见的估计方法有极大似然估计、广义最小二乘法（Generalized Least Square，GLS）、一般加权最小二乘法（Weighted Least Square，WLS）等，其中 WLS 并不要求数据是正态的。

通过 SEM 建模分析数据是一个动态的不断修改的过程。在建模的过程中，研究人员要通过每次建模计算得到的结果去分析这个模型的合理性，然后要依据经验及前一模型的拟合结果不断调整模型的结构，最终得到一个最合理的、与事实相符的模型。

3. 结构方程模型的描述

SEM 的设计，通常要求研究者以规范的符号绘制出 SEM 图，然后把相关变量代入 SEM，通过复杂的数据计算得到针对预设模型的各项评价数据，并依据评价数据论证 SEM 的质量。

（1）描述方法

若 SEM 达到质量标准，基于 SEM 得出的研究结论就是有效的。规范的 SEM 图形如图 8-24 所示。

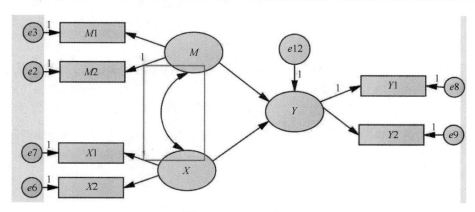

图 8-24　SEM 示意图

在图 8-24 中，小矩形框"$M1$""$M2$""$X1$""$X2$""$Y1$""$Y2$"等代表显变量，对应数据表中真实存在的测量变量，小圆圈"$e1$""$e2$""$e3$"等均代表残差，大的椭圆（图中的 M、X 和 Y）代表潜变量。

图中的单箭头表示假设一个变量对另一个变量产生影响，而双向箭头则代表变量之间的相互关系。若两个变量之间没有连线，则说明两个变量之间没有关系。

在基于 SEM 假设和原始数据开展计算的过程中，"残差＋显变量"的值等于测量变量的真实数据，而显变量则相当于普通回归分析中的回归值。

（2）外生潜变量和内生潜变量

外生潜变量，是指该潜变量完全由观测变量生成，没有其他潜变量对它产生影响。从模型图来看，就是没有任何一条从其他潜变量发来的射线。由于外生潜变量的残差表达全部由显变量承担，因此它没有残差，也就不需要标记残差信息。如图 8-24 中的潜变量 M 和潜变量 X。

内生潜变量，是指该潜变量除了由观测变量支持外，它还可能是其他潜变量的输出，受其他潜变量值的影响。从模型图看，该潜变量有从其他潜变量发来的射线。由于内生潜变量受到其他潜变量的影响，在描述该潜变量时必须标记其残差信息。如图 8-24 中的潜变量 Y，$e12$ 是 Y 的残差。

4. 结构方程模型的质量评价

（1）基本指标

结构方程模型可以分成两部分：测量模型和结构模型。测量模型指的是，由不同测量变量组成的潜在变量的模型；而结构模型通常指多个潜在变量组成的线性回归模型。既然结构方程模型可以分成两个子模型，那么结构方程模型的拟合度指标同样也可以分成下面 3 个部分：模型整体拟合度评估指标、测量模型评估指标和结构模型评估指标。

① 模型整体拟合度评估指标包括卡方值（CMIN）、卡方自由度比（CMIN/DF）、近似误差均方根（RMSEA）、残差均方根（Root Mean Square Residual，RMR）、标准化 RMR（Standardized RMR，即 RMR 的标准化形式）等，另外还包含了若干个反映拟合程度的指标，诸如比较拟合指数（CFI）、拟合优度指数（GFI）、规范拟合指数（Norm Fit Index，NFI）、修正拟合优度指数（Adjusted Goodness of Fit Index，AGFI）、赤池信息准则（Akaike Information Criterion，AIC）、贝叶斯信息准则（Bayesian Information Criterion，BIC）等。在 SEM 实践中，反映整体性的拟合度指标很多，有些让人眼花缭乱，但它们都是围绕两个协方差矩阵的差异性而生成的，只不过在自由度、变量数目上略有不同。

② 测量模型评估指标。在 AMOS 中运用因子分析考察测量模型质量称为验证性因子分析。因为 AMOS 是将假设的测量模型先画好，然后代入数据检验，因此，测量模型的评估指标就是因子分析涉及的指标，包括临界比值（CR 值）、组合信度、AVE 值和总方差解释率等指标。

③ 结构模型评估指标。结构模型运用的分析方法其实就是路径分析（多个线性回归模型的组合），因此结构模型评估指标就是线性回归模型的指标，包括 R 方、调整后 R 方、各个回归系数的 T 检验结果等。

（2）指标标准

人们选择 CMIN/DF、RMSEA、SRMR、NFI、CFI、GFI、Tucker-Lewis 指数（Tucker-Lewis Intex，TLI）和 AGFI 等指标，对所建立的模型的拟合程度进行评价，根据相关文献，最关键的指标应是 CMIN/DF、RMSEA、SRMR 和 CFI，其他的拟合指标项未必需要全满足。其实，其他的指标项满足 2 个或 2 个以上，就可以了。

① CMIN/DF，即卡方／自由度，简称为卡方自由度比。当卡方自由度比的值小于 4 时，通常认为所建立的模型是可接受的；当卡方自由度≤2 时，则认为模型具有非常好的拟合效果。

② RMSEA，即近似误差平方根，是反映模型误差程度的指数。其数值越接近于 0，说明模型拟合的效果越好。RMSEA<0.01，代表模型的拟合效果非常好；RMSEA<0.05，说明模型的拟合效果很好；RMSEA<0.10，表明模型拟合效果能被接受。一般要求 RMSEA 在 0.05 以下。

③ RMR 和 SRMR。RMR 是残差均方根，代表实际情况下的矩阵与模型矩阵做差后，所得残差的平方和的平方根，也可以视作拟合残差。因此，RMR 越小越好，其为 0 时代表实际情况与模型中的矩阵完全一致，即模型最优。由于针对不同的值域和模型，RMR 指标缺乏统一的标准，统计学家对 RMR 做了标准化处理，生成了 SRMR 指标。在 SEM 实践中，通常要求 SRMR<0.05，即在 SRMR<0.05 时，模型就是可接受的。

④ CFI，即比较拟合指数，通常是假设模型与独立模型比较时获得的。样本的容量大小对它基本没有影响，它能够较准确地反映模型的情况，因此是比较理想的相对拟合指标。它的取值范围为 0 到 1，越是接近 1，表明此时模型具有越好的拟合效果。CFI 的取值通常应 ≥ 0.90，这时的模型拟合效果很好；CFI>0.80，就是可以接受的。

⑤ GFI，即拟合优度指标，它的取值范围为 0 到 1，越接近 1，表明模型具有越好的拟合效果。GFI 的取值应 ≥ 0.90，此时模型通常是可以被接受的。

⑥ NFI、TLI 和 AGFI，这 3 个指标的含义与 CFI 相似，它们从不同的视角检验模型的拟合效果。它们的数值越接近 1，说明模型拟合效果越好。当其值 ≥ 0.90 时，模型拟合效果通常很好；该值 >0.80，就是可以接受的。

8.3.2 以 AMOS 绘制模型图：AMOS 使用之一

实现结构方程模型的常用软件有 Lisrel、EQS 和 AMOS 等。其中 AMOS 因与 SPSS 同出一源且具有很好的兼容性而被广泛地应用。AMOS 是 Analysis of Moment Structures（矩结构分析）的简写，是一款基于图示化界面的 SEM 软件。由于在 AMOS 中只需使用绘制工具箱中的若干按钮就可以快速地绘制出 SEM 图形、浏览估计模型并进行模型图的修改，因此，AMOS 是深受学者喜爱的 SEM 软件。

1. AMOS 的主界面

启动 AMOS 24.0 后，其主界面如图 8-25 所示。

（1）主界面中的区域

在 AMOS 主界面中，最左侧是"工具箱"，其中包含了用于绘制模型图、执行统计分析的若干个工具，最重要的工具主要是绘制工具组、修改工具组、分析工具组。

右侧的大空白区为画板，我们可在画板上直接绘制模型图。

顶部为传统的系统菜单，主要包括了 File、Edit、View、Analysis 和 Plugins 等。在 AMOS 中，许多功能既可通过单击工具箱内部的按钮完成，也可借助顶部的系统菜单项完成。

（2）设置画板的区域

单击系统菜单【File】—【New】，即可新建一个 SEM 项目。

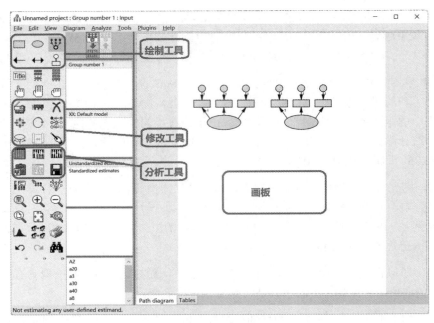

图 8-25 AMOS 的主界面

单击菜单【View】—【Interface Properties】,即可打开相应的设置面板,在其中的"Page Layout"选项卡中,可设置画板的大小,如图 8-26 所示。

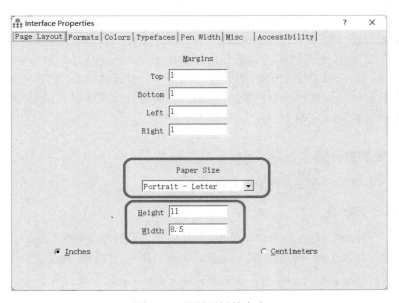

图 8-26 设置画板的大小

2. 创建 SEM 模型图

在新建了 SEM 项目且设置好画板之后,即可在画板中绘制 SEM 模型图了。在绘制工具组内,第 1 行的前 3 个图标依次为【显变量】【潜变量】【潜变量体】(□ ○ ♛);第 2 行的 3 个图标依次为绘制【回归线】【相关线】【残差】(← ↔ ♀)。

另外，在修改工具组内，第 1 行的 3 个图标依次为【复制】【移动】【删除】(🗑 🚚 ✗)；第 2 行的前 2 个图标依次为【改变形状】和【旋转】(✥ ↻)。

（1）绘制 SEM 图

[1] 从工具箱的绘制工具组中选择【潜变量体】(♛)，直接在右侧的画板上按住鼠标并拖动，可以直接绘制出一个椭圆形，即创建一个潜变量。

[2] 单击此"潜变量体"，为它生成一套显变量和残差。每次单击都会在此潜变量上附加一个显变量及其残差。单击 3 次，即可形成图 8-27 所示的图形。

同理，可在画板的不同位置绘制出若干个带有不同显变量的潜变量体。

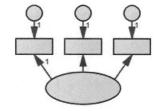

图 8-27　绘制"潜变量体"

[3] 从工具箱的绘制工具组中选择【显变量】(▭)，直接按住鼠标，在画板中的适当位置拖动，即可绘制出新的显变量。

[4] 从工具箱的绘制工具组中选择【残差】(♋)，将鼠标指针指向画板中的某个变量，当该变量边缘显示为红色时，按住鼠标并拖曳，即可为此变量添加残差项。

[5] 从工具箱的绘制工具组中选择【回归线】(←)，然后，将鼠标指针指向画板中的某个变量，当该变量边缘显示为红色时，按住鼠标并拖曳，把此射线的箭头拖动到目标变量上。此时，可以建立由源变量到目标变量的回归线——绘制变量之间的单向射线。

（2）修改 SEM 模型图

[1] 在工具箱的修改工具组内，选择【移动】工具 (🚚)，然后将鼠标指针指向画板中的某个图形，当图形边缘显示为红色时，按住鼠标并拖曳，即可改变此图形的位置。

[2] 在工具箱的修改工具组内，选择【复制】工具 (🗑)，然后将鼠标指针指向画板中的某个图形，当图形边缘显示为红色时，按住鼠标并拖曳，即可在新位置新增一个新图形，实现对当前图形的复制。

[3] 在工具箱的修改工具组内，选择【删除】工具 (✗)，然后将鼠标指针指向画板中的某个图形，当图形边缘显示为红色时，直接单击鼠标，即可删除此图形。

[4] 在工具箱的修改工具组内，选择【旋转】工具 (↻)，然后将鼠标指针指向画板中的某个潜变量，当图形边缘显示为红色时，直接单击鼠标，即可让此潜变量附带的显变量改变方向。通过多次旋转，可把显变量的位置调整到较合适的状态。

[5] 在工具箱的修改工具组内，选择【改变形状】工具 (✥)，然后将鼠标指针指向画板中的某个图形，当图形边缘显示为红色时，直接拖动鼠标，即可改变此图形的形状。此功能非常重要，可以改变 SEM 图形中"相关线"的形状、使图形更美观。

3. 配置数据源

AMOS 中配置数据源及工作环境的操作主要由工具箱"分析工具组"里的相关按钮实现。其中，第 1 行的 3 个按钮依次为【打开数据文件】【设置统计分析环境】【执行统计分析】(▦ ▦ ▦)，第 2 行的 3 个按钮依次为【拷贝图形到剪贴板】【显示分析结果】【文件存盘】（）。另外，AMOS 工具箱里第 3 行第 3 列的【变量列表】按钮（）的作用也很重要。

（1）配置数据源并绑定数据

[1] 在工具箱的分析工具组内，选择【打开数据文件】工具（）。单击【File Name】按钮，AMOS 系统会启动常规的"打开文件"对话框。此时，可从本地磁盘选择 SPSS 格式的数据文件并打开它。当数据文件被打开后，该文档内的所有数据就被纳入了 AMOS 环境。

> **注意：**
> 为保证 AMOS 分析的稳定性，减少不必要的困扰，对于外置数据文件，应尽量满足以下要求：①各个变量的名称尽量用英文字符串，中间无空格、标点等不规范字符，对变量的说明可用中文，但要放在变量的标签说明里；②样本的个案数尽量在 200 以上，最少不低于 100；③现有数据中尽量避免缺失值；④相关数据应接近正态分布，尽量避免极端值。另外，也可通过单击菜单【File】—【Data Files】启动"打开数据文件"的功能。

（2）把数据文件的变量附加到模型的显变量

[1] 在 AMOS 工具箱中，单击第 3 行第 3 列的【变量列表】按钮（），使当前数据文件中的变量以列表形式显示在画板左侧，如图 8-28 所示。

[2] 此时，从变量列表中选择某个变量，把它拖动到画板中的某个显变量（矩形标记）上。此时，该显变量就被文件内变量赋值并命名。

[3] 重复此过程，使所有的显变量都被赋值，并以文件内变量的名字命名。

图 8-28　变量列表信息

> **注意：**
> 若文件内变量的名字为中文，有可能导致 AMOS 系统显示错误提示："X 个变量未被命名！"甚至还会影响到统计分析过程的准确性。因此，请注意变量名的规范化。

（3）为潜变量及残差项命名

[1] 对于模型图中的某潜变量，直接双击其椭圆形标记，打开此变量的属性面板，如图 8-29 所示。

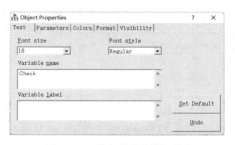

图 8-29　潜变量的属性面板

[2] 在"Variable name"列表框中输入此潜变量的名字。例如"Check"。

[3] 关闭面板，该名称会立即显示到模型图中。

[4] 在完成针对重要潜变量的命名后，可以直接选择系统菜单【Plugins】—【Name Unobserved Variables】，请 AMOS 系统自动为剩余的未命名变量命名。

4. 配置统计分析环境

在工具箱的分析工具组内，选择"设置统计分析环境"工具（▥）。AMOS 系统会立即启动相应的面板。

（1）配置统计分析算法及匹配要求

在统计分析环境面板的"Estimation"选项卡中，可直接选择统计分析算法，例如可从"Maximum likelihood"（极大似然）、"Generalized least squares"（广义最小二乘法）、"Unweighted least squares"（未加权最小二乘法）等中选择其一。默认值是极大似然估计算法。

另外，系统默认为同时匹配饱和模型和独立模型，即"Fit the saturated and independence models"。用户也可选择其他 2 种方式的匹配模型，如图 8-30 所示。

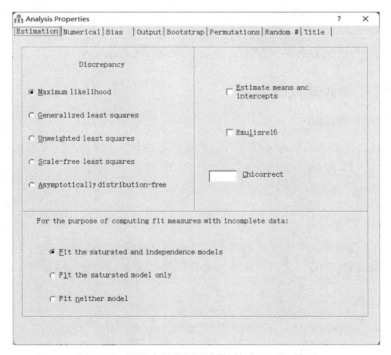

图 8-30 设置实施统计分析的算法及匹配模型

（2）设置输出结果项——非常重要的配置项

在统计分析环境面板的"Output"选项卡中，AMOS 系统提供了许多可选的输出项。对初学者来讲，建议把所有输出项全部选上，以便在解读输出结果时能有充足的信息项。相关设置如图 8-31 所示。

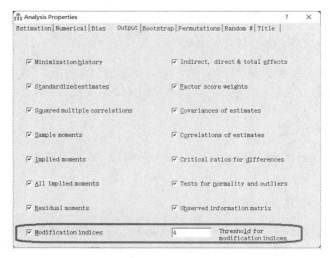

图 8-31　AMOS 统计分析的输出项设置

其中,"Modification indices"(修正导引)项非常重要,其参数一般采用默认值 4。

在 AMOS 统计分析中,"修正导引"可在模型质量不佳时以列表方式反馈信息,罗列出可能存在问题的关联项或显变量,以供研究者参考此列表进一步修正模型。

8.3.3　解读SEM分析结果并优化:AMOS使用之二

1. 执行统计分析并阅读输出结果

(1) 启动统计分析过程

在 AMOS 的工具箱中,单击分析工具组的【执行统计分析】按钮(▥▥),或者单击系统菜单【Analyze】—【Caculate Estimates】,即可启动统计分析过程。

统计分析完成后,当前界面中看不到任何变化信息。

(2) 查阅统计分析结果

在 AMOS 的工具箱中,单击分析工具组的【显示分析结果】按钮(▥▥),或者单击系统菜单【View】—【Text Output】,即可查阅统计分析结果。新弹出的输出结果界面如图 8-32 所示。

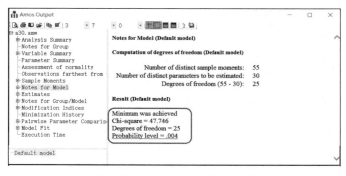

图 8-32　SEM 分析的输出结果

① 对模型的总体性描述

在"Notes for Model"下，有针对模型整体的描述。在界面左侧单击【Notes for Model】选项之后，显示结果如图 8-32 所示。在其中的 Result(Default model) 区块，呈现了模型的卡方检验值和差异显著性检验概率值，它反映了模型的拟合程度。以卡方检验值较小、Sig 值 >0.05 为佳。本例中，Sig 值 = 0.004 < 0.05，模型与原始观测变量有显著差异，拟合度较低，因此模型质量不佳。

② 对模型匹配性的描述

单击"Model Fit"，可以看到针对性模型匹配程度的详细描述。从这些描述中，可以获得 RMSEA、CMIN、RMR、GFI、NFI、CFI 等评判模型质量的指标值。通过这些指标项，即可对模型质量作出较全面的评价。如图 8-33 所示。

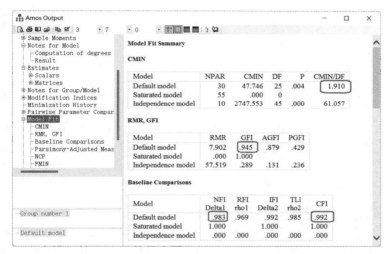

图 8-33 模型匹配质量的评价指标及数据结果

（3）显示出 SRMR 的值

SRMR 是标准化的 RMR，具有较高的参考价值。在 AMOS 的默认情况下并不会显示 SRMR 的值。若想查看 SRMR 的值，需要在启动分析前，单击菜单【Plugins】—【Standardied RMR】，启动"Standardized RMR"对话框。

在该对话框处于打开状态的前提下，再启动分析，此时系统会把本次操作的 SRMR 值显示在该对话框中。

2. 修正并完善模型图

理想情况下，我们绘制的模型在 RMSEA、CMIN/DF、GFI 等指标上均满足要求，达到了理想化水平。然而，在实际应用中，这种情况很少出现。因此，查探模型中的问题、调整模型的路径就非常重要了。

（1）基于 Modification Indices（MI）调整模型

[1] 若在启动分析前，已在"Output"选项卡中选中了【Modification indices】，系统会在分

析完成后把【Modification Indices】项显示在输出面板中，如图 8-33 所示。

[2] 在"Amos Output"面板中选择【Modification Indices】选项后，将显示图 8-34 所示的界面。

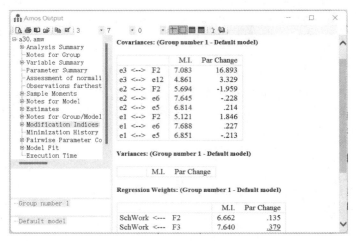

图 8-34　Modification Indices 显示结果

[3] "Modification Indices"输出的信息包括 3 类，可以称之为当前模型的问题项：其一是变量之间的相关性关系，表示方式为"<-->"，主要在"Covariances"区块中；其二是变量与残差之间的关系项，主要在"Variances"区块出现；其三是显变量之间、显变量与潜变量之间的回归关系（单向射线）关系，主要体现在"Regression Weights"区块中。

[4] 针对上述关系做出评价：①是否有很多个问题项集中在某个变量上？若有多个问题集中在某一变量（或其残差）上，则可能该变量不适宜加入模型，此时可考虑删除该变量。②在问题项中，查找 MI 值和 Par Change 值均比较高的是哪些？与研究问题的关系如何？是否需要把这个问题项对应的"关联线"或"回归线"添加到模型中？

[5] 根据评价情况，返回模型图编辑状态，修改模型图中的变量及其连线，然后重新运行模型。

> ⚠ 提示：
> ①在 MI 的输出表格中，优先处理 MI 值和 Par Change 值均较大的项。②在模型调整时，对同一潜变量内部的相关关系，或同一潜变量内部两显变量之间的回归关系或相关关系，可考虑添加新路径，或删除路径；对距离较远的两个显变量之间的相关关系或回归关系，也可考虑添加新路径。但尽量不要在残差与显变量或潜变量之间添加新路径。③若某残差与很多显变量、潜变量、其他残差项均有关系，可考虑从模型中删除此残差所附属的变量，以减少该变量对模型造成的不良影响。④对模型的调整不是一蹴而就的，而是逐步尝试并完善的。建议每增加或删除一条路径（或变量），就立即运行模型，检验其质量。一旦质量达标，即可结束。

（2）基于"Estimates"结果调整模型

在"Amos Output"输出界面中，在左侧单击【Estimates】，即可显示出图 8-35 所示的界面。

在此界面中，显示出了模型图中各连线的显著性程度。

一般来说，达不到显著性标准（Sig 值 < 0.05）的连线，通常不应该在模型中存在。因此，对于 Sig 值 >0.05 的连线，可仔细评估，若不是非常必要，可考虑从模型图中删除。

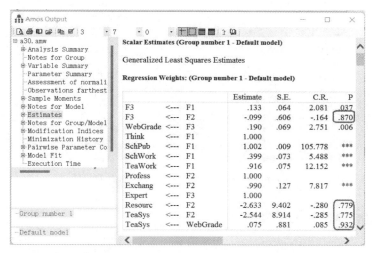

图 8-35　变量之间回归关系的显著性水平

对于图 8-35 中显示出的"不显著"的关系项，应仔细评估，认真思考。除了权衡它们在统计分析模型中的作用，同时还要思考它与研究问题的关系。

有时，也不妨先删除它，让 AMOS 重新跑一下模型，看看效果。通过新旧模型的对比，再来决定此关系项是否还需保留在模型中。

> **科研视点：**
>
> 并不是所有的数据集都能在 AMOS 下创建出优质的 SEM 来。在以 AMOS 针对真实的调研数据做 SEM 分析时，经常出现数据的不规范性或研究问题的设计缺陷而导致研究者穷尽各种策略仍无法获得有效模型的情况。这是科学研究中经常发生的正常现象，我们应以平常心态理性对待。

3. 在路径上标注系数

经逐步优化和完善后，若已得到较优质的模型图，那么在多数情况下，我们需要在模型图上为其路径标注系数，以表示各个关系的权重。

AMOS 的标注系数分为两类：其一为非标准化系数，是面向原始数据的；其二为标准化系数，是面向已经做过标准化处理的数据的，标准化系数能够直观地反映各变量、各路径的重要程度。

对于图 8-36 中的模型图，只需单击左上部的【标注路径系数】按钮，即可直接在模型图上标记出各个路径的系数，即权重值。

默认情况下，标记出的数据为非标准化系数。若需标记标准化系数，则只需单击左侧的【Standardized estimates】选项，系统将自动标记出标准化系数。

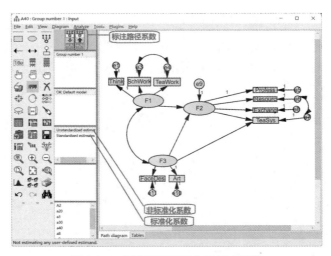

图 8-36 在最终模型图上标记出系数

4. 拓展思维：基于 AMOS 的多重回归分析

利用 AMOS，不仅能够分析带有显变量的数据之间的内在逻辑关系，还可以分析仅包含潜变量的数据之间的逻辑关系。若仅包含显变量，而且变量之间存在着多个层级的递进关系，则相当于执行若干个具有递进关系的回归分析，即以多层次的回归分析表达变量之间的层级关系，如图 8-37 所示。

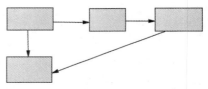

图 8-37 基于 AMOS 的多重回归分析

8.3.4 实战：以AMOS软件实现CFA

1. 案例要求

已知，面向高职院校门户网站的评价是由教育部主导的一项重要研究项目，针对网站的评价指标已经经过多轮专家论证，形成了权威且严谨的评价指标。在教育部主导下，目前已经组织学者对全国的 1000 多所高职院校的门户网站进行了评价。目前，我们获得了 151 所高职院校门户网站的评价数据，相关数据如图 8-38 所示。

我们希望基于已有的数据探究其中蕴含的规律，分析研究变量之间的内在逻辑，形成 SEM。

2. 解决方案分析

本案例为基于调查数据制作 SEM，以验证相关变量之间的逻辑关系，从而形成有价值的研究结论。在数据集已经满足要求的情况下，本案例将遵循以 AMOS 构建 SEM 的一般过程来实施：①分析数据集内的现有变量及其内在逻辑，初步绘制 SEM 示意图；②在 AMOS 中构建 SEM 模型图；③绑定数据集；④执行数据统计分析，查阅分析结果；⑤优化模型图，直至模型图达标；⑥形成研究结论。

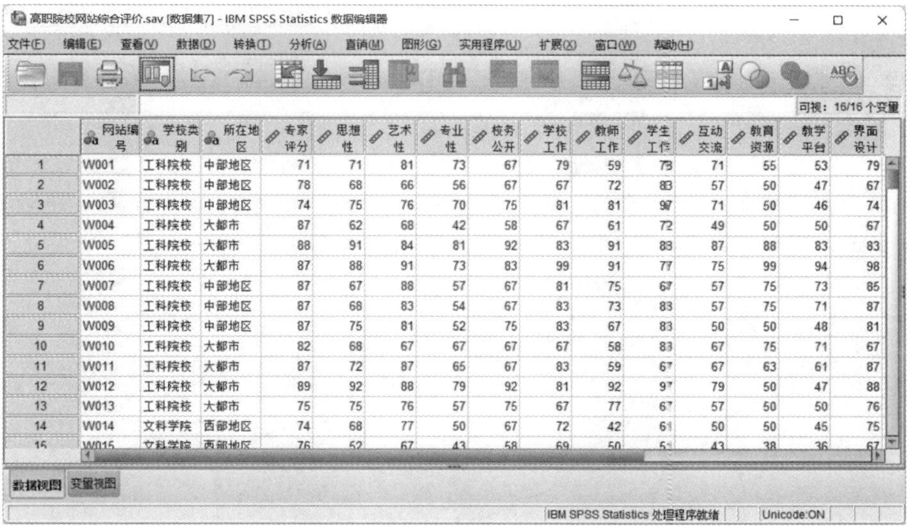

8.3 结构方程模型入门——CFA 应用

图 8-38 高职院校门户网站评价数据

3. 操作过程（1）——初创模型

（1）分析变量及其内在逻辑，初步绘制 SEM 示意图

分析"高职院校门户网站评价数据"中的变量，除了院校信息等基本数据外，尚有 11 项分项变量。基于 8.2.1 节中案例的结论，这 11 个变量应该可归为 3 个主成分。而"专家评分"和"网站等级"应该是结论型变量。遵循这一思路，绘制图 8-39 所示的 SEM 示意图。

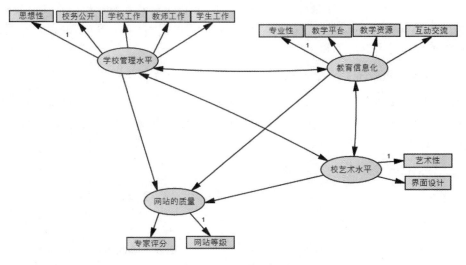

图 8-39 SEM 示意图

（2）在 AMOS 中构建 SEM 模型图，并绑定数据集

[1] 遵循图 8-39 的示意图，依据在 AMOS 中绘制 SEM 的方法，在 AMOS 画板中绘制 SEM 图。

> **注意**：
> 在每个显变量后均有残差项，在内生潜变量"网站的质量"上也有残差项。

[2] 单击【打开数据文件】按钮，打开"高职院校网站评价 E 版"数据文件，并利用 AMOS 的【变量列表】按钮启动"变量"列表框，以便把所有数据变量配置到 SEM 模型中的各个显变量上。绑定数据集后的 SEM 图如图 8-40 所示。

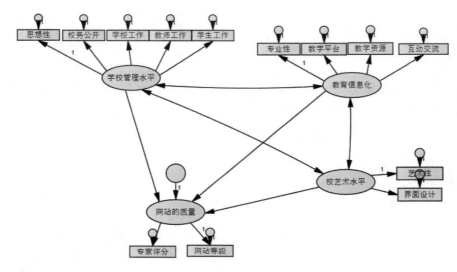

图 8-40　绑定数据集之后的 SEM 图

[3] 双击左上角第一个潜变量标记，打开"Object Properties"对话框。在其中设置该变量的名称为"schoolman"，标记为"学校管理水平"，然后关闭"Object Properties"对话框。同理，为其他两个潜变量定义其名称和标记。

[4] 单击菜单【Plugins】—【Name Unobserved Variables】，为所有其他未命名变量命名。

[5] 单击工具箱中的【设置统计分析环境】按钮（▦），把估计算法设置为"Maximum likelihood"，并在统计分析环境面板的"Output"选项卡中勾选所有的复选框，以便统计分析完成之后，能够输出全部信息项。

(3) 执行数据统计分析，查阅分析结果

完成配置后，单击【执行统计分析】按钮（▦），获取统计分析结果。

① 模型的总体匹配结果

模型的总体匹配描述如图 8-41 所示。从图形可知，其卡方距离（Chi-square）值为 770.919，数值较大，其检验概率 p=0.000，说明模型与原始数据存在显著差异。此模型质量不好。

② 模型的其他匹配参数

在图 8-41 所示的"Amos Output"窗口中，单击左侧的【Model Fit】项，启动图 8-42 所示的界面，发现：CMIN/DF、RMSEA、GFI、CFI、NFI 等指标均未达到 SEM 模型的标准。

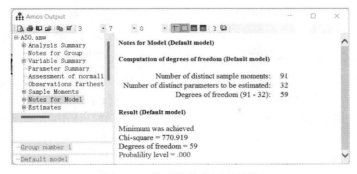

图 8-41　模型的总体匹配结果

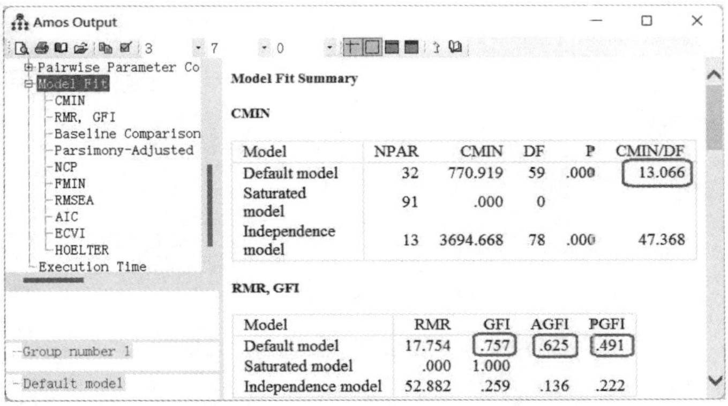

图 8-42　模型的匹配指标项

在达标模型中，CMIN/DF 的值应该小于 4，GFI 应该在 0.90 以上，目前这两项均不达标。另外，本例中，RMSEA=0.248，远远超过了 0.05 的标准。因此，这项指标也未达标。

4. 操作过程（2）——优化并调整模型

（1）优化调整的过程

① 在图 8-42 所示的界面中，单击左侧的【Modification Indices】项，以打开 MI 输出界面，如图 8-43 所示。

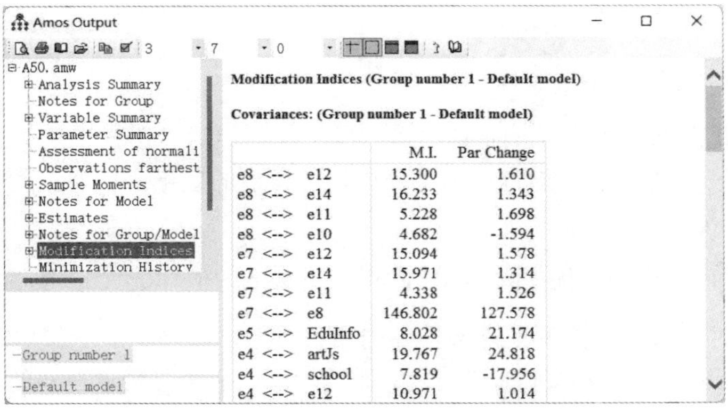

图 8-43　MI 输出界面

② 基于 MI 界面，发现残差量 e4、e8 与很多项都产生了问题项，说明与这两个变量相关的显变量的残差比较复杂。经权衡评估，可暂时把与之相关的两个显变量删除。

③ 在把这两个显变量"教师工作"和"教学资源"从模型中删除之后，发现模型的卡方值降低了很多。而且其 RMSEA 值也有所改善，变成了 0.101，尚未达标，但其 CMIN/DF=2.542，已经达标。另外，其 NFI=0.966、CFI=0.979，均已达标，而 GFI=0.901，刚刚超过 0.90 的标准，因此，模型勉强达标。如图 8-44 所示。但是，从图 8-44 可知，模型的 p=0.0391<0.05，表示模型仍不理想。

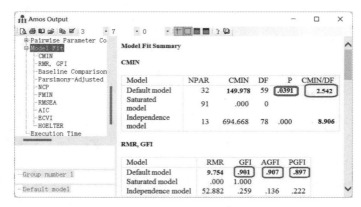

图 8-44　调整过程中模型匹配的效果

④ 单击【Modification Indices】项，观察"Modification Indices"下的关联项。此时，发现残差项 e7 与 e12 之间有关联。因此再次修正模型，在 e7 与 e12 之间新增一关联项。然后重新运算，再次检查 RMSEA 等指标项，发现各指标项被进一步地优化了。

⑤ 单击【Modification Indices】项，观察"Modification Indices"下的关联项，重复步骤④的操作。经过多轮尝试，最终在 e2 和 e6 之间增加了相关线，在 e5 和潜变量"教育信息化"增加了回归线。另外，在潜变量"校艺术水平"和"教学平台"之间增加了回归线，在显变量"网站等级"和"学校工作"之间新增了回归线。最终，形成了图 8-45 所示的 SEM。

从最终 SEM 的 Model Fit 指标看，其总体拟合的卡方值 =45.706，其检验概率 Sig 值 =0.070>0.05，达到了拟合的要求。另外，其 CMIN/DF=1.385，满足小于 4 的要求，且达到了较好的标准（CMIN/DF<2）。其 RMSEA=0.047，接近 0.05，且小于 0.08，也达到了 SEM 的指标要求。因此，图 8-45 所示的模型是可用的。

（2）总结说明

① 对模型的优化和调整，应该是逐步进行的、探究性的。通常每次只增加或删除一条路径（或某一个变量），然后就重新运行模型，以检验模型的质量。切勿一次做过多的修改，以免模型塌陷。

② 在 MI 的输出表格中，优先处理 MI 值和 Par Change 值均较大的项。

③ 调整模型时，对同一潜变量内部构件的相关关系，或同一潜变量内部两显变量之间的回归关系或相关关系，可考虑添加新路径；对距离较远的两个显变量之间的相关关系或回归关系，也可考虑添加新路径。尽量不要在残差与显变量或潜变量之间添加新路径。

8.3 结构方程模型入门——CFA 应用

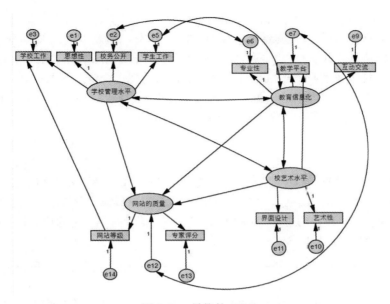

图 8-45 最终的 SEM

④ 若某残差与很多显变量、潜变量、其他残差项均有关系，可考虑从模型中删除此残差所附着的变量，以减少该变量对模型造成的不良影响。

5. 形成研究结论

针对 8-45 所示的模型，单击"在路径上标注系数"按钮，把标准化系数添加到模型中，其最终结果如图 8-46 所示。

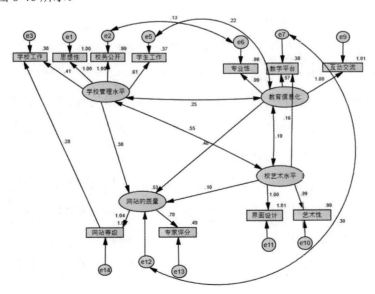

图 8-46 标注了路径系数的 SEM

如图 8-46 所示的 SEM 模型图，验证了由 9 个显变量构成的 3 个潜变量及其与网站等级之间的关系。

从图 8-46 所示的路径系数可知，影响网站质量的关键因素是"教育信息化"（其路径系数为 0.48）和"学校管理水平"（其路径系数为 0.38）。另外，通过本次 SEM 分析，还新发现了两条隐藏的路径信息：其一是"网站等级"对"学校工作"的影响，其系数为 0.28，事实上，网站建设也是学校工作的重要组成部分，这一路径的发现是合情合理的；其二是"校艺术水平"对校"教学平台"的影响，从图 8-46 可知，其路径系数为 0.16，表示门户网站所表现出的艺术水平，对校内教学平台的建设也有一定的支持作用。

6. 小结

基于 AMOS 软件构造 SEM，最大的特点就是概念多、指标多。很多初学者容易手足无措，不知如何下手。笔者在刚开始使用 AMOS 的时候也是深有同感。然而，如果我们把握住了基本概念、基本操作，对模型的质量评判和模型调整技巧逐步有了一定的理解和掌握，就一定能够克服困难，创设出高质量的 SEM 来。

> **科研视点：**
> 尽管我们对基于科研数据、用 AMOS 软件创设 SEM 有信心，但并不是说任何数据都能构建出优质的 SEM 来。对于原始数据质量不高，缺乏信度和效度的数据，不论采用什么统计分析工具，都很难形成高质量的数据模型。因此，严谨的科学精神、端正的科学态度、追求科学的高度责任心，对于开展基于 SEM 的统计分析，是非常必要的。

思考题

（1）什么是因子分析？主要有什么用途？

（2）什么是探索性因子分析？什么是验证性因子分析？

（3）从算法上看，主成分分析和主轴因式分解属于哪一类因子分析？其特点是什么？

（4）在主成分分析中，为什么要进行成分矩阵的旋转？常见的旋转方法是什么？

（5）在主成分分析中，可否自行指定要提取的公共因子的个数？应该如何做？

（6）什么是结构方程模型？它在科研活动中有哪些应用？

（7）如果要检验一个自设调查指标体系的内在结构，可以使用主成分分析吗？

（8）如果要检验一个自设调查指标体系的内在结构，可以使用结构方程模型吗？

（9）评判 SEM 质量的指标主要有哪些？其含义和应用标准是什么？

（10）什么是 SEM 的 Modification Indices（MI）？它在 SEM 调整中有什么价值？

综合实践题

已知：MydataW 中的数据是对全国 151 个中职院校门户网站的评价数据，评价指标可参阅变量的标签。MydataZ 是某高校对大二学生生活满意度的一次网络调查的结果，调查指标的含义请参阅附录。

请从"作业素材"文件夹中找到素材文件 MydataW.sav 和 MydataZ.sav，然后基于这两个数据文件，完成以下操作。

（1）分别对 MydataW 和 MydataZ 进行探索性因子分析（主成分分析），要求输出碎石图和载荷图，并说明所需的操作步骤、输出结果，然后解释输出结果。

（2）练习在自己的计算机上安装 AMOS 软件，体会软件的各项功能。

（3）在主成分分析的基础上，认真理解 MydataW 中的变量及其内在逻辑，然后基于自己的理解构建 SEM，并用 AMOS 检验并完善这一模型，写出有价值的研究结论。

（4）在主成分分析的基础上，认真理解 MydataZ 中的变量及其内在逻辑，然后基于自己的理解构建 SEM，并用 AMOS 检验并完善这一模型，写出有价值的结论。

附录 《大学生生活满意度调查问卷》及数据集

一、基本信息

性别： 　　生源地： 　　父母最高学历： 　　年级： 　　专业：

二、满意度调查

QZ1：你对当前的大学生活感到满意吗？
　　A．很不满意　　B．不满意　　C．基本满意　　D．满意　　E．很满意

QZ2：你对自己现在的家庭生活环境感到满意吗？
　　A．很不满意　　B．不满意　　C．基本满意　　D．满意　　E．很满意

Q1：你是否已经适应了大学的生活？
　　A．很不适应　　B．不适应　　C．基本适应　　D．适应　　E．很适应

Q2：你对学校的现有多媒体教室环境满意吗？
　　A．很不满意　　B．不满意　　C．基本满意　　D．满意　　E．很满意

Q3：你对学校教师授课的总体情况感到满意吗？
　　A．很不满意　　B．不满意　　C．基本满意　　D．满意　　E．很满意

Q4：你对学校图书馆环境感到满意吗？
　　A．很不满意　　B．不满意　　C．基本满意　　D．满意　　E．很满意

Q5：你对现在使用的教材感到满意吗？
　　A．很不满意　　B．不满意　　C．基本满意　　D．满意　　E．很满意

Q6：你对学校的伙食质量感到满意吗？
　　A．很不满意　　B．不满意　　C．基本满意　　D．满意　　E．很满意

Q7：你对学校的网络环境感到满意吗？

  A．很不满意 B．不满意 C．基本满意 D．满意 E．很满意

Q8：你对现在的住宿条件感到满意吗？

  A．很不满意 B．不满意 C．基本满意 D．满意 E．很满意

Q9：对当前教师的授课，你给（　　）分——5分为满分（校验项）。

  A．5分 B．4分 C．3分 D．2分 E．1分

QA：你对进入大学后的人际交往感到满意吗？

  A．很不满意 B．不满意 C．基本满意 D．满意 E．很满意

QB：进入大学后，你是对师生关系、交友情况满意吗？

  A．很不满意 B．不满意 C．基本满意 D．满意 E．很满意

QC：在现在的大学中，你已经有了几个要好的朋友？

  A．尚没有 B．1个 C．1～2个 D．3～4个 E．5个以上

三、采集到的数据

  数据文件的名称为：大学生生活满意度数据.sav，此处仅为示意图，完整的数据文件获取方式请参见本书"资源与支持"页。

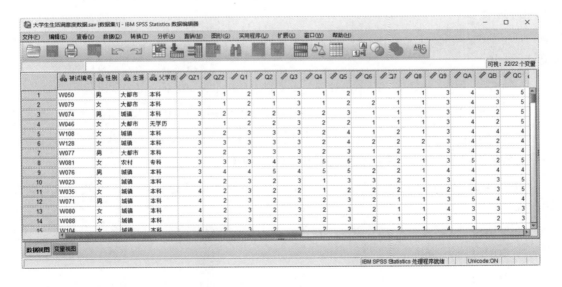

参考文献

1. 马秀麟,邬彤. SPSS 数据分析方法与定量研究[M]. 北京:北京师范大学出版社,2020.

2. 马秀麟,姚自明,邬彤,等. 数据分析方法及应用[M]. 北京:人民邮电出版社,2015.

3. 衷克定. SPSS for Windows 数据统计分析工具应用教程[M]. 北京:北京师范大学出版社,2008.

4. 薛微. SPSS 统计分析方法及应用[M]. 北京:电子工业出版社,2009.

5. 王才康,胡中锋,刘勇. 一般自我效能感量表的信度和效度的研究[J]. 应用心理学,2001(03):37-40.

6. 邓爱民,陶宝,马莹莹. 网络购物顾客忠诚度影响因素的实证研究[J]. 中国管理科学,2014(06):94-102.

7. 马秀麟,邬彤,鲍建章,等. 信息处理与数据科学[M]. 北京:北京师范大学出版社,2021.

8. 冯成志,贾凤芹. 社会科学统计软件 SPSS 教程[M]. 北京:清华大学出版社,2009.

9. 马秀麟,赵国庆,邬彤. 翻转课堂促进大学生自主学习能力发展的实证研究——基于大学计算机公共课的实践[J]. 中国电化教育,2016(07):99-106.

10. 马秀麟,梁静,等. 群体感知效应促进线上协作学习成效的实证研究[J]. 电化教育研究,2019(04):81-89.

11. 马秀麟,苏幼园,等. 移动学习环境中注意力保持及学习行为控制模型的研究[J],远程教育杂志,2018(03):56-66.

12. 马秀麟,毛荷,等. 视频资源类型对学习者在线学习体验的实证研究[J],中国远程教育,2016(05):32-39.